普通高校文化与传播类专业系列教材编委会

主　　编　杨柏岭

执行主编　秦宗财

编　　委（按姓氏笔画排列）

马　梅　　王玉洁　　王艳红　　王霞霞
卢　婷　　刘　琴　　阳光宁　　苏玫瑰
杨龙飞　　杨柏岭　　杨振宁　　肖叶飞
张书端　　张军占　　张宏梅　　张泉泉
陆　耿　　陈久美　　罗　铭　　周建国
周钰榈　　赵忠仲　　胡　斌　　秦　枫
秦宗财　　秦然然

首批部校共建新闻学院系列成果
安徽省高等学校"十三五"省级规划教材
普通高校文化与传播类专业系列教材

广播电视新闻学教程

第2版

马 梅　周建国　肖叶飞　编著

中国科学技术大学出版社

内 容 简 介

本书以广播和电视两大新闻媒介为对象进行研究,内容分为三大部分:第一部分从媒体层面梳理了广播电视事业的发展历程,第二部分从符号层面梳理了广播电视新闻的符号构成,第三部分从新闻生产层面对广播电视新闻的采编工作进行了介绍。本书将理论和实践紧密结合,在突出理论的同时,强调对广播电视新闻实践的介绍,并通过案例详细解析广播电视新闻的理论与业务;还关注广播电视新闻的发展前沿,对变革发展的趋势特别是网络视听发展给予广播电视新闻的发展可能,进行了分析归纳。

本书有较强的现实意义,对广播电视新闻教学工作具有重要价值,可作为新闻学、传播学、广播电视学、播音和主持艺术、影视编导等相关专业的教材,还可作为新闻从业人员、广播电视从业人员、宣传部门从业人员以及政府部门、企事业单位内部从事宣传工作人员的培训和职业资格考试教材。

图书在版编目(CIP)数据

广播电视新闻学教程/马梅,周建国,肖叶飞编著.—2 版.—合肥:中国科学技术大学出版社,2022.8
 ISBN 978-7-312-05505-8

Ⅰ.广… Ⅱ.①马… ②周… ③肖… Ⅲ.广播电视—新闻学—高等学校—教材 Ⅳ.G220

中国版本图书馆 CIP 数据核字(2022)第 147415 号

广播电视新闻学教程
GUANGBO DIANSHI XINWENXUE JIAOCHENG

出版	中国科学技术大学出版社
	安徽省合肥市金寨路 96 号,230026
	http://press.ustc.edu.cn
	https://zgkxjsdxcbs.tmall.com
印刷	合肥华苑印刷包装有限公司
发行	中国科学技术大学出版社
开本	787 mm×1092 mm 1/16
印张	16.25
字数	409 千
版次	2013 年 8 月第 1 版 2022 年 8 月第 2 版
印次	2022 年 8 月第 3 次印刷
定价	50.00 元

总　序

　　文化传播是人类社会的基本活动,也是人类社会形成的重要途径。一部人类发展史就是一部文化传播史,走进历史和现实深处,我们便会发现,人类发展的历史就是文化传播的历史。文化传播随着人类的产生而产生,随着社会的发展而发展。文化为人们提供了宝贵的精神财富,同时也建构了不同地域的文化空间。文化是连接民族情感、增进民族团结的重要纽带,而这些对于人们精神文化需求的满足具有重要意义与价值。文化承载着不同国家、不同民族、不同地域各具特色的文化记忆,无论是语言、音乐、神话、建筑还是其他,无一不是地域特色和文化特色的体现。文化借助各种传播手段,使得人们增长见闻,了解不同时间、不同地域的历史文化,满足精神消费的需求。文化本身具有的历史和价值对于人们的生存和发展具有重要意义,不断汲取文化价值是人们获得更好发展的客观需求。文化传播与人类文明互动互进、休戚相关。没有文化传播,便没有人类的文明。

　　文化是人类社会发展动力系统中的重要一环。马克思主义辩证唯物主义认为,经济、政治、文化、社会、生态五位一体的动力系统,构成了人类社会发展的驱动力。经济动力是社会发展基础性、决定性的动力因素。"仓廪实而知礼节",当物质生产水平和物质生活水平极大提高以后,物质需要便不能完全满足人们的生活需求了,精神需求便逐渐成为人们主导性的需要。在此情境下,文化传播的功能已不仅仅是人们精神交往的需要了,精神娱乐和价值实现的需求更加凸显,文化因素对社会生产力的影响作用迅速增大。文化生产虽然依托于有形的物质载体(即媒介),但其核心要素是无形的精神(人的创意思维),不仅仅是物质生产,更关键的是意识形态(价值观念)的生产,其满足的不仅仅是视听审美,更在于提高人的科学文化水平、思想道德素质,深层次地影响人们的意识形态,塑造人的世界观、人生观和价值观,从而达到改造人的灵魂,进而改造整个社会的意识形态的目的。由此可见,相比于物质生产而言,文化的生产与传播对于人类社会的发展更具有深层次的决定作用。

　　有鉴于亟须提升当代大学生的文化传播的基本素质和能力,我们编写了这套"文化与传播"系列教材,目的是一方面帮助大学生学习并理解社会生活中传播的现象、表现形式、发生发展规律及其社会功能等,关注传播与社会政治、经济、文化、生活的相互关系,认识传播媒介对人的作用,传播与社会发展和社会阶层的互动关系等,为将来的生活和工作奠定文化传播的基础;另一方面培养学生文化传播的思维,以期让学生从文化传播的视角对社会发展尤其是文化的繁荣创新有更深入的了解,提高认识社会文化、理解文化传播的水平,提升分析媒体、运用媒体的能力,从而提升大学生认识社会、融入社会乃至改造社会的能力。

"普通高校文化产业管理专业系列教材"为本套教材奠定了前期基础。编委会自2013年组织编写面向文化产业管理专业的系列教材,由中国科学技术大学出版社陆续推出,成为全国普通高校新闻学、广告学、文化产业管理、广播电视学、旅游管理等相关专业学生的专业教材,同时也成为科研工作者重要的参考资料,受到了一致好评。为更好地适应新时代文化繁荣发展新形势,更好地满足高校相关专业教学研究需要,编委会决定对"普通高校文化产业管理专业系列教材"从内容到形式进行大幅度修订。

经过充分吸收前期教材使用者的反馈意见,并细致地考察国内外"文化与传播"类相关高校教材,在系统分析此类教材的共性与差异的基础上,力求编写一套既重基础,又突出差异化、特色化的系列教材。基于此,编委会经过多次邀请同行专家深入讨论,决定从文化与传播的基本理论素养、媒介与传播、文化与产业三大方面,构建"文化与传播"的知识体系。经过精心遴选,确定11部教材作为建设内容,定名为"普通高校文化与传播类专业系列教材"。本套教材建设于2017年7月启动,计划在2021年12月全部完成出版。本套教材包括《文化与传播十五讲》(杨柏岭、张泉泉主编)、《数字影视传播教程》(秦宗财主编)、《广播电视新闻学教程》(马梅、周建国、肖叶飞编著)、《文化资源概论》(秦枫编著)、《影视非线性编辑教程》(周建国、杨龙飞编著)、《传媒经营与管理》(肖叶飞著)、《文化产业项目策划与实务》(陆耿主编)、《文化市场调查与分析》(阳光宁、张军占主编)、《文化创意产业品牌:理论与实践》(秦宗财主编)、《文化企业经营与管理》(罗铭、杨柏岭主编)、《文化旅游产业概论》(张宏梅、赵忠仲主编)。在丛书主编统一了编写体例之后,由各分册主编组织人员分工编写,并由各分册主编负责统稿。最后由丛书主编、执行主编审稿。由于我们水平和时间的限制,书中一定存在着某些不足,敬请学界、业界同行以及广大读者批评指正。

丛书主编　杨柏岭

丛书执行主编　秦宗财

2020年5月

目　录

总序 ·· (i)

绪论 ·· (1)
 一、广播电视新闻学的基本概念 ··· (1)
 二、广播电视新闻学的研究对象和学科体系 ··· (3)
 三、广播电视新闻学的产生和发展 ·· (4)
 四、学习广播电视新闻学的方法 ··· (5)

第一章　世界广播电视发展概况 ·· (7)
第一节　人类信息传播的革命 ·· (7)
 一、语言的产生 ··· (8)
 二、文字的发明 ··· (8)
 三、印刷术的发明 ··· (9)
 四、无线电通信技术的发明 ··· (9)
 五、互联网的发明 ··· (10)

第二节　世界广播业的发展 ·· (10)
 一、无线电声音广播的诞生 ··· (10)
 二、广播传播技术的发展 ··· (12)
 三、广播的发展阶段 ·· (13)

第三节　世界电视业的发展 ·· (15)
 一、电视的诞生 ··· (15)
 二、电视新闻的发展 ·· (16)
 三、电视技术的发展 ·· (17)

第二章　中国广播电视发展概况 ·· (25)
第一节　近现代中国的广播业 ·· (25)
 一、北洋政府统治时期的广播业 ·· (25)
 二、国民党统治时期的广播业 ·· (26)
 三、中国共产党领导下的广播业 ·· (28)

第二节　当代中国的广播电视业 ··· (30)
 一、广播电视业初建阶段(1949～1966年) ··· (30)
 二、广播电视业的停滞阶段(1966～1976年) ·· (32)
 三、广播电视业的发展阶段(1976～1992年) ·· (32)
 四、广播电视业的繁荣阶段(1992～2013年) ·· (34)

五、广播电视业进入媒体融合发展阶段(2013年至今) ……………………（35）

第三章　广播电视的特性、体制和任务 ……………………………………（46）
第一节　广播电视的社会属性 ……………………………………………（46）
　　一、广播电视作为大众传播媒介的共性 ………………………………（46）
　　二、广播电视作为大众传播媒介的个性 ………………………………（48）
第二节　广播电视的传播特点 ……………………………………………（49）
　　一、广播电视的共同特点 ………………………………………………（50）
　　二、广播的传播特点 ……………………………………………………（53）
　　三、电视的传播特点 ……………………………………………………（53）
第三节　广播电视体制 ……………………………………………………（54）
　　一、三种主要的广播电视体制类型 ……………………………………（54）
　　二、西方主要国家的广播电视体制 ……………………………………（57）
第四节　广播电视的功能和任务 …………………………………………（64）
　　一、广播电视的功能 ……………………………………………………（64）
　　二、广播电视的任务 ……………………………………………………（66）
　　三、广播电视和视听新媒体的负面影响 ………………………………（69）

第四章　广播电视新闻的听觉符号 …………………………………………（72）
第一节　有声语言 …………………………………………………………（73）
　　一、广播电视新闻节目的有声语言形式 ………………………………（73）
　　二、广播电视其他类型节目的有声语言形式 …………………………（82）
　　三、新技术形态带来的声音呈现 ………………………………………（84）
　　四、设计广播电视节目的有声语言要考虑的因素 ……………………（85）
第二节　音乐 ………………………………………………………………（86）
　　一、广播电视媒体中音乐的定义和分类 ………………………………（86）
　　二、节目音乐的分类 ……………………………………………………（86）
　　三、音乐在广播电视节目中的作用 ……………………………………（88）
第三节　音响 ………………………………………………………………（89）
　　一、音响的分类 …………………………………………………………（90）
　　二、实况音响的作用 ……………………………………………………（90）
　　三、音响效果的作用 ……………………………………………………（91）

第五章　广播电视新闻的视觉符号 …………………………………………（93）
第一节　画面 ………………………………………………………………（93）
　　一、画面符号系统分类 …………………………………………………（94）
　　二、新技术语境下的视觉符号元素 ……………………………………（99）
　　三、电视画面的节奏 ……………………………………………………（102）
第二节　文字 ………………………………………………………………（104）
　　一、画内文字 ……………………………………………………………（104）
　　二、屏幕文字 ……………………………………………………………（104）
第三节　广播电视新闻符号系统的关系 …………………………………（107）

一、各符号系统的一般关系 …………………………………………………… (107)
　　二、电视非同期声语言和影像的关系 ………………………………………… (109)
　　三、蒙太奇和长镜头 …………………………………………………………… (112)

第六章　广播电视新闻观念与节目形式的发展 …………………………………… (117)
　第一节　广播电视新闻的信息观和时效观 ……………………………………… (117)
　　一、广播电视新闻中的信息与时效 …………………………………………… (117)
　　二、扩大新闻的信息量,增加新闻中的"受众未知因素" …………………… (123)
　　三、大信息量和快节奏:广播电视传播信息观和时效观的具体体现 ……… (125)
　第二节　电视民生新闻和公共新闻的崛起 ……………………………………… (129)
　　一、民生新闻的崛起与新闻传播观念的革新 ………………………………… (129)
　　二、从"公共新闻"到"建设性新闻" …………………………………………… (134)
　第三节　广播电视新闻的人际化传播 …………………………………………… (141)
　　一、广播电视新闻的人际化传播 ……………………………………………… (141)
　　二、广播电视新闻节目的受众参与和双向互动 ……………………………… (142)
　第四节　广播电视新闻节目的栏目化、板块化 ………………………………… (144)
　　一、广播电视新闻节目栏目化 ………………………………………………… (144)
　　二、广播电视新闻节目板块化 ………………………………………………… (145)
　第五节　节目定位与非黄金时段的开发利用 …………………………………… (146)
　　一、节目定位 …………………………………………………………………… (146)
　　二、非黄金时间的开发与利用 ………………………………………………… (149)

第七章　广播电视新闻采编流程 …………………………………………………… (151)
　第一节　广播电视新闻采访 ……………………………………………………… (151)
　　一、广播电视新闻采访的特殊性 ……………………………………………… (151)
　　二、广播电视新闻的拍摄原则与方法 ………………………………………… (154)
　第二节　广播电视新闻写作 ……………………………………………………… (156)
　　一、广播电视消息的特点 ……………………………………………………… (156)
　　二、广播新闻导语的写作 ……………………………………………………… (157)
　　三、电视新闻标题和新闻导语的写作 ………………………………………… (159)
　　四、电视新闻报道词写作 ……………………………………………………… (163)
　第三节　广播电视新闻编辑 ……………………………………………………… (172)
　　一、新闻编辑工作的主要职责 ………………………………………………… (172)
　　二、编辑部门的具体工作 ……………………………………………………… (173)

第八章　广播新闻体裁与呈现 ……………………………………………………… (180)
　第一节　广播新闻体裁 …………………………………………………………… (180)
　　一、口播广播新闻与音响广播新闻 …………………………………………… (180)
　　二、广播评论 …………………………………………………………………… (188)
　　三、实况广播 …………………………………………………………………… (190)
　　四、配音(乐)广播 ……………………………………………………………… (190)
　　五、广播对话 …………………………………………………………………… (191)

第二节　广播录音报道采制 …………………………………………………(191)
　　一、录音消息 ………………………………………………………………(192)
　　二、录音通讯 ………………………………………………………………(195)
　第三节　广播现场报道和连线报道的采制 …………………………………(202)
　　一、广播现场报道 …………………………………………………………(202)
　　二、广播连线报道 …………………………………………………………(204)
　第四节　网络与社交媒体时代音频新闻的发展 ……………………………(209)
　　一、声音纪录片 ……………………………………………………………(210)
　　二、广播纪实文学 …………………………………………………………(212)

第九章　电视新闻体裁与呈现 ………………………………………………(215)
　第一节　电视新闻体裁 ………………………………………………………(215)
　　一、消息类电视新闻 ………………………………………………………(215)
　　二、专题类电视新闻 ………………………………………………………(220)
　　三、评论类电视新闻 ………………………………………………………(223)
　　四、谈话类电视新闻 ………………………………………………………(226)
　第二节　电视影像新闻采制 …………………………………………………(229)
　　一、处理好声画关系 ………………………………………………………(229)
　　二、发挥同期声的作用 ……………………………………………………(229)
　　三、重视画面形象的作用 …………………………………………………(230)
　第三节　电视现场报道和连线报道的采制 …………………………………(233)
　　一、电视现场报道 …………………………………………………………(233)
　　二、电视连线报道 …………………………………………………………(236)
　第四节　网络与社交媒体时代视频新闻的发展 ……………………………(241)
　　一、竖屏视频新闻 …………………………………………………………(241)
　　二、网络视频直播 …………………………………………………………(242)
　　三、VLOG＋新闻 …………………………………………………………(243)
　　四、短视频新闻 ……………………………………………………………(244)

参考文献 ………………………………………………………………………(245)

后记 ……………………………………………………………………………(247)

绪　　论

2012年,教育部《普通高等学校本科专业目录》把"广播电视新闻学"专业更名为"广播电视学"专业,使得这个专业的命名更加科学。广播电视学的内涵和外延都很丰富,不仅包括广播电视新闻学,而且还包括广播电视传播学、广播电视受众学、广播电视节目类型学、广播电视艺术学、广播电视符号学等领域,从这些来看,广播电视学比广播电视新闻学更适合作为专业命名。不过就学科建设来说,广播电视新闻学是广播电视学专业应该开设的最为核心的课程。

我国现在已经有200多所高校开设了广播电视学专业,作为核心课程的广播电视新闻学是一门非常重要的课程。而在媒介融合发展、全媒体传播的时代,新闻传播业各种各级媒体都开展了音视频新闻尤其是短视频新闻的生产传播,相应地,高校新闻传媒类教育各专业也都需要开设广播电视新闻以及音视频新闻方面的课程。因此,广播电视新闻学已经成为新闻学、网络与新媒体、广播电视编导、播音与主持艺术等各专业的必修课或选修课。

特别是随着数字技术和网络技术的迅速发展,广播电视新闻节目传播渠道更加多元化,接收终端日益多样化,节目形态也日新月异,尤其是主流媒体的广播电视新闻在互联网社交媒体、音视频平台媒体上传播,其形态或者原封不动,或者做了适应性的改变,因而有了音频新闻、视频新闻这样的指称,中国新闻奖的评选中也有了"短视频新闻"的类别,国家广播电视管理部门逐渐将广播电视新闻以及各类型节目与网络视听内容进行一体化管理,2021年9月《广播电视和网络视听"十四五"发展规划》发布。这些都使得广播电视新闻学的教学和研究可以拓展到网络视听新闻方面,也就是说广播电视新闻学的重要性有增无减。在学界,将"广播电视传播"改为"视听传播"来作为教材或专著的名称更多,"广播电视新闻报道"的教材名称也有了"视听新闻报道"[①]的改变。因此,拓展了外延的广播电视新闻学或者视听新闻学,其研究对象、研究现状、研究方法都需要我们深入探讨,从而更有效地助力新闻传播人才培养,使其更加适应新闻传播生产的变化。基于这些认识,本教材的广播电视新闻案例、广播电视新闻学的很多探讨,其实是拓展到各种媒体的视听新闻。

一、广播电视新闻学的基本概念

(一) 广播电视

广播电视已经有百年历史,自从1920年美国匹兹堡的KDKA广播电台开办,以及1936年英国亚历山大宫的电视播出以来,广播电视媒体迅速发展。在我国,广播电视曾是最重要

---

① 中国人民大学新闻学院周勇教授的教材《视听新闻报道》已经出版(周勇.视听新闻报道[M].北京:中国人民大学出版社,2021.)。

的媒体,信号覆盖率达到97%以上,2012年广播电视行业的总收入达到3268亿元,其中,广告收入1270亿元,网络收入660亿元。广播电视不仅在促进经济增长和满足受众的消费需求等方面表现出经济属性,而且具有政治属性和文化属性。一方面是满足人民群众广播电视公共服务信息需求,另一方面也是公民行使参与权和表达权的重要渠道,是文化传播和文明传承的重要载体。

但是,人们在日常的表述过程中,使用广播电视这个概念时往往有不同的所指,有时候指广播电视机构、广播电视媒介,有时候指广播电视事业、广播电视活动、广播电视工作,等等。为了避免产生歧义,本书在使用"广播电视"词组的时候,如果没有特别说明,一般特指通过无线或有线传播声音或声像符号的大众化电子媒介,即作为声音传播的广播和作为声像传播的电视。

一般来说,通过无线电波或者导线向受众传送声音和图像符号的大众媒介,统称为广播。从传播符号来看分为电台广播、电视广播;从传播渠道来看分为无线广播、有线广播、网络广播和卫星广播;按照覆盖范围分为区域广播、全国广播和国际广播;从技术来看分为模拟广播和数字广播。广义上讲,广播包括平常所说的声音广播和电视广播;狭义上讲,广播只包括声音广播。为了区别,文中所述的广播一般指狭义的广播,即传播声音符号的大众电子媒介。

需要指出的是,进入2010年后,网络媒体迅速发展,在2021年的现在网络媒体尤其是移动互联网语境下的手机媒体已经是中国的最主要的媒体。截至2021年6月,我国手机网民规模为10.07亿,网民中使用手机上网的比例为99.6%;网络视频(含短视频)用户规模达9.44亿,占网民整体的93.4%,其中短视频用户规模达8.88亿,占网民整体的87.8%;网络新闻用户规模达7.60亿,占网民整体的75.2%。[①] 从这些数据以及各种调查,我们可以认为,现在广大群众仍然是看新闻的,但是他们获取新闻的媒介往往已经由报纸、传统广播电视媒体,转到了用手机上网观看各种平台的网络视听新闻(纪实)产品。广播电视与网络视听媒体,其中播发的新闻是今天拓展意义上的广播电视新闻或者视听新闻。广播电视媒体需要和网络视听媒体深度融合发展。

(二) 广播电视新闻

新闻是对新近发生和发现的事实的报道,广播电视新闻就是以电子技术为传播手段,对新近发生的事实的报道。广播电视新闻既有与报纸等其他媒体新闻的共性,也有其个性。

共性方面,广播电视新闻是基于事实的报道,事实是第一位的,新闻是第二位的,事实发生在前,新闻报道在后,新闻媒体根据新闻价值的标准进行选择,对新闻信息进行挖掘与开拓,通过声像符号的形式传播出去。广播电视新闻本质是具有新闻价值的事实信息,是对新近发生的事实的报道。

个性方面,广播电视新闻具有不同的传播载体、传播时效和表现形态等。传媒渠道方面,广播电视新闻是利用声像符号,通过有线、无线或者卫星进行传播;传播终端方面,终端日益多样化,手机、电脑和平板电脑等逐渐成为广播电视的接收终端;传播时效方面,广播电视新闻是对新近发生或者正在发生的事实的报道。随着科技的发展,演播室直播、现场直播使得新闻的发生与报道之间的时间差缩小为零,相对于其他媒体来说,广播电视新闻更具有

---

① 中国互联网络信息中心.第48次中国互联网络发展状况统计报告[Z].2021.

时间优势,可以在第一时间和第一现场把新闻信息传播出去。另外,广播电视的表现形态更加丰富,可通过声音和画面等传播符号传送新闻,而报纸则是只能用文字符号来传播新闻。

(三) 广播电视新闻学

新闻学包括报纸新闻学、广播电视新闻学、网络新闻学等,广播电视新闻学是新闻学的一个分支,同时又是广播电视学的一个分支,是广播电视学和新闻学的交叉学科。广播电视学是研究广播电视的传播活动及其规律的学科,广播电视学的研究领域十分广泛,涉及广播电视发展史研究、广播电视节目类型研究、广播电视受众研究、广播电视新闻研究、广播电视播音与主持研究、广播电视艺术研究、广播电视经营管理研究等,凡是与广播电视的传播活动有关的活动都可以纳入广播电视学的研究领域,所以广播电视学与传播学、新闻学、社会学、管理学和艺术学等都密切相关,甚至涉及电子学和声学等物理学知识。广播电视新闻学是广播电视学主要的研究领域,这是因为广播电视作为大众化媒体首要的功能是新闻信息传播,其次才是舆论引导、娱乐休闲和知识传承。

广播电视新闻学是研究广播电视新闻的传播及其规律的科学,主要研究广播电视新闻的概念、广播电视新闻的传播特点、广播电视新闻的传播符号、广播电视新闻的生产、广播电视新闻节目的形态、广播电视新闻节目主持人、广播电视新闻改革等方面的内容,其中核心部分是广播电视节目的采访、编辑、评论、播出等业务过程,以及广播电视新闻节目形态的演变和广播电视新闻体裁与呈现。

(四) 广播电视业

人们所从事的广播电视工作和活动,有时被称为广播电视事业,有时被称为广播电视产业,也有时被称为广播电视行业,但是这些概念之间存在一些微妙差别。特别是随着广播电视体制改革和广播电视信息传播活动的发展,对于这些词语的表述更加不同。一般来说,广播电视事业就是广播电视机构以及各项广播电视业务活动的总称,是一个非常宽泛的概念,但是在使用这个概念的时候,人们总是有思维定势,就是把广播电视事业理解为"从事广播电视业务活动的事业单位",而这种"事业单位"与"企业"相对立,是中国特有的经营管理方式的所有制单位。而随着制播分离的推进,一些可经营性资产从广播电视台分离出来,成立了许多节目公司、电视剧制作公司乃至有线电视有限责任公司。其中歌华有线、天威视讯、吉视传媒、中视传媒、电广传媒等有线电视公司或影视传媒公司还实现了成功上市,因此,用广播电视事业进行总体概括我国所有的广播电视工作和活动实属不妥。为了与我国财政预算拨款的事业单位相区别,本文用广播电视业对广播电视机构以及从事的广播电视活动进行概括,广播电视业包括广播电视事业,也包括广播电视产业,囊括了所有的广播电视工作或者活动,包括广播电视节目生产、广播电视信息传播活动、广播电视信号传输、广播电视产业经营以及其新媒体业务等各个方面。

二、广播电视新闻学的研究对象和学科体系

新闻学是研究新闻传播活动、新闻传播事业及其规律的一门学科,广义的新闻学指新闻学科,包括三个方面:一是历史新闻学,研究新闻活动、新闻事业和新闻思想发展的历史;二是理论新闻学,研究新闻学原理;三是应用新闻学,主要研究新闻业务活动的原理和技巧。

狭义的新闻学指理论新闻学。传统的新闻学主要是报业新闻学，包括报业工作的性质和原则，报纸的采访、写作、编辑、评论等业务，报纸的消息、通讯、评论等不同体裁的写作，报业的经营管理，以及报纸工作人员的职业道德与修养等领域。

广播电视新闻与报纸新闻不同，具有自己的特色，其技术基础、业务要求、传播手段、传播符号等都具有不同的特色，因此，广播电视新闻学具有自己的研究对象和学科体系。广播电视新闻学应该以广播电视新闻的传播及其规律作为主要的研究对象，以广播电视新闻的生产过程和符号呈现为主要的研究焦点。广义的广播电视新闻学包括广播电视新闻的基本理论、业务和历史等方面的内容，在全媒体时代还包括广播电视媒体开展的网络视听新闻的理论、业务等内容。狭义的广播电视新闻学则主要聚焦于广播电视的新闻生产与传播，包括广播电视新闻的基本理论、基本概念、广播电视新闻的传播符号、广播电视新闻的采写编评的生产流程、广播电视新闻节目的形态等方面。广播电视新闻学主要涵盖新闻学和传播学的内容，同时也涉及与广播电视艺术学、传媒经营管理和语言学等部分交叉学科的内容。广播电视新闻学的教学目标是：使学生能够了解和掌握广播电视新闻学乃至视听新闻学的基本知识，能够从事广播电视新闻和网络视听新闻的采写编评工作，提高学生从事广播电视和网络视听相关工作的能力。

本教程的"绪论"部分主要是对广播电视的一些基本概念和学科发展做简单论述；第一到第三章分别介绍中外广播电视业发展的历史和广播电视的特性、体制和功能，目的是为学生学习后面的内容奠定广播电视基本理论和历史知识基础，使学生学习起来视野更加开阔，能用更加宏观的思维去思考广播电视新闻；第四到第五章对广播电视新闻的传播符号进行具体的分析，用符号学的理论去思考广播电视和网络视听媒体的传播特性，以区别广播电视媒体与其他媒体；第六到第九章着重结合案例分析广播电视新闻的采访、写作和编辑的业务流程，以及广播新闻与电视新闻的具体采制过程，使学生可以更加近距离地观察广播电视新闻的生产，并能够结合案例分析提高自己的实践水平。在全媒体时代的今天，各章节也包括了网络视听媒体、网络视听新闻的相关内容。

三、广播电视新闻学的产生和发展

我国广播电视的发展历史即将100年，其中，我国广播只有90多年的历史，电视只有60多年的历史，相比中国近代报纸诞生的200多年的历史，广播电视的发展要晚得多，所以广播电视新闻学的诞生与发展也要晚得多。但是，随着广播电视成为第一媒体，成为受众接收信息的主要来源，广播电视新闻实践的迅速发展促进了广播电视新闻学的研究，特别是我国开设广播电视新闻学专业的高校越来越多，广播电视新闻学已成为一个热门的应用型学科。广播电视新闻学是在广播电视媒体快速发展的基础上诞生的，作为一门新兴学科，广播电视新闻学有自己的内在特点和发展规律。除了传统的新闻采集技巧之外，该学科还需要培养学生运用现代传媒技术的能力，例如音频视频技术和多媒体技术。

从国际上看，新闻学的诞生已经有了100多年的历史，以美国为代表的西方国家的新闻教育为媒体组织培养了大量的新闻采编人才。20世纪40年代以后，传播学的兴起和成熟，传播学和新闻学不断地融合，传播学使用许多人文科学的方法对新闻学的一些现象进行深入的研究。改革开放以后，我国广播电视新闻学教育发展迅猛，1984年复旦大学设立广播电视新闻系，1985年中国人民大学新闻学院开始招收广播电视新闻学专业本科生，这些师资力量比较强的学校率先开设广播电视新闻学专业,成为国内最早开始广播电视新闻学教育的学校。

截至2008年年底,在我国高等院校设立的新闻传播学专业点达到了创纪录的877个,具体的数字是:新闻学267个,广播电视新闻学188个,广告学323个,编辑出版学64个,传播学31个,媒体创意4个。2010年,我国的广播电视新闻学教学点209个,其中"211"高校有40所,一般本科院校124所,独立学院有45所,每校平均招生规模为每年60人左右[①]。2011年年底,我国新闻传播教育的学科点总数已达到982个,逼近千位大关,具体的情况是:新闻学287个,广播电视新闻学215个,广告学359个,编辑出版学73个,传播学40个,媒体创意6个,新媒体与信息网络2个[②]。

广播电视新闻学专业目标是培养具有广播电视新闻学基本理论和基本技能,具有广阔的文化科学知识,能够在广播电视机构以及其他各类传媒、宣传部门以及企事业单位,从事新闻采访、报道、拍摄、编辑、主持、策划、管理等工作的广播电视应用型专门人才。现在这一专业目标实际上已经包含了能够胜任主流媒体的音视频端或者网络视听内容(主要是新闻纪实性内容)生产以及网络视听媒体的新闻纪实性内容生产的岗位。毕业生主要具备以下几个方面的能力:掌握新闻学、广播电视学和传播学的基本知识和基本理论,具有广播电视新闻采访、写作、编辑、摄录、制作、播音与主持等基本能力,具有良好的口头表达和文字表达能力,能够胜任现场和镜头前采访报道任务,还需要具有社会调查和社会活动能力,以及广播电视节目策划、制作、评论和分析能力。可以说,广播电视新闻学培养的人才面向的目标行业分别包括广播电视媒体、企事业单位和党政机关、其他新闻宣传部门、网络媒体、纸质媒体、广告公司以及其他的传播制作公司;具体的目标岗位分别包括新闻采编、公关宣传、策划创意、播音主持、节目制作、经营管理、新闻评论、教学科研以及广告等;主干课程包括广播电视新闻学、广播电视采访与写作、广播电视编辑与节目制作、电视专题与专栏、电视摄像、中外广播电视史、广播电视法规与职业道德、公共关系学等。

2012年9月,教育部《普通高等学校本科专业目录》中把广播电视新闻学专业更名为广播电视学专业,广播电视新闻学作为新闻传播学下面的二级学科淡出历史,之后的广播电视新闻学主要是指广播电视学这门学科的核心课程。

广播电视新闻学的教材方面,1987年中国人民大学刘志筠教授著的《电子新闻媒体——广播与电视》是我国出版最早的广播电视概论类的教材,此后饶立华、杨钢元、钟新合著的《电子媒介新闻教程》,陆晔、赵民主编的《当代广播电视概论》和张骏德主编的《当代广播电视新闻学》,以及李岩主编的《广播电视新闻学》、蔡尚伟著的《广播电视新闻学》、吴信训著的《新编广播电视新闻学》等教材,成为广播电视学专业广泛使用的教材。最新的教材则有2021年出版的中国人民大学新闻学院周勇教授著的《视听新闻报道》。

四、学习广播电视新闻学的方法

马克思主义新闻观与方法论是指导我们学习广播电视新闻学的主要方法。许多马克思主义经典作家都曾经亲自参与新闻工作,例如马克思和恩格斯曾参与《莱茵报》《新莱茵报》

[①] 彭爱萍.中国内地广播电视新闻学专业教育现状调查报告[J].现代传播,2011(4):122.
[②] 李建新.中国新闻传播教育发展趋势探讨[J].编辑之友,2012(3):53.

《社会民主党人报》的编辑工作。列宁曾主编《火星报》,并通过该报建立了统一的俄国政党。毛泽东不仅在湖南主编《湘江评论》,后来国共合作期间担任国民党宣传部代部长,并主编《政治周报》。邓小平主编过红军的报纸《红星报》。这些马克思主义经典作家对新闻学的基本规律、新闻工作的基本原则和方法、新闻工作的任务和职能、新闻业务的指导方针、新闻写作文风、新闻自由、新闻工作者的职业素质和修养等方面都有深刻的论述。虽然有些论述有深刻的时代背景,我们不能抱着教条主义去"死记硬背",但是,马克思主义经典作家的有关论述的内容以及基本精神与原则,对于指导我们新时期的广播电视新闻工作与网络视听新闻工作仍具有重要意义。

(一)理论联系实际的方法

理论联系实际是马克思主义的基本学风,也是广播电视新闻学的基本学风。广播电视新闻学是一门实践性非常强的学科,广播电视技术发展迅速,广播电视新闻节目形态日新月异,如果不能理论联系实际,就会成为目光短浅的井底之蛙。作为新闻学、广播电视学、播音与主持艺术、影视编导等相关专业的学生,不仅要学好基本的新闻学和广播电视学相关的理论知识,而且要关注广播电视业界的实践。特别是对一些成功的新闻节目,要采取"解剖麻雀"法作深入分析,找到节目成功的要素,并把这些成功的经验进行总结归纳,从特殊到一般,上升为理论,以指导自己以后的新闻实践。

(二)案例分析的方法

案例分析是学好广播电视新闻学的基本方法,其目的就是运用一般性规律对某种特定的对象与内容进行集中、深入的分析,进而更加清晰地认识该现象。在案例分析的同时,可以对一般规律进行检验,甚至审视是否可以对一般规律进行修正。本教材介绍了许多广播电视新闻节目的案例,特别是教材中广播电视的采编流程、广播新闻体裁与呈现、电视新闻体裁与呈现都有大量的案例分析,这些成功的案例将有助于学生从作品中把握规律性,提高自觉性,更快地适应广播电视新闻工作。

学习广播电视新闻学的方法多种多样,例如比较研究方法、静态分析与动态分析结合的方法、归纳与演绎相结合的方法。只要找到适合自己的学习方法,理论与实践相结合,认真思考,反复实践,必然会不断进步,在掌握坚实的理论基础上,提高自己的实践能力。

第一章　世界广播电视发展概况

广播电视是电子传播媒介,从技术方面看,广播电视就是通过无线电波或有线光缆向广大受众传播声音、图像等传播信号的媒介,统称广播。按传输方式,广播可分为无线广播和有线广播两大类。按传播内容,只播送声音的,称为声音广播,亦简称"广播";播送图像和声音的,称为电视广播,亦简称"电视"。为了区别起见,本书把声音广播称为广播,把电视广播称为电视。

20世纪20年代广播的诞生和30年代电视的诞生,成为20世纪人类最伟大的发明之一,对人类社会的发展产生了极大的影响。从此,广播电视成为崭新的大众传播媒介,而且是传播范围更广和受众覆盖面更大的大众化媒介。

21世纪以来,随着数字技术和网络技术的发展,广播电视技术也呈现了突飞猛进的发展,人们不仅可以通过无线和有线接收到声音广播和视频广播,而且可以通过互联网接收任何一个在线音频和视频节目,人们还可以通过手机和电脑等各种终端接收广播电视。同时,广播电视节目的表现形式、播出方式、接收方式等更加多样化,广播电视传播渠道和接收终端也出现了多元化趋势。

第一节　人类信息传播的革命

信息就是减少不确定性的任何事物,人类的生存和发展离不开信息传播活动,因为人类需要相互沟通信息和传播知识,减少各种不确定性。人类经历了不同的信息传播活动阶段,包括语言的产生、文字的发明、印刷术的发明、电子媒体的出现和互联网的应用等五次信息传播的革命,每一次信息传播革命都是信息传播在质量和数量、时间和空间等方面的质的飞跃。广播电视传播活动是一种信息传播活动,广播电视媒介是非常重要的大众传播媒介,为了更好地认识广播电视,下面梳理一下人类漫长的信息传播活动的历程。

人类诞生伊始,为了生存就必须相互间传递信息、及时联络、沟通情况。不过,人类早期的信息传播活动还只能用口头符号、信号传播,例如刻图、绘画、结绳、击鼓、燃起烽火等。我国历史上的"周幽王烽火戏诸侯"就说明了用"烽火"这一信号传播信息的事实,而在世界各地发现的岩画、崖画、壁画等也说明古人用绘画这一方式传播信息是常见现象。

从原始部落到现代社会,信息传播的活动没有片刻停止。只要有人的地方,就必须有信息传播,否则人就无法抵御外界的侵害,就无法相互沟通协调、共同进步。简而言之,信息沟通与传播是人类生存的前提,是人类社会发展的前提。

沟通信息就必须有媒介,而不同的媒介在传播信息的完整性、准确性、时效性、形象性上是不同的。从口头报告信息到用电子媒介传播信息,这是人类信息传播史上的一次飞跃。

事实上，每一种新的传播技术、传播符号、传播媒介的出现，都正是克服了前一项技术、符号、媒介的缺陷，同时显示了自身无与伦比的传播优势，给人类的信息传播带来了更多的可能。这个过程是相互叠加的过程，而不是相互替代的过程，是传播能力不断增强和传播效率不断提高的过程，这也是美国传媒思想家保罗·莱文森的"人性化趋势"和"补救性媒介"理论所阐述的。

一、语言的产生

语言的形成和使用，即用口头语言传播信息是人类信息传播史上的第一次革命。用语言传播信息，能够一传十，十传百……语言共享的区域有多大，信息能传达的范围就有多大。口头语言自产生以来一直是人类最基本、最重要、最经常的传播工具。口语传播是人类传播发展史上第一次突破，使人类摆脱了"与狼共舞"的野蛮时代，口语大大促进了人类智力的发展和人类社会的进化。

比较起来，无语言传播时代的原始传播有自己的优势。传播者以自身为符号，或者以身边容易获取的材料为传播载体，利用手势、舞蹈、肢体接触、表情、岩画、壁画、崖画、结绳、击鼓、烽火、烟火等进行信息传递，可谓是取材方便，使用自由，也比较直观形象。但是，另一方面，在这种原始传播中，信息和信息载体不能分离，能表达的信息非常有限，只能在可视和可听的范围内进行，可以说是传播时空距离最短、传输成本最大、方式最笨重的一种传播。

与无语言传播时代的原始传播相比，口头语言传播更加自由、灵活，传播范围更广，同时还保留了无语言面对面传播的生动性和互动感，因而大大丰富了传播内容、提高了传播效率、扩大了信息共享区域。但是，口头语言传播的不足也是明显的：口头语言符号必须与传播者同在，使口头语言传播局限于面对面共时传播，对时空的超越能力很弱，口语传播是一个稍纵即逝的过程，口语传播的保存和积累依赖于人类的记忆力。因此，传播效率仍然很受限制，传播成本仍然很高。所以，口语传播是在较小的空间以及一定的社会群体内的信息传播。

二、文字的发明

文字的发明和运用是人类信息传播史的第二次革命，如果说语言使人类摆脱了野蛮状态，文字则使人类进入了一个更加高级文明的阶段。早在5000年前，埃及人就发明了象形文字，公元前3000年左右，古代西亚人发明了楔形文字。文字符号传播的优势首先在于用文字传递信息，这比口头语言传递更准确；其次，文字能把语言永久记录下来，供人们在需要的时候查阅，使信息与信息传播者实现更大程度的分离，促进人类知识的传播和经验的积累，使人类文明的传承不再依赖神话和传说，而是依靠文字和资料的记载。

在传播过程中，文字使符号系统不必与传播者一同在场也能传播相应内容。文字是人类掌握的第一套体外化符号系统，大大加强了人类利用体外化的媒介符号系统的能力，加强了传播活动的自由度，最终提高了传播效率、降低了传播成本。文字使传播在时间和空间两个维度都实现了突破，文字传播打破了时空的限制，可以拓展人类的交流和社会活动的空间。

但是，利与弊总是如影随形，文字符号传播的不足也是不容忽视的：首先，文字符号对事物的抽象化表达丧失了面对面口头传播的现场感、互动感,降低了信息接收者的感受效果;其次,文字符号传播本身不能实现远距离、大范围共时传播,要借助先进的媒介与工具,例如,唐朝邸报通过驿站传播,往往需要好几天甚至几个月才能把朝廷的信息传给地方官员;再次,在纸张产生以前,记录文字符号的材质通常是甲骨、竹木简、布帛、皮革等,它们成本高、体积大、分量重,不适合远距离、大范围的传播。

三、印刷术的发明

印刷术的发明是人类信息传播史上的第三次革命。印刷时代的来临依赖于纸张和印刷术的发明,中国东汉蔡伦的造纸术和北宋毕昇的印刷术流传到东南亚乃至西方各国,推动了世界文明和人类传播的发展。印刷术虽然可以使文字大量地生产和复制,但是由于中国封建社会的政治、经济和文化条件的制约,中国的印刷事业仅停留在小作坊和人力劳动的水平上。直到15世纪40年代德国的工匠谷腾堡发明了金属活字印刷术,才使文字信息的机械化生产和大量复制成为可能,标志着印刷时代的来临。从此,报刊书籍等出版物成为人们获取信息和知识的主要渠道。

印刷术的发明和运用使文字信息得以大量复制和更广泛、更大规模地迅速传播,把人类信息传播和储存能力大大推进了一步,为近代报刊的产生创造了条件。而在此基础上的报纸的出现是文字信息传播的又一次大的飞跃,标志着人类传播由人际传播、群体传播时代跨越到了大众传播时代,传播成本大大降低,传播效率大大提高,有力地推动了社会文明进步。

公元1566年,世界上最早的印刷报纸《威尼斯新闻》诞生于意大利的威尼斯,公元1609年,世界上第一张定期印刷的报纸《报道与新闻报》在德国问世。但是报纸所承载的文字传播对读者的阅读能力、理解能力有一定要求,客观上限制了其传播范围;人对文字信息的记忆率只有20%左右,以文字为主要传播符号的报纸不能达到理想的接收效果;报纸的生产与发行方式阻碍了远距离共时传播,实现与事件发生同步的传播更不可能。

四、无线电通信技术的发明

无线电通信技术的发明和运用是人类信息传播史的第四次革命。俄国人波波夫和意大利人马可尼几乎同时发明了无线电通信技术,但是马可尼是对无线电通信技术的推广贡献最大的人。1897年,他在伦敦成立无线电通信公司,1901年,他完成第一次跨越太平洋两岸的远距离无线电通信。无线电技术是人类传播史上最重要的发明之一,对人类的生活产生了深刻的影响,无线电报、无线电话、无线广播和无线电视等都是运用无线电的成果。

无线电是大众化的媒介,而且具有直接感受性,比文字传播更具有感染力;时效性比报纸等媒介更强,电波的速度和光速相同,每秒约30万千米,相当于绕地球七圈半;无线电是更加容易普及的媒介,无线电技术的发展,使人类进入了一个新的信息社会。

无线电的主要贡献是实现了信息的远距离及时传播,也就是说人类传播在空间距离和时间速度方面实现了突破,并形成了人类体外化的声音传播系统和体外化的影像传播系统,使得人类传播内容更加丰富和直观,促进了人类知识积累和文化传承的效率和质量。尤其是广播和电视,传播时效性强,能进行远距离同时传播,能进行与事件发生同步的现场直播;以声音和图像为符号形式,感染力强,接收效果好;对受众的智力水平几乎没有特殊要求,老少皆宜。广播电视对人们的社会生活产生了巨大影响。

五、互联网的发明

计算机的发明和运用,尤其是互联网络的建成,已经极大地影响了世界政治、经济、文化、社会生活的格局,这是人类信息传播史的第五次革命。1946年,埃克特等人研制了世界上第一台电脑主机"埃尼阿克",1969年实现计算机对接,1980年建成互联网络,20世纪90年代世界各国都计划建立"信息高速公路"。互联网兼具所有媒体的传播功能和传播符号,是人际传播、组织传播和大众传播的集大成者,具有文字、数据、图片、视频和音频等多种信息符号的储存、记忆和处理功能。计算机的出现是人脑这一信息处理中枢的体外化的过程,计算机具有处理信息速度快、精度高和记忆力强的特点。

随着电子信息技术和互联网技术的发展,终端融合成为一种趋势,除了计算机以外,笔记本电脑、智能手机等都具有可打电话、可听广播、可看电视和可上网的功能,成为综合性的信息服务终端。截至2013年5月,我国互联网上网人数达5.7亿,其中通过移动终端上网人数4.2亿,互联网普及率达到42%,互联网的普及对于传统媒体来说是机遇也是挑战。互联网的优势十分明显,如多媒体形态、双向传输、海量信息、超链接文本、高度的参与性、互动性、选择性、时效性等。同时,对于网络媒介的不足,人们也有了清醒的认识:信息的真实性难以确定,信息的过滤困难,信息的品位难以保证,接收器材的价格高昂,对受众的受教育水平有一定要求。

第二节 世界广播业的发展

广播业的诞生是和无线电波的发现相联系的,它凝聚了一代又一代科学家坚韧不拔的努力,同时,收音机的发明与推广促进了广播的普及。广播经历了起步阶段、鼎盛阶段和衰落阶段后,又借助互联网开始了专业化和窄播化的音频广播之路,重新寻求受众目标与市场空间。

一、无线电声音广播的诞生

无线电的诞生始于电磁感应现象的发现。1819年的某一天,丹麦基尔大学的汉斯·克里斯蒂·奥斯特博士在做一项实验时,不小心将连接电池的导线落到了磁盘上,磁盘上的指针原来静静地指向正南,这时却剧烈地摆动起来了。这一现象引起了他的注意,他又反复实验多次,终于发现了电与磁的"缘分"。

在奥斯特实验的启发下,英国科学家法拉第经过十多年的长期不懈的实验研究,在1831年终于发现了电磁感应现象——变化的磁场在闭合导体里产生感应电流,并确定了"电磁感应定律"。

1864年,英国理论物理学家詹姆斯·克拉克·马克斯威尔发现了电磁学基本原理,即振荡式放电,必能产生放射性的电波,这种电波能够不用导线传播。1873年,马克斯威尔发表了《电磁论》,在理论上确定了电磁学。他还用数学论证了电波向外传播的速度和光速一样,马克斯威尔被公认为"无线电之父"。

以实验证明马克斯威尔理论的是同时期的德国科学家海尼·赫兹。1884年起,赫兹在德国的几所大学中,按照马克斯威尔的理论进行实验,终于发现了产生、发射与接收无线电波的方法,找到了测量光波及电磁波波长的科学方法,这正是利用无线电波传播信息的前提条件。赫兹的研究报告发表于1888年,名为《电磁波及其反应》,是有关电磁波特性分析的最早著作。为了纪念赫兹对发现无线电波的伟大贡献,1965年,国际无线电协会通过以"赫兹"为无线电波波长计算单位的名称的决定。

1895年,意大利人马可尼和俄国科学家波波夫几乎同时发明了无线电报,使用无线电波传递信息。

自从无线电通信问世以后,科学家们着手研究有声音的传播。加拿大人费森登和美国人德福雷斯特这两位独立实验者首次成功利用无线电波传送和接收人类自己的声音。费森登是美国匹兹堡大学的教授,讲授过电学工程,同时在西屋公司工作过。1902年,在匹兹堡两位金融家的帮助下,他建立了"国家电信号公司",集中做声音传送实验。他发明了外差式线路,使广播出来的声音传真度大为提高;还发明了高效率的交流发电机,使发射出来的信号增强,扩大了广播的范围。他按声波的形状调制了无线电波的波幅,继而发明了一系列可以传送话音的传声设备。

1906年的圣诞夜,费森登在美国马萨诸塞州的实验电台首次做试验性的广播,将人的语言、歌声及提琴奏乐等声音传播出去。这天晚上,太平洋船只上的无线电收发报员像平常一样戴着耳机注意接收间歇信号,但令他们吃惊的是,他们听到了一位妇女的歌声,接着是拉小提琴的声音,然后是一位男子朗读《圣经·路加福音》中的段落,最后是德国作曲家韩德尔《舒缓曲》的唱片声和"祝大家圣诞节快乐"的人声。这个声音被证明是从费森登的实验电台传出来的。一般认为,这是世界上第一次成功的传声试验。从广播工程的标准看,它标志着无线电声音广播的问世。后来,这一天被作为无线电广播的诞生日而载入了史册。

与此同时,美国科学家德福雷斯特也在进行着自己的无线电研究和传声实验。1906年,他发明了能产生电波,使微弱的电信号得到放大并传到远方的电子三极管,开创了电子科学的新应用领域。1908年,他从巴黎高达320米的埃菲尔铁塔上做了传声实验。1916年,他已经在纽约定期广播。他还利用《纽约美国人报》提供的简讯,广播了1916年威尔逊和休斯在总统竞选中的得票数字,这次广播被视为美国的第一次新闻广播。

加拿大人费森登和美国人德福雷斯特是早期进行广播实验的突出代表,但是他们的公司财政状况出现了问题,没有建立属于自己的真正的广播电台,他们有关无线电的专利权被其他公司购买。一战期间,无线电被广泛应用于情报传递和通信联络,以及各种战争宣传,但无线电广播技术的民间应用和推广受到阻碍。

此后,美国的许多无线电爱好者纷纷安装私人电台,播放音乐、商业广告和天气预报等。至于世界公认的第一个广播电台,则是1920年11月2日开始播音的美国匹兹堡的KDKA电台,它是由美国西屋公司电气专家弗兰克·康拉德主持建立的电台。根据美国商务部记载,它是第一个向政府领取营业执照的电台。11月2日晚8点,KDKA电台开始播音,第一条新闻就是播出总统选举的结果。KDKA电台的播音标志了广播事业的正式诞生。

自从KDKA电台开播以来,美国的许多电器行业、教育机构、报纸单位、宗教团体和百货公司等,都对广播这个新兴的大众传播媒介产生了兴趣。一些汽车零售商、旅馆餐馆业主、制造商、出版商、收音机修理行、剧院、银行以及服装店、家具店等,开办了不少广播电台,到 1924 年,美国已有近 600 座商业性无线电广播电台。

20 世纪 20 年代以来,世界各国都开始设立自己的广播电台。1922 年初,莫斯科建立了中央无线电台,1922 年 10 月 18 日,英国马可尼公司等六家无线电器材公司经政府批准合资建立了一家广播公司,并于 11 月 14 日在伦敦正式播出节目,这就是英国广播公司的前身,1927 年英国政府将其改为公营广播公司。现在广播已经成为最重要的大众传播媒介之一,成为人类现代文明生活中不可缺少的一部分。

二、广播传播技术的发展

(一) 调幅广播和调频广播

技术上讲,高频振荡的幅度随着音频信号的强弱变化而变化,这种调制方式就是调幅(AM),调幅的特点是载波的频率始终保持不变,而载波幅度变化的形状与音频信号变化的形态一致。高频振荡的频率随着音频信号的强弱变化而变化,这种调制方式就是调频(FM)。当音频信号增强时,频率较高,波形较密;当音频信号减弱时,频率较低,波形较疏,这种波形疏密的变化就是频率的宽度在变化,这种频率宽度的变化就是频偏,调频广播就是通过频偏来传输信息。

最初的无线电广播是中波和短波调幅广播两种方式,因为中波和短波载送声音的方式是比较简单的调幅方式,在技术上最容易实现。中波可沿着地球表面传播(地波),如果发射功率较大,能够覆盖半径为一百多千米的地区,也可以靠地球外层空间的电离层反射(天波),可能到达几百甚至上千千米远的地方。短波主要依靠电离层的反射,功率较大的短波能够传播到几千千米以外。

1923 年,美国科学家阿姆斯特朗开始研究调频广播并于 1933 年达到实际应用水平。1940 年,美国政府开始准许设立调频广播电台。此后,调频广播在美国及其他国家陆续推广。调频广播为米波,与中波广播相比具有明显的优势。例如,声音优美动听,可做高保真广播;抗干扰能力较强;广播频段可以容纳大量发射机,播出多套节目;在使用同等功率发射机时,调频广播发射台的服务范围比中波发射台大得多;可以比较容易地实现立体声广播。

(二) 数字音频广播

20 世纪 90 年代出现的数字音频广播堪称广播技术史上的里程碑。可以将所有音频信号和视频信号转化为比特的数字广播,与以连续波形传送的模拟广播相比,数字音频广播具有无法比拟的优点:具有激光唱盘一样的音质;抗干扰能力强,甚至在使用便携式收音机和汽车收音机时,也没有杂音或干扰;每个电台所占频带非常窄,可利用频率数量大大增加;地面广播和卫星广播均能采用统一技术;能够提供数据传送等多种新业务,使广播功能大大扩展,使广播不仅可以"听",还可以"看"。

1995 年,英国广播公司进行了数字音频广播,1996 年中国数字音频广播在广东省佛山广播电视中心试播。数字音频广播取代模拟广播是广播的发展方向,但彻底取代尚需时日。一方面,广播电台数字化制作播出设备需要投入巨额资金;另一方面,听众购买数字化收音机也需要付出不菲的费用。

（三）在线音频广播

继 1987 年世界上第一家电子报纸——美国《圣何赛信使报》问世之后,通过网络传送音频信号的问题在 1996 年年初得到解决,并实现了即时直播和随时点播两种形式。现在,上网用户只要有 Real Player 这类软件,就可以听到广播网站的音频广播。目前大到世界著名的国际广播机构,如美国之音、英国广播公司、法国国际广播电台,小到社区性广播电台都建有网站,并提供直播和点播两种音频广播,这使原有的国际广播有了新的传播渠道,而国内地方性广播也有了走向世界的可能。

三、广播的发展阶段

广播是时效性强、覆盖面广的电子媒体,早在实验阶段,广播就给人们带来了新闻、音乐和娱乐节目。随着大众传播技术的发展,广播的发展经历了报纸占主导地位、广播占主导地位、电视占主导地位和网络占主导地位四个阶段。在不同的时期,广播的地位和广播节目的形态都不同,下面以美国商业广播的发展为例,阐述世界广播事业的发展历程。

（一）报纸时代的广播

在广播诞生后,人们在很长一段时间仍保持着读报纸新闻、看报纸广告的习惯,而仅仅把广播视为获得娱乐的"音乐盒"。这种观念直接体现在广播节目形态上,音乐节目占有绝对优势,而新闻节目只占很小的比例,广告比例也很小。以美国为例,纽约三家电台、芝加哥一家电台和堪萨斯城一家电台在 1925 年 2 月播出的节目中,"音乐"占 71.5%,"新闻"占 0.7%。广播的采编力量有限,主要依靠播报来自报纸的新闻,广播新闻的时效性差,形式单一,主要是播音员播读当地报纸的新闻。此时,广播还未成为报纸的竞争对手,二者和平共处。1929 年,广播的广告收入虽然已增加到 4000 万美元,但同年报纸的广告收入却达到 8 亿美元。1926 年与 1927 年全国广播公司和哥伦比亚广播公司分别建立,1943 年原来属于全国广播公司的蓝网独立成为美国广播公司,这样美国就建立了三家广播公司。这些广播公司的成立不仅使广播电台可以共享广播节目,而且也显示美国广播业的实力不断壮大。

（二）广播的黄金时代

1929 年开始的欧美大的经济危机结束了两大媒体和平共处的历史。1933 年,美国报纸的广告收入比 1929 下降了 45%,而广播的广告收入却翻了一番。报纸广告流失的主要原因是:经济危机使企业能投入广告的资金总量减少;纸张不仅贵而且质量差,广告印刷质量差,影响了广告的传播效果;公众的购买力下降影响了报纸的发行量;广播内容生动丰富,在资金投入上可以一劳永逸,符合人们当时的经济状况;半导体携带方便,广播对事态的反应速度也是一个挑战。这些特点使广播成为人们获得信息和娱乐的主要工具,甚至是人们在精神空虚、彷徨失落时的伴侣。报纸发行量的减少和广播收听率的提高改变了广告费的流向。

1929 年开始,美国爆发了经济危机,1932 年,51 岁的罗斯福临危受命,出任总统。为了重拾美国人的信心,罗斯福总统除了采取新经济政策恢复经济外,还想到了广播。入主白宫后,他在壁炉旁公开发表了大量的广播讲话,这就是美国广播史上著名的"炉边谈话"（Fireside Chats),通过广播,普通民众听到了总统舒缓而平稳的声音,产生了无比的亲切感,缩短了总统与民众的距离,更让民众得到了安慰和鼓舞。在当时美国的一亿多人口中,有近5000万人听过他的大多数演讲。这个时期一些广播公司开始建立自己的新闻采集机构,在美国各大城市设立办事处,其中哥伦比亚广播公司率先建立自己的新闻采集机构,摆脱了对报纸新闻的依赖,这样广播新闻的时效性增强了,报道的内容也丰富多了。

二战期间,美国公众心系欧洲战场,报纸不能满足人们迫切需要了解战事的愿望,而广播不仅以最快的速度反映战况而且通过现场报道把实况搬到了听众面前。例如,美国哥伦比亚广播公司派爱德华·默罗等人到欧洲战场进行报道,1940年8月德国空袭伦敦,默罗的"这里是伦敦"的现场广播报道使其名声大震,默罗极具现场感的报道使听众犹如身处战争的环境当中,使听众深刻感受到战争的残酷,广播对战争的现场报道也使广播的社会影响力大大提升。从世界范围看,广播因其成为人们最主要的信息渠道而在第二次世界大战中得到空前的发展,得到公众的广泛关注。广播在第二次世界大战中的出色表现带来了战后几年广播的繁荣。从1940年到1950年,美国电台数目翻了一番,全国性广播网播出时段出售额从1935年的3500万美元激增到1948年的1.33亿美元,到1950年96%的美国家庭拥有了收音机。与此同时,广播广告因其巨大的到达率和多种声音元素组合传播的强感染力,成了广告主眼中不可替代的广告形式。

(三)电视时代的广播

1936年11月2日,英国广播公司黑白电视节目的开播标志着电视传播的正式诞生。美国全国广播公司的电视广播在1939年正式开播,但由于电视对绝大多数人而言仍然是个奢侈品,电视的推广受到很大限制,电视的社会影响很小。二战期间,电视方面的研究被迫停顿下来。二战结束之后,电视开发被重新提上日程,创办电视广播很快成为新的热点。电台业主们也纷纷转向电视,申请开办电视台的许可证。美国三大广播网都进军电视,甚至减少或者终止正在进行的广播改进试验,电视对广播的挑战正式拉开了序幕。

就像当初广播借鉴报纸的形式一样,电视在创办之初大量地借鉴了广播的节目形式。广播中的传统节目如肥皂剧、情景剧被移植到电视上,电视又能利用图像优势使这些节目青出于蓝而胜于蓝,制造出强大的感染力。随着电视网的扩大和电视的普及,广播网的重要性大为削弱,受众的兴趣转向电视,广告和流行节目也迅速弃广播而从电视。

在美国,广播让位电视发生在20世纪50年代初。受众与广告商对电视的热衷以及广播业主们迫不及待地想在电视上有所作为等因素使广播网在1950年前就已经面临衰落。到1952年,电视的地位已经相当稳定。50年代晚期,大型广播网基本退出历史舞台,广播广告的投放量急剧减少。但是许多人还是积极寻求广播的出路,1952年后,广播晚间节目中,杂耍、音乐和各类谈话节目的时数有所增加。肥皂剧仍然主导日间广播节目。50年代后期,新闻成为晚间广播节目的主要形态之一。到1956年,新闻广播时数高居各类节目之首。

美国广播从20世纪60年代后期开始的最大变革是受众群体的"小众化"和广播内容的"窄播化"。广播电台把自己的目标听众定位在特定的群体,如宗教徒、古典音乐迷。全新闻频率作为一种新型广播模式首先在几个大城市推广开来。非音乐的各类广播电台以电话热线参与、讨论、访谈、新闻、公共事务为基本特征。音乐电台也在60年代进一步专门化,细分为轻音乐台、爵士乐台、古典音乐台、流行歌曲台等五花八门的频率。在各类专业电台中,新闻台的影响力最大,堪称龙头台。在专门化的同时,广播在服务对象、传播内容上进一步本地化、社区化,面向本社区、成本较低的小功率电台迅速增长。

(四)网络时代的广播

互联网的兴起给广播带来了很大的挑战,但是也带来了机遇,互联网使传统的广播得以延伸,使广播的内容和形式更加多元化。广播连接网络以后,可以实现接收方式的便捷性、广播资源的无限性、传播载体的多媒体性、受众反馈的及时性。虽然收听调频和调幅广播的人数略有减少,但是收听网络广播的人数却不断增多。例如,一项数据表明,2011 年,22%的美国人喜欢收听调幅和调频广播。考虑到便利性,受众更多的是通过移动终端来收听广播,通过传统渠道收听广播的比例要低于选择 iPhone(66%)、Android 智能手机(49%)、数字视频录像机(48%)、平板电脑(46%)、宽带互联网(46%)和卫星广播(39%)的比例[①]。

广播"窄播"化、专业化成为世界性的发展趋势,而广播的这些努力也终于有了回报,广播广告新的增长点也应运而生,或者说,针对细分化的听众进行投放的更为精准和有针对性的广播广告仍然回报可观。2011 年美国广播产业实现收入 174 亿美元,38%的美国人每周都使用手机收听音乐。2010 年,美国广播电台数量有所增长,达到 3795 个,同比增长 10%。2010 年,美国全新闻电台的数量亦有所增长,达到了 33 个。

美国传统广播主要是新闻、谈话、资讯类综合性的广播节目,虽然传统广播仍然是美国广播产业收入的主力军,但是互联网和移动终端也促进了美国广播产业的创收,特别是美国的网络广播、卫星广播、播客的发展,使广播呈现出不同的形态以及出现了不同的传播终端。另外,美国越来越多的汽车制造商在汽车上也安装了可以接入互联网的网络广播。在互联网迅速发展的今天,如果广播仍然依靠传统的方式生存必然失去发展的空间,要充分利用网络互动性强、高速度、高质量等优势,使广播立体化发展,开辟另一片天地。

第三节 世界电视业的发展

电视是视听兼备、声情并茂的电子媒介,与广播相比,所涉及的技术也复杂得多,不仅包括音频技术,而且包括视频技术。电视的发明是建立在广播技术的基础上,在图像技术方面实现了突破。随着数字压缩技术和互联网技术的发展,卫星电视、移动电视、网络电视、数字电视也取得了突飞猛进的发展。

一、电视的诞生

电视的诞生也颇有戏剧色彩。1865 年,英国铺设海底电缆的工程师约瑟夫·梅在测量电缆性能时,发现测量结果老是有变化。他追根究底,终于发现是其中的"硒"元素在"作怪":光线照在含有硒的物体上,竟能产生电子放射的现象;照射的光线越强,放射的电子越多;照射的光线减弱,放射的电子也就减少,也就是说,硒有光电效应。1873 年,约瑟夫·梅正式发表了硒的光电效应的报告。他无法预计这个发现将对世界产生怎样的影响,但电视

---

① 宋青.2011 年美国广播市场盘点[J].中国广播,2012(10):88.

就是在硒的光电效应的科学基础上诞生的。

约瑟夫·梅的报告发表后，科学家们着手对电视研究。1884年，德国科学家保罗·尼普柯发明了电视扫描盘，这是电视机荧光屏的雏形。1934年这种机械电视扫描装置被电子扫描装置所替代。

20世纪20年代是电视的萌芽时期。当时的工业先进国家都先后开始了对电视的研究，从各个角度对电视技术进行攻关突破。1923年，美籍俄裔工程师左瑞金发明了光电管，用电子束的自动扫描组合电视画面，取代了机械式的圆盘旋转扫描，为电视摄像机的设计做出了贡献。此后，科学家们又发明了电子图像分解摄像机，对电视摄像机做了进一步的改良；发明了阴极射线管，在电视接收机的显像技术方面又是一个大改革，电视技术逐步趋于完善。

1926年，英国科学家贝尔德利用电视扫描盘，完成了电视画面的完整组合及播送，于1月26日在伦敦作公开示范表演，引起了极大的轰动。1927年与1928年，贝尔德分别将电视画面由伦敦发射到格拉斯哥和纽约，证明电视画面可以由无线电波作长途的传递。1930年，英国广播公司与贝尔德合作成功试验了有声音的电视图像广播。1936年，英国广播公司在伦敦亚历山大宫建立了全世界第一个公众电视发射台，于11月2日开始了电视节目的定期播出。

20世纪三四十年代是电视的成型时代。此时，电视已经开始成为一种大众传播媒介，不少国家陆续开始电视的试验播出，但"二战"的战火将这一工作打断。二战后，电视业进一步兴起，各国都恢复或开始电视播出。

二、电视新闻的发展

1948年哥伦比亚广播公司开办了第一个晚间新闻节目，但新闻节目收视率低，没有广告商愿意出资赞助节目。1949年全国广播公司开办《骆驼新闻大篷车》，该节目由骆驼牌香烟厂资助。1951年，哥伦比亚广播公司著名记者默罗和弗兰德利创办了《现在请看》(See It Now)时事新闻节目。1956年全国广播公司启用固定主持人主持晚间新闻节目，1957年哥伦比亚广播公司《面对全国》节目首次播放外国首脑电视专访，开创电视访谈新闻节目。

1968年哥伦比亚广播公司播出一档具有全新理念的新闻节目《60分钟》，这是一档杂志类新闻节目，一个小时的节目讲三个故事，就像好莱坞包装电影一样讲新闻故事，有情节、有冲突、有悬念，《60分钟》迅速成为高收视率的时事性节目，也成为最赚钱的新闻节目。这种杂志类的电视新闻节目迅速被美国其他电视网仿效，例如CBS的《48小时》，NBC的《日界线》，ABC的《20/20》《夜线》等，这些节目都是1个小时左右，讲述1到4个故事，以深度报道见长。

随着电视采录设备和卫星传输技术的发展，电视媒体在重大事件的报道中扮演着重要的角色，或对新闻现场进行同步报道，或对重大事件进行实况转播。1967年7月电视报道了"阿波罗"号宇宙飞船首次载人飞行，观众看到了地球的美丽景色；1969年电视实况报道了宇航员阿姆斯特朗成功登陆月球，47个国家民众收看了这次登月盛况；1981年里根总统遇刺和1986年美国"挑战号"航天飞机爆炸，三大广播网都进行了实况报道。

1980年6月美国有线电视新闻网开播，这是全球第一个24小时全新闻有线频道。随后，福克斯新闻频道(FOX)、微软-全国广播公司新闻频道(MS NBC)、英国广播公司新闻频道(BBC)等纷纷开播。其中,美国有线电视新闻网(CNN)成为世界新闻的重要来源,凭借着遍布各个角落里的记者,CNN可以在任何时候、任何地方报道任何事件。特别是1991年海湾战争,CNN把战争爆发的消息传给了全球观众,并依靠直播卫星把战争的每一幕传到了世界上近200个国家和地区,海湾战争促使CNN的收视率大幅提升,使现场直播深入人心,对新闻的时效观也产生深刻影响。

三、电视技术的发展

(一)彩色电视的发明

20世纪五六十年代是电视蓬勃发展的时期,彩色电视也开始兴起。彩色电视极大地提高了电视画面的质量,使得图像更为逼真,表现力更为丰富,传播效果更佳。1940年美国无线电公司首先试制成功彩色电视。战后经过研究改进,1946年宣布了"点描法彩色电视标准","点描法"最大的优点是与黑白电视兼容。1953年11月17日,美国政府宣布采用"点描法"为美国彩色电视技术标准,通称为NTSC制。1954年,美国全国广播公司首先正式播送彩色电视节目,此后,世界上许多国家也相继研究成功了各种彩色电视制式。1966年7月,国际无线电咨询委员会在奥斯陆会议上投票,确定美国的NTSC制、法国的SECAM(塞康)制、德国的PAL(帕尔)制为三种通用制式,各国可根据各自国情采用。我国于1973年采用帕尔制开办彩色电视,这种制式的优点是传送范围广,传真度高。

(二)采录设备的改进

电视问世之后,一直使用电影胶片采录电视声像。胶片的洗印和编制过程使电视新闻的采制复杂化,大大影响了新闻的时效,电视的影响力难以显现。胶片不能重复使用的特点又使电视生产成本居高不下。

20世纪50年代,美国研制的电视用磁带达到播出质量。在1951年至1952年期间,录像磁带系统得以公开展示。1953年,在美国联邦通信委员会批准彩色电视技术标准后不久,美国无线电公司展示了适用于彩色电视和黑白电视的录像磁带录制(VTR,Video Tape Recording)系统。1956年,哥伦比亚广播公司首先将这种录制系统投入使用。与电影胶片相比,磁带录制系统不用洗印的优点大大简化了电视制作程序,提高了制作效率,特技操作更简便易行,声像采录质量提高,节目内容修改轻而易举。总之,磁带录制系统为电视制作者们提供了更大的灵活性。

20世纪60年代后期,电子新闻采录系统(ENG,Electronic News Gathering)在美国投入使用。ENG系统摄录一体的优势使现场即时检查声像效果与现场直播成为可能,从而改写了电视新闻的时效观。ENG和卫星通信设备相结合,又产生了卫星新闻采集设备(SNG)。20世纪80年代以来,ENG和SNG被广泛应用于新闻及其他节目的摄录制作,以及对新闻和重大事件的同步报道,实现了新闻节目的全球即时传播。

随着数码录音机、摄像机的发明与运用以及计算机数字音频、视频工作站的建立,广播电视采录制作设备从90年代开始了取消磁带的革命。目前,非线性编辑系统已经被广泛运用于广播电视节目制作,其非线性的特点不仅提高了内容检索与编辑速度,而且大大降低了因为磁带复制产生的信号损耗,提高了声音和画面质量。非线性编辑系统存储容量大的特点节省了保存磁带所需的空间。21世纪以来,尤其是2010年以来,摄像机的更新换代更是加速发展,超高清摄像机逐渐投入广播电视新闻和网络视听新闻节目的采制生产当中,在摄影技术方面360度全景摄像技术,在视听合成技术方面虚拟现实(Virtual Reality,简称VR)和增强现实(Augmented Reality,简称AR)技术等开始运用,广播电视新闻和网络视听新闻的表现形式、话语风格、视觉传达效果等都有新的特点。

(三) 有线电视的产生与发展

有线电视(CATV)是通过电缆或光缆组成的传输分配线路,将电视节目直接传送给用户接收机的一种区域性电视广播方式。因为缆线形成闭路传输系统,有线电视又被称为闭路电视。初期的传输线路都采用电缆,所以也称为电缆电视。20世纪70年代问世的光缆以其优良的性能已逐渐取代电缆。

有线电视的最初形式是共用天线系统,1949年,美国宾夕法尼亚州与俄勒冈州之间的多山地区出现了有线电视,经营者在高山架设天线,接收节目,然后将节目信号用电线传送至当地的各家各户。当时在电视覆盖区的边缘地带,在高山、高层建筑等障碍物阻碍电波传播的阴影区,在电波经过多次反射造成重影和外界干扰严重的地区,选择有利地形和干扰小的场所,架设性能优良的电视接收天线,把收到的优质信号经过放大及处理后,用电缆分配给各个用户,这样就形成了多个电视用户共用一套接收天线的接收形式。虽然共用天线的用户需支付一定费用,但有线电视受空中电波干扰小,图像清晰度高,很受人们欢迎。

有线电视真正进入大发展是在20世纪70年代后期卫星电视技术出现后。1975年12月,美国无线电公司发射了同步卫星"通信卫星1号",标志着现代化有线电视业的开始。天上的卫星电视广播和地面有线电视网相结合,使有线电视得以迅猛发展。"无线上星,有线入户"成为今天电视传播的主要形式之一。有线电视始于偏远地区,却在中心城市赢得了最大的市场。

现代有线电视的特点是:① 节目容量大。最初有线系统能传送十几套节目,后发展到几十套、上百套,数字压缩技术可使有线频道达到500套节目的规模。目前,美国观众可以看到几百套有线电视节目,我国的观众能看到50套左右。有线电视的多频道为频道内容的专门化提供了现实可能。② 不易受干扰,信号稳定,质量高。③ 有线加密可实现收视付费。④ 可进行双向传输。⑤ 可与计算机网络相连接,提供多功能服务。有关专家指出:建设信息高速公路的关键是"最后一公里",即用户网络。这个网络最现实和最节约资金的办法就是采用光缆干线与同轴电缆分配系统相结合的有线电视网。如今,有线电视已成为电视的主要播出方式,而无线电视的重要性降到了第二位。①

随着数字技术的发展,有线电视的双向数字化改造正在进行,电信网络与有线电视的网络功能趋于一体化,都能够传输数据、语音、视频、音频等一揽子的服务,改变了有线电视的垄断地位。世界许多国家开始了三网融合改革,即有线电视、电信网和计算机网等互联互通,相互进入,这将改变有线电视和电信的服务质量和效率,提高网络的使用效率,促进有效竞争。

---

① 饶立华,杨钢元,钟新.电子媒介新闻教程:广播与电视[M].北京:中国人民大学出版社,2000:26.

（四）卫星电视与国际电视

1945年，英国科普作家阿·克拉克在《无线世界》杂志上发表了题为《星际传播》的文章，最早提出卫星传播的思想。他建议，将人造卫星发射至赤道上空3.6万千米的太空，这时候地球对卫星的吸引力刚好与卫星绕地球运行时的离心力相等，卫星的位置就相对固定下来，与地球保持同步运行，从而成为空中转播站，这样卫星上的电子装置就可以接收地面传送的信号，并将信号转发到覆盖范围内的广大地区。在同步轨道上每隔120度设一颗通信卫星，只需三颗就能实现全球通信和电视广播，形成全球性的通信网。

1957年，前苏联发射了第一颗人造卫星"斯普特尼克1号"，大众传播事业又翻开了新的一页，但是这颗卫星的政治宣传意义大于实用经济价值。1962年6月，美国航空航天局（NASA）和美国电话电报公司（AT&T）合作发射了"电星1号"，这颗卫星首次成功转播了电视信号，并进行了跨越大西洋的电视节目传送实验。1962年发射的另一颗非同步卫星"转播一号"原准备转播一次肯尼迪总统向日本人民的演讲，但是他于1963年11月被刺身亡，日本人民首次看到的是关于这次悲剧的实况报道。

1963年7月，美国成功发射了世界上第一颗同步卫星"同步二号"。1965年4月，国际通信卫星组织的第一颗商用通信卫星"国际通信卫星一号"（又称"晨鸟"）启用。从此，电视节目国际传送和转播成为现实，标志世界进入了卫星传播的新时代。1969年7月19日，卫星转播了人类第一次登上月球的电视实况，全世界约有47个国家的7亿多人通过电视观看了这次实况转播，占世界人口的五分之一还多。

在通信卫星出现以前，电视信号要用超短波以下的波段（包括微波）来传播。超短波的传播特性近似光线，是按直线前进的，一般在视距以内的距离才能收到超短波电视信号。因此，电视信号的传播距离通常只有六七十千米，在这个距离之内的信号强而稳定，接收质量比较可靠。要扩大传送距离，就要采用"接力"方式，再传给下一站。

与微波传送相比，卫星传送在传送数量、传送质量、传送速度、传送范围、传送成本方面都堪称人类传播史上的一次革命，它比微波更加简便、经济和可靠。特别是对于一些地域辽阔、地形复杂和人口分布不均的国家，卫星传播是一种成本最低廉的信号覆盖方式。卫星不仅促进了有线电视的发展，也使国际电视广播成为可能。从理论上讲，卫星为全球电视机构搭建了一个同台表演的舞台，使全球真正成为"地球村"。

20世纪六七十年代，卫星电视节目需经过卫星地面站接收、转发，个人用户才能收看。始于80年代的卫星直播（Direct Broadcasting Satellite，DBS）将电视信号直接送入用户，用户可以利用小型接收天线直接接收卫星节目。日本是世界上卫星广播巨头之一，是世界上第一个整套播出卫星直播电视的国家。1984年1月，日本成功发射了世界上第一颗实用电视直播卫星"樱花二号"。1987年，日本广播协会开始进行每天24小时的卫星广播，在日本消费者中掀起了使用碟式卫星天线的热潮。20世纪90年代初，日本又相继发射了三颗直播卫星，并利用这些直播卫星试播高清晰度电视。

数字压缩技术应用于卫星传送使节目频道数量大大增加，而且数字频道的传送成本与模拟频道传送成本相比大幅度降低。电视直播卫星不仅改善了国内电视的覆盖状况，更开辟了国际电视的新时代。1980年6月，特德·特纳在美国亚特兰大创立的美国有线电视新闻网（CNN）开始通过卫星向邻国的有线电视系统播送新闻，成为国际电视诞生的标志。20多年来，国际电视先在欧美发展，然后向全世界其他地区延伸。

美国新闻总署主管的世界电视网（WTN）于1984年11月开始通过国际通信卫星向世界各地播出节目。1990年10月,世界电视网与美国之音对古巴的广播部合并,组成美国对全世界进行无线电广播和卫星电视广播的全能机构。20世纪80年代末,美国其他商业电视网,如娱乐与体育电视网（ESPN）、家庭影院电视网（HBO）、音乐电视网（MTV）等,也开始租用卫星转发器,向国外拓展市场。如今,在很多国家,只要你向当地广播电视管理或播放中心订购了这些电视网的付费电视服务,就可以自由地收看。

随着欧洲一体化进程的推进,欧洲的国际电视得以迅速发展,建立了许多私营的和公营的国际电视台。进入90年代,亚太地区的国际电视开始崛起。泰国、菲律宾、马来西亚、新加坡、文莱等国都开办了面向东南亚的国际电视节目。中国中央电视台第四套节目于1992年10月正式开播,是向国外覆盖的国际频道。后来又相继开播了英语国际频道、西法频道、俄语频道和阿拉伯语频道等多个国际频道。中东北非也有多个阿拉伯卫星电视公司,进行泛阿拉伯地区的电视广播。

可以说,全球卫星覆盖已成为当今世界电视的一个重要特征。随着卫星电视和国际电视接收的方便,国际传播和全球传播的问题引起了人们的关注,大量异质的思想、观念伴随着电视节目也更加方便地进入了他国,跨文化传播和文化帝国主义成为人们讨论的话题。

（五）数字电视与IPTV

数字电视是指从演播室到发射、传输、接收的所有环节都是使用数字电视信号来传播的电视,也就是说电视的节目采集、节目制作、节目传输乃至用户端接收的信号传播都是使用0、1数字构成的二进制数字流来传播的,与模拟电视相比,数字电视具有图像质量更高、节目容量更大和伴音效果更好的特点。数字电视系统可以传输多种业务,例如高清晰度电视、互动电视等。

1982年新一代数字式电视机由美国的数字电视公司首先研制成功,1996年美国休斯电子公司率先发射一颗数字直播卫星,并组建了数字压缩技术的商用电视直播卫星系统,1995年美国正式通过ATSC数字电视国家标准,1996年法国第一个开始了数字电视商业播出,随后数字电视迅猛发展。而荷兰2006年就全面实现了数字化,荷兰成为世界上第一个实现电视数字化的国家。

我国2003年已经在北京、上海等城市开通数字有线电视的播出,计划2015年关闭模拟电视信号,实现全面数字化。基于DVB技术标准的广播式和"交互式"数字电视,采用先进用户管理技术能将节目内容的质量和数量做得尽善尽美,并为用户带来更多的节目选择。数字电视采取双向信息传输技术,增加了互动功能,包括视频点播、远程医疗、股票交易、远程教学与网上购物等新业务,使用户从看电视到用电视的转变,增加了受众的自由度和选择权,提高了节目的参与度和互动性。

IPTV(Interactive Personality TV)是个性化的交互式网络电视,集互联网、多媒体、广播电视和通信技术为一体,向用户提供包括数字电视在内的多种交互式服务的电视,用户可以通过计算机或者网络机顶盒加普通电视机的方式接收IPTV服务。IPTV不同于传统的模拟电视,也不同于经典的数字电视,它能够充分利用网络资源。IPTV是利用宽带有线电视网的基础设施,以电视机为终端,通过互联网络协议来提供包括电视节目在内的多种数字媒体服务。

IPTV提供包括视频节目在内的多种数字媒体交互性业务,实现宽带IP多媒体信息服务。用户可以得到高质量的数字电视服务，可以自由选择宽带 IP 网上提供的各种视频节目，IPTV 还可以实现媒体提供者和媒体消费者的实质性互动，可以提供数字电视节目、可视 IP 电话、互联网浏览、电子邮件以及各种在线信息咨询、教育、娱乐及商务活动，也可以实现电子菜单、节目预约、实时快进、快退、终端账号及计费管理、节目编排等多种功能。

1999 年英国 Video Networks 推出了全球第一个 IPTV 业务，2003 年香港地区电讯盈科也推出 IPTV 业务，2005 年中国电信与上海文广合作在上海推出 IPTV 业务，获得了中国第一张 IPTV 牌照，以 BesTV 百视通为品牌。随后，我国的 IPTV 业务扩展到其他的城市。我国 IPTV 发展的关键是监管层面，目前，我国广播电视电影等视音频内容制作、监管部门是国家新闻出版广电总局，包括网络宽带要求、点播及收费等软件的接入网络监管是信息产业部。IPTV 的健康、有序发展需要监管部门协调管理，合作双赢，共同打造完善的产业链和产业生态环境。

（六）在线音频、视频广播

随着电信技术和网络技术的发展，无线与有线的互联网宽带纷纷扩容，使得广播电视媒体能够在有线或无线互联网上顺畅地发布广播电视节目。无线和有线互联网都能够发布音乐、电影和电视剧之类的音频和视频内容产品。互联网音视频成为传统广播电视的重要延伸和补充，也是传统广播电视和互联网融合的产物，互联网已成为音频、视频信号的新载体。音视频文件的体积都很大，没有一定的带宽播放起来往往不十分流畅，流媒体技术可以破解这个难题，流媒体技术就是把连续的影像和声音信息加以压缩，放到网站服务器，用户无需等到整个压缩文件全部下载到终端，就可以边下载、边收听或收看。

美国有线电视新闻网（CNN）于 1995 年 8 月 30 日建立网站，是较早上网的电视机构之一。早在 21 世纪来临之际，美国宣布实现在线高清晰度视频广播。在提供视频广播服务的网站上，用户通过 Real Player 这类软件就可以直接调看视频节目。视频广播通常也兼备即时直播和随时点播两种服务。

2000 年，我国在线视频广播就已经得到广泛实践，如中央电视台的重要栏目《新闻联播》《现在播报》等都提供了网上视频直播和点播，中央三台曾对国庆 50 周年庆典、澳门回归、全球喜迎新千年等重大活动进行了网上直播。2000 年 4 月底，中央电视台名牌节目《东方时空》第一次利用了网上直播与网友双向交流，这种做法已经越来越多地为广播电视机构所采用。现在，中央电视台全部频道都已上网，用户可以直接点击频道收看其网上直播或点播节目。

我国几乎所有的电视台都建立了网站，提供自己各套节目的网上直播和点播服务。广播电视机构不再消极地担心网络传播对传统广播电视收听率、收视率的影响，而是积极地利用这种新媒体扩大自己的市场。除原有的广播电视机构外，还有一些独立的机构提供网上音频、视频广播，具体包括优酷网、土豆网等视频分享网站、新浪和搜狐等门户网站以及 PPstream 和 PPlive 等网络电视媒体。

在线音频、视频广播既有传统广播电视传播迅速、声画兼备、受众面广的优点，又克服了传统广播电视顺序传播、转瞬即逝的缺点，其直播服务让网上观众有同步体验的兴奋，而点播服务更让观众有随时收看的惬意，互联网为包括音频、视频广播在内的网络传播提供了广阔的市场前景。目前，广播电视机构在保留和改进原有传播方式的同时，积极上网是保持原有市场、开拓以青年人为主的网民市场的有效举措。从长远看,传统广播电视与在线音频、视频广播会在竞争中相互补充、相互促进,而不是相互取代。

(七) 当前国际上的音视频平台发展状况

随着互联网技术的不断发展,国际上的音视频平台媒体呈现繁荣的景象(表1.1)。成立于1997年的Netflix(中文名称:网飞,奈飞)已经是世界最大的收费视频网站和在线视频网站。它是美国第一大在线娱乐内容提供平台,平台购买了大量电视剧、综艺的版权。作为美国流媒体巨头,在2017年的时候Netflix与爱奇艺签订了其在中国的首个许可协议,并且买下《白夜追凶》播放权,这是该公司首次买下中国内地网络电视剧版权,计划在全球190多个国家和地区上线。由美籍华人陈士骏等人创立于2005年的YouTube(中文名称:油管)现在已经成长为世界上第一大视频分享网站。由美国国家广播环球公司(NBC Universal)和福克斯在2007年3月共同注册成立的,现在由迪士尼掌握"全面运营控制权"的Hulu(中文音译词:葫芦)是美国最受欢迎的视频网站之一。

表1.1 国外部分重要音视频平台媒体

国家	视频平台	相关介绍
美国	Netflix	中文名称:网飞,奈飞 成立时间:1997年 目前是全球最大的收费视频网站和在线视频网站,美国第一大在线娱乐内容提供平台,购买了大量电视剧、综艺的版权
	YouTube	中文名称:油管 成立时间:2005年 创始人:美籍华人陈士骏等人 现所属公司:Google(2006年收购) 口号:Broadcast Yourself 功能:视频上传分享等,是全球第一大视频分享网站
	Hulu	中文音译词:葫芦 成立时间:2007年 创始者:美国国家广播环球公司和福克斯 现所属公司:迪士尼 视频网站,流媒体,是较受欢迎的视频网站之一
	Vimeo	中文名称:维密欧 成立时间:2004年 Vimeo是一个高清视频播客网站,与大多数类似的视频分享网站不同,Vimeo允许上传1280×700的高清视频,上传后Vimeo会自动转码为高清视频,源视频文件可以自由下载,它达到了真正的高清视频标准。Vimeo允许每月上传500 MB的高清或普通视频,用户可以定制视频的显示尺寸

续表

国家	视频平台	相关介绍
	Break.com	美国免费视频网站,主要提供在线视频、在线游戏、图片、相册等内容
	Funny Or Die	成立时间:2007年 创始人:威尔·费雷尔 美国知名的幽默搞笑视频网站。其中的搞笑视频多来源用户收集或创作。此外,用户还可以为喜欢的视频打分或做出评论
法国	Dailymotion	成立时间:2005年 创始人:奥利弗·波伊特雷 现属于:法国电信旗下的orange品牌 视频分享网站,用户可上传、分享和观看视频。Dailymotion最大特点之一就是其提供支持开放格式ogg的视频。和同类型的其他Flash视频分享网站相比,Dailymotion以其短片具有高清晰画质而闻名
新加坡	爱听客 (AtticTV)	创始人:Johnson Goh 新加坡著名的音乐视频网站,主要随机提供MV观看和分享服务
澳大利亚	Vakthaa.tv	澳大利亚著名的视频分享网站。网站提供包括教育、新闻、活动、娱乐等多种主题的视频供用户观看和分享
韩国	Vaobab	韩国著名的视频分享网站,搜集了大量的原创视频、完整影视库等。用户可以通过该网站便捷地进行视频的上传、观看和分享
韩国	潘多拉TV	韩国著名的视频分享网站,韩国数字视频部分行业第一名。2004年10月份在韩国正式开始服务,提供无限上传的存储空间和视频标准平台"Open API"。潘多拉TV是韩国代表性的UGC视讯分享网站,是全球第一次附上广告用户提供视讯方式的视讯分享网站,并提供上传无限的储存空间
	Mgoon	成立时间:2005年 韩国主流的视频播放网站之一,Mgoon网站内容以提供各种类型的视频短片为主,是韩国比较著名的视频网站之一
日本	NicoVideo	NicoVideo是日本知名的视频分享网站,其在视频播放中加载弹幕评论特点使其在日本飞速发展(日文:ニコニコ动画)。它是NIWANGO公司于2006年所提供的线上影片分享网站,常被简称为Niconico、N站或Nico等。与YouTube等影片共享网站相似,但Niconico动画提供观赏者可在影片上留言的功能,而留言会以弹幕的形式出现在影片上
	Woopie	2007年8月8日正式运营,网站的设计简洁清晰,通过Woopie提供的搜索功能,能够将不同网站的视频一下全部找到,不仅对日语的支持相当好,对中文搜索也同样有很好的支持
加拿大	Diply	成立时间:2013年 一家社交娱乐网站,用户可以分享文章、图片、视频至该网站,涵盖新闻、生活等类别的信息,是加拿大访问量最高的网站之一

思考题

1. 简述世界信息传播发展的五个阶段。
2. 谈谈互联网时代广播"窄播化"和专业化的发展趋势。
3. 随着数字技术的发展,谈谈从看电视到用电视的变化。
4. 怎样看待网络时代在线音频和视频的发展?
5. 简述媒介融合时代IPTV的发展。

第二章　中国广播电视发展概况

我国第一座广播电台诞生于1923年,是美国商人奥斯邦在上海创办的。随后我国出现了不同性质的广播电台,广播在近现代中国政治、经济和社会方面发挥了很大的作用。我国最早的电视台诞生于1958年,原名是北京电视台,后改为中央电视台,70年代中国出现了彩色电视。改革开放以后,我国的广播电视媒体取得了突飞猛进的发展,不仅在国家的经济建设和舆论引导方面起了很大的作用,同时在信息传播、知识传承和休闲娱乐等方面满足了受众的需求。

第一节　近现代中国的广播业

近现代中国是半殖民地半封建社会,同近代中国早期的报刊一样,最早的广播电台也是外国人创办的。同时,中国存在多元政治势力,国民党在南京建立了中央广播电台,而以毛泽东为首的中国共产党在陕北建立了延安新华广播电台,这些广播电台在抗日战争和解放战争中起到了极其重要的作用。与此同时,近现代中国还存在其他性质的广播电台,例如商业电台、宗教电台和教育电台,各自发挥着不同的作用。

一、北洋政府统治时期的广播业

(一)外国人办的广播电台

1922年12月,记者出身的美国人奥斯邦以亚洲无线电公司的子公司——中国无线电公司经理的身份,来到上海推销无线电器材。1923年1月,奥斯邦以中国无线电公司与《大陆报》合办的名义,在上海创办了中国第一座广播电台,呼号XRO[①],发射功率50瓦,并在1月23日开始播音。电台节目有新闻、音乐与娱乐节目。由于无线电收音用的耳机属于军用物资而被当局查禁,加上销售无线电器材的生意不景气,电台器材简陋,发音不清,XRO广播电台只办了三个月就停业了。

接着,美商新孚洋行又在上海南京路50号办起一座50瓦的广播电台,1923年5月开始不定期播音,主要播出新闻与音乐,一方面推销该公司的收音机,另一方面利用广播媒体做广告,一度非常兴盛,但半年后因财力不支关闭了。

1924年5月,美商上海开洛电话材料公司与《申报》《晚报》合作,在上海办起第三座广播

---

① 前面的"X"代表中国,当时世界各大通讯社、广播电台都有用以代表所属国家的英文字母。

电台,呼号KRC,发射功率100瓦,不久扩充为250瓦,每天播音2小时,在报馆安装播音室,报告新闻与播出音乐。由于北洋政府关于无线电广播的政策有了改变,由无条件的禁止改为有条件的限制,开洛公司经营也比较得法,电台开办了五年多。当时上海地区有收音机约3万架,到1929年10月该台停止播音。

与此相继,美、英、法、意等国也在上海开办电台,日本也在中国东北地区办电台,1925年日本在中国大连设立第一座广播电台,1933年日本关东军在长春建立的"新京放送局"开始播音,这些电台除了插播广告、推销商品外,主要目的是帝国主义对华进行侵略宣传与思想文化渗透。

(二) 中国人自办的广播电台

1924年8月,北洋政府交通部公布《装用广播无线电接收机暂行规则》,允许民间装设收音机,这一法令的实施,客观上促进了旧中国广播事业的发展。1926年10月1日,中国人自办的第一座无线广播电台开始播音,呼号为XOH,地点在哈尔滨,因此称哈尔滨广播电台,发射功率是100瓦,每天播出2小时,主要内容是新闻、音乐和演讲等,台长是无线电专家刘瀚,政治背景为奉系军阀。

中国人自办的第一座私营广播电台是"新新公司广播电台",1927年3月19日在上海开始播音,发射功率50瓦,呼号为XHHC,主要播送新闻、市价、音乐并转播南方戏曲,后于1941年11月因失火被焚而停办。

1927年5月1日,我国第一座公营广播电台——交通部天津无线电台开始广播,呼号COTN,发射功率500瓦;9月1日,交通部在北平设立一座广播电台,功率100瓦,呼号CORK。

二、国民党统治时期的广播业

(一) 抗战前的广播业

1927年"四·一二"政变后,国民党南京政府成立,为了在全国"统一政令,统一舆论",开始注重无线电广播的建设。1928年8月1日,国民党政府在南京开办的"中央广播电台"开始播音,呼号XKM(后改为XGZ),功率500瓦。不久又扩建,1932年11月新广播大楼建成,增添了一台75千瓦的发射机,呼号改为XGOA,这是当时亚洲地区发射功率最大的一座广播电台。此外,国民党还在杭州、北平、广州、上海等地办起了20多座广播电台。国民党政府的广播电台是其鼓吹一党专政、维护国民党统治的工具。这些电台以政治、军事节目为主,插播部分广告节目。

1929年8月,国民党政府公布《电信条例》,允许民间经营广播事业。20年代后期起,中国出现了一批民办广播电台,其中半数以上集中在上海。国民党政府虽然允许民间电台的存在,但绝不允许民间电台干预政治。为了实行"党化新闻界"的目的,国民党推行严厉的新闻统治政策,对新闻报道、评论实行"发表前的检查制""发表后的追惩制",动则停播、罚款。在这种情况下,民间电台"讳谈国事",极少有新闻、评论的内容。这些电台按内容来分,有三种类型:

第一类:教育性广播电台。由一些地方的民众教育馆和学校兴办,播音内容大多限于文化科学知识,发射功率较小,收听范围有限。这类电台主要分布在南方的一些中小城市。

第二类:商业性广播电台。以播放商业广告和娱乐节目为主。这类电台半数以上设在上海,其他分布于工商业比较发达的一些城市,如北平、天津、无锡、芜湖等地,其经费开支都靠广告收入维持。广告分两种,一种是"小报告",即一日数次由播音员播报,广告之间穿插唱片。另一种是广告客商"买时间"承包节目,按30分钟、40分钟一档买下一月或几个月,专门为其做广告。为了获得更多的广告费,其文艺节目常迎合低级趣味,广告内容多介绍商品式样新颖、价格便宜、经久耐用等。

第三类:宗教性广播电台。主要传播宗教内容,以诵经礼拜为业。具有代表性的是上海福音广播电台,发射功率为1000瓦,是民营电台中功率较大的。该台有美国在华宗教势力的支持,与国民党政府的关系也相当密切。

不过,1931年"九·一八"事变以后,在抗日救亡运动的浪潮中,上海的少数民营电台冲破国民党政府的禁令,有的组织募捐活动支援淞沪抗战,有的反复播出抗日歌曲,有的不断播发抗日御敌消息。

在新闻统治政策实施的同时,国民党政府凭借雄厚的财力、物力,加速官办广播电台的发展,以达到全面控制广播事业的目的。据1937年6月统计,全国共有官办民营广播电台78座,总发射功率120多千瓦,从数量上看民营广播电台有55座,占半数以上,但发射功率却不及总发射功率的6%。因此,无论从发射功率还是从社会影响看,中国的民营广播电台从一开始就"成不了气候",30年代是国民党官办电台的垄断时期。

(二)抗战时期的广播业

1937年"七·七"卢沟桥事变爆发,抗日战争开始,我国国土大片沦陷,国民党统治区的广播事业遭到严重破坏。1937年11月,国民党的中央广播电台停止播音,12月,南京沦陷,1938年3月在重庆恢复播音。1939年2月,国民党在重庆建成中央短波广播电台,对外正式播音,向北美各国的广播呼号是XGOX,向欧亚各国的广播呼号是XGOY。1940年1月,中央短波广播电台定名为"中国国际广播电台",简称VOC(Voice of China,意为中国之声),呼号XGO,该台办有分别针对欧洲、北美、苏联东部、日本、东南亚、中国东北等6套广播节目,分别使用英、德、法、俄、日等外语和汉语播音。抗战期间,原国民党的大部分地方电台落到日本侵略者手中,为了适应宣传的需要,国民党又在西南、西北地区筹建广播电台,其中较大的有昆明、贵阳、西安、兰州等地的广播电台。

抗战前后,日本侵略者在其占领区(沦陷区)建立了大约50座广播电台,作为对占领区实施奴化教育的思想工具。早在1931年"九·一八"事变发生不久,日军就掠取了沈阳、哈尔滨两座电台,1933年又在长春建立了伪满"新京放送局",以配合其侵略需要。日本掠取北平、天津、太原、青岛等华北地区的广播电台后,于1940年7月成立"华北广播协会",受"华北政务委员会"控制。当时,"华北广播协会"管辖下的广播电台共有8座,以北平伪台作为日伪华北广播的中心。日本还在所谓的"蒙疆地区"(当时中国的绥远、察哈尔两省)设立"蒙疆广播协会",控制张家口、大同、厚和(今呼和浩特)、包头等地的广播电台。1937年11月,日军占领上海以后,立即"接管"了国民党的两座广播电台,并利用其设备建立起日伪"大上海广播电台",作为日本占领军的"喉舌"。在南京地区,受日本控制的汪精卫政府于1941年2月建立伪"中国广播事业建设协会",声称要"负责接收各地日军广播电台",并"统一管理"沦陷区的广播电台。其实,汪伪协会控制下的广播电台除伪"中央台"外,还有上海、汉口、杭州、苏州等地的广播电台。

在日伪统治区,设在上海的"苏联呼声广播电台"是唯一的反法西斯广播电台。该电台设立于1941年8月,是苏联以苏商名义建立的广播电台,用汉语(包括上海话和广东话)以及俄语、英语、德语播送新闻节目,内容为苏联人民反法西斯斗争的消息和评论、苏德战争公报、苏维埃国家建设和人民生活等。晚间为特别节目,主要播送苏联革命歌曲、西方古典音乐、京剧、越剧、广东音乐等,曾大量播出中国现代作家鲁迅、郭沫若、茅盾、巴金、老舍等的文学作品。抗战中一直坚持播音,成为上海人民了解国际反法西斯战场形势和胜利消息的主要来源。1945年8月,苏联对日宣战后,该台被日军查封。不久日本投降,该台随即恢复播音。1947年1月6日又被国民党当局查封。

抗战中,美军进入中国帮助抗日,建立了一些美军广播电台。抗战胜利后,一部分美军帮助蒋介石政府打内战,美军广播电台继续存在。

1941年12月,太平洋战争爆发,日军占领租界地区,民营台便一律被"封闭"了。在此之前,南京汪伪政权规定其统治范围内,"民间不得再有广播电台"。在国民党统治区,国民党政府认为抗战时期为"非常时期",禁止开办民营广播电台。

(三)抗战后的广播业

抗战胜利后,自1945年8月下旬起,国民党开始"接收"日伪广播电台,大约一年的时间,先后接管了侵华日军在南京、上海、北平、天津等地的20多座电台。此外,又在上海、南京、天津、北平等城市陆续恢复和新建了一批民营广播电台。1946年5月,国民党中央广播电台迁回南京。截至1947年9月,国民党统治区共有101座电台,其中由国民党中央广播事业管理处管辖的有41座,发射功率总421千瓦。当时估计有收音机100万台,这是旧中国广播事业的最高数字。

1949年4月,中国人民解放军占领南京,国民党的中央广播电台迁往台湾,国民党在大陆的广播电台先后被中国人民解放军接管,陆续改建为人民广播电台。

三、中国共产党领导下的广播业

(一)抗日战争时期的延安新华广播电台

1940年12月30日,延安新华广播电台[①]开始播音,呼号XNCR,发射功率约300瓦,这是中国共产党所创办的第一个广播电台,而这一天也成为中国人民广播事业的诞生日。

当时,延安处在日本侵略者和国民党反动派的双重封锁下,无线电器材来源十分困难,唯一的一台广播发射机是周恩来在莫斯科治病时,由苏联援助的,经过长途转运已有损坏。延安没有发电厂,供电是个大问题,红军中的无线电技术人员千方百计建起了这座简陋的战地电台。电台设在延安西北19千米的王皮湾村半山腰的两孔石窑洞里,一孔窑洞里放着共产国际(苏联)援助的广播发射机,另一孔窑洞里放着由一部破旧汽车的引擎带动的发电机以提供电源。洞外的山头上耸立着木杆天线,而播音员则坐在与石窑洞隔河相望的一个土

---

① 由于这个电台属于新华社编制,先是新华社的一个"口头广播组",后来发展成为该社的"语言广播部",因此称为"新华广播电台"。

窑洞里面对着话筒播音。

1941年年初,延安台开始试播日语节目。12月3日起,日语广播开始定期播出,每周五下午5点到5点30分。播音员是日本人原清志女士。延安台的日语广播坚持了大半年,这是人民广播事业对外广播的开始。

延安新华广播电台的设备虽然简陋,但它在宣传共产党的抗日主张,揭露国民党的反共阴谋,鼓舞人民的斗志和士气等方面起了重要的作用。当时广播的主要内容是中国共产党和陕甘宁边区政府的重要文件、公告,新华社播发的国内外消息等,也有少量的文艺节目。1943年春天,因为大型电子管失效,当时无线电器材补充困难,电台暂停广播。1945年9月5日,抗战胜利后,延安新华广播电台恢复播音,电台设在延安西北13千米的盐店子村。

(二) 解放战争时期的延安新华广播电台

在解放战争时期,电台曾经过三次转移,但是一直没有停止播音。1947年3月,电台转移到陕北瓦窑堡,改名为"陕北新华广播电台";1947年4月又迁至河北涉县太行山麓;1948年5月,再迁到河北平山县西柏坡附近。在中共中央转战陕北的岁月中,设在太行山的新华社总社和陕北电台虽然离党中央很远,但每天电报往来频繁。许多重要的新闻和评论,都是经毛泽东、周恩来、陆定一等中央领导同志审阅以后,由陕北电台广播出去。

1947年9月,陕北电台开始举办《对蒋军广播》节目(后改名为《对国民党军广播》)和英语新闻节目,直接配合军事斗争,瓦解敌人的斗志。为了揭露国民党的"和平攻势",从1948年底,陕北台播出了毛泽东写的新年献词《将革命进行到底》以及《关于时局的声明》《四分五裂的国民党反动派为什么还要空喊"全面和平"》等文章。1949年4月21日,北平新华广播电台反复播出了毛泽东主席、朱德总司令发布的《向全国进军的命令》,次日,播出了毛泽东撰写的消息《人民解放军百万大军横渡长江》,4月24日,播出了毛泽东写的消息《南京国民党政府宣告灭亡》。

在陕北新华广播电台的事业不断发展的同时,解放区的广播事业也有了新的发展,人民的广播电台已经增加到10座,除了陕北台外,还有晋察冀新华广播电台、邯郸新华广播电台、东北新华广播电台、华东新华广播电台、西北新华广播电台等。

1949年3月25日,中共中央迁进北平,陕北电台也由河北平山迁到北平,改名为"北平新华广播电台",作为中共中央的"喉舌",成为对全国广播的中心;而位于北平市的原北平新华广播电台改为"北平人民广播电台",作为北平市电台。6月初,党中央发出通知,将新华社语言广播部(电台的又一名称,它当时隶属于新华社,是"一个机构两个名称")扩充为中央广播事业管理处,与新华社总社为平行单位。从此,广播电台与《人民日报》、新华社并列为党的三大新闻机关。6月30日,中央广播事业管理处发出了对各地广播电台暂行管理办法,规定各地广播电台一律改称"人民广播电台"。

1949年9月27日,首届政协会议决定中华人民共和国定都北平,并从即日起改北平为北京。同一天,北平新华广播电台改称"北京新华广播电台"。10月1日,中华人民共和国开国大典在北京隆重举行,北京新华广播电台于下午3点起做了实况广播,各地人民广播电台同时转播,这是人民广播历史上第一次大规模的全国性实况广播。同年12月5日,北京新华广播电台改名为"中央人民广播电台"。

第二节 当代中国的广播电视业

新中国成立以来,我国广播电视业的发展大体上经历了五个阶段,第一个阶段:1949年至1966年是当代中国广播电视的初建阶段;第二个阶段:1966年至1976年是当代中国广播电视的停滞阶段;第三个阶段:1976年至1992年是当代中国广播电视的发展阶段;第四个阶段:1992年至2013年是当代中国广播电视的繁荣阶段;第五个阶段:2013年以来是中国广播电视的媒体融合发展阶段。这五个阶段的发展是与国家的政治、经济和文化体制的改革与发展紧密相连的,是广播电视业从计划经济向市场经济转型的过程,是广播电视从单一的政治功能向经济功能、文化功能和社会功能多元化发展的过程。

新中国成立后,香港、澳门和台湾地区的政治经济形势发生巨大变化,其广播电视业的发展继续受到中国传统文化的影响,同时也受到西方社会思潮的影响,在国际国内变局中不断变动,既有传播传承中国传统文化和拥护社会主义中国的部分,也有仅仅为了商业利益或迎合西方势力和错误思潮而出现问题的部分。可以说,它们的广播电视业的发展是中西混杂和多元渗透的。

一、广播电视业初建阶段(1949~1966年)

抗日战争胜利之后到中华人民共和国成立之前,各地人民广播的发展为共和国广播网的建立奠定了基础。截至1949年9月中华人民共和国成立前夕,全国各解放区坚持播音的各级广播电台共有39座。到1952年12月,全国地方电台增加到70座。除西藏外,各大行政区、省、自治区和直辖市都有了广播电台,一个无线广播网在全国初步建立起来。到1960年年底,全国各级地方电台发展到135座。国民经济困难时期,一批地方电台在调整中取消。1964年,地方台逐步恢复和发展。1965年年底,全国共有地方电台84座。这个规模稳定了相当长的一段时间。

根据1948年中共中央《对新解放城市中原有之广播电台及其人员的政策决定》中规定:"新中国之广播事业,应归国家经营,禁止私人经营"的方针,政府对城市中的私营广播电台进行"社会主义改造",即以赎买的方式消灭所有的私营广播经济。例如,在私营广播电视集中的上海,1952年先是通过公私合营方式组建"上海联合广播电台",一年后,私股财产由上海人民广播电台收购。

新中国成立初期,全国广播电台分为四级:中央台、大行政区台、省(自治区、直辖市)台和省辖市台。1954年,大行政区撤销,大行政区台陆续停办。从1956年起,大多数省(自治区、直辖市)相继建立了本省(自治区、直辖市)的广播事业管理机构。在相当长的时间里,中央广播事业局和中央人民广播电台一直实行局台合一的体制,地方广播事业管理部门和当地的广播电台也多采用合一的体制。从中央到地方的各级广播部门直接接受同级党委宣传部领导。

在无线广播发展的同时,有线广播网也在广大农村创建起来。东北解放区在共和国成立之前就已经有了有线广播。1950年4月,新闻总署颁布了《关于建立广播收音网的决定》,

要求在全国各县市人民政府、人民解放军的各级政治机关以及其他机关、团体、工厂、学校设置专职或兼职收音员,收听或记录中央和地方人民广播电台广播的新闻、政令或其他节目。到1952年底,全国已建立起收音站2万多个,有4万多名收音员活跃在广大城乡。

我国农村的第一座有线广播站是1952年4月1日开始播音的吉林省九台县广播站。在这以后的两年多时间里,大部分省都办起了农村有线广播站。到1965年底,广播站达到2365座。20世纪50年代初期,在一些没有设立无线电台的中小城市和大城市也逐步建立起有线广播,广播喇叭深入到城镇居民家庭。在新中国成立初期有限的经济技术条件下,有线广播解决了广大城乡群众收听广播难的问题。

这样庞大的无线广播和有线广播交织覆盖的广播网,在新中国成立之后的国家建设中发挥了重要的作用,它能及时发布政令、文件,也及时发布有关工农业生产的舆情。

1950年4月中央人民广播电台开办《首都报纸摘要》节目,1955年更名为《新闻和报纸摘要》,1951年开办《全国各地人民广播电台联播》,后更名为《全国新闻联播》,这两个节目延续至今,在全国亿万听众中享有很高的声誉,成为人们了解国内外大事和党政方针政策的重要渠道。

新中国成立后,我国加强少数民族广播节目,1950年中央电台的第一个少数民族语言——藏语广播开始播音,同年蒙古语节目也开始播音,1956年和1957年朝鲜语、维吾尔语和壮语广播节目播音。我国对外广播事业发展也很快。1950年广播局成立了国际广播编辑部,开始使用"北京广播电台"(英文名称为Radio Beijing)的呼号对国外广播,播出时间和频率也与对国内广播分开。到60年代中期,在广播的规模、语种和播音时数等方面,中国成为仅次于前苏联和美国的对外广播大国。至此,中国已初步建成无线与有线相补充、对国内与对国外相结合的广播网,并且日益完善。

新中国建立初期,国内一些大城市的广播电台,包括各地人民广播电台,都曾播放广告并以此作为重要的收入来源。50年代中期的社会主义改造基本完成后,广播行业经过重组,广告业务相继被取消,电台运行经费来源只剩下政府财政年度拨款的单一渠道。

1958年"大跃进"开始以后,中央电台也投入到轰轰烈烈的"大跃进"宣传当中。在电视方面,1958年5月1日,中国第一座电视台——北京电视台开始实验广播。一幅以广播大楼为背景,映衬着"北京电视台"台名的画面展现在全北京仅有的50台电视机的屏幕上,标志着中国电视业的正式诞生。试播第一天从晚上7点开始,持续了一个小时左右。6月15日播出了第一部电视剧《一口菜饼子》。9月2日,北京电视台正式开播。新闻节目方面,试播期间,就播放了自办的电视新闻节目《图片报道》,10月1日,播出了记者摄制的国庆新闻片,11月,以口播新闻的形式播出《简明新闻》节目。1960年2月北京台派出记者孔令铎、冀峰随接侨轮船到印度尼西亚,这是北京台首次派员出国采集新闻线索。

此后直到改革开放这段时间里,我国电视荧屏上没有电视商业广告。而早在1958年4月29日,中央广播事业局就提出,北京电视台应根据自己的工作特点,担负起宣传政治、传播知识和充实群众文化生活的任务,这为中国电视的角色和功能作了定位。

继北京电视台建立以后,1958年10月1日,上海电视台建成并开始试播,成为中国第二座电视台。12月20日,哈尔滨电视台——黑龙江电视台前身,建成并试播。此后,很多省会城市的电视台相继开播。但1962年,我国广播电视业因国家经济困难实行精简,只保留北京、天津、上海、广州和沈阳等5座电视台。后来,一些电视台又重新恢复,到"文革"前夕,全国共有13座电视台正常播出。在彩色电视技术方面,1960年5月1日,北京电视台彩色电视试验成功,但后因国家经济困难试验停止。

二、广播电视业的停滞阶段(1966~1976年)

从1966年春开始到1976年结束的"文革"给中国带来了深重的灾难,中国的广播电视业也遭受严重的损失。这十年期间,除局部发展以外,广播电视业基本上处于停滞状态。

"文革"期间的广播被认为是无产阶级专政的工具,从而根本上违背了新闻传播的规律。由于文艺节目被视为"毒草"大量停播,知识性、教育性节目大量停办;新闻节目相对增加,但新闻内容大量重复播出,播出的条数减少。在此期间,电视广播的时间也大大压缩,如北京电视台从1967年1月6日开始停播,持续达一个月之久。恢复播出后,也只在每周六播出1次,1967年7月增加为每周2次,1968年1月开始为每周3次,1970年10月恢复为每周6次,直到1971年10月才增加到7次,使每晚都有电视节目播出[①]。

"文革"使中国广播电视业停滞了10年,拉大了中国与世界先进水平的距离。不过,可以聊以慰藉的是,广播电视仍然记录下了中国在这期间所取得的成果。例如,北京电视台在1967年6月报道了我国第一颗氢弹爆炸成功的消息,1970年4月播出了我国第一颗人造地球卫星成功发射的消息和人造地球卫星发回的《东方红》乐曲,并在1970年至1971年间对亚非乒乓球友好邀请赛进行了多次实况广播,为中国政府的"乒乓外交"助了一臂之力。此外,对美国前总统尼克松访华的报道也为中美友好交往立下了汗马功劳。

1972年后,一些知识性、教育性节目和少儿节目恢复播出,与国际间的交流也逐渐增加。在技术上,这一时期逐渐形成的全国微波线路传送网提高了信息传播速度,扩大了传播覆盖面。1973年1月,我国首次使用自己的地面卫星接收站和电视设备,由自己的技术人员通过卫星传送电视节目。

1973年4月14日,北京电视台彩色电视第一次试播。5月1日,开始正式试播彩色电视。此后天津电视台和成都电视台也先后开办了彩色电视,10月,北京电视台通过微波线路向上海、天津、南京、武汉、杭州等地试传了彩色电视节目。此后,一些省级电视台相继开始自办彩色电视节目或者转播北京电视台彩色电视节目,到1976年底,全国有近十座电视台可以播放彩色电视节目。

在广播方面,中波同步广播技术试验成功并获得推广,为后来的全国中波广播网的建成和工作奠定了基础。有线广播也得到较大发展,基本建成了连接千村万户的全国农村有线广播网。我国对内对外广播的语种都有所恢复或增加。有线电视方面,1974年,中央广播局设计院等单位在北京饭店安装了中国第一个共用天线电视系统,标志着中国有线电视的诞生。1976年北京东方红炼油厂建立了我国第一个有线电视中心,可以同时转播北京地区的三套电视节目,自办两套节目。

三、广播电视业的发展阶段(1976~1992年)

1976年10月,"四人帮"被粉碎,标志着"文革"的结束和一个新时代的来临。1978年12月,党的十一届三中全会的召开标志着中国迎来具有历史意义的改革开放,改革开放后人们

---

① 郭镇之.中外广播电视史[M].上海:复旦大学出版社,2008:182.

思想观念和生活方式的变化提高了对广播电视消费的需求。1979年全国只有485万台电视机,到1982年已经达到2761万台了。1980年10月中央广播事业局在北京召开第十次全国广播工作会议,这次会议否定了广播电视是"阶级斗争的工具"和"无产阶级专政的重要工具"的长期定位,强调广播电视宣传的中心任务是为经济建设服务、为实现四个现代化服务。

1978年1月1日,北京电视台的新闻节目正式推出了《全国电视台新闻联播》(简称《新闻联播》)节目,标志着以首都为中心的全国电视广播网的初步形成。5月1日,北京电视台定名为"中央电视台",英文名称为China Central Television,缩写为CCTV,成为国家电视中心。1979年5月16日,面向北京地区的北京电视台开始播出。至此,中国29个省、自治区、直辖市都建立了电视台。

1978年5月1日,在北京电视台定名为中央电视台的同一天,中央人民广播电台对国外广播部即"北京电台"(Radio Beijing)被正式命名为中华人民共和国国际广播电台,但呼号仍沿用"北京电台"。国际广播电台的成立标志着我国独立的对外广播网的形成。国际广播电台与中央人民广播电台、中央电视台并称为中央三台。1984年底,国际广播电台已经使用38种外语、汉语普通话和四种方言等43种语言对世界各地广播。从1993年1月1日起,中国国际广播电台对外呼号不再使用Radio Beijing,而正式使用China Radio International,简称CRI。中央人民广播电台也在同年5月1日启用新的英文译名China National Radio,简称CNR。

"文革"以后,电视界发现了商业广告这个可以掘金的富矿,1979年1月28日农历正月初一下午,上海电视台屏幕上出现了"上海电视台即日起受理广告业务"的字样,随后播出了中国电视历史上第一条商业广告:1.5分钟的《参茸补酒》,这条广告播放了8次。3月15日晚上,上海电视台又播出了第一条外商广告:1分钟的《瑞士雷达表》。是否可以播出广告是重大的政策问题,直到1979年11月中共中央宣传部批准新闻单位承办广告,中央电视台才于当年12月在两套节目中同时开办广告。1979年中央电视台改全额预算为差额补助,开始播放广告,接受赞助,1984年从差额补助改为预算大包干,由国家按播出总时数核定事业费定额,在完成承包定额的前提下,超收部分按比例留成。1987年,中央电视台和上海电视台的事业经费中商业性收入与国家拨款的比例为2∶1。

为了加速广播电视的发展,1983年3月召开的第十一次全国广播电视工作会议确定实行分级建设,"四级办广播、四级办电视、四级混合覆盖"的方针,为广播电视事业制定了发展框架。在此框架下,调动了地方和社会各方面办广播电视的积极性,使我国广播电视事业基础建设以较快的速度发展。但是一些不发达地区的市县缺乏开办电视台的物力、人力和财力,仓促上马建立电视台,缺乏节目制作能力,滥播广告和盗播内容庸俗的海外影视录像节目时有发生,导致出现了版权纠纷和恶性竞争的混乱局面。

1978年底,中央电视台开始使用电子新闻采访设备(ENG),1981年添置了电子现场节目制作设备(EFP),1985年,中央电视台租用了卫星传送第一套节目,从此改变了中国电视传送基本靠微波的局面,形成了立体化的传播网络。

1980年7月中央电视台新闻部创办《观察与思考》栏目,加强了批评报道,成为全国优秀电视专栏。央视1993年播出的《东方时空·焦点时刻》、1994年播出的《焦点访谈》、1996年播出的《新闻调查》,产生了重大影响,使全国其他电视台也不断创办焦点类和调查类新闻栏目,使电视深度报道栏目不断得以推广。央视1989年开播的《经济半小时》和1992年开播的《经济信息联播》促进了经济信息的传播,培育了市场体系,活跃了商品经济。

四、广播电视业的繁荣阶段(1992~2013年)

1992年邓小平南方讲话以后,随着社会主义市场经济体制的逐步建立,1992年6月中共中央和国务院发布《关于加快发展第三产业的决定》,广播电视所属的文化事业被纳入除农业、工业以外的第三产业,广播电视事业从此走上了"事业单位企业化经营"的道路。1997年《广播电视管理条例》颁布,这是国务院发布的行政法规,加强了广播电视管理和内容监督。

随着电视的迅速发展,影响力逐渐超过广播和报纸,成为"第一媒体"。在我国城乡的很多家庭,广播收音机从90年代初渐渐淡出历史舞台。不过,广播媒体并非只能坐以待毙,2002年中央人民广播电台推出专业频率"音乐之声",很快取得成功,成为广播向专业化和产业化转型的成功范例,随后中央台趁热打铁,推出都市之声、经济之声、华夏之声和民族之声等专业化频率。2003年全国广播广告收入1.5亿元,成为广播发展年。2010年广播广告收入增加到96亿元。近年来,随着城市的公交车、私家车的大量增加,车载广播媒体成为广播媒体发展的新曙光。广播媒体通过开办深度节目、热线参与节目、特定对象性节目,也赢得了很多生存机会。

2004年被确定为广播电视数字发展年和产业发展年,在全国49个城市和地区开展有线数字电视试点,计划到2015年国家关闭模拟电视。进入21世纪,"卫星上天、有线落地"成为我国电视传播与接收的主要方式,在线音频、在线视频广播已成为国内很多广播电视媒体抢夺网民注意力的方式。2009年12月中国网络电视台正式开播,中国网络电视台(China Network Television,CNTV)是中国国家网络电视播出机构,是以视听互动为核心、融网络特色与电视特色为一体的全球化、多语种和多终端的网络视频公共服务平台。

随着"村村通广播、村村通电视"的实施,截至2012年年底,全国广播人口综合覆盖率为97.5%,全国电视人口综合覆盖率是98.2%,全国有线广播电视用户数达到2.14亿户,数字电视用户数为1.43亿户。2012年全国广播电视行业总收入预计3268亿元,首次突破3000亿元,其中,广告收入1270亿元,同比增长13%,网络收入660亿元,同比增长17%。

1999年我国第一家广电集团——无锡广电集团成立,2000年湖南广电传媒集团成立,2001年前后,山东、上海、北京、江苏等省级广播影视集团也相继成立。但是,2004年国家广电总局明确表示停办事业性质的广播电视集团,是因为事业性质的集团容易与社会上产业性质的集团相混淆,已经成立的事业性质的广播电视集团可以改为总台,可以剥离可经营性资产,组建新的产业经营公司或产业集团。

2009年上海文广新闻传媒集团实行制播分离改革,更名为上海广播电视台,出资成立上海东方传媒集团,这是国内首家大型广电传媒集团实行制播分离、整体转企改制的试点,拉开了我国广播电视传媒领域制播分离、转企改制的大幕。实际上,我国除了新闻时政类节目之外,其他类型的节目可以引进市场竞争机制,剥离出来的节目公司可以建立企业性质的传媒集团,甚至可以上市融资,通过并购与重组实现做强做大的目标。

近年来,我国电视媒体出现了娱乐化、低俗化和商业化的趋势,这严重影响了社会主义核心价值体系的构建,过于娱乐化也伤害了节目的公正性与客观性,并造成一定程度的"精神污染"。2011年国家广电总局颁布了《关于进一步加强电视上星综合频道节目管理的意见》,网友称为"限娱令",提出34个电视上星综合频道要提高新闻类节目播出量,同时对部分类型节目播出实施调控,以防止过度娱乐化和低俗化倾向,满足广大观众多样化、多层次、高品位的收视需求。《意见》要求:电视上星综合频道是以新闻宣传为主的综合频道,要扩大新闻、经济、文化、科教、少儿、纪录片等多种类型节目播出比例。对节目形态雷同、过多过滥的婚恋交友类、才艺竞秀类、情感故事类、游戏竞技类、综艺娱乐类、访谈脱口秀、真人秀等类型节目,实行播出总量和播出时间控制。

随着网络技术和数字技术的发展,出现了渠道融合和终端融合的趋势,广播电视可以通过手机、电脑以及其他移动终端进行播放。传统的报刊出版和广播影视基于互联网出现了融合的趋势,不同传媒产业的边界不断模糊和消失,这对分行业监管的体制提出了挑战。

五、广播电视业进入媒体融合发展阶段(2013年至今)

2013年之前,我国主流媒体已经开展有关媒体融合工作,政府也对媒体融合进行了一定的引导,但在党和国家层面,特别是从最高领导人的论述来说,首次提及媒体融合相关概念是在2013年。2013年8月19日,在全国宣传思想工作第四次会议的讲话中,习近平总书记首次正式提及媒体融合发展,并指出主流媒体不能被边缘化,要解决"本领恐慌"的问题。他谈到要"加快传统媒体和新兴媒体融合发展,充分运用新技术新应用创新媒体传播方式",带动宣传思想工作手段的创新,将媒体融合工作上升到国家意识形态建设和宣传思想工作的高度。本次会议是国家宣传思想领域具有顶层设计性质的会议,在这样高层级的会议上论述媒体融合发展问题,将媒体融合作为做好宣传思想工作的重要手段,足以说明媒体融合工作的重要性和紧迫性,从而为党和国家媒体融合工作的开展奠定了基调。[①]

2013年11月12日,党的十八届三中全会审议通过了《中共中央关于全面深化改革若干重大问题的决定》,重点是进行制度性变革和体制方面的创新,破除转变发展方式上的障碍,全面深化改革,推动社会发展转型。文件明确指出:"整合新闻媒体资源,推动传统媒体和新兴媒体融合发展。严格新闻工作者职业资格制度,重视新型媒介运用和管理,规范传播秩序。"作为与媒体融合相关的第一个重要决定,其标志着媒体融合已作为国家全面深化改革布局中的一个重要组成部分,将进入国家战略层面指导、开展相关工作,媒体融合工作的体系化和全局化开展就此拉开帷幕。2014年8月18日,中央全面深化改革领导小组第四次会议审议通过《关于推动传统媒体和新兴媒体融合发展的指导意见》,这是我国媒体融合政策体系中的首个框架性、专门性指导文件。习近平总书记在该次会议上发表针对媒体融合发展指导意见的重要讲话。2014年9月,中央办公厅、国务院办公厅印发《关于推动传统媒体和新兴媒体融合发展的指导意见》。

2016年2月19日,习近平总书记在党的新闻舆论工作座谈会上强调,要尽快从相"加"阶段迈向相"融"阶段,从"你是你、我是我"变成"你中有我、我中有你",进而变成"你就是我、我就是你",着力打造一批新型主流媒体。2018年8月21日,习近平总书记在第五次全国宣传思想工作会议上提出"要扎实抓好县级融媒体中心建设,更好引导群众、服务群众"。9月,中宣部作出部署,要求2020年年底基本实现县级融媒体中心在全国的全覆盖。随后,

---

① 宫承波,孙宇.习近平总书记关于媒体融合重要论述的演进脉络及目标指向[J].中国出版,2021(3):5-10.

《关于加强县级融媒体中心建设的意见》、"县级融媒体中心建设的五项标准规范"相继问世并实施,为县级融媒体中心建设提供了强有力的政策指导。建设县级融媒体中心是打通基层"最后一公里"的重要举措,表明我国的媒体融合发展开始从省级以上层面转而向基层全面铺开,媒体融合的整体格局初步形成。

2019年1月25日,中共中央政治局在人民日报社就全媒体时代和媒体融合发展举行第十二次集体学习,习近平总书记针对媒体融合发展问题发表了专门性的重要讲话。2020年6月,中央全面深化改革委员会第十四次会议审议通过了《关于加快推进媒体深度融合发展的指导意见》。2020年9月中共中央办公厅、国务院办公厅印发该意见并发出通知,要求各地各部门结合实际认真贯彻落实。2020年11月3日,《中共中央关于制定国民经济和社会发展第十四个五年规划和二〇三五年远景目标的建议》发布,明确提出"推进媒体深度融合"。

这一系列讲话、意见、决定等,从推动媒体融合到推进媒体深度融合、实施全媒体传播工程、做强新型主流媒体、建强用好县级融媒体中心,对广播电视媒体内部的融合发展、广播电视媒体和其他媒体尤其是网络媒体、社交媒体的融合发展,对广播电视媒体及其自办网站、社交媒体账号等与体制外的民营影视机构、音视频平台媒体乃至有传媒业务的科技公司的合作,对广播电视和网络视听媒体在发展中和政府企事业单位的合作,都产生了重要的导向作用。现在,对于重大活动,从中央到地方的各级广播电视台及其新媒体,与体制外的音视频平台媒体如腾讯、爱奇艺、优酷、抖音、快手、西瓜、哔哩哔哩、喜马拉雅FM等的合作,已经非常普遍,有的取得了非常显著的社会效益与经济效益。下面对我国主要的广播电视和视听媒体的发展格局做一介绍。

(一) 主流媒体音视频平台

2019年,多家主流媒体及影视机构在京成立"音视频发展联盟",将进一步探索如何运用大数据与新一代人工智能技术,聚合主流媒体等创作力量,生产优质音视频内容,增强影响力。

2019年11月20日,中央广播电视总台基于5G+4K/8K+AI等新技术推出的总台综合性视听新媒体旗舰平台——中国首个国家级5G新媒体平台"央视频",打造"品质的视频社交媒体"。在技术架构上,"央视频"采用先进的"大中台+小前台"设计,中央广播电视总台更借此成为国内第一家建设5G智能化媒体平台的主流媒体。在定位上,成为主流媒体中首个"视频社交媒体"。在形态上,"央视频"以短视频为主,兼顾长视频和移动直播,具有独特的"以短带长""直播点播关联"等功能;在内容上,聚焦泛文体、泛资讯、泛知识三大品类。

人民日报社2019年9月19日发布"人民日报+",以"汇聚人民的力量"为口号,是主流短视频PUGC聚合平台,内容主要涵盖PGC、UGC和自制三个方面。

部分中央主流媒体音视频平台如表2.1所示。

表 2.1 部分中央主流媒体音视频平台

主流媒体	音视频平台	建立时间	口号与宗旨	主要功能或属性
中央广播电视总台	央视影音客户端	2014年开放下载	掌上央视，无限视界	英文名称为CBox，是一款通过网络收看中央广播电视总台及全国几十套地方广播电视台节目最权威的视频客户端。它的节目来源依托中国最大的网络电视台——中国网络电视台，海量节目随您看，直播、点播随您选。目前，其创新融合央视内容和互联网科技，在内容创新、用户体验、模式创优等各方面不断深耕细作，引领中国电视观众内容消费方式的转型升级，树立了主流媒体融合的行业标杆，实现"大屏带小屏、小屏回大屏、多屏联受众"
中央广播电视总台	央视频	2019年11月20日	有品质的视频社交媒体	"央视频"（China Media Group Mobile）在技术架构上，"大中台＋小前台"。在定位上，成为主流媒体中首个"视频社交媒体"。在形态上，"央视频"以短视频为主，兼顾长视频和移动直播，具有独特的"以短带长""直播点播关联"等功能。在内容上，聚焦泛文体、泛资讯、泛知识三大品类
人民日报新媒体中心	人民日报＋	2019年9月19日	汇聚人民的力量	主流短视频PUGC聚合平台，内容主要涵盖PGC、UGC和自制三个方面。国内第一个由"传统纸媒"推出的短视频产品
人民网	人民智云	2019年1月22日	主要面向三四线城市和农村地区，以智能云消息为主要推流手段，旨在弥合中心城市与偏远地区的信息鸿沟，实现信息扶贫	面向5G与融媒体云服务及云能力聚合的平台，依托5G、大数据等，构建开放共享的资讯与数据生态
新华社	新华视频	2009年3月1日	打造视听新平台，创造融媒新价值	由新华社搭建的视频报道新平台。基于媒体创意工场技术创新，实现内容创意和聚合分发的新样态。强化新华社矩阵内容，汇聚权威资讯、生活服务、知识云课、优质直播等海量内容，为用户带来全新体验

(二)商业音频平台

根据《2020中国网络视听发展研究报告》,截至2020年6月,我国的音频平台梯队结构为:第一梯队:喜马拉雅;第二梯队:荔枝、蜻蜓FM;第三梯队:企鹅FM、猫耳FM、快音、FM电台收音机;其他平台。

根据《2021中国网络视听发展研究报告》,截至2020年12月,又出现了变化,情况是第一梯队:喜马拉雅;第二梯队:蜻蜓FM、荔枝;第三梯队:猫耳FM、企鹅FM、酷我畅听、喜马拉雅极速版;其他平台。

表2.2根据360百科、百度百科和搜索资料而制。

表2.2 我国部分商业音频平台

平台	创立时间	口号或者广告语等	相关介绍	Logo
喜马拉雅(其他:喜马拉雅极速版)	2013年3月手机客户端上线	"用声音分享人类智慧"	知名音频分享平台。国内发展较快、规模较大的在线移动音频分享平台之一。首创PUGC内容生态(UGC+PGC相结合的内容生产模式),不仅引领着音频行业的创新,同时也吸引了大量的文化和自媒体人投身音频内容创业。123知识狂欢节是由喜马拉雅FM发起的国内首个内容消费节,号召重视知识价值	
蜻蜓FM	2011年9月	"更多的世界,用听的"	蜻蜓FM,不仅囊括数千家FM广播电台,还涵盖有声小说、儿童故事、相声评书、戏曲、音乐、脱口秀、鬼故事、情感故事、财经科技、新闻历史人文、健康教育等,是国内首家网络音频应用	
荔枝	2013年10月,荔枝APP 1.0上线,提出"人人都是播客"	"用声音,在一起"	荔枝(原"荔枝FM")是中国UGC音频社区,致力于打造全球化的声音处理平台,收录一切声音,存储一切声音,分享一切声音。以"帮助人们展现自己的声音才华"为使命,重塑传统音频行业中原本割裂的音频制作、存储、分发产业链,实现了每一个人都可以通过手机一站式进行创造、存储、分享和实时互动,让人们"用声音记录和分享生活",由此积累了大量的用户和内容创作者	

续表

平台	创立时间	口号或者广告语等	相关介绍	Logo
猫耳FM		"猫耳来自二次元的声音"	小说和漫画的声音剧,二次元声音内容的APP由北京喵斯拉网络科技有限公司开发。主要功能:剧好听、语音直播、随时随地	
企鹅FM	2015年5月21日	"企鹅FM最懂你的私人电台"	腾讯科技(上海)有限公司推出的一款移动音频内容分享平台,提供免费听书、听新闻等有声数字收听服务,以多元化内容模式,一站式打通腾讯系资源,组成"UGC+PGC+版权"完整音频生态链	
酷我畅听		"听·见所想""畅听海量有声内容,3亿听友的选择"	酷我音乐	

(三)商业综合视频平台

随着时代的发展,中国商业媒体综合视频平台不断呈现出多强的格局,既有老牌的爱奇艺、腾讯、优酷,也有新兴火爆的哔哩哔哩(B站),多家平台瓜分着互联网用户。根据《2020中国网络视听发展研究报告》的数据显示:截至2020年6月,综合视频用户规模达7.24亿。爱奇艺、腾讯视频、优酷占据79.1%;芒果TV、哔哩哔哩12.0%;风行视频、PP视频、咪咕视频、搜狐视频占6.7%;其他平台占2.1%。

值得一提的是,作为原本的二次元平台的B站,近些年来呈现出可观的势头。2019年各大卫视的跨年晚会竞争中,B站一举成名,被评为"最懂年轻人的晚会",《人民日报》发文表扬。

同时,近几年受到海外剧的影响,一些可以观看韩剧、日剧的网站受到了不少年轻人的欢迎,例如韩剧TV,日剧TV等。

根据《2020中国网络视听发展研究报告》的数据显示:截至2020年6月,综合视频用户规模达7.24亿。爱奇艺、腾讯视频、优酷占据79.1%;芒果TV、哔哩哔哩占12.0%;风行视频、PP视频、咪咕视频、搜狐视频占6.7%;其他平台占2.1%。

根据《2021中国网络视听发展研究报告》,综合视频平台市场集中度进一步提升,五大平台爱奇艺、腾讯视频、优酷、芒果、哔哩哔哩占近九成份额。表2.3、表2.4根据百度百科和360百科的相关资料,并结合搜索相关资料验证得出。

表2.3 中国大陆地区部分商业综合视频平台

	平台	建立时间	口号、品牌理念或者广告语	相关介绍	Logo
传统综合视频平台	爱奇艺	2010年4月22日创立,2011年11月26日启动"爱奇艺"品牌并推出全新标志	"品质 青春 时尚"	爱奇艺打造涵盖电影、电视剧、综艺、动漫在内的十余种类型的中国最大正版视频内容库,并通过"爱奇艺出品"战略的持续推动,让"纯网内容"进入真正意义上的全类别、高品质时代	
	腾讯视频	2011年4月	"不负好时光"	腾讯视频上线于2011年4月,聚合热播影视、综艺娱乐、体育赛事、新闻资讯等为一体的综合视频内容平台	
	优酷	2006年6月创立,12月21日正式上线的视频平台	"这世界很酷"	优酷现在是阿里巴巴集团数字媒体及娱乐业务的核心业务之一,也是阿里巴巴集团"Double H(健康与快乐)"策略的组成部分。兼具版权、自制、合制、自频道、直播等多种内容形态	
	搜狐视频	成立于2004年底,前身是搜狐宽频	"不止看剧,还有直播"	综合视频网站,提供正版高清电影、电视剧、综艺、纪录片、动漫等。网罗最新最热新闻、娱乐资讯,同时提供免费视频空间和视频分享服务	
	咪咕视频	2014年12月18日	"看NBA、CBA、英超法甲体育直播""咪咕让今天更有趣"	咪咕视频是面向互联网用户推出的高品质综合类视频客户端业务,提供海量短视频内容、高质量影视、综艺、直播等优质内容,同时为付费用户提供更优质的会员服务及权益。特色的地方是有高清的体育赛事直播内容	

续表

平台		建立时间	口号、品牌理念或者广告语	相关介绍	Logo
新兴的综合视频平台	风行视频	2001年	"唐探三等精彩内容看不停"	是风行网打造的在线视频播放器。依托风行网的资源优势,风行视频提供最新最热最全的电影、电视剧、综艺、动漫、娱乐、体育、新闻等视频节目	
	PP视频	2005年5月	"一起玩出精彩"	PPTV网络电视:别名PPLive,它是全球领先的、规模最大、拥有巨大影响力的视频媒体,全面聚合和精编影视、体育、娱乐、资讯等各种热点视频内容	
	乐视视频	成立于2004年	"乐视视频就是不一样"	乐视成立于2004年,创始人贾跃亭,致力打造基于视频产业、内容产业和智能终端的"平台＋内容＋终端＋应用"完整生态系统,被业界称为"乐视模式"。2020年5月14日盘后,深交所公告,决定对乐视网终止上市	
	Bilibili 哔哩哔哩B站	2009年6月26日创建	"哔哩哔哩-(°.°)つ口干杯~"	B站早期是一个ACG(动画、漫画、游戏)内容创作与分享的视频网站,现为中国年轻一代高度聚集的文化社区和视频平台,截至2020年第二季度,B站月均活跃用户达1.72亿,移动端月活用户达1.53亿。网站类型定位为年轻人潮流文化娱乐社区	
	A站	2007年6月	"认真你就输了"	AcFun弹幕视频网(英文名称:AcFun,简称"A站"),取意于 Anime Comic Fun,是中国大陆第一家弹幕视频网站。2018年6月5日,快手已全资收购AcFun。AcFun是国内首家弹幕视频网站,这里有全网独家动漫新番,友好的弹幕氛围,有趣的UP主,好玩有科技感的虚拟偶像,年轻人都在用	

表 2.4　主打播放外国视频的网站

平台	相关介绍
韩剧 TV	韩剧 TV 网是国内最大的韩剧网站,提供韩剧排行榜、最新韩剧等,并且也可以看日剧、泰剧
日剧 TV	日剧 TV 网是集合日本电视剧、日本电影、动漫、综艺的视频和资讯网站。提供最新热播经典的好看的日剧、电影、动漫视频的在线观看,以及娱乐新闻、剧情介绍等资讯内容
人人视频	2014 年建立。人人视频,国内专业的海外视频内容社区。2021 年 1 月 26 日,重庆广电集团(总台)对外官宣,与人人视频达成战略合作,双方正式签订战略合作框架协议,未来将本着务实、互利的原则,携手共进,发挥各自在平台、技术、版权、运营上的优势,谋求在媒体融合和互联网媒体产业发展上实现突破

(四) 商业短视频平台

根据《2020 中国网络视听发展研究报告》,截至 2020 年 6 月,中国(不含港、澳、台地区)的商业短视频平台的情况如下:第一梯队:抖音短视频、快手;第二梯队:西瓜视频、抖音火山版、好看视频、微视;第三梯队:爱奇艺随刻、波波视频、快手极速版、刷宝、土豆视频、全民小视频、抖音极速版;其他平台。

根据《2021 中国网络视听发展研究报告》,截至 2020 年 12 月,又出现了变化,情况是:第一梯队:抖音短视频、快手;第二梯队:西瓜视频、快手极速版、微视、抖音极速版、抖音火山版;第三梯队:好看视频、爱奇艺随刻、刷宝、优哩视频;其他平台。

表 2.5 根据百度百科和 360 百科的相关资料,并结合搜索相关资料验证得出。

表 2.5　中国大陆地区部分商业短视频平台

公司	平台	建立时间	口号或者广告语	主要功能或属性	Logo
字节跳动旗下	抖音	2016 年 9 月 20 日上线	"抖音,记录美好生活"	今日头条孵化的一款音乐创意短视频社交软件,是一个面向全年龄的音乐短视频社区平台。外文名 Tik Tok	
	西瓜视频	2016 年 5 月,西瓜视频前身——头条视频上线。2017 年 6 月 8 日,头条视频升级为西瓜视频	"点亮对生活的好奇心"	由今日头条孵化。西瓜视频通过人工智能帮助每个人发现自己喜欢的视频,并帮助视频创作的人们轻松地向全世界分享自己的视频作品	

续表

公司	平台	建立时间	口号或者广告语	主要功能或属性	Logo
字节跳动旗下	抖音火山版	2020年1月	"更多朋友，更大世界"	火山小视频和抖音正式宣布品牌整合升级，火山小视频更名为抖音火山版，并启用全新图标。一款15 s原创生活小视频社区，由今日头条孵化，通过小视频帮助用户迅速获取内容，展示自我，获得粉丝，发现同好	
	皮皮虾			年轻人聚集的内容互动社区。皮皮虾以"分享快乐的力量"为使命，致力于打造一个让年轻人最有归属感的平台，依靠PUGC内容、有特色的互动形式以及独特的社区氛围，让用户自由表达和分享生活中的快乐	
百度	好看视频	2017年11月上线	"轻松有收获"	好看视频是百度短视频旗舰品牌APP本质综合性短视频平台	
	全民小视频改名为"度小视"	全民小视频于2018年上线，后改名	"发个视频，让别人知道"	全民小视频是由百度团队打造的，于2018年上线。后改名为"度小视"	
北京快手科技有限公司旗下	快手	快手的前身，叫"GIF快手"，诞生于2011年3月	"快手，记录世界记录你""快手，拥抱每一种生活"	2012年11月，快手从纯粹的工具应用转型为短视频社区，用于用户记录和分享生产、生活的平台	
	快手极速版	2012年11月	"看视频看直播领红包"	覆盖千万精彩原创小视频，分享真实有趣的生活	
腾讯	微视	2013年9月	"腾讯微视：发现更有趣"	腾讯旗下短视频创作平台与分享社区	

续表

公司	平台	建立时间	口号或者广告语	主要功能或属性	Logo
炫一下（北京）科技有限公司	秒拍	2013年8月，新浪微博手机客户端内置秒拍应用	"秒拍，超超超超好看"	秒拍，是一个集观看拍摄剪辑分享于一体的超强短视频工具，更是一个好玩的短视频社区	
厦门美图网科技有限公司	美拍	2014年5月上线	"美拍：懂女生，更好看"	美拍是一款可以直播、制作小视频的受年轻人喜爱的软件。特点：高颜值手机直播＋超火爆原创视频	
爱奇艺	爱奇艺随刻	2020年4月20日	"随时随刻精彩一下"	随刻APP是爱奇艺推出的精彩、多元化的视频兴趣社区产品，旨在为用户带来视频观看、创作分享、社区互动等体验	
阿里巴巴文化娱乐集团旗下	土豆视频	2017年3月31日，土豆全面转型为短视频平台	"只要时刻有趣着"	由阿里巴巴文化娱乐集团移动事业群总裁何小鹏兼任总裁，以成为"全球第一短视频平台"为目标，全力进击PUGC领域	
北京微然网络科技有限公司	梨视频	2016年11月3日，梨视频上线	"全球拍客，共同创造"	梨视频，是由邱兵创始的一个资讯类视频平台。定位为主打资讯阅读的短视频产品	
北京小川科技有限公司	最右	2014年12月1日，百度手机助手首发	"最右，一个看搞笑短视频、搞笑帖子的社区"	"最右"是一款运行于移动平台的网络信息类软件，也是一款汇集各种幽默搞笑话题的APP。这里可以看热门、新鲜的评论，评论有趣的话题，也可以发现会心一笑的内容，找到合拍的小伙伴。2019年7月12日，下架近3个月的"最右APP"全网恢复下载，并发布新版本，内容全面升级	

思考题

1. 北洋军阀时期我国广播业是如何诞生的?
2. 当前我国广播电视业发展出现了哪些亟待解决的问题?
3. 如何评价我国交通、音乐等专业化广播频率的发展?
4. 我国数字电视的发展状况如何?
5. 网络视听平台对广播电视新闻的生产有什么影响?

第三章 广播电视的特性、体制和任务

中共中央书记处于 1981 年明确指出:"广播电视是教育、鼓舞全党、全军和全国各族人民建设社会主义物质文明、精神文明的最强大的现代工具。"这是我国广播电视工作的根本性质和任务。1997 年 9 月 1 日施行的《广播电视管理条例》也在第一章第一条明确说明:"为了加强广播电视管理,发展广播电视事业,促进社会主义精神文明和物质文明建设,制定本条例。"因此,各类广播电视节目的内容和形式都应该服务于我国物质文明、精神文明建设的总体要求,体现正确、积极、健康的思想和观念,表现出符合民族心理和时代要求的美学品质。

世界上有公共广播电视、商业广播电视和国营广播电视等三种不同类型的广播电视体制,其中西方国家基本都建立了公共广播电视和商业广播电视并行的"双轨制",不同的是每个国家这两种体制的主导地位不同。我国实行国营广播电视体制,广播电视是党和人民的"喉舌",具有新闻传播、宣传引导、舆论监督等功能。与此同时,广播电视在经济建设、政治建设、文化建设、思想建设、社会建设乃至生态文明建设等方面具有相对应的任务。

第一节 广播电视的社会属性

广播电视是我国大众传播业的重要组成部分。现在,报刊、广播、电视、互联网一起构成我国大众传播业四大传播媒介称雄的整体格局。作为传播媒介的广播电视既具有大众传播媒介的共性,也具有与其他媒介互相区别的个性。广播电视具有自然属性与社会属性,自然属性方面,广播电视是运用现代电子技术传播声像符号信息的大众媒介,广播电视传播技术及其媒介物是广播电视传播的物质基础。广播电视不仅是党和人民的"喉舌",而且也是大众化的媒体,具有公共性,这是它的社会属性。

一、广播电视作为大众传播媒介的共性

(一) 广播电视是党、政府和人民的"喉舌"

我国广播电视的社会主义性质决定了广播电视是党、政府和人民的喉舌。这不仅体现在广播电视新闻工作的采编业务和制作传播的一整套环节,而且体现在广播电视的教育节目、综艺娱乐节目和包括广告在内的服务节目的内容和形式中。广播电视是当代最先进的大众传播媒介,为了当好党、政府和人民的"喉舌",广播电视要在理论上、政治上和组织上坚持党性原则。

在理论上,坚持以马克思主义、毛泽东思想为一切工作的指导思想,坚持解放思想、实事求是的思想路线,用辩证唯物主义和历史唯物主义的立场、观点和方法分析问题、解决问题。在具体新闻实践工作当中,理论上以马克思主义新闻观为根本遵循,但是又按照新闻工作的特点和规律从事新闻工作,鼓励新闻工作者充分发挥自己的积极性、主动性和创造性,发挥新闻工作者的聪明才智。

在政治上,坚持党在社会主义初级阶段的基本路线和基本纲领,从社会主义初级阶段这一中国最大的国情出发,实事求是,脚踏实地地抓住经济建设这个中心不放,围绕党的中心工作宣传党的路线、方针、政策,围绕经济建设促进经济、政治、文化、社会的协调发展,在政治上和舆论导向上与党中央保持一致。

在组织上,坚持党对电台、电视台的领导。广播电视的各级机构都要在党委领导下开展工作。服从党的领导,遵守党的纪律,保证党和政府的政令畅通。对中央已经决定的重大理论和政策问题,不允许公开播出与之相反的言论。电台、电视台要在当地党委和政府的领导下,健全和完善民主集中制,健全和完善党的代表大会制度,健全和完善党委集体领导制度。

我国的广播电视业以满足人民群众日益增长、丰富多样的精神和文化的需求,教育、鼓舞全党、全军、全国各族人民建设社会主义物质文明、精神文明为根本目标。要做好党和政府的"喉舌",就要做好党和人民群众联系的桥梁,把宣传党的路线、方针、政策和反映人民群众的愿望、要求和呼声结合起来,贴近生活,贴近实际,贴近群众。

(二)广播电视可以反映舆论,引导舆论

社会舆论是人们自觉或不自觉地对社会现象公开表达的评价性看法和倾向性态度,一般来自公众的自发意见或媒体有目的的引导。社会舆论可分为正式或非正式两类。正式的社会舆论是由社会组织和国家机关正式表达的,或者是因它的传播而形成的,从这个意义上说,它也可称为国家主流舆论。非正式的社会舆论是人们直接凭借传统和经验,在一定范围内,自发表达和流传的看法和态度,因而也被认为是民间舆论。按照存在形态,舆论可分为显性舆论和隐性舆论;按照表现形式,舆论又可分为语言表达舆论和非语言表达舆论。[1] 不管是何种内容、何种性质、何种形式的舆论,对社会和政治、经济、文化等各项事业的发展都具有不可忽视的作用和影响。

2016年2月19日,习近平总书记在北京主持召开党的新闻舆论工作座谈会并发表重要讲话。他强调,党的新闻舆论工作是党的一项重要工作,是治国理政、定国安邦的大事,要适应国内外形势发展,从党的工作全局出发把握定位,坚持党的领导,坚持正确政治方向,坚持以人民为中心的工作导向,尊重新闻传播规律,创新方法手段,切实提高党的新闻舆论传播力、引导力、影响力、公信力。习近平总书记指出,新闻舆论工作各个方面、各个环节都要坚持正确舆论导向。各级党报党刊、电台电视台要讲导向,都市类报刊、新媒体也要讲导向;新闻报道要讲导向,副刊、专题节目、广告宣传也要讲导向;时政新闻要讲导向,娱乐类、社会类新闻也要讲导向;国内新闻报道要讲导向,国际新闻报道也要讲导向。可以看出,广播电视作为社会舆论机关,以明确的目的和自觉的意图反映引导舆论,其各种节目都必须坚持正确的舆论导向,做好舆论引导工作,当然其中主要是通过其新闻节目的事实报道和事实评价,反映人们的意见、愿望和情感,调整和规范人们的行为。也就是说,在广播电视新闻节目中,

---

[1] 胡钰. 新闻与舆论[M]. 北京:中国广播电视出版社,2001:123.

广播电视一方面通过对新闻的选择,一方面通过对新闻的评论间接或直接地宣传党和政府的方针、政策,表明传播媒介的立场和态度。

信息生产属于与社会的上层建筑直接相关的精神生产,每一种社会信息产品都不可避免地包含着特定的观念、价值和意识形态,对社会意识和社会行为具有重要的引导和控制作用。广播电视信息生产不仅在政治生活、经济生活和社会热点问题上要把握舆论导向,在思想、文化价值观上也要正确地进行引导。要弘扬主旋律,大力提倡爱国主义、集体主义和社会主义的思想和精神。同时,提倡多样化,对一切有利于改革开放和现代化建设、有利于民族社会进步、人民幸福、用诚实劳动争取美好生活的思想和精神加以提倡,把精神文明建设的先进性和广泛性结合起来。

(三) 广播电视是大众化媒体,具有公共性

广播电视受众面广,不像纸质媒体,需要一定的文化程度才能看懂,而广播电视媒体没有文化、年龄等限制,任何人都可以收听、收看广播电视节目,所以广播电视是一个大众化的媒体,老少皆宜,雅俗共赏。

广播电视作为公民社会生活的重要组成部分,具有公共性。因此,基于广大公民利益的公共服务体系的构建就显得尤为重要,这也是解决我国广播电视公共服务城乡差异大、地域差异大问题的重要举措。目前,我国通过"村村通"工程和"西新工程"使得农村偏远地区和少数民族地区能够接收到广播电视信号服务。

我国广播电视的公共性,就是要秉承为公众服务的理念,传播内容要满足受众需求,传播视角要客观公正,符合社会主流价值观。公共性就是要为不同类型的受众服务,包括不同的性别、职业、民族和年龄等受众,特别是关注儿童、妇女、老年人、残疾人等弱势群体的需求。节目内容的多样性也是公共性的要求,例如新闻节目、娱乐节目、教育节目和服务类节目比例适当,为公众提供客观而多元的观点。接收方面,公共性要求信号接收均等化,通过无线和有线的方式加强广播电视信号覆盖,使每个公众都有广播可听,有电视可看。

二、广播电视作为大众传播媒介的个性

广播电视作为电子媒介,具有与报刊等印刷媒介不同的特点,在大众传播媒介共性的基础上,具有鲜明的个性。

(一) 广播电视是利用现代电子技术传播声像符号信息的大众媒介

广播电视是利用电子技术传播声像符号的大众化媒介,广播是音频信号,而电视是音频和视频信号的有机组合。广播电视信号通过采集、编码、传输、解码和还原的过程,越过千山万水,把广播电视节目传输到千家万户。因此,广播电视作为电子媒介,具有很多个性,例如,传播时效方面,可以实现直播的实时性;从传播空间来说,可以实现地球村式的跨区域传播;从传播符号来说,可以视听兼备,形象传播;从接收方式来看,可以家庭接收。所以从传播方式和符号特征来说,广播电视都是与众不同的媒体,具有电子媒体所具有的鲜明个性。

广播技术经历了两次大的发展,一是从调幅到调频的发展,调频(FM)技术与调幅(AM)技术相比,声音的保真度好,抗干扰能力强,更加容易实现立体声传播;二是从模拟技术向数字技术的发展,转变为数字技术的音频信号可以远距离传播,可以通过互联网下载,

且声音在传播的过程中不会失真。

电视技术也经历了几次大的飞跃:首先是从黑白技术向彩色技术的发展,从普通的彩色画面向高分辨率的方向发展,成为高清晰度的电视;其次,电视传输技术从无线传输到有线传输,再到卫星传输,实现全球的覆盖;再次,电视技术由模拟技术向数字技术发展,实现数字摄像、数字信号压缩、数字通信传播和非线性编辑等。

(二)广播电视是兼具新闻性和视听艺术性的综合性的传播媒介

广播电视作为大众传播媒介,其传播内容和传播形式具有综合性。扬独家之优势,汇天下之精华。大容量的信息传播空间、百科全书式的传播内容、绚丽多彩的传播形式和多种功能使广播电视从内容到形式成为综合性的大众传播媒介。广播电视的节目按照功能来分,基本上可分为四类:新闻节目、教育节目、综艺娱乐节目和服务节目。由于广播电视节目构成的综合性,人们赋予它们各种美称:"不用纸张、没有距离的报纸""家庭影剧院"等。

广播电视的传播形式也具有综合性。广播可以承载所有以声音来传播的传播形式,如演讲、座谈、朗诵、唱歌、演奏、戏曲、电影(电影录音剪辑)、话剧(广播剧)等。电视则视听兼备,可以兼容并蓄所有的视听形式,在综合原有的视听艺术的基础上,借助现代化的技术手段,电视形成和发展了自己独特的视听艺术,被人称为继绘画、雕塑、建筑、音乐、诗歌、舞蹈、戏剧、电影八大艺术之后的第九种艺术——综合性的电视视听艺术。

(三)以信息传播为主,兼具监视环境、文化传承和怡情悦性等多种功能

广播电视是从事信息生产和传播的媒介组织,报道新闻、评价新闻是广播电视媒体的首要职责,西方国家的一些公共广播电视台,新闻节目的播出量在20%以上,新闻节目往往在黄金时段播出,成为广播电视媒体竞争的主要手段和领域。无论是从广播电视的社会属性,还是从广播电视的社会责任来说,新闻节目都是广播电视节目的主体和骨干。我国广播电视的新闻信息传播可以反映舆论和引导舆论,是公众获取社会信息的重要来源,是社会各组织沟通和协调的重要渠道,具有强大的社会影响力。但是,在商业化的趋势下,我国现阶段广播电视新闻节目的播出比率不高,过多的综艺娱乐类节目侵占了新闻类、教育类和服务类节目的播出时间。

新闻节目是衡量一个广播电视台水平的标准,新闻立台也是广播电视台的一个基本的理念。这既是满足受众的基本信息需求,也是媒体的责任担当。另外,与其他媒体不同,广播电视在监测环境、文化传承和怡情悦性方面承担着更多的责任和义务,例如一些文化底蕴深厚的纪录片,内涵深刻的深度报道,丰富多彩的文艺节目,思想性和艺术性强的电视剧,信息丰富的服务类节目等,这些说明广播电视是兼备多种功能的综合性媒体。

第二节 广播电视的传播特点

广播电视的根本特点,源于它与印刷媒介在传播手段上的差别,广播电视是以高科技的电子手段传播信息,以声音和影像作为基本传播媒介,而报纸则是以文字和图片作为传播媒介的。传统的大众广播、大众电视(不包括互动电视、楼宇电视、公交移动电视、手机电视、网

络电视)则不具有网络媒体在信息的海量性、文本超链接性、互动性等方面的极强优势。

一、广播电视的共同特点

作为电子媒介,广播电视有许多共同的特点,这些特点主要包括:

(一) 广播电视是视听媒体,具有直接感受性

广播电视是视听媒体,具有丰富的直接感受性,就声音来说,广播电视可以传达人类的有声语言,而且可以再现人类社会和自然界的所有音响。就视频来说,广播电视可以通过电子手段再现声音和图像来传达信息。广播电视的受众可以针对广播电视传播的具体对象,听其声,观其形,察其言。

有声语言传播符号是非常丰富的,人们通过语言发出者声音的特点,进而使说话者产生感性的印象,产生一种情感交流的感觉。接收者如果听到熟悉的、信赖的人物的声音,就会产生认同感,如果听到不熟悉的声音或者不喜欢的声音,就会产生反感,甚至产生了警觉心理。有声语言传播的信息非常丰富,除了有声语言本身传达的意义之外,有声语言通过节奏、连贯性、语调和重音等传情达意,通过诸如笑、哭、叹气、呼喊等副语言,传达出言外之意、言外之情。停连、重音是有声语言准确传达文字内容的形式;而语气语调和语言节奏则是传达思想感情和态度的有声语言形式。例如,同样一句话,是理性阐述还是热情鼓吹,是循循诱导还是讥笑嘲讽,是义正词严还是客观冷静,均可以通过语气语调来传达。

同时,音响的传播可以使听众感受到现场的气氛,进而想象现场的状况,有身临其境之感。如广播现场报道就通过对现场的各种音响、通过记者对现场音响的象声词(拟声词)描述性叙述,来营造现场气氛,带领听众感受现场。

电视具有视听兼备、声画合一的特点,除了可以传播有声语言符号系统和音乐、音响之外,还可以通过图像、图表、肢体语言、表情语言等各种传播符号表达思想,它能够全面、立体、真实地传播信息。例如,一个人在说谎的时候,虽然传达的有声语言是那么恳切,但是肢体语言和表情语言却传播另外一种信息,如目光游离、身体颤抖、底气不足、表情不自然等情况,使人们通过声画语言获取了真实的信息。

电视能够真实地反映事物的发展过程,再现事物的发展变化,受众能够通过视觉信息和听觉信息同步接收事物的发展变化,而文字语言无论如何叙述事物的变化,都不能精确地和逼真地反映事物发展的细枝末节,人们只有通过把语言转化为表象,通过想象力去构建文字语言表达的事实。因为真实再现与想象之间存在着差异。例如,伴随着一个具体事物发展变化的各种声音、氛围、位置、光影、情绪等,而以历时性为特征的语言是难以传达这种共时性信息的。

(二) 时效性强,可实现同步传播

与纸质媒体相比,时效性是广播电视的优点。纸质媒体受到印刷、运输和发行的限制,根本做不到实时传播,最多依靠发行"号外"和"特刊"等提高时效性,但是也与事实的发生有相当一段时间了。在新闻媒体竞争日益激烈的今天,报纸一般靠深度和观点取胜,而广播电视在时效性方面具有优势。

广播电视经常靠直播来提高时效性,遇到突发事件,广播电视可以通过插播的方式随时

播出新的信息,如果没有及时传播视觉信息,可以先传播声音信息或文字信息,用滚动播报的方式或电话连线,打破以前的传播秩序,传播新的信息。当然,遇到重大新闻事件,广播电视经常采取现场直播的方式,达到与事实发生过程同步传播,极大地提高了传播的时效性。随着电子技术和摄像技术的发展,广播电视的现场直播不断增多,受众可以耳闻目睹事件的发展过程。

(三)无远弗届,受众面广

由于信息内容的不同和传输手段的不同,广播电视就信息接收的可能性而言,在人口覆盖和地域覆盖两个方面都具有很大优势。

首先,覆盖的地域范围广。与印刷媒体相比,广播电视作为电子媒介,具有信号传播范围广、覆盖面积大的特点。特别是随着通信卫星的发展,广播电视的信号可以覆盖地球的每个角落,而且传输成本较低,时效性强。广播电视这个传播特点在战争期间发挥着重要作用,例如一战和二战期间,各个国家利用广播进行心理战和宣传战,对于鼓舞战争士气、突破敌人的封锁和瓦解敌人的意识等方面起了重要的作用。在我国的解放战争期间,解放区的广播被称为"黑暗中的指路灯"。

而印刷媒体受到成本和技术的限制,以及运输距离和运输条件的制约,很难到达一些偏远的地区,由于边际成本较高,我国广大农村和边远地区的报纸覆盖率低,而广播电视则成为他们主要的接收信息的媒体。但是,随着通信技术和数字技术的发展,互联网开始普及,纸质媒体通过互联网这个新媒介重新进入受众的视野,广播电视的接收优势和覆盖优势在不断地丧失。当然,广播电视也可以借助互联网扩大传播范围。

其次,覆盖的人口范围广。广播电视传播不受年龄、性别、民族和文化程度的限制,音频与视频符号属于更加普及的信息传播方式,与日常生活最常用的信息传递方式相契合,不像文字那样艰深,受到接收者文化程度和知识水平的制约。例如,看懂一份报纸,需要初中以上的文化程度,大约掌握 3000 个汉字,所以文化程度成为受众读懂纸质媒体的一个基本门槛。而广播电视的受众基本没有能力方面的限制,即使是学龄前儿童,也有适合他们看的动画片或者儿童节目,从这一点来说,电视对于儿童的启蒙教育有很重要的作用。对于文盲来说,电视的知识传播对于他们也有很重要的现实价值。

当然,受众接收广播电视传播的信息是否完全理解那是另一回事,因受众的文化和知识水平的差异,接受和理解的程度不同,特别是对于广播电视艺术的理解,往往不同的受众理解的层次是有区别的,有差异的。

(四)兼具大众传播与个人传播的特点

广播电视不仅可以针对受众进行大规模的信息生产和传播活动,也可以将面对面的人际传播方式引进到大众传播领域,并取得积极的传播效果。例如,广播电视中不同人物、角色的对话、电话热线直播、采访直播、演播室主持人现场采访等方式的大量使用,是建立在实时信息交流与反馈互动、特定交流情境和多渠道信息媒介传播方式上的。人际传播方式最具代表性的特点是它的传播个体自主性、情境性、双向互动性和多媒介并用的传播方式。人际传播方式的导入使信息的传播与接收更具亲和力,更贴近人们的日常信息交流经验,因而能够取得更好的传播效果。

首先,广播电视的传播者与受众在热线直播节目中的互动性交流,可以及时地消除在传播过程中产生的不确定性,使传播更具有针对性,进而提高传播效果。而报纸对信息反馈具有延时性,不可能即时调整自己的传播以实现与受众的交流。

其次,建立在即时信息反馈基础上的交流情境,更符合人们日常信息交流方式,因而能够引发受众的关注和参与感,同时,特定情境可以使信息的交流显得更加生动、自然,具有更好的传播效果。

再次,在多媒介、多手段配合传播方面,广播电视更是丰富多彩。广播所使用的口头语言,有副语言系统相辅佐,语调语气、功能性发音、语言节奏等都能够配合语言符号来传情达意,语义更丰富,信息更丰满、准确,并具有情绪感染力,可传达出言外之意、话外之音,因此更能接近人际传播的状态。电视可以通过变化着的表情、姿态、动作等手段传播信息,往往是对口头语言信息的补充与佐证,是谈话者心理状况及其变化的无意识流露。

(五)广播电视是时间媒体,具有按照时间顺序线性接收的特点

广播电视媒体是时间媒体,选择性差,无法像网络媒体和纸质媒体那样做到可选择性。传统的广播电视信息存在于时间的流程中,也就是按照时间的顺序方式播放广播电视信息,受众没有去自主控制时间的自由。在接收过程中具有信息不对称性,无法对所有的广播电视节目进行充分鉴别比较。而纸质媒体是以空间的形成存在的,受众可以对不同的报纸版面和报纸内容进行比较,掌握充分的信息,然后进行选择。

首先,受众无法对广播电视内容和接收信息的时间上有充分的选择权。广播电视内容是按时间顺序播放,受众只有看完后才知道节目的质量和品位如何,受众丧失了对信息内容进行充分选择的主动权。而看报纸和上网查信息则不同,可以充分选择自己喜欢的内容,甚至可以定制或者搜索自己感兴趣的内容。同时,接收广播电视时受众也丧失了信息时间上的选择权。一方面闲暇时间看不到自己感兴趣的节目,另一方面感兴趣的节目往往因为没有空闲时间而错过。

其次,受众在接收广播电视节目的时候往往是非常被动的。随着时间的流逝,人们似乎很难对广播电视节目进行深入细致的思考,人们无法根据内容的深浅调节接收的快慢。而人们在阅读报纸杂志的时候,对于一些内容可以细嚼慢咽,而对于另外一些内容则可以略过。而且阅读的时间可以自己调整,繁忙时可以不看,到闲暇时再细看。接收广播电视时,受众只能按照播放的速度接收,一定程度上影响了信息接收的效果,所以,广播电视很难传播比较晦涩和抽象的内容。

再次,广播电视节目稍纵即逝,不能方便地保存、储存和剪辑。广播电视的声音和图像转瞬即逝的传播形式,给信息的保留、验证、处理和再传播带来了不便。报纸可以多人传阅,信息并不丢失;网页也能长久地留在虚拟空间里,可随时调出;而受众则无法向他人重现广播电视节目,至于对广播电视信息资料的整理和保存,就更加繁重了。随着网络技术的发展,数字电视出现了互动功能,人们从看电视变为用电视,电视的互动性将有效解决广播电视的选择性差的问题。人们不仅可以储存正在播出的内容,而且可以多视窗的选择和观看电视节目。

(六)接收方式的非竞争性,具有群体接收的特点

从经济学上说,报纸和杂志是私人物品,广播电视是准公共物品。印刷媒体一般是供个人阅读的,具有收费的排他性,而且最多在几个人乃至几十人之间传播,具有竞争性,所以是

私人物品。而广播电视既可以个人接收,也可以群体共同接收,具有非竞争性,是准公共物品,其中无线广播电视具有接收的非排他性,是纯公共物品。阅读报纸杂志往往是私人行为,怕别人干扰,而收听、收看广播电视往往是群体的行为,可以交流心得体会,甚至边聊边看。人们信息接收情境的不同,直接影响接收态度和心理以及相应的信息接收模式。

二、广播的传播特点

广播电视与印刷媒介相比较,具有共同的特点;而广播与电视二者相互比较,又各自有自己的特点。那么,相对于电视而言,广播有哪些特点呢?

(一)可非专注性接收

收听广播最为方便、自由和随意,就是受众在从事专注性活动的过程中可同时收听广播。收听广播不受时间和地点的限制,不论是白天还是晚上,也不论是在干什么,只要能够打开收音机,就能够收听广播的内容。随着收音机的小型化和轻便化,其更加成为一个"随身听"的媒体。人们经常一边做事一边听广播,只要所做的事不是需要特别集中注意力的话,人们可以做事和收听节目两不误。特别是收音机作为音乐传播的良好载体,可以提供人们做事时的背景音乐,营造一个合乎心境的氛围,甚至可以调节做事时的心理状态。

(二)灵活性强

便捷是广播采录和接收设备优于电视的又一特点,就采录设备而言,电视的摄录设备非常复杂而笨重,电视的摄录往往需要一个团队进行,例如摄像师、出镜记者乃至灯光师等,往往削弱了电视的灵活性。而广播采访摄录仅仅需要一个人作战就行了,广播的录音设备往往小巧玲珑,便于携带,操作起来简单而且价格低廉。从接收方面说,收音机便于携带,机动性强,可以边走边听,甚至在特殊的条件下转化为传播优势,在诸如地震、飓风、洪水等重大灾害的特殊条件下,由于交通、电力、通信乃至房屋财产遭到严重破坏,电视机无法接收,报纸也无法送达,此时只有广播能够传递消息,给人们带来心灵安慰。

(三)绿色媒体

广播诉诸听觉,给人以无限的想象空间。众所周知,欣赏电视影像需要观众眼睛注视屏幕,而当前的电视机屏幕或多或少有辐射,对人体有伤害;看电视久了,眼睛容易疲劳,甚至会导致各种眼病。但是,广播节目的接收只需要耳朵,并不需要听众过度地劳心劳力,二者相比,广播媒体更为绿色。广播节目,尤其是广播文艺、广播广告往往特别注重音乐和音响效果的运用,轻柔的乐曲悄悄抚慰听众的心灵,而解说词的播报者更是用最为贴近节目脚本风格的语言来演绎,声音往往具有很强的穿透力。

三、电视的传播特点

(一)声、像互动的传播方式

电视的传播特点是声画兼备的媒体,与广播不同,电视将影像元素引入到传播媒介,而影像元素的引入不是声音与影像的简单相加,而是有效的整合。整合后的信息传播,不仅依赖于声音和画面各自传达的信息而且依赖于它们之间的关系,由此衍生出声画合一、声画分立、声画对立等不同类型的声画关系。电视的声画关系的逻辑不是语言表达的逻辑,它遵循的是接收者的逻辑性,电视主要是由影像、有声语言、音乐和音响等要素构成的对应关系及其承续关系来确定接收的合理性,这种多要素的组合、多片段的集成整合在一起传达一定的信息和意义。当然这些声画相互影响的传播效果存在着各种可能性,或相得益彰,或彼此干扰,或彼此矛盾,产生"噪音"。

首先是"声画两张皮"现象。就是语言所表达的内容与画面的内容毫不相干,看不到它们之间的内在联系,各说各的话,受众不知道显示这些画面与报道词、解说词究竟是什么关系。当然,这种情况导致受众困惑,影响了信息的准确传达,产生无效的传播效果。

其次是无意中产生的蒙太奇效果造成的误导。电视节目制作过程当中,不能把声音与影像的信息割裂开来,而必须把它们作为一个完整的传播统一体看待,通过蒙太奇实现有效传播。但是,有的影像与声音是分别制作的,后期合成的时候没有产生与原有传播目的相同的传播效果,因而造成错误的信息传达。

(二) 符号系统的兼容性强

目前,人类所创造的绝大多数信息传播的符号系统,都是通过视、听通道加以传递的。也有通过触觉、嗅觉、动觉和味觉进行信息传递的方式,但不是很多。但是,电视具有很强的替代性,我们可以通过电视观看电影、戏剧、音乐及其各种表演形式;我们可以通过电视欣赏绘画、建筑、雕塑、书法乃至各种人造的和天然的风景。电视可以替代众多的其他符号系统,但并不能取代它们,在有限的屏幕上观看一个影像,与亲临现场所体验到的全方位的感受和震撼是截然不同的,例如在电视上看一场音乐会与现场看是不可同日而语的。

第三节　广播电视体制

广播电视的体制是由国家的政治制度决定的,主要表现为广播电视所有制的不同,不同的政治经济制度就有不同的广播电视体制。广播电视体制决定了广播电视的路线、方针和政策。世界上有国营广播电视、商业广播电视、公共广播电视等三种不同的广播电视体制。

一、三种主要的广播电视体制类型

(一) 国家经营型

国家经营型,也称政府经营型广播电视体制,它是由国家经营广播电视业,其领导机构是国家政府部门。广播电视属全民所有,由政府规定其工作任务,任命领导人,经费全部或部分由国家拨款,或兼营广告以筹措经费。

国家经营型广播电视体制最早在苏联建立,苏联从广播电视诞生到1991年苏联解体,基本上是国营广播电视体制。以苏联为代表的社会主义国家相继采用这种模式。中国的广播电视体制也是以这一模式建立的。

国家经营的电台、电视台是党和政府的宣传机构,是宣传党和政府的路线、方针、政策的"喉舌",也是人民获得信息、知识、娱乐和表达意愿的工具,除执政党、政府之外,任何人、任何团体均无权插手广播电视事业。电台、电视台以配合党和政府的中心工作为任,强调电台、电视台宣传和教育的作用,以争取社会效益为唯一的或主要的目标。①

国家经营型广播电视节目的基本特点是:新闻节目、教育节目占主要地位,强调新闻节目和教育节目的政治性、思想性,娱乐性节目强调节目的品位,以健康为前提,没有商业广告或商业广告比例较小。但从历史发展来看,存在严肃庄重有余,生动活泼不足,信息来源单一,有些节目说教味浓,节目的知识性、娱乐性不够,节目更新慢等缺点。

当然,随着社会的发展,国家经营型的广播电视台也逐渐地增加了商业广告的数量。20世纪90年代,我国广播电视业被划为第三产业,采取"事业单位企业化经营"的运作模式,广播电视的事业属性和产业属性逐渐被正确认识,财政拨款逐渐减少,商业广告收入成为广播电视台的主要收入来源。

目前,我国的广播电视是完全国有下的有限商业化的模式,广播电视节目的制作和播出不是完全按照市场需求来运营,首先是完成党和政府所赋予的宣传任务,在不违背党和政府的方针政策的前提下满足受众的信息、文化和娱乐等方面的需求。近年来,我国尝试广播电视节目制作和播出的分离改革,即除了新闻节目之外,其他社教类节目、娱乐节目和生活服务类节目等逐渐走向市场,吸纳社会资本和人才,提高节目的生产效率。

2009年8月19日,上海文广集团实行制播分离改革,并受到国家广电总局的批准,上海文广新闻传媒集团更名为上海广播电视台,并出资组建上海东方传媒集团有限公司,前者是事业单位,负责新闻节目的制作以及节目的终审和播出,后者由上海广播电视台出资成立,是台属、台控、台管的控股企业集团公司,该公司是集广播电视节目制作、报刊发行、网络媒体以及娱乐相关业务于一体的多媒体集团。也就是说,广播电视台以宣传为中心,把中心工作放在节目的审查和播出上,对非新闻类节目实行企业化管理。

这是制播分离的第一个阶段,台内的可经营性资产剥离出去,成为自主经营的企业,可以上市经营。制播分离第二个阶段是形成成熟的公正公平的节目交易市场,成立竞争有序的节目制作市场,构建有效竞争的机制。当然,制播分离以后,广播电视台仍要以社会效益优先,保持频道的宗旨、广播电视台的节目终审权不变。

(二) 公共机构经营型

公共机构经营型,也称公共事业型。广播电视业是由公益机构、公众社团、社区组织或其他一些专业团体主办经营。它通过国家立法而建立,受国家法律保护,既不属于政府,也不属于私人。其领导机构或由民间团体代表所组成的委员会任命,如德国公共广播电视联盟(ARD),或经国会审议后由政府首脑任命,如英国广播公司(BBC)、日本放送协会(NHK)等。其经费来源主要或全部是受众缴纳的收视费。这一模式最早在英国建立,后被日本、意大利、瑞典、挪威、芬兰、瑞士、新西兰等国家模仿,二战后的德国以这一模式重建广播电视事业。

公共广播电视是既非国营又非商业媒介。这类广播电视机构多半以制作和播放文化教

---

① 饶立华,杨钢元,钟新.电子媒介新闻教程:广播与电视[M].北京:中国人民大学出版社,2000:91.

育类、新闻信息类、知识性节目以及公共政策的讨论节目为主，目的是提升国民知识水平、促进民众参与政治决策。公共广播电视强调对公众负责，以"由公众举办、为公众服务、受公众监督"标榜，强调其内容与运作的独立性和公共性，不是政府的"喉舌"。事实上，大多数公共广播电视和政府关系密切，在重大事件的报道上常常反映政府的立场，自觉与政府保持一致，可以称为半官方机构。但是在名义上，它们是独立自主的，不代表任何政治集团谋求商业利润，也不对政府负责。

公共广播电视的节目特点是：新闻节目强调真实、全面、客观、公正，以公众代言人自居，对政府的方针政策表面上强调独立立场，但实际上往往采取"小骂大帮忙"的方法。娱乐节目比较健康干净，严格控制广告数量，例如 BBC、NHK 均不播广告，重视受众调查，注重传播的社会效益。

公共广播电视一般不播出商业广告，运营经费主要依靠收视费、个人或团体的捐款，也有来自议会的拨款。随着广播电视事业的发展，公共广播电视也显示出其局限性。首先，由于它不播和较少播广告，全部或大部依靠收视费，在一定程度上增加了受众的经济负担。例如，2010 年 BBC 的执照费收入高达 34.47 亿英镑。收视费也是日本广播公司 NHK 的主要收入来源，2010 年日本的执照费收入高达 6655 亿日元，相当于人民币大约 400 亿元，过高的收视费影响了作为公共事业的广播电视形象；其次，"正统权威"的节目内容和单调死板的形式，在一定程度上降低了观众的收视兴趣；此外，在全部实行公共机构经营广播电视的国家，由于没有商业电视的竞争压力，广播电视缺乏活力和进取精神，决策迟缓，弱于应变。

自 20 世纪 80 年代以来，受西方自由主义思潮和新公共管理理念流行的影响，打破公共广播电视垄断成为西方国家广播电视领域的主要政策，那些原本只有公共电视或以公共电视为主的国家，开始探讨怎样更有效地使用和管理广播电视，使其适应日益发展的现代社会。提倡广播电视领域的竞争，丰富广播电视节目的供给与播出，满足受众多元化的收视需求。于是，公共广播电视和私营广播电视并存的局面在很多国家成为现实。

除了英国在 1955 年建立了商业性的广播公司——独立电视台以外，大部分西方国家在 20 世纪 80 年代建立了商业广播电视台，形成了公共广播电视和商业广播电视并行的"双轨制"。例如，1984 年 1 月 1 日，随着路德维希港有线电视的落成，德国出现了私营广播电视业，最初是有线和卫星广播电视，后来逐渐被许可使用无线电波频率。1987 年 4 月，法国公共一台出售给私人，结束了法国没有私营商业电视的历史。1989 年 12 月 7 日，英国政府公布了新的以自由市场原则取代公共服务的原则，取消对私营商业电视限制的广播电视法案。1990 年，英国空中电视台的卫星直播电视频道开播，使英国原有的公共广播电视（BBC）和商业广播电视英国独立广播电视网（IBA）两分天下的格局被打破，不同类型的广播电视台之间的竞争成为现实。

（三）私营商业型

私营商业型广播电视是按市场原则组建的广播电视体制。电台、电视台属于个人或股东，以盈利为经营目的。广播电视成为市场主体，产权可以通过市场进行交易，广播电视台可以通过资本运作实现并购与重组。这一模式最早在美国建立，之后葡萄牙、卢森堡、巴西、智利、阿根廷等国家都采用这一模式。在这些国家，商业广播电视在规模和数量上占绝对优势，同时也存在公营台和政府台，但一般只限于播放社会教育节目、服务性节目和对外广播电视节目。

以美国的几大广播电视网(CBS、ABC、NBC、CNN)、英国独立广播公司(IBA)、日本民间放送联盟为代表,商业广播电视台一般施行董事会领导下的总经理负责制。政府作为宏观管理者制定运作规则,在国家法律的保护下,商业广播电视自主经营,不受政党、政府和其他团体的直接控制。以美国为例,私人经营的广播电视没有义务宣传政府的政策,美国总统和政府官员可以把电视作为影响舆论的讲坛,但只能通过记者招待会或电视讲话的方式,除此之外,他们无权向电视台发出指令或对节目直接干预。但事实上,大多数商业台都有财团的背景,而财团又与美国政府保持着千丝万缕的联系。

追求利润最大化是商业广播电视的主要目标,这也是广播电视产权所有者——资产阶级大财团的利益所在,因为商业广播电视的主要收入是广告,这就决定了节目播出以收听率、收视率为标准,吸引广告客户,提高广告收费。所以商业广播电视台的节目以娱乐性节目为主,新闻类和教育类节目播出比例明显低于公共广播电视,节目的品位不高,甚至出现了大量的黄色和暴力节目,节目的市场价值大于节目的社会影响和社会价值,广告更是达到了法规所容许的最低限度。当然,商业性的广播电视节目在一定程度上满足受众的需求,节目的形态更新很快。但是,不择手段追求收听率和收视率,迎合受众的低级需求,出现了低俗化、庸俗化、商业化趋势,以及社会责任感和道德感的缺失。

激烈的竞争往往导致商业广播电视的并购与重组不断出现。以美国为例,20世纪90年代,广播电视的所有权不断集中,形成了少数垄断资本控制多家广播电视机构的现象。但是美国联邦通信委员会FCC对广播电视的所有权有比较严格的限制,防止出现舆论垄断的局面,以维护其"观点的自由市场"。例如,FCC一直严禁四大电视网之间进行合并,以及对同一个市场的跨媒体所有权进行限制,以杜绝广播市场完全垄断的出现,这是FCC避免进入壁垒、保持自由竞争广播市场机制的最后防线。

商业广播电视同样也受到政府的控制和监管。以美国为例,联邦通信委员会FCC以公共利益为标准监管广播电视,联邦贸易委员会从市场的角度监管广播电视的产权交易行为,司法部门从反托拉斯的角度监控广播电视是否构成了垄断,保护公共利益。另外,许多消费者协会等民间组织对广播电视也进行间接控制,所有这些规制措施保障商业性的广播电视作为全体公众的言论自由的工具,而不是特许经营者纯粹的私人利益工具。美国FCC对商业广播电视机构的监管是基于"公共利益、必要和便利"三项基本原则,美国对违反"公共利益"的行为,对于"违反社会责任"的广播电视台则可以处以吊销营业执照的处罚。

由于广播电视频谱资源的稀缺性和有限性,任何国家对广播电视的管理和控制比对印刷媒体都要严格得多,但是不论哪一种广播电视体制,都是所在国家的社会制度的一部分,是受社会制度的根本性质制约的。政府根据国家性质确定广播电视所有制形式,进而制定有关的法律、法规和政策,对广播电视进行整体规划和宏观管理,保证广播电视为社会制度、意识形态和国家利益的目标服务。只不过社会主义国家直言不讳地说广播电视是政党和人民的"喉舌",具有舆论引导、信息娱乐的功能,而资本主义国家标榜是超党派、独立和公正的,其实媒介的所有权控制在垄断资本家手里,是为资产阶级利益和意识形态服务的。

二、西方主要国家的广播电视体制

西方国家广播电视普遍实行"双轨制",即公共广播电视和商业广播电视共存。公共广播电视满足社会多元化和多样化的需求,把受众当成"公众"或"公民",注重广播电视的社会效益和文化、教育功能，维护公共利益，主要以收视费和财政收入为主。商业广播电视把受众当成"消费者"，满足甚至迎合受众的需求，以广告为主要的收入来源，追求经济效益和商业利润。双轨制可以平衡公共利益与商业利益、社会福利和市场效率的关系。两种不同性质的广播电视体制可以相互学习，相互竞争，提高节目的社会效益，而不是片面追求经济效益。

另外，这种双轨制的好处是可以发挥公共广播电视的教育和公益功能，因为广播电视是准公共产品，具有收视的非竞争性，通过收取收视费大力普及公共广播电视频率和频道，从经济学角度看有利于增加社会福利，提高广播电视资源的利用率，有利于弥补市场失灵。

建构合理的广播电视体制尤为重要，这关系到公民的表达权、新闻自由等政治自由，也关系到基于自由市场和私有制的合理利用广播电视频率的经济自由，还关系到公民的文化传播、文化创作的文化权利。从学理上讲，西方国家选择广播电视体制的理由如下：

（1）资源稀缺性。广播电视最初的传播介质是无线电波，从技术角度说，无论是调频广播或调幅广播，还是电视的广播频段都是有限的，即使是数字化、融合化的时代，这种资源也不是无限的，这点与报纸以及网络媒体是截然不同的。广播电视频谱资源的稀缺性，属于公共资源，广播电视相当于"公共委托人"，必须承担更多的义务和责任。

（2）公共利益与公共领域理论。西方国家把广播电视作为信息传播的载体和意见表达的平台，在西方自由主义传统看来，广播电视是民主社会的组成部分，在公共领域中承担着不可替代的责任。作为受众人数最多的广播电视媒体，既具有鼓励和保障大众参与公众生活讨论、表达各自意见的自由权利的功能，又具有对国家机器和民主进程行使批判和监督、维护公共领域的重要功能。

（3）广播电视也具有正外部性。例如，公共事务的报道，促进民主政治、参政议政和科学决策；纪录片、教育和文化节目，有助于提高受众的品位、见识和能力，而这种教育功能是潜移默化的。鉴于此，美国要求公共广播网必须播放一定量的科学类、文化类、教育类、信息类和纪实类节目。欧盟一直积极维护广播电视服务的传统价值观，包括多元化、文化和语言的多样性以及维护消费者的选择权，全面实现广播电视服务的社会、文化和政治功能。

（4）国家信息安全和文化安全理论。西方国家从维护民族传统文化和主流价值观出发，给予本国的广播电视产业特殊的保护，对外国企业的参股、兼并和控制等行为进行严格的限制；对外国节目的播出时间的比例进行限制。例如，法国、加拿大等国家通过财政、税收等措施鼓励本国的广播电视产业的发展，维护国家的文化主权和信息安全。广播电视还与国家的文化安全、民族和社会的凝聚力有关，例如，欧洲对广播电视节目实行配额制，1989年欧盟议会通过《无国界电视》指令，实行强制性的节目配额制，要求所有欧洲电视台确保所播放的节目中至少有50%是欧洲原产的，保护本土的节目制作公司。

西方国家从公共利益、公共服务、公共领域等不同的理念出发，实行了广播电视的"双轨"体制。但是由于各国的历史传统、执政理念、政策范式不同，广播电视的"双轨"体制也不尽相同，特别是两者在广播电视体制中的地位、影响力和受众规模等在不同的国家相差甚远。

（一）英国的广播电视体制

英国广播电视体制的发展经历了三个阶段，即BBC垄断阶段（1927～1954年）、公商双轨制阶段（1954～1978年）、多元化分营阶段（1978年至今）。

首先是 BBC 垄断阶段。成立于 1922 年的 BBC 原本是一家由许多无线电制造商和财团共同投资、旨在获取商业利润的公司，主要的收入来源是收音机的税收和执照费，由英国的邮政局监管。但是由于用户规模小，逃税现象严重，BBC 肇建阶段收入来源、治理和盈利模式出现了问题，英国邮政部组织了塞克斯委员会和克劳福德委员会调研 BBC 的经营状况，并提交报告。在报告的基础上，英国 BBC 改组并获取皇家宪章，英国广播公司（British Broadcasting Company）改成 British Broadcasting Corporation，即由营利性质的公司改为为公众服务的公共性质的公司，其宗旨就是最大限度地为公众提供信息、教育和娱乐节目。

这种公共服务原则设计的哲学基础是英国政治和文化传统对集权、等级的宽容和精英文化旨趣，超越利润和娱乐的狭隘视野。为了更好地为公众服务，英国精英分子认为应成立独立的公共服务机构，全国收取执照费，免于广播电视落入政府和商业公司手中。由此，英国成为世界上最早实现公共广播服务的国家，垄断经营、皇家宪章和执照协议、独立的监管机构理事会等成为其治理的基本结构。

BBC 第一任总经理约翰·里斯提出这样的广播理念：① 娱乐不能作为广播的唯一目的；② 广播有责任将人类努力和成就的一切最美好的事情传达给更多的家庭；③ 广播应当引导大众趣味而不是迎合大众的趣味；④ 广播者可以和教育机构达成协议，共同传播知识。[①] 里斯的思想反映着早期的英国精英分子试图发挥广播的教化和文化功能。BBC 是通过高质量、高品质、强大影响力和创新的节目达到如下的使命：民主价值，凭借公正的新闻与信息，巩固成熟的公民社会；教育价值，鼓励创新和学习，拓展国人的视野和提高国人的素养；社会价值，联系不同群体，促成多元包容的社会。

第二是公商双轨制阶段。BBC 的治理模式可以说在世界上是一次创举，体现了公共服务的精神和社会责任的理念，其节目一向以格调高雅和制作精良著称，是精英文化的代表。但是，BBC 高高在上的文化优越感和训教式的说话方式也引来公众的不满。随着电视新媒体的涌现，出于打破垄断和倡导竞争的动机，英国保守党政府在酝酿多年后于 1954 年提出电视法案，并在 1954 年 7 月通过了《独立电视法案》，该法案规定成立一个与 BBC 性质相近的机构管理商业电视台。随后，1954 年 8 月成立了独立电视局 ITA（Independent Television Authority），这是一个公共机构，委员由邮电大臣任命，任期五年。经过一年的筹备，1955 年由"联合电视"和"联合播映"两家独立公司联合创办的独立电视台（ITV）在伦敦开播，英国广播电视体制从此步入双轨制阶段。

独立电视台秉承了为公众提供信息、教育和娱乐的公共服务的传统和职责，获取执照的特许经营权也需定期审核，编辑方针保持公正中立，不过运营经费通过出售广告时段来获取。播放广告的独立电视网，也被纳入公共服务的管理体系，其节目规范以 BBC 为蓝本，也必须履行公共服务，提供多元化的节目内容。为此，独立广电管理局有权干预广电媒体的节目表，禁止特定节目的播出，甚至撤销违规的电视台的执照。1973 年的《独立电视委员会法案》提出"独立电视委员会应确保电视和地区广播"作为公共服务，传播信息，提供教育和娱乐。

第三是多元化分营阶段。尽管 ITV 在成立之初秉承了公共服务的传统，但是商业机构最大和本质的目的是获取高额利润，其节目制作的主要意图是为广告商制造受众。这是制度安排的一个悖论，一方面 ITV 要塑造社会价值和道德水准，尊重公共权利，满足公民不同

[①] 詹姆斯·卡瑞，珍·辛顿. 英国新闻史[M]. 北京：清华大学出版社，2003：90.

的需求,另一方面又要为广告商服务。

20世纪70年代,双轨制越来越引起人们的不满,一方面这两个垄断机构越来越保守,迷恋于谋求和保护自己的利益,从而阻止了创新能力的进一步提高与富有创意和艺术产品的供给。这个阶段,英国对双轨制下节目的道德水平、暴力、不公平客观等问题进行了文化抨击,其政策的导向就是要增强广播电视的社会责任感和"社会接近权"。为此,安南报告(Annan Report)提议建立一个开放的广电机构,这个时期政策上最大的收获是引入第四频道。

作为一个在市场权力与节目品质之间的平衡,第四频道在1982年建立,由独立电视局的广告支撑运行,独立于广告主,又担负公共服务使命,鼓励节目创新和照顾少数族群口味。英国第四频道主要服务于小众和边缘化的群体,播放独立节目制作公司的节目,是非营利性的商业公共广播电视公司,其收入主要来自ITV的广告收入拨付。另外,ITV和第四频道也有承担公共服务的义务。

这样,英国的广播电视形成了多元化的分营体制,不同的服务主体承担不同的公共服务职责。BBC作为公共服务的主体,向全英国提供具有普适性、多样化和独创性的节目内容和服务。第四频道主要服务于小众和边缘化的群体,播放独立节目制作公司的节目内容,是非营利性的商业公共广播电视公司。而ITV提供地方性的节目,是商业性的广播电视。

(二)美国的广播电视体制

美国是典型的少有的商业广播电视占主导的国家,其广播电视体制经历了两个阶段。1967年之前是商业广播电视处于垄断地位,自从1967年建立了公共广播电视,此台是为公众提供公共服务的非商业电视台,从此美国进入了商业广播电视为主导、公共广播电视为补充的分营体制阶段。但是公共广播电视的市场份额一般在5%左右,因此美国是世界上少有的商业广播电视比较彻底的国家。美国古典自由主义意识形态信奉市场、自由主义、个人权利、法律和私有财产等传统价值观,在产业利益和公共利益的权衡之中,美国广播电视的政策选择了私有制和产业利益,但是一直把公共利益作为规制的最高准绳。

在广播产生时期,按照美国的自由主义和民粹主义的传统,同时由于美国商业电台院外游说活动,美国便选择了私人所有制,并于1927年颁布了《无线电法案》。虽然教育广播者也积极活动,为公立大学保留一批频率,但是没有成功,因为国会担心此举会为其他"特殊利益集团"纷纷提出类似要求造成先例。[1] 1927年美国《无线电法案》规定:美国的广播不应该由政府经营、私人垄断或成为无限制竞争的纯自由的事业。法案授权建立一个由五人组成的联邦无线电委员会管理无线电,联邦政府继续控制着一切频率,对具体频率颁发为期三年的执照,只有在有利于公众、方便于公众或者出于公众需要的前提下,提供"公正、有效、机会均等"的电台才能获取营业执照。[2] 这就是美国的广播电视法一直秉承的"公众利益、方便、需要"原则。

美国广播电视是典型的"公共受托人"(Public Trusteeship)私有制模式。在"公共信托"理论下,广播许可成为信托,公众成了"信托方",广播电台就成了"受托人",获得许可的广播电视机构要满足公共利益,履行社会责任,特别是社会各个阶层和少数裔的利益。1927年

---

[1] 郭镇之.中外广播电视史[M].上海:复旦大学出版社,2008:49.
[2] 埃德温·埃默里,迈克尔·埃默里.美国新闻史[M].北京:中国人民大学出版社,2009:318.

电台委员会解释"公共受托人模式",即"虽然一个电台经营的良心和判断掌握在个人手中,但电台本身必须仿佛操纵在大众手中一样。好像一个社区的民众拥有电台,并由最好的人根据公众的利益来做它。"同时,广播媒体必须履行公共载体的公共利益义务,即无歧视服务、最低服务限定和普遍服务规定。

实际上,美国商业广播电视体制还是出现了"市场失灵"问题,作为公共资源的广播电视日益成为商业机构追求高收视率获取利润的工具,服务民主社会的信息、教育、社会和文化功能等公共服务理念和公共利益原则不断消解。直到 1934 年《美国通讯法案》代替 1927 年的《美国电信法案》,联邦通讯委员会(FCC)才建议国会建立非营利的公共服务机构,并于 1945 年成立了由执照费资助的非商业性教育广播台。即便如此,在将近 20 年里,美国政府并未建立稳定的财政机制以保证教育电台的正常运作。美国国会委托卡内基委员会考察公共电视的可能性,1967 年卡内基教育电视委员会发表报告——《公共电视:行动纲领》,支持把教育电视推广开来,成为公共电视。

1967 年美国国会在颁布《公共广播法案》时表示,促进广播电视在教育和文化方面的成长和发展符合公共利益,为了公众的利益,鼓励发展有创造性的节目,特别是儿童和少数民族节目。美国公共广播公司是一个非营利性的公司,其运营必须符合公共利益,四个基本内容的服务原则是编辑的正直、质量、多元化和本地站台的自治。《公共广播法案》十三条规定:公共广播公司必须每三年对少数民族和各种受众的需求做出评估;对公共广播实体为满足这些需求做出计划;制定公共广播和电视所能帮助这些团体的办法;对公共广播实体聘用少数民族雇员做出规划。

1969 年美国公共电视网成立,总部位于弗吉尼亚州。美国公共广播服务有 356 个成员,每周为美国 6500 万各行各业的受众提供广播电视和在线服务,内容包括新闻、科学、自然和公共事务,呈现不同视角的观点,优先播放世界一流的戏剧和演出,还有大量的可供家长和教师选择的鼓励和培养好奇心和爱学习的节目。美国的公共广播服务公司(PBS)每年大约 70%以上经费直接资助上千家的地方公共广播电视机构制作节目,大约 20%的经费资助节目制作者和发行者。

1996 年《美国电信法案》作了历史上最彻底的修改,大刀阔斧地推倒行业壁垒、放松执照管制、放松所有权管制和节目内容管制,引起了广电媒体和电信业的大并购,导致媒体所有权高度集中。这次改革目标就是打破行业之间的壁垒,让美国电信业、广播电视业在世界上更加富有竞争力,从而使美国人民能够享受到便利、先进、快速、高质量和价格合理的电信服务。

(三)日本的广播电视体制

日本广播电视业的发展过程是从二战前 NHK 的广播垄断时代开始的。战后 NHK 与商业广播电视并存体制的确立,是源于对战前垄断体制的反省及以麦克阿瑟为首的联合国军最高司令部的存在。日本的广播是从 1925 年 NHK 的前身社团法人——东京广播电台的开播开始的,1926 年,在当时日本政府的广播事业主管部门——通信省的积极推动下,另外两家商业电台——大阪广播电台、名古屋广播电台与东京广播电台合并成为日本广播协会(英文缩写为 NHK)。该协会在 1928 年成为覆盖全日本的广播网,成为日本唯一的广播电台。①

1934年,日本广播协会进行彻底的改革,废除了"地方分权制",并强化了"中央集权制",从此日本广播协会逐渐成为战争宣传的工具,鼓吹军国主义的战争侵略,成为日本发动二战的帮凶。二战以后,联合国军最高司令部进驻日本,为了实现日本社会的民主化,实施言论自由和广播摆脱政府监管的政策。

1950年在广播民主化的背景下,《电波法》《广播法》《电波监管委员会法》"电波三法"公布,NHK依照《广播法》进行了重组,从社团法人性质的广播机构演变为特殊公益性质的公共广播机构。《日本广播法》总则第一条规定:为了使广播符合公共利益的健康发展,保证广播最大限度地普及到国民当中并发挥作用,保证广播不偏不倚、真实、自我克制,确保广播的表达自由,明确广播参与者的职责,使广播有益于民主主义的健全发展。日本广播电视法的主要目的有三个方面:一是保障广播电视最大限度地普及全体国民,并发挥其效用;二是通过广播电视的公正性、真实性以及自律性,确保实现表达的自由;三是明确广播电视业者的职责,为促进健全的民主而发展广播电视事业。

日本《电波法》的主要目的是确保电波资源得到公平有效地使用,并且这种使用要有利于促进公共福利。《电波法》的功能主要表现在:为电波资源的管理和分配提供法律依据和保障;规定电台、电视台营业许可的条件和申请程序;从法律上禁止对大众媒介的垄断,以防止言论过于集中;限制外资对大众媒介的渗透和影响;赋予总务省监理和审议的权利。

与此同时,依据《电波监管委员会法》成立的电波监管委员会于1950年12月公布了《广播电台设立的基本标准》,并于1951年4月向日本14个地区的16家电台发布了播出许可证,商业电台由此成立。商业电台的开播标志着日本进入公共广播与商业广播并存的时代。

日本电视时代的开始是以1953年2月NHK实现了电视播出为标志,随后的1953年有《读卖新闻》背景的第一家商业电视台——日本电视广播网也开始了节目的播出。在其影响下,其他的商业广播公司也陆续成立,从此商业电视与公共电视并存的双轨制也建立起来了。日本公共广播公司NHK的节目宗旨是:利用民众所缴的收视费,制作丰富、优质的节目,包括提供充足的信息、充实紧急灾难报道、平衡区域发展、提供对残障者与银发族友善的节目服务、促进儿童健康成长的优质节目。商业电视台主要以盈利为目的,现在日本形成了日本电视台、东京电视台、富士电视台、东京放送社和朝日电视台等5个商业电视网。

(四) 德国的广播电视体制

德国是公共广播电视与商业广播电视相对平衡的国家,从政治上,可以防止极少数人或少数集团垄断、控制全国舆论,有助于保持政治的多元化,保护民主制度;经济上,公私并存,相互竞争,但分灶吃饭,从不同的渠道获取收益,避免从有限的广告市场上恶性竞争,相互残杀;文化上,保护传承本民族文化传统,尤其是公共台的存在,对保护本民族文化,避免外来文化和低俗的商业文化的冲击具有重要的作用。②公营和私营保持相对平衡,现在从全国的市场整体收视来说,所有私营电视频道的市场份额比所有公共电视频道份额高近10个百分点,但是从单个频道来说,ARD、ZDF依然保持着市场的领头地位。

德国的广播电视体制经历了四个不同的阶段,即魏玛共和国时期的民主制的中央集权

---

① 龙一春.日本传媒体制创新[M].广州:南方日报出版社,2006:139.
② 曹晚红.德国双轨电视制度研究[M].北京:中国广播电视出版社,2009:61.

广播制度、纳粹独裁下的中央集权的广播制度、二战后至1984年公共广播电视垄断时期、1984年以后的公共广播电视和商业广播电视双轨制时期。

1918年德国爆发了"十一月革命"后,建立了德国历史上第一个资产阶级共和国,直到1933年希特勒上台,德国都是魏玛共和国时期。这个时期的广播制度的特点就是国家控制、中央集权、向公众收取视听费、独立于商业利益,建立了国有公营制度。这与德国长期的威权主义的传统和缺乏民主法治观点分不开的,社会公众逐渐接受了政府排挤私营资本的力量,形成政府主导的制度模式,并为希特勒纳粹政权的极权广播制度埋下了祸根。在希特勒上台的13年时间里,广播成为希特勒为其意识形态宣传的机器,也成为其鼓吹战争、推行文化专制主义、宣扬种族灭绝政策的工具,并留下了深刻的教训。

二战以后,战胜国英法美经过广泛的讨论,模仿英国BBC的公共广播制度,联邦德国建立了非政府、非商业和去中心化的广播电视制度,这种制度与中央集权制相反,结合德国的联邦制的特点,实行分散的联邦地方公营制度,广播电视是联邦各州自己的事务。德国公共广播电视是地方联合式的典型代表,资金上主要依靠收听收视费,保证独立的采访播出权,彻底消除政府对广播电视的影响。

1950年,为了促进和维护广播电视业的共同利益,实现共同开办电视频道的目的,并在节目中实现交流和共享,西德各州的广播电视机构组成了公共广播电视联合会(ARD),1954年成立了第一个全国性电视频道,德国电视一台,各州签订协议,按照各州的收视费比例向它提供全德都能收看的节目。1963年联邦各州建立了集中制的"德国电视二台"(ZDF),与公共电视一台(ARD)进行友好的竞争,给受众带来更多的文化选择。

20世纪80年代,放松规制,打破公共垄断,促使市场主体自由竞争,成为政府治理理念的潮流。1984年,德国卢森堡广播公司(RTL)和德国卫星电视一台成立,这是德国历史上出现最早的私营综合频道,出现了非营利性公共广播电视和商业性私营广播电视双轨并存的局面,即广播电视双轨制度。双轨制度中,公共电视和私营电视两大电视系统有着各自不同的财政来源和市场责任。公共电视的责任是为观众提供多元化的公共论坛和信息服务,其资金来源于收视费,并通过播放有限广告作为补充。私营商业电视以广告费等商业性收入为资金来源,广告经济建构了私营电视赖以生存的基石。

(五)法国的广播电视体制

法国是多元混合的广播电视体制。法国公共广播电视系统由三个独立的电视台、两个独立的广播电台等9家机构组成,承担教育、文化和社会功能,其中电视二台、三台必须保护儿童和少年利益,促进社会正直、独立和多元化。1995年建立的法国电视五台作为教育台,专门播放知识、培训和就业节目。这些公共服务媒体的节目由法国电视播送公司(TDF)统一转播,由政府专门机构广播电视视听委员会(CSA)统一监督。法国公共电视一台1987年私有化以后,成为私营电视台,市场占有率在35%左右,法国电视四台和六台也是私营电视台。

为了平衡公共广播电视与私营广播电视的力量,1994年创建了"政治、教育和就业"频道,同时又设立了"议会频道",加强了视听传播格局中的公营成分,在2000年法国将电视二台、三台和五台整合为法国电视控股集团,使公营电视台得到了更大的发展。[1] 最重要的是

---

[1] 张咏华,何勇,等.西欧主要国家的传媒政策及转型[M].上海:上海人民出版社,2010:242.

2000年相关法案重新使用"公共服务部门"来界定公共频道,重新强化了其承担公共服务使命的内核,公共电视频道通过与国家签订"目标和方法合同"来保障这一使命的完成。

第四节 广播电视的功能和任务

广播电视作为以新闻传播为主体的综合性的大众传播媒介,在信息传播、舆论引导和社会教育等方面具有多方面的功能。随着科技进步和社会发展,要充分发挥这些功能,为社会主义物质文明建设和精神文明建设目标服务。

一、广播电视的功能

广播电视具有的功能可以概括为6个方面,即新闻传播、宣传引导、舆论监督、社会教育、文化娱乐和信息服务。

(一)新闻传播

广播电视的时效性强、覆盖面广、可直观感受等方面的传播优势使其成为当今世界人们获取新闻的最重要的大众传播媒介。新闻传播是广播电视最重要的社会功能,受众获取新闻节目主要是为了监测环境,从自己生活的世界获取更多的信息。近年来,一些广播电视综艺娱乐节目和电视剧的播出量很大,而新闻的播出量减少,引起了有关部门的重视,重提新闻立台的重要性。新闻立台是广播电视媒体社会责任的理性回归,也是市场竞争的需要,新闻节目办得好可以提高一个广播电视媒体的吸引力、公信力和核心竞争力。

(二)宣传引导

广播电视新闻工作者除了传播新闻之外,还需要正确引导社会舆论,将其引导到党和国家所期望的轨道和方向上去。舆论反映了人心的向背,马克思把舆论看成是一种普遍的、隐蔽的和强制的力量。正确的宣传引导是社会主义新闻传媒的重要功能,也是马克思主义新闻观指导下的重要业务规范。江泽民指出,舆论导向正确,党和人民之福;舆论导向错误,党和人民之祸。胡锦涛也指出,舆论引导正确,利党利国利民;舆论导向错误,误党误国误民。这说明马克思主义经典作家对社会舆论引导是非常重视的。

2006年10月11日,中国共产党第十六届中央委员会第六次全体会议通过的《中共中央关于构建社会主义和谐社会若干重大问题的决定》中指出:"正确的思想舆论导向是促进社会和谐的重要因素。新闻出版、广播影视、文学艺术、社会科学,要坚持正确导向,唱响主旋律,为改革发展稳定营造良好思想舆论氛围。"2016年2月19日,习近平总书记在北京主持召开党的新闻舆论工作座谈会并发表重要讲话。他强调,党的新闻舆论工作是党的一项重要工作,是治国理政、定国安邦的大事,要适应国内外形势发展,从党的工作全局出发把握定位,坚持党的领导,坚持正确政治方向,坚持以人民为中心的工作导向,尊重新闻传播规律,创新方法手段,切实提高党的新闻舆论传播力、引导力、影响力、公信力。习近平强调,做好党的新闻舆论工作,事关旗帜和道路,事关贯彻落实党的理论和路线方针政策,事关顺利推进党和国家各项事业,事关全党全国各族人民凝聚力和向心力,事关党和国家前途命运。必须从党的工作全局出发把握党的新闻舆论工作,做到思想上高度重视、工作上精准有力。据此,我国的舆论引导不仅在政治、经济报道方面要正确,而且在价值观方面也要正确,培养社会主义核心价值观。典型宣传是弘扬主旋律,强化新闻宣传的感召力,提升新闻宣传的有效手段。做好热点报道也是宣传引导的重要方法,因为热点报道可以释疑解惑,化解矛盾,针砭时弊,弘扬正气。

(三) 舆论监督

舆论监督就是通过新闻媒体对社会现实中不良的现象进行报道并发表意见和看法,形成舆论,从而对社会上的有悖于道德与法律的行为进行制约。广播电视作为党和政府的重要舆论机关,作为最重要的大众传媒,有义务对社会上的丑恶现象进行客观、公正、全面的报道。

媒体的舆论监督是党和政府的监督体系中的重要组成部分,是改善民生、维护公正的重要桥梁,是媒体履行社会职责的重要途径。中央电视台、中央人民广播电台相继推出《焦点访谈》《新闻纵横》《每周质量报告》等一批舆论监督焦点类著名节目,在全国引起了巨大的反响,得到社会各界人士的普遍认可。广播电视工作者把镜头和话筒对准现实生活中的不道德、不文明行为,如官僚作风、铺张浪费、见利忘义、损公肥私、不讲信用、欺骗敲诈、见死不救等现象,对其进行揭露和批评,促使社会公平正义的实现。广播电视媒体的舆论监督具有透明度高、影响面大、时效性强等特点,往往能够有效地解决问题。

当然,舆论监督是为了促进问题的解决和推动发展,不是为了监督而监督。2016年2月19日,习近平总书记在党的新闻舆论工作座谈会上的讲话中强调,团结稳定鼓劲、正面宣传为主,是党的新闻舆论工作必须遵循的基本方针……舆论监督和正面宣传是统一的。新闻媒体要直面工作中存在的问题,直面社会丑恶现象,激浊扬清、针砭时弊,同时发表批评性报道要事实准确、分析客观。

(四) 社会教育

社会教育是广播电视的重要功能。随着社会的发展和进步,社会对教育的需求越来越高,广播电视教育节目的功能日益被社会所重视。广播电视的社会教育节目包括广播电视教学节目和社会教育类节目。

广播电视教学节目不受时间和空间限制,为人们提供了平等享受教育的机会。如中央电视台少儿频道的少儿英语教学节目,使得中国城乡儿童都能享受到同样高质量的英语教学,例如,《科学泡泡》节目让各地孩子都能学习到鲜活的科技知识。广播电视教学节目通过电视视听兼备、生动活泼的形象化教学,使得远距离"双向交流"的教学成为可能。比如,中央电视台十套科教频道的《希望英语杂志》就通过多媒体技术,用模拟、仿真、动画等手段开展直观形象的英语教学,大大提高了教学质量。广播电视教学节目有利于实行终身教育和个性化的学习,广播电视教育因为传播范围广、受众面大,往往投入少,教育效果很明显,是一种有效的教育方式。

广播电视的社会教育类节目是指电台、电视台播出的富于教育意义的节目。传播学创始人之一施拉姆认为:"所有的电视都是教育的电视,唯一的差别是它在教什么。"当前我国各广播电视机构的大量法制节目、"讲坛"节目等,如中央电视台的《今日说法》《百家讲坛》节目,或请法律专家解析案件,或请文史专家解析文化历史现象,传播效果很好,起到了社会教育的作用。

(五) 文化娱乐

文化娱乐是人们最早赋予广播电视的社会功能。最先从收音机中飘出的小提琴乐曲,到现代电视中令人眼花缭乱的"真人秀",各类娱乐性节目始终是广播电视节目构成中所占比例最大的节目。随着社会的发展,人们的休闲时间越来越多,文化需求越来越丰富,广播电视的娱乐节目有着越来越大的社会需求和发展空间。不过娱乐节目有高低之分,在商业利益的驱动下,一些广播电视娱乐节目成为纯粹盈利的工具,甚至成为媚俗的、低俗的、色情的和暴力的作品。

广播电视是现代社会最大众化的娱乐工具,广播电视娱乐节目包括各种艺术门类和艺术样式,从传统样式到现代样式,从艺术经典到文化快餐,从阳春白雪到下里巴人,雅俗共赏,应有尽有。

娱乐是一种非功利的、非劳动性的、从受控制的状态解脱出来的寻求欢乐和自由的活动。对于个人来说,娱乐和放松是生活不可缺少的部分,是保持旺盛精力、储蓄活力所必需的。娱乐作为一种文化现象和意识形态密不可分,社会的思想、观念、科学、道德、政治、法律、宗教、价值标准和行为规范等,都可以通过艺术的、文化的形式在娱乐中折射出来。

(六) 信息服务

广播电视直接为人们的实际生活提供知识和信息的节目是服务节目。信息服务的形式多种多样,例如天气预报、时尚、烹调、保健、安全、交通、法律咨询、旅游、求偶、证券、房产、购物、行情和市场分析以及各类广告等。为了更好地服务于受众,电台、电视台还开办"信箱""热线"类节目,根据受众的需要提供各种服务。广告是广播电视信息的重要内容,广告传播商品、劳务、观念和形象等多方面的信息,在指导消费、方便购买、沟通供求渠道上为现代经济生活所不可缺少,这些都是广播电视的信息服务。

二、广播电视的任务

广播电视的任务是由其性质决定的。中国的广播电视作为党、政府和人民的"喉舌",是为中国的社会主义事业服务的。《广播电视管理条例》在第一章的总则第三条明确指出:"广播电视事业应当坚持为人民服务、为社会主义服务的方向,坚持正确的舆论导向。"

中国的广播电视是为党、政府和人民的目标服务的,自然要运用广播电视的社会功能,通过在广播电视节目的内容和形式上的创新,来以科学的理论武装人,以正确的舆论引导人,以高尚的精神塑造人,以优秀的作品鼓舞人,教育、鼓舞全国各族人民同心同德地为建设社会主义现代化国家而奋斗,为经济建设、政治建设、文化建设、思想建设、社会建设和生态文明建设等服务。

(一) 经济建设

广播电视要正确反映和积极推动社会主义经济建设。首先,广播电视要准确、迅速地传达和宣传国家在经济改革和经济工作中的路线、方针、政策。随着经济改革的深入和社会开放带来的利益关系的调整,在经济领域出现许多新情况、新问题,广播电视要及时反映,架起党、政府与人民群众联系的桥梁,帮助党和政府了解情况,调整政策、采取措施。

经济报道是广播电视为经济建设服务的重要做法。在经济报道中,以正面宣传为主,对改革开放取得的经济成就,对在经济改革中涌现出来的先进人物、先进集体、新风尚、新经验进行典型报道,鼓舞和教育人民。对各种阻碍和破坏经济建设的错误行为和犯罪活动进行批判,为经济改革提供舆论支持。

广播电视进行经济信息的收集、传播和解释,可直接服务于社会的经济活动。全国各地电视台注重传播经济信息,促进了商品、资金、技术、信息和劳动力各类市场的繁荣,推动了经济发展和经济改革。例如,中央电视台七套(2019年9月定名为中央广播电视总台央视17频道农业农村频道)农业节目的《致富经》《每日农经》《科技苑》这些栏目也每期发布、介绍、推广一些适合在农村发展的经济信息和经济项目。

除了经济新闻和经济信息,广播电视的新闻节目、知识性节目、教育节目、社会服务性节目和文艺节目都以直接或间接的方式反映和服务于经济活动。广告也是直接服务于市场经济的重要方式,能够促进产品消费。广告的繁荣和市场经济的繁荣呈正相关性,商业广告使商品的生产领域和消费领域紧密地结合起来,大大加速了社会经济的运行速度和效率。

(二)政治建设

每个人的生活都与政治密切相关,并在政治思想方面体现为政治素质,政治素质表现在政治立场、政治觉悟、政治责任心、政治敏感、政治判断力等方面。对媒体来说,政治素质表现为它在对社会政治、经济、文化、外交、军事等各项事业和活动的报道中体现的正确的舆论导向。

在我国,广播电视就必须为党和国家的大政方针、各项政策服务,为我国在内政、外交、军事、文化等方面的活动服务,在这种服务中必须坚持正确的舆论导向。广播电视要从政治出发,从大局出发,坚持四项基本原则,坚持改革开放,为社会主义现代化建设创造良好的舆论环境。

广播电视节目的时政报道、国内国际要闻、军事新闻等新闻报道及相应的评论性节目,通过对党和国家大政方针的报道、阐发,直接为政治建设服务。党和国家领导人通过广播电视,尤其是通过电视直播(电视讲话、记者招待会等)直接面对群众,以电视观众喜闻乐见的方式传达党和政府的方针政策。又如,对党和国家决策过程(如两会报道、党代会报道)的及时、形象、准确的反映,使党和我国最高权力机关的活动进入了千家万户,增加了政治的透明度,这对动员和鼓舞全国人民同心同德为实现宏伟目标而奋斗具有意义,对加强我国政治生活的民主化也具有重大的意义,促进了我国的政治体制的改革。

(三)文化建设

文化建设是一个国家文明程度的标志,建设社会主义物质文明和精神文明都离不开文化建设。文化有层次之分,有属于国家意识形态层面的国家主流文化,也有少数知识分子所体现的精英文化,而更多的是普通大众所喜欢的大众通俗文化。我国的文化事业要以高尚的精神塑造人,以优秀的作品鼓舞人,要加强国家主流文化、精英文化、通俗文化积极地融合,体现先进文化的发展要求。

在我国的广播电视中,文化建设包括文艺和教育两部分。广播电视文艺类节目主要有广播剧、电视剧、广播电影剪辑、电视电影、文艺晚会、音乐会、戏剧戏曲、演唱会、舞蹈表演、小品相声、诗歌朗诵会及其他益智类、竞赛类、真人秀类等综艺娱乐节目。教育类节目主要是通过语言、文学、历史、科学、经济、哲学等讲座、谈话节目,来介绍、传播相关领域的知识,提升群众的文化知识素养。如中央电视台的《走近科学》《人与自然》《百家讲坛》等。

2008年北京奥运会的一系列公益广告、商业广告、形象宣传片等都是中国传统文化的生动体现,京剧、福文化、太极、篆字、胡同、唐装、传统建筑等均体现了中国多方面的文化和艺术,这些传统文化的优良因子通过电视广告深入寻常百姓家,也越来越为外国人熟知、接受和向往。

(四) 思想建设

在社会主义市场经济建设中,由于多种经济成分共同发展,必然形成了多种价值关系,形成了从不同利益出发的世界观、人生观、价值观。一方面,广播电视要弘扬社会主义精神文明建设的主旋律,宣传社会主义物质文明和精神文明建设的成就。另一方面,广播电视在思想建设中要处理好社会主义初级阶段思想道德价值导向一元化和价值取向多元化的关系,注意把精神文明建设的先进性和普遍性、广泛性结合起来。

以中央广播电视总台央视的栏目《鲁健访谈》(CCTV-4中文国际频道)和《人物·故事》(CCTV-10科教频道)为例。这两个栏目在报道对象和报道形式上风格迥异,从不同的角度展现了新时期中国人的精神风貌,在精神文明建设的价值导向上体现了先进性和广泛性的结合。《鲁健访谈》以"访谈+记录"的形式报道我国各个领域取得杰出成就的先进模范人物,作为中华民族的优秀分子和先进分子,在他们身上体现了社会主义、共产主义高尚的道德和理想。《人物·故事》则以纪录短片的形式"讲述新时代为幸福生活而奋斗的奋斗者的故事",通过普通人的不普通成就,反映时代的发展和社会的进步,大力提倡社会公德、职业道德和家庭美德,在思想道德价值导向上有深厚的群众基础和广泛的社会意义。

广播电视在思想道德建设中发挥无可替代的舆论引导功能。当前要发挥广播电视在构建社会主义核心价值体系中的作用,通过新闻、专题、教育和服务类节目培养公民意识、公共意识、法制意识和民主权利意识,弘扬爱国主义、集体主义和社会主义精神,践行十八大提出的社会主义核心价值观,即从国家层面看,富强、民主、文明、和谐;从社会层面看,自由、平等、公正、法治;从公民个人层面看,爱国、敬业、诚信、友善。社会主义核心价值观是从国家、社会和个人三个方面对价值取向和价值目标的要求,是精神文明建设的重要成果。

(五) 社会建设

十七大报告将中国特色社会主义事业总体布局由经济建设、政治建设、文化建设"三位一体"拓展为包括社会建设在内的"四位一体"。十八大报告中提出在加强民生和创新社会管理中加强社会建设。这个理论创新是我党科学发展、和谐发展理念的一次升华,显示出对中国特色社会主义认识的逐步深入。

诚然,发展生产力、迅速提升我国的经济实力,是我国崛起于世界民族之林的物质基础,但在经济发展了之后,我们就该注意更多的问题了。例如环境恶化、贫富差距扩大、城乡发展失衡、道德沦丧、幸福指数下降等问题。针对这些问题,我国提出建立资源节约型和环境友好型的"两型"社会,降低资源的消耗,构建一种人与自然和谐共处的社会形态,使得人类的生产、生活和消费与自然生态系统协调可持续发展。我们目标是建设社会主义和谐社会,要让每个人自身、人与人之间、人与社会之间、社会与自然之间、地区与地区之间都能获得和谐。

十八大报告指出,加强社会建设,与人民幸福安康息息相关,必须从维护最广大人民根本利益的高度,加强基本公共服务体系建设,创新社会管理体制,维护社会公平正义。在学有所教、劳有所得、病有所医、老有所养、住有所居上持续取得新进展,努力让人民过上更好生活。

广播电视媒体在社会建设中,要畅通群众的利益诉求机制和渠道,多解民生之忧,通过舆论引导促进利益协调机制建设,通过舆论监督促进社会公平正义的实现,形成构建和谐社会的舆论氛围,促进民主法制、公平正义、诚信友爱、充满活力、安定有序、人与自然和谐相处的和谐社会的建立。

(六)生态文明建设

十八大报告提出了经济建设、政治建设、文化建设、社会建设和生态文明建设"五位一体"的新观点,推进中国特色社会主义事业的"五位一体"总体布局是着眼于全面建成小康社会,实现社会主义现代化和中华民族的伟大复兴。"五位一体"标志着中国特色社会主义建设进入了一个新阶段,中国共产党对中国特色社会主义认识进入了一个新境界。十八大提出生态文明建设,是科学发展观的内在要求,是我国社会主义现代化发展到一定阶段的必然选择。把生态文明建设纳入五位一体的总体布局,是为人民创造出更加美好的生产生活环境,从源头上遏制生态环境恶化的趋势,建设美丽中国,实现中华民族的永续发展。

当前,广播电视要以各种形式反映党和国家在生态文明建设上的努力和成就,通过宣传报道或专题节目加强我国生态文明建设和美丽中国的宣传。对于空气污染、乱砍滥伐、臭氧层破坏、工业废物污染、水土流失和植被破坏等破坏生态文明的现象加强舆论监督,在节能减排、退耕还林、沙漠防护林建设、自然保护区设置和湿地保护等方面加强典型报道和宣传,以实现天更蓝、水更清、山变绿、鱼虾丰茂、鸟语花香的世界。同时,加强在生态文明建设方面的公益广告传播,例如,一则公益广告以拍卖的方式,通过拍卖地球上仅剩的水资源、最后一瓶纯净的空气等,宣传了保护环境的思想,引领了生态文明建设。

三、广播电视和视听新媒体的负面影响

广播电视固然具有多方面的功能,承担着重要的任务,但如果使用不当或使用过度也会产生消极的社会作用和负面影响。当然,从群众的媒介接触来看,当前广播电视媒体的使用已经远远不及新媒体尤其是移动互联网语境下的手机媒体那么频繁,群众对于广播电视节目的收听收看已经主要变为用手机收听收看网络视听产品。因而广播电视的负面影响可能更多转变成了新媒体视听产品过度接触的负面影响。

(一)过度接触视听产品使得人们之间的真诚沟通减少,使人们不知不觉失去了社会交往和行动能力

广播电视和视听新媒体超越了时空,把全世界每时每刻发生的事情迅速传播到世界各地,把全球各种政治、经济、文化和风土人情等形象逼真地展示在人们面前,使偌大的地球成为"世界电视村""世界手机村",增强了彼此的联系。但是,这也使每个家庭之间变得封闭起

来,下班回家就听广播、看电视、"玩手机",很少走门串户、谈心聊天,即使是隔壁邻居也是"老死不相往来"。在家庭当中,过去围在一起聊天谈家常的时间减少了,每个人拥有自己的一部手机看自己喜欢的节目增多了。电视机及手机似乎成为家庭成员之间的隔离器,本应该有的家庭之间的真诚交流被人与电视、人与手机之间的交流所替代,人们把电视、手机上的"虚拟现实"当成真实生活,失去了行动和交往能力。

(二)广播电视和视听新媒体降低了阅读能力和思考能力,使人们成为思想懒汉

人们通过广播电视、视听新媒体获取了许多知识,丰富了自己的见闻,但除了正规的广播电视教学课程外,广播电视和视听新媒体呈现出来的是零散的知识,而不是深刻系统的知识体系。广播电视和视听新媒体往往需要受众注意力集中于节目之中,受众被广播电视和视听新媒体"牵着鼻子走",而不像纸质媒体那样可以边看边思考、消化和分辨。美国许多研究报告表明,沉迷于电视的青少年的思维能力和学习成绩比普通的学生相差很大。今天,伴随视听新媒体成长的一代年轻人,在读、写和想象力方面,不如电视、手机媒体发展之前的一代人。

电视和视听新媒体的声情并茂、声画兼备能够给人带来很好的视觉享受,是绝大多数人放松身心、休闲娱乐的一种方式。但是,电视和视听新媒体简单、浅薄和表面化,人们坐在电视机前和拿着手机反复刷音视频时往往使之成为思想懒汉,他们懒得去分辨真伪,思索求证,电视和视听新媒体正成为麻痹他们思想的工具。视频画面替代了思考,控制了人们的思维,使受众的思想趋于简单化。

(三)广播电视和视听新媒体引起了消费主义的浪潮,诱发了个人无限的欲望

广播电视和视听新媒体所呈现的世界使得人们产生不安于现状的强烈愿望,有改变现状的动力和紧迫感。但是广播电视和视听新媒体也可以诱发个人不切实际的名利和享乐的需求,促使个人的欲望无限膨胀。同时,电视时尚节目、广告中展示的顶级家居用品、高档的化妆品、各种名牌汽车以及其他种种花样不断翻新的商品,常常使人产生占有欲望,而大部分人没有如此之高的消费能力,使得产生巨大的心理反差和失望情绪。此外,广播电视和视听新媒体提供的表层娱乐和浮华的虚拟现实,促使人们追求体面的消费,渴望无节制的物质享受和消遣,客观上造成了"消费社会"。沉迷于广播电视和视听新媒体分散了人们对现实生活问题的关注,使人们忘记了社会上还存在收入差距和贫困现象,使整个社会形成了盲目追逐高消费和资源浪费的风气,这对整个社会的和谐和人类的未来发展都是有害的。

(四)广播电视和视听新媒体侵占了人们大部分休闲时间,妨碍了人们的身心健康

广播电视和视听新媒体日益成为人们生活中不可缺少的一部分,人们从广播电视和视听新媒体中获取了信息与知识,消除了工作的疲劳。但是另一方面,电视和视听新媒体却妨碍了一些人的身心健康,每天几小时凝视电视机,不断地刷手机视频,久坐不动,视力下降,眼睛的转动代替了身体的运动。而且,电磁波的辐射对人体的伤害也不容忽视。长时间看电视和视频引起了肥胖、消化不良、眼疾等毛病,使现代人成为"容器人"和"沙发土豆"。

一些广播电视和视听新媒体炒星、追星,节目低俗、庸俗和媚俗,迎合少数观众的猎奇、审丑、窥私心态。一些主持人着装、发型、语言另类搞怪。一些选秀节目的评委不是知识性地引导,而是非理性地褒贬,甚至令选手难堪,以吸引眼球。一些影视镜头过于渲染暴力、色情,令一些分辨力不强的儿童模仿,甚至造成悲剧的发生。这些都不符合大众审美情趣与欣赏习惯,不符合社会主义先进文化的要求。国外的一些科研机构研究表明,广播电视和视听新媒体中的黄色新闻、色情片和凶杀片与犯罪率呈正相关性,也就是说,电视和视听新媒体中虚拟的暴力犯罪镜头造成实际生活中的犯罪率上升。另外,一些学生沉迷于电视和手机,不努力学习,不掌握扎实的知识,反而企图不劳而获一夜成名或者一夜暴富。

(五)大量国外的广播电视节目、网络视频造成文化帝国主义影响文化认同

广播电视和视听新媒体同化了世界,消除了国际、民族、地区的文化多样性,对民族的、本土的文化产生了重大冲击。特别是西方发达国家通过文化资本直接控制广播电视和视听产品的生产,或通过广播电视节目和视听产品的贸易,在节目中渗透和传播价值观念与意识形态,控制着文化商品的生产和价值观,使得民族文化不同程度地被西方国家侵略、挑战与取代,而发展中国家则成为文化产品和文化服务的输入国。所以许多国家对国外的广播电视节目和视听产品的播出比例进行一定的限制,以抵制外国的文化侵蚀,保护自己民族的文化。

当然,这些负面影响不是广播电视和视听新媒体本身造成的,作为一种媒介,它们仅仅是一个现代化的电子媒介。美国传播学者威尔伯·施拉姆说过一句名言:"电视是20世纪最伟大的发明,但人类能否享受到它的好处,主要取决于我们运用它的智慧是否能与发明它的智慧并驾齐驱。"正确使用广播电视和视听新媒体,涉及传者和受者,传者需要承担更多的社会责任,而不能过于商业化,使广播电视和视听新媒体成为追逐利润最大化的工具;而对于受者来说,需要提高自己的媒介素养,提高使用广播电视和视听新媒体的效率,而不是由广播电视和视听新媒体来主导自己的学习和生活。

> **思考题**
>
> 1. 如何认识广播电视媒介的功能和负面影响并存?
> 2. 为什么说我国的广播电视媒介必须承担社会建设的任务?
> 3. 为什么西方国家普遍实行公共广播电视和商业广播电视并存的制度?
> 4. 广播电视的传播共性与个性各是什么?
> 5. 我国广播电视的主要功能是什么?
> 6. 我国广播电视的主要任务是什么?
> 7. 广播电视和视听新媒体的负面影响有哪些?

第四章　广播电视新闻的听觉符号

传播符号是指能被感知并揭示意义的现象形式，即能还原成"意思"的传播要素。

人类传播信息，主要靠语言符号，也经常借助于非语言符号。语言符号是运用概念，作出判断、推理的抽象符号，包括声音语言和文字语言两部分。语言符号传播的特点是概念清晰，陈述按照时间顺序，推理合乎逻辑规范，富有抽象概括性。非语言符号是指在声音语言和文字语言之外的直接为人们的感知器官接收的各类表象符号，如人的神态、姿势、色彩、环境景致、音响等。非语言符号的意义在于符号自身，表象是具体的，但含义往往模糊容易产生多义性。广播新闻和电视新闻，以及视听新闻报道都需要通过语言符号和非语言符号的各类传播符号来传播信息。因此，如无特别指出，以下所分析论述的各类符号也同时适合视听新媒体。

人们通常说广播是听觉媒介，用声音来传递信息；电视是视觉和听觉兼用的所谓"视听媒介"，用声音和图像（或画面）来传递信息。这可以看出，二者具有共同的表现符号系统，即"声音"，当然"声音"又可以按照其质地分为属于语言符号系统的"人类的有声语言"、属于非语言符号系统的"音响"和"音乐"。

就像我们日常所处的各种声音并存的环境一样，广播电视节目在一定的时间空间范围内所表现的声音也是多种多样的。按其表现的地位作用来划分，有主体声和非主体声两类。主体声，用来表现主题思想、传达主要信息内容，在节目中起主要作用的声音。非主体声是主体声之外的各种声音。

因此，本章先就广播和电视以及视听新媒体共有的"声音"来进行论述，并且主要是从质地构成的角度来分析。同时需要指出的是，在电视和视频中，人们往往从多种角度来探讨其"声音"，因此有关"声音"的分类各种各样。

（1）根据声音和画面（或图像）的出现关系，可分为画内音和画外音。

画内音是画面内人物、物体发出的声音，它完全依附于画内人物、物体。画内音的声音可以是后期配音，也可以是在电视节目拍摄过程中同期录下的，如是后者则又被称为同期声。电视节目中的同期声包括同期录下的有声语言、音响和音乐。

画外音是画面上看不到的人物、物体发出的声音，它一方面并不完全依附于画面内容，具有相对的独立性；另一方面由于声音的全方位性，画外音可以起到扩展画面空间的作用，这就可以补充电视节目中画面的背景信息，也可以为镜头的移动或切换提供根据。画外音通常是后期配音，当然也可以在摄录过程中同步录音。

（2）按其出现的时间划分，有同期声、前延声和后延声。

同期声是画面中可见到声源的声音，声音和画面同步发生发展，相互吻合，构成对应。

前延声是在表现其声源的画面之前出现的声音。

后延声是表现声源的画面已经转换但仍然持续着的声音。

（3）按其运行的形式来划分，可分为平行声和对照声。

平行声是指声音的出现与其相对应的画面同步进行,即在画面上既出现发声主体,又同时听到其发出的声音,声画合一。

对照声,即声音的出现并不单纯重复画面中已经清楚表达的内容,而是声画分离,各自独立发展,形成队列关系。同时,声音与画面又保持一种主观上的内在联系,声画对照(位),共同表现一个主题,表现更深刻的内涵。

第一节 有声语言

有声语言是指人类发出声音的口头语言,是以说和听为形式的语言,又可称为口语、言语。

掌握语言技巧,特别是有声语言的有关技巧是制作广播电视节目的基本条件。当然,在有声语言方面,广播节目和电视节目有着明显的区别。有声语言是广播节目的主体,也是广播节目最重要的构成要素、传播符号。广播节目最大的特点是用有声语言解说来弥补无视觉形象的缺陷。它应当尽量采用那种通过有声语言便使人明白无误的情节。广播节目的有声语言要绘声绘色,传神传态,造成视听联觉,让有声语言尽可能地起到创造视觉形象的作用。

有声语言在电视节目中的地位因各类节目的不同而有所不同。在电视新闻节目中,有声语言如报道词、采访同期声等的地位非常重要,和画面构成双主体;在电视谈话节目中,有声语言的地位可以说是画面无法比拟的,即使谈话者的音容笑貌等副语言也很重要;在教育节目、综艺娱乐节目中,主持人、节目参与者的各种活动所构成的画面非常重要,但其中各种角色的主持语言、交流语言等有声语言也不可或缺;在电视广告中,有声语言要少而精,它不应该仅仅是对电视画面的简单的"看图说话",而应该是对画面内容的画龙点睛式的重点强调和意蕴深化,切记不要让语言解说去干扰或掩蔽画面,应当尽量少用那种单纯叙述情节的语言。

一、广播电视新闻节目的有声语言形式

在广播电视新闻性节目中,有声语言的基本形态有三种:新闻播音语言、新闻报道语言、实况语言。它们由新闻的真实性原则所限定。在其他类别的广播电视节目当中,特别是在某种设定性条件下,存在着上述三种基本形态的交叉甚至错位,也存在着其他的语言形态或概念。

(一)新闻播音语言

新闻播音语言是指新闻信息传播机构中承担向受众口头传播语言信息(即"播音")工作的人在播讲稿件时使用的语言。其功能定位是对记者、编辑、编辑部等提供的文字稿的口头再现。作为代言人,播音者(在不同的传播文化、电台电视台、节目中,被称作播音员、主播、新闻主播等)对文字稿口语表达的准确性负个人责任,而一般不对文字稿传达的内容信息的正确性负个人责任。

1. 新闻播音语言的特点

新闻播音语言的基本定位是"转述",即代别人发声,是一种代主体语言。其特点就是由此决定的。

(1) 与信息发出者的关系:非模仿性语言再现。

在日常生活中,人们在转述他人语言时,有时采用模仿他人语气语调、情态等形式,以增强信息传播的准确度。但是,在广播电视新闻性节目的报道中,由于传播内容与形式的来源具有无限多样性,且播音者与信息提供者基本上是通过文字稿等间接方式发生联系,故转述者一般不可能真实地模仿对象;从真实性、客观性和可信性角度出发,也没必要采取模仿对象的方式,而是采取播音者自己相对统一的播音风格,自然得体地转述信息。

也就是说,新闻播音者所转述的对象是信息提供者提供的语言信息,而不是语言信息提供者的信息,或者说,转达的信息是信息提供者提供的语言信息,表达的方式是播音者的方式。所谓"语言再现",必有其"再现"的蓝本,新闻播音语言所再现的蓝本并非原始信息源,而是信息半成品(与音像相配的新闻稿)或准成品(口播稿)。新闻播音语言就是赋予这些信息作品以语音的形式,即新闻播音语言是播音者对所播报稿件仅限于语音呈现层面的二度创作。

这就形成了播音者与信息发出者的以文字稿为中介的间接联系,也构成了播音者的相对客观的角色定位。

(2) 与语境的关系:非现场单向传播。

新闻播音语言是讲给非现场听众、观众的,无即时反馈,是一种单向传播的形式。这种以传播为目的的独白性语言,受单向传播方式的制约,必然具有完整、连续、合乎语法和逻辑等规范性特征,这一点与文字语言有某种相似性,因为二者都属无即时反馈的单向传播形式。

首先,这种语言与双向传播的对白式语言不同。对白式语言有语言反馈,又有形体语言等的辅助,因而可以不完整、不连贯,甚至可以答非所问、词不达意。其次,它也与有现场听众的独白性语言不同,像中央电视台《百家讲坛》之类的讲座类或国际大专辩论会之类节目中的演讲这类有现场听众的独白,毕竟还存在一定的现场信息反馈,可对独白加以引导。再次,它也与日常生活中人们自言自语、不以传播为目的的独白大不相同,后者是追随思维的运动,具有片断性、跳跃性、随意性等特征。

(3) 信息形式:规范性语言。

规范性是单向传播方式对新闻播音语言在语法、语音、词汇方面提出的要求。规范性是保证信息通过语言正确传播的基本前提。语言是在一定人群中历史地形成的一套公认的符号体系,普遍认同是其存在的基础,规范性正是其普遍性的保证。在语言系统中,普遍存在着方言现象,若无规范性的统一口语形态,则处于不同方言区的人们,即便可以读懂彼此的书面语,也未必能听懂彼此的口语。因此,语言的规范性,特别是口语的规范性,是口语大众传播媒体保证其传播有效性的基石。

不同的受众定位决定着规范性的具体标准。对以广大中国受众为对象的大众传播媒介而言,其新闻播音语言应使用我国全民族通用的共同语,即以北京语音为标准音,以北方方言为基础方言,以典范的现代白话文著作为语法规范的普通话,也就是说我国当前的规范性语言就是普通话。从现实意义上来讲,使用规范性语言还可以达到推广普通话的功效,而推广普通话也是广播电视媒体的一项重要职责。我国的语言文字规范化问题,不仅写入了宪法,由国家语言文字工作委员会正式颁文实施,而且在各省、市、自治区都设有专门机构,负责组织和推动这项工作的开展。社会信息时代的到来,更迫切要求广泛、深入、快速地推进语言文字规范化的进程。

1997年8月1日国务院第六十一次常务会议通过的《广播电视管理条例》,自1997年9月1日起施行,其第三十六条明确规定:广播电台、电视台应当使用规范的语言文字。广播电台、电视台应当推广全国通用的普通话。

中华人民共和国第九届全国人民代表大会常务委员会第十八次会议于2000年10月31日通过的《中华人民共和国国家通用语言文字法》,自2001年1月1日起施行,其第十二条明确规定:广播电台、电视台以普通话为基本的播音用语。

同理,以特定受众群体为传播对象的大众传播媒介或特定频率、频道、节目等,也应该以这个特定对象所普遍使用的规范性语言,作为其信息形式。例如,我国对少数民族广播(电视)和对外广播(电视),都要贯彻这一原则。

2. 新闻播音语言的基本节目形态和表达样式

新闻播音语言自然是新闻体裁节目所使用的语言,然而,并非所有新闻体裁的节目都使用新闻播音语言。如演播室现场采访(视频连线、录音采访或电话采访)、新闻现场直播、记者出镜报道等,一般都使用主体语言,这些节目形态减少了播音语言这一中间环节,提高了报道的直接性、真实感、现场感,是更加广播化、电视化的节目形态。

从节目形态来说,新闻播音语言使用的基本条件是其使用时的时空定位与新闻事件不同步,它定位在传播时空,而不是事件时空,换句话说,就是一般不采取现在进行时的报道时空定位。时间的滞后是转述的基本前提,因而即使是报道正在发生的事件,也要使用诸如"截至某时某分发稿时……仍在……""据刚刚收到的消息……正在……"之类的时间定位。采取现在进行时报道时空定位的是现场报道和演播室现场采访等节目形态。

新闻播音语言的形态一般有以下几种:

(1)演播室口播新闻是新闻播音语言的基本形态。在演播室口播新闻中,播音口语是传播信息的主要途径。当然,在电视演播室口播新闻中,也常会配以图表、字幕、照片、音像等来加强传播效果,但它们并非其必备条件,仅有口语也可构成一个完全意义上的口播新闻。

(2)新闻节目和栏目起承转合的串联词也是新闻播音语言的基本形态。内容提要、串联词、新闻回报,一档新闻节目的整个传播过程,需要新闻播音语言来整合。节目串联体现了编辑部的编辑意图,串联词即便是根据播音者的个性风格来写的,但其中涉及新闻内容的引言、结语,也并不代表播音者个人的观点和报道,播音者只不过是记者、编辑的代言人而已。

(3)播音者播报新闻报道词也是新闻播音语言的常见形态。目前我国的固定新闻性栏目基本上采取演播室直播形式,但是单个的新闻大量仍是录播的,在这些体裁的广播电视新闻文本中,都有大量对事件或事实的陈述语句,连缀被采访者的新闻性现场语言的语句,它们由记者写好,再由广播电台或电视台里专业的新闻播音人员在录音棚里播音、录音,再送往直播室由导播指挥播音员添加串联词后播发出去。从理论上说,报道词应该由报道采制者采用新闻报道语言亲口说出,以明确报道责任,而由播音员代读,则使报道责任主体虚化,会对报道的可信度产生一定的不利影响。但是,在新闻传播实践中,由于种种主客观的原因,如对节目的审定与改动、新闻理念的限制、节目采访报道与编辑制作的分工合作、报道者语言水准的限制等,报道者与节目制作者经常不是同一个人,因而只能由播音员承担报道词的播读任务。

（4）各种特写、专题节目乃至电视新闻纪录片的旁白（解说）也时常采用新闻播音语言。这其中包含了各种情况:除上述节目制作过程的制约和节目采制者的个人能力制约所造成的各种情况外,还有的是虚化叙述者的报道语言定位使然,有的是传统的电影、广播文艺节目制作方式遗留下来的习惯等。

编辑部配合新闻发表的言论,也是通过新闻播音语言来传达的。播音者是编辑部乃至传播机构的代言人,他（她）发表的言论,除说明来源的,一般都可视为编辑部的观点,而非播音者个人的意见。因而,其言论自然也属于代主体语言,要归入新闻播音语言范畴。

新闻播音语言常用的表达样式有以下几种:

（1）播报式,多用于新闻消息的播音。其特点是语调情感色彩较含蓄,态度表现客观,语速较快。根据媒介定位的不同,其方式上也有不同。强调权威性的,口语而偏"读";强调媒介性的,口语而偏"说"。

（2）宣读式,多用于权力机构发布的意义重大的法令、公告、声明、章程、决议等文件的播音。其特点是语气庄重、内敛,语速稍慢而较有力度。

（3）讲述式,多用于新闻评论、特写及专题类节目以及民生新闻、娱乐新闻等新闻类节目的播音。此种样式的特点是语调中带感情,发音规范、专业,语言表达根据内容和体裁而有丰富变化,包含讲解、说明、叙述、描写、评述等多种样式。在一些非常软性的、故事化的"新闻故事会"之类节目以及一些地方性的民生新闻栏目、评论节目中,更是发展了一种聊天式的新闻播报语言。

（二）新闻报道语言

新闻报道语言是指新闻信息传播机构中承担信息采集、编辑报道工作的人,为报道新闻而播讲报道词、解说词时使用的语言。

新闻报道语言的特点有三个:主体语言、单向传播、规范性语言。

从理论上说,它应该是主体语言,即由主持人、记者以第一人称亲自进行播音报道,以明确报道责任,因而节目中要向受众交代报道者与报道语言的明确关系。

新闻主持人、记者以第一人称亲自进行播音报道,但他是讲给非现场观众和听众听的,他的面前并没有听众和观众即时反馈意见,也就是说这是一种独白式的单向传播的语言,必然具有完整、连续、合乎语言和逻辑等规范性的特征。这是与新闻播音语言相似的,只不过因为以第一人称报道,它有了更多的人际传播的色彩,更人格化,显得更为亲切可信。

新闻报道语言的规范性在标准上相对较低。由于角色定位的不同,播音员一般经过专门的播音训练,个人的声音条件一般也更好,其语言的规范性自然更强。而一般主持人、记者在语音的标准性上往往无法和播音员相比。

新闻报道语言的节目形态可以定位在传播时空,也可以是事件时空,因而有现场报道语言（现场解说）和非现场报道语言之分。也就是说,现场报道和以录播形式出现的各类新闻节目,从消息到特写,包括各种新闻专题报道、记者述评、人物专访等,都可采用新闻报道语言。

新闻报道语言的表达样式较多地采用讲述式、播报式或谈话式,而一般不采用宣读式。

（三）实况语言

实况语言又叫现场语言，是摄录到的事件发生现场和新闻采访活动现场的具有事实性价值的语言，指新闻现场有实质内容的语言声音（音响）。这类声音包括人物的讲话、发言、与新闻记者的对话以及记者的现场叙述等内容，具有原始的真实性。它大致相当于电视领域的人物语言同期声和广播领域实况音响（广义）当中的语言部分。

具体地说，在事件发生现场出现的实况语言，有两种情形：一种是事件中人们相互间交流的语言，它不以新闻媒介的采访者及其受众为直接传播对象；另一种是以受众为传播对象的语言，既包括被采访者与代表受众进行提问的新闻媒介采访者进行交谈所发生的语言事实（包括采访语言），也包括被采访者直接以受众为对象诉说的语言。而媒介传播者（记者、编辑、节目主持人、特邀人员等）在事件现场直接以受众为对象述说的语言，如果与事件现场存在着互动关系，则又可以称之为现场报道语言，即现场报道语言是新闻报道语言与实况语言的交叉形态，但现场报道语言毕竟属于事实的"次生"形态，而非新闻事实，实况语言则具有观念性事件的事实的品格。

实况语言的传播本质是口语与信息源的同一性。它保证了语言事实初始条件的确定性。因此，从信息传播的意义来说，它具有不可动摇的事实品格。这对于受众在接受信息时的判断，具有重要的参考价值。毕竟对接受者而言，听到新闻事件中各色人等亲口所说的语言比转述形态的新闻播音语言，事件当时所说的语言比事后的非现场新闻报道语言，给人感觉更真实、更可信，而且也更鲜活、更有感染力。实况语言的成功运用，可以形成与观众面对面交流的亲切感，从而提高受众对于新闻传播的参与性（当然是心理参与）。对于电视而言，实况语言的运用，确定了画面的时空位置，不仅加强了地位感、真实感，而且可以防止因随意挪动画面而产生的失实现象。这对新闻传播非常重要。

1. 实况语言与现场实况语言

实况语言又有是否"现场"实况语言之分。

"现场"一般有两种含义：一是指事件发生的具体环境，是空间概念，如我们常说的事发现场；二是指一个特定的时空统一体，除地域内涵外，还包括时间概念，即"当时在场"之意，与某个特定的事件过程相联系。为了准确表达第二种意义，人们常用"实况"一词加以限制，叫作"现场实况"。

从信息传播的角度来说，与语言事实发生直接相关的现场有三种：事件发生现场、新闻采访活动现场和传播现场。在实践中，这三个现场可以各自分离，又可以存在程度不同的重合现象。

采访活动现场不都是与新闻事件重合的，而且有些采访活动的现场及采访过程本身也不具有重要传播价值。对于那些以语言的信息内容为目的的采访，就采访形式而言，其重心主要在于实况性，而不是现场性；在此前提下，采访场合是可以选择的、可改变的，语言事实并不因场合的改变而改变，其语言事实的价值在于"亲口所说"，而与采访环境一般不存在直接关联和互动关系。像这种情况下的语言事实，我们称之为"实况语言"，例如，对事实的复述、评论，对观点的阐发等。比如说采访一起交通事故的目击证人，可以在事发现场采访，也可以在证人的家里或者单位的办公地点采访，采访目的是要目击证人"亲口所说"和说的内容，至于在什么地方说无关紧要。这种实况语言在采访过程中是可以重复采录的。在概念上，我们把与采访语境无内在关联的采访活动的语言事实称之为"实况语言"。

而事件发生现场的语言事实(现场实况语言)是事实的直接信息源,是新闻事实本身,它不受传播活动的影响而自发出现,它不以采访活动为转移,因而采录必须同步一次性完成。如果由于事件发生时记者没有赶到现场或种种技术、人为因素,没能及时采录下事件发生现场实况的情况下,那么出于新闻真实性的要求,只能以知情者的描述等作为事后的间接信息源,而不容许重录造假。这种被事件包容的和与采访语境存在内在关联的语言事实,我们称之为"现场实况语言"。

事件发生现场和新闻采访活动现场两种现场的语言事实可以统称为"信息源",只是事件发生现场是事实(包括事件性事实和观念性事实)的直接信息源,新闻采访活动现场是观念性事实的直接信息源(即信息的发布)和事件性事实的间接信息源(如事件知情者的证言)。两种现场的不同在于,前者是不受传播活动的影响而自发出现的,而后者则是由传播活动所引发的。当然,在实践中二者可以重合。

在广播电视传播中,还有一种很重要的现场,即演播室现场。一般而言,演播室现场是传播的现场,而非事实的现场。演播室现场与传播活动同步,但不一定与新闻事实同步。只有在演播室现场采访(包括演播室现场连线采访)的情况下,或是在重大事件现场设置演播室的情况下,演播室现场才与事实发生现场、采访活动现场发生交叉、重合。确切地说,在演播室采访活动中产生的语言事实,应该称作演播室现场实况语言。当然,演播室现场并不是传播现场的唯一形态。

2. 实况语言的特点

实况语言的基本定位是主体语言。语言发出者是以"我""我们"的角色定位发言的,说话的具体情境又千差万别。

(1) 与信息发出者的关系:实况主体语言(言语)。实况主体语言不仅包含了说话者的语言内容,而且包含了他的语气语调等信息,尤其是伴随着一定的表情及其他肢体语言,因此实况主体语言所传递的信息比单纯的语言内容传递出的信息更多,便于受众更全面、更准确地做出自己的判断。同时,实况主体语言具有事实性的品格,它确定了语言与信息发出者的责任关系,因而增强了报道的客观性。

(2) 与语境的关系:实况语境。尽管事件或采访与播出不一定同步,但在使用实况主体语言时,信息传者、受者的关系是处于说听同步、说话者与采摄的事件或采访活动的进程同步融合的实况语境中,现在进行时态是其基本的时空定位。与事件和采访活动进程的内在融合性联系,使主体语言的实况性得以确立。

而那种游离于事件或采访实况进程之外的语言,既不是实况进程中的组成部分,也不是受其影响或因与之互动而产生的,尽管也可以与事件和采访活动进程同步,却并未进入实况语境,因而也不能算作现场实况语言。

在实践中,经常见到这样的情形:媒介传播者虽然是出现在一个新闻事件的采访现场,但对现场发生的一切却视而不见、充耳不闻,与现场实况没有任何具体关联地、自顾自地背诵一篇报道词,这种目无现场、背诵成稿的脱离实况语境的语言,由于语言不是出自实况,只能算是播音语言或报道语言。主持人与报幕员的语言差别,也与此类似。

(3) 信息形式:情境语言(言语)。由于实况语言是处于事件或采访现场动态实况语境中,影响语言内容的因素是多种多样的、随机的,具有偶然性,是现想现说,因而无法保证其严格的规范性。同时,非规范性也正是语言与现场情境交融的自然形式——言语的特征。情急状态下的语无伦次,其言语的感染力与表达力或许要远胜于语义的表现力。因而,实况

语言对口语规范性的要求,相对宽松,更加生活化。具体而言,可分为几个不同的层次:

首先,对媒介传播者来说,清晰而规范的口头语应该是基本功,只不过在实况语境中容许其有一定的变通。关键是要以思维带语言,使语言有生成感,而不能像播音那样,以文字带语言,令语言有播音腔。

其次,对采访对象而言,新闻性是第一位的,对采访对象的选择首要看其提供的新闻价值。在此前提下,尽可能选择口语符合规范的。当然,对事件现场人物的语言往往是别无选择。因而,只能采取其他方法来补救。无论是现场人物还是采访对象的不规范口语,都可以根据具体情况,采用同声传译、配音混播、配字幕等方式,在现场实况语言并存的前提下让受众获得语言内容。

3. 实况语言的基本节目形态和表达样式

实况语言是广播电视"原汁原味""原生态"传播的重要符号组成。因此,采用事实呈现方式的新闻节目形态大多呈现其中的实况语言,特别是现场实况语言。而原样记录、呈现事实或事实音响,正是电视、广播区别于传统媒介的优势所在。与播音语言相比,它避开了播音这一中介,使受众能够直接面对报道对象和采访报道的过程,这就在形式上增加了报道的客观性。

具体而言,凡带人物语言同期声(电视)和语言实况音响(广播)的新闻类节目,诸如新闻现场直播、现场报道、连线报道、录音录像报道、主持人或记者访谈及热线直播、人物谈话与对话、专题片、纪录片等,都广泛应用实况语言传递信息。由于实况语言体现了广播电视的信息传播优势,因而为大多数节目形态所采用,例外的只有口播新闻、图片新闻、影像加配音和解说词。

从理论上讲,生产生活中存在什么样的语言表达样式,实况语言也就会有什么样的表达样式。但在实践中,新闻节目中的实况语言形式主要是谈话式、讲述式,当然也不乏宣读式(如呈现会场实况),而较少出现播报式。

由于实况语言在实际应用中是和实况音响语言紧密结合在一起,而被统称为同期声的,在此我们不妨多花些笔墨对同期声的电视传播特质作较为详细的介绍。

同期声(现场声)是指在拍摄人物讲话的同时录下的讲话声和背景声,包括现场效果同期声(伴随新闻事件发生而同时发出的各种音响)和现场采访同期声(新闻现场中被采访对象说话的声音)两种。生动、典型的现场同期声特别是人物富有个性的语言和其他典型性的背景声,能够充分体现电视新闻声画互补、水乳交融的整体完美宣传效果。它在视听手段上、时空连续性上同步对位于现实环境,直接、客观、准确、生动地记录下现实发生的种种事件,从而构成综合的、立体的、多通路的信息传递动势。

同期声是新闻事实的一部分,给节目带来了无形的真实感。人物讲话、环境音响都直接构成了新闻事件的核心事实。这些声音有远近高低的不同,有喜怒哀乐的感情色彩,仅依靠解说词难以准确描绘现场的反映和气氛,只依靠画面也无力表达清楚特定的情境和感情。现实生活是有声有色的,如果还生活以本来面目,让声音加入画面,共同承担传播功能,电视带给观众的将是完整、真实、朴素的视听信息。例如,在朱镕基总理1999年4月访美的电视报道中,CCTV-1几乎将所有的新闻信息都靠播音员读播音稿表达,观众只能看到朱镕基总理讲话的形象,却听不到其讲话的声音和内容。朱总理担心自己的"new face"有朝一日会变成"blood face"的风趣设想以及重中国庆阅兵武器"not from USA, made in China"的坚定语气等诸如此类最能反映个人气质、风度、才智的魅力事实都因缺乏同期声而被吞噬掉了,令观众不无遗憾。

【案例一】 下面是一条凤凰卫视的拥有大量同期声的报道：

朱镕基出席洛杉矶市市长欢迎午宴并会见华侨及留学生

导播（主播出镜）：中国总理朱镕基6日在访美第一站洛杉矶出席了该市市长举行的午宴，朱镕基在宴会上讲话表示，中美就中国加入世界贸易组织谈判已经在农业开放和市场准入等问题上达成协议。

旁白（播音，画面为宴会厅全景之中近景）：朱镕基在午餐后的致辞中，首先以天气暗语此次访美可能出现的暗礁，随后他又对加州州长问他中美贸易逆差问题、洛杉矶市市长问他人权问题花时间解释，并对赴午宴迟到表示抱歉，他说此次在麻省理工学院演讲时尽量解释所有问题，希望取得全体美国人民的理解和谅解，他还会努力地保持笑容。

朱镕基（朱镕基讲话近景，同期声）：大使先生给我一个忠告，就是你在美国的时候，要always keep smiling face（字幕译文：永远保持笑容），我说这个对我太困难了，因为香港人给我起了个绰号，叫作"朱铁面"，这个脸是铁的，因此它是always is long face（字幕译文：永远是长脸，愁眉苦脸），但是，在今天的宴会上，我这个long face也是越来越shorter and shorter（字幕译文：我的长脸已越来越短），尽管还是far from smiling face（字幕译文：虽然与满脸笑容还差得远）。

朱镕基（朱镕基讲话近景，同期声）：我说，我们今年将要有一个盛大的阅兵式，这个阅兵式将要展出中国最新式的武器，但是这个武器是中国制造的，不是从美国偷来的。尊敬的市长夫人建议"那么你应该在导弹武器上贴一个广告：It's made in China, Not from USA（字幕译文：是中国制造而不是美国制造）"。

旁白（播音，画面为主席台全景）：对WTO的入会谈判，朱镕基表示，在美方一再要求的农产品和市场准入方面已经做了最大的让步。

朱镕基（朱镕基讲话近景，同期声）：我现在要向大家宣布一个好消息，就是我刚才得到的消息，今天上午中国和美国在农业问题上已经达成了协议，而这个协议是中国进入WTO的最重要的一部分，中国允许美国的七个州解除他们向中国出口小麦的限制（掌声），中国也解除了美国的四个州（包括加利福尼亚）向中国出口柑橘的限制，你们加利福尼亚的参议员麦因斯坦老太太，每年到中国去都要跟我谈加州向中国出口柑橘的问题，谢天谢地，从今以后不用再谈了，我想我们在农业的协议、在市场准入的协议方面，基本上都已经达成了协议了，有一些问题经过双方的努力，我们完全有可能在WTO的问题上达成协议。

旁白（播音，画面为宴会厅全景）：在第一场公开致辞中，朱镕基开宗明义指明了中美之间存在分歧的许多问题，也赢得了首场与美国人士聚会的阵阵掌声。下午朱镕基在接见华侨和留学生时，为侨民们打气。

吴小莉（朱镕基与侨民合影的中景，同期声）：总理，侨民们对您期望很大，有没有什么话对他们说？

朱镕基（朱镕基近景，同期声）：我到美国，给一部分对中国有误会的美国人消消气，给华侨打打气。

旁白（播音，画面为侨民合影全景推至朱镕基中近景）：随后他会见了挚友阿莫森夫人和迪斯尼公司董事长埃斯纳一行，不过他没有为迪斯尼到底在香港兴建还是上海兴建表态。

——凤凰卫视吴小莉在洛杉矶的报道。

同期声的使用能够增加新闻的准确性与权威性。记者、编辑对信息的提炼、加工往往在取舍和转述的同时携带上主观观察角度、立场观点、表现手段等附加信息。这种附加信息越多,新闻的可信程度就越小。而同期声可以把事件现场的音响及人物的讲话传递给观众,减少了记者、编辑转述的层次和报道的不确定性,甚至可以把某些文字难以勾勒描绘的信息也原原本本地传递给观众,从而增强了信息传播的准确性和可信性。同样,重要的新闻事实通过新闻人物直接向观众讲述,未经任何扭曲或加工,就会更加真实,具有说服力。

同期声交代事实发生的背景和气氛,刻画描写人物的心理,能够扩大信息量,创造"煽情"契机。声音和光线、色彩一样具有影响画面基调的作用。工厂机器声、街道车鸣声、集市喧哗声、战地枪炮声、林间鸟鸣声等同期声烘托环境气氛要比解说词、旁白更具有丰富性与客观性。正因为人物的心理很难用画面直接表现,因此运用同期声对人物心理、情绪进行刻画、渲染,可以使电视新闻更具魅力。如《"挑战者"号航天飞机升空后爆炸》中的同期声就运用得非常成功。当"挑战者"在升空中爆炸时,现场人先是呆若木鸡,全场鸦雀无声,进而是哭泣声、叹息声。在这则报道中,同期声提供了许多画面、解说词难以提供给观众的信息,寂静的异乎寻常的环境信息,以及观众哭泣叹息的情感信息、心理信息等,共同构成了立体的视觉和听觉冲击波,观众的情绪在不知不觉中达到高潮……

同期声利用"面对面的传播"引导观众的参与意识和介入性。传播学认为,最有效的传播途径是"面对面的传播"。它有可能刺激所有的感官并使交流双方同这种全身心的交流相呼应,使人产生某种心理定势,"在定势的影响下,人会从其内部的经验中不由自主地把那些同他已有的定势和在定势基础上实现的行为联系着的现象挑选出来,并摆到自己意识的中心地位"。面对面的传播会使得人们高度注意,乃至引起心理和观点的变化,从而达到宣传所期望达到的最佳效果。同期声正是利用这一优势把信息有效地传递给观众,观众不是被动地接受信息,而是有记者"带领"主动地"参与"到新闻事实中,做到信息与观众观念上和情感上的交流与呼应。

同期声的采用突破了画面影像的局限,大大增强了二维结构的立体感。同期声电话采访更使得采访空间感向话外延伸。"一对一"的电话采访以视听感知的屏幕形式出现。电话采访的镜头声画同步地出现在屏幕上,虽然看不到被采访者的面孔,但其声音被扩大传出,其名字用字幕注明,背景上往往还伴有现场照片或历史资料的特技图像,由此把"封闭式"空间(电话机房)变成了"开放式"的空间(天涯海角),把"听不到"的声音(电话私语)扩展到"屏幕实况"声音(扬声器效果)中,把播音员"代劳"、编辑"转述"还原为记者电话"报道"、编辑同期声"采访",把大空间(事件)、小空间(电话室)和远声音(记者)、近声音(编辑)融合成同时共感的电视语言,造成"第一手"消息来源的印象,获得一定程度的声音现场感……小小的"电话采访"制作显示了大大的报道优势。

同期声还能增强画面的运动感和速度感。带有活动画面的电视新闻,记录了现实生活中有新闻价值的动态事物。物体的运动发生在空气中,必然会引起空气的振动,产生声音。既然物体的运动伴随着声音的存在,那么真实地记录这种运动的电视新闻,就应客观地再现物体运动所产生的声音,以达到最真实的传播效果。体育新闻中的滑雪、冲浪、赛车等场面配以同期声,可以突出物体的速度感和运动感,带给观众强烈的视觉、听觉冲击。

使用同期声,能使电视新闻更为直观和自然。然而,同期声的使用也应当适度,同期声采访的运用必须精当,起到画龙点睛的作用,否则将不会取得预期的效果,甚至会弄巧成拙。

第一,同期声不是一种点缀,并不是所有的同期声都是必需的。那种领导人大段介绍本地政策或本地区、本部门所取得的成绩,最后表决心的同期声应该毫不吝啬地删掉,取而代之以几句言简意赅的解说词。对于那些不善于表达的被采访者来说，其答话可能会词不达意或是答非所问，后期剪辑时也无需保留其同期声。

第二，同期声应忌冗长与杂乱。一般人讲话速度比较慢，而且语气词比较多，比如300字的稿件，新闻播音员最多用1分10秒钟，而用纯口语讲这300字的内容，至少要2分钟。因此，若想在1分钟左右的有限时间内传递更多的语言信息，就要恰到好处地运用同期声，避免拖沓冗长的讲话，适当把握同期声的长度，删去废话、废镜头，提高记者的语言表达和现场采访的组织能力，多用短句、中句，尽量剪掉带"嗯、啊、吗、呢"等语气词的句子。

第三，同期声中讲话人态度要自然，现场环境气氛要真实，反对人为地制造同期声。有些记者语言表达不够流畅，对表述内容心中无数，边想边说，显得迟钝，有的甚至担心讲错而按写好的稿子一字一顿地读，或者像小学生一般地背书，令观众感到腻烦。而大多数被采访者一见到摄像机的话筒也会紧张局促，在镜头面前表现得呆板尴尬。因此，记者应该提前做好采访准备，做到心中有数，以便能在新闻采访中得心应手、自信从容。被采访者也应该被赋予最大的发挥空间，能够按自己的性格去说话，去行动。此外，注意环境的真实气氛有助于同期声的自然，有利于提高讲话效果。要防止做作，那种讲话人按记者的意图背稿甚至念稿的"导演同期声"与"表演同期声"，势必会因照本宣科的呆板而令人生厌，使新闻价值黯然失色。

第四，尽量淡化记者的"上镜"意识，删除记者的提问过程，只将被采访者的同期声编入播出稿，这可有效压缩单条新闻所占时间，从而有效提高传播质量。这一组合样式已被美国三大电视网及香港、台湾地区各电视台普遍采用。现在的很多民生新闻也是这样大量使用采访对象的同期声，记者只在一旁记录，甚至淡出画面，把话语权与说话的时间和空间都交给普通民众。

二、广播电视其他类型节目的有声语言形式

从形式上来看，广播电视非新闻性节目，主要是文艺节目、广告节目等，节目的有声语言主要分为主持语言、旁白或解说、独白、对白或对话、唱词几种。其中有些节目可能具备多种形式的有声语言，有些节目可能只有某一种形式的有声语言，比如，一些电视纪录片、很多电视广告只有或长或短的画外音解说；一些广播广告只有播报者的播报或解说。有时，人们也常常直接把这些节目中的所有有声语言统称为"解说"，这是受到广播电视文案的"解说词"的影响。

广播电视非新闻性节目的主持语言和广播电视新闻类节目的新闻播音语言有一定的关联，它一般是由撰稿人员根据主持人的个性、节目特点写好文案，再由主持人在节目中以规范的语言、自然而符合节目特点的方式娓娓道出；有些节目中主持人主导了节目的制作过程，他会自己撰写主持文稿并主持。但不管是何种方式，其主持语言在表达样式上都是比较接近新闻播音语言的讲述式的。

独白以第一人称出现，是指广播电视文艺节目、广告节目中人物独自表述或倾诉自己内心活动的有声语言。以广告为例，或是广告中的主角述说自我的有关信息，以引出广告信息；或巧妙地对产品或服务等进行介绍；或产品拟人化，进行自我介绍。广播电视广告把握好"独白"的心理契机和情绪脉络，对表现广告主题意义重大。以文艺节目为例，在广播剧、电视剧中，某些角色以第一人称进行陈述和倾诉，对刻画人物、推动故事情节、渲染气氛等具

有重要作用。

对白或对话,是广播电视节目中不同角色、不同人物交流时的有声语言,根据风格则分为舞台性、文学性和日常性对白(话)三种。如广播电视广告中出现两个或两个以上的角色,通过这些不同角色在广告情境或场景(家庭、厂房、实验室、商场、户外等)的双向沟通的、恰到好处的对话语言,来阐述产品或服务等的特性、用途和体验等,从而直接或间接地推荐了产品或服务等的有关信息。这种对白(话)语言形式能形成一种平等的、和谐的交流效果,易于为受众接受,说服效果好。通常用于情节性、故事戏剧式、证明式的广播电视广告的表现形式中。

旁白或解说,是众多广播电视非新闻性节目中有意设置的一个与其他角色的独白和对话不发生直接联系的"旁观者""叙述者"的角色,他或作为故事情节的叙述者对听众、观众从独白和对白、画面中无法了解的事件性、思想性、背景性、全局性等信息及转场信息加以交代;或在广告的高潮和最后说出广告口号,深化主题;或在节目中营造一种意境、氛围、韵味。在电视节目中,有的旁白(解说)声音发出人不出镜,常称为画外音旁白或解说。为了使语言生动,广播电视节目的旁白(解说)应当通俗易懂,朗朗上口,容易记忆。

在广告节目中,还有个"广告口号"的概念,它可以由旁白说出,也可以在对话与对白中巧妙带出,还可以由独白道出。它是为了强化所要宣传的广告对象,对广告产品、服务或其他要宣传的对象、要传达的理念的最核心的特点和信息的精短表达,广播电视广告常常用准确、简明、生动的文字,提炼出一句高度概括广告对象内涵的广告口号。

唱词包括歌词、评弹、戏词、快板等,要求有韵,符合曲律,适于行腔,节拍分明。广播电视非新闻性节目中,如广播剧、电视剧、广播广告、电视广告中有些插曲、广告歌,优秀的唱词不仅能很好地渲染气氛、概括情节、表达创作倾向、概括广告产品的特点,传达了一定的信息,还伴随音乐旋律,飞遍大街小巷,使节目广为流传。

广播电视节目中有声语言的各种形式都具有传递信息、深化主题、创造意境等作用,但是当它们同时出现在节目中时往往在具体作用的发挥上各自会有所侧重。

请看几个广告案例。

【案例二】 哈药六牌钙加锌的电视广告之明星妈妈(15秒篇)

(家庭氛围的房间内)江珊(独白):都说我的孩子爱吃饭了,个儿也高了。其实啊,我就是坚持给他喝——哈药六牌钙加锌!补两样,只花一样钱!

标版

【案例三】 哈药六牌钙加锌的电视广告之明星妈妈(30秒篇)

(几位年轻妈妈家庭聚会)年轻妈妈甲:我儿子身体壮,有绝招!(两人坐在沙发上聊得热火,江珊从后面上)

年轻妈妈乙:什么绝招啊?

年轻妈妈甲:补钙呀!

年轻妈妈乙:我姑娘聪明!也有秘诀!(江珊上)

江珊:那为什么不给他们喝钙加锌?

妈妈甲、乙(齐):钙加锌?!

江珊:孩子喝了身体棒,补两样只花一样钱!

标版

【案例四】 湖雪饺子粉的电视广告之刘仪伟快板篇

厨房中,刘仪伟施展功夫,将印有"湖雪面粉"的围裙套在身上。刘仪伟变出一袋湖雪饺子粉,然后施展太极、掷飞镖等各种功夫和面、擀皮、包馅,动作流利迅速、一气呵成。顷刻间,香喷喷的饺子新鲜出炉,全家大喜。

为塑造优美的旋律,使消费者产生深刻的记忆,背景音乐采用了大家喜闻乐见的快板书形式。轻松、上口的快板将饺子粉卖点一一呈现给消费者。"老婆买回湖雪面,今天我做饺子宴。湖雪纯麦饺子粉,新鲜小麦味道鲜。筋道爽滑又经煮,晶莹剔透人喜欢。阖家团圆包饺子,年年月月湖雪面。"(刘仪伟配的画外音快板解说、唱词。)

最后满脸是面粉的刘仪伟神秘一笑,伸出大拇指说:"湖雪饺子粉,包你好吃!"(刘仪伟面向屏幕的独白,也是广告口号。)

三、新技术形态带来的声音呈现

(一)语音合成技术

语音合成技术又叫文语转换技术,是人机交互系统的关键技术之一。语音合成技术是将计算机自己产生的或者外部输入的文字信息转变为标准流利的口语输出的技术。语音合成技术的首要目标是合成出人类可以听懂的语音,在此基础上提高语音的清晰度,丰富语音的表现力,增加合成语音的智能性。

语音识别技术首先需要采集一些人物音频信息,然后输入文本并按照词典规则对文本进行语言处理,模拟人对自然语言的理解过程,如文本规整、词的切分、语法和语义分析,使得计算机可以对输入的文本完全理解,并给出后续步骤的各种发音提示。其次就是韵律的处理,就是找到人物发音的特点:如音高、音色、音强、音长等,使合成的语音能正确表达语音,听起来更加的自然。两部分结合处理后输出合成语音,实现了从文本到语音的实时转换。随着计算机深度学习的飞速发展,从文本转换为实时语音变得越来越快速容易的一件事,采集任意喜欢的播音人物的声音,仅仅让系统训练学习几个小时候就能完成这套转换。

语音合成技术即将文字信息转化为声音信息,使文字化的新闻更加"声情并茂"。近年来,语音识别技术已经成功应用到广播电视新闻、视听新闻产品中,合成出的语音也越来越令人满意。

(二)"AI智能主播"

智媒时代,广播电视新闻媒体的业态版图处于不断被升级和改写的革新历程中,以"AI智能主播"为代表的人工智能技术开始应用于广播电视新闻和视听新闻报道的内容生产和传播,给媒体行业开辟了一条新的发展路径,给广播电视新闻生产领域带来了重构和优化。

"AI智能主播"是通过提取真人主播在广播电视新闻播报时的语音、唇形、面部表情和动作特征,并与建模训练等技术相结合而成。通过对真人主播语言、口型、形态的学习,"AI智能主播"可按照传统主持人的工作状态和叙事风格完成广播电视新闻播报流程。

"AI智能主播"采用人类的面部表情和体态举止进行传播,适应了受众的信息接收习惯;"AI智能主播"通过智能学习生成系统语言与拟人化表情符号,通过传播模式优化及多样态数据使用,逼近真人播报形态。综合看来,"AI智能主播"不再局限于单纯的见字发声,而是将实用功能与艺术价值融为一体,以智能算法为手段,从广播电视新闻播报韵律、停顿节奏、表达情感等多维度领域增强新闻内容输出的技艺特质。"AI智能主播"在增强广播电视新闻生产领域科技赋能的前提下,降低了内容生产的人力、物资、时间、空间成本,大幅缩短了广播电视新闻信息制作的消耗周期。在信息生产和传播过程中,逐步告别真人现场录制,大幅增强广播电视新闻制作和发布的传输频度和节奏。

2018年11月,新华社联合搜狗公司发布了全球首个人工智能主播"新小浩";2019年2月19日,新华社与搜狗全面升级打造的全球首个AI女主播"新小萌"正式亮相,这是我国人工智能与广播电视新闻生产的深度融合,为广播电视智媒融合向纵深发展开辟出新道路。现在从中央级主流媒体到地方广播电视媒体等都有"AI智能主播"应用于广播电视新闻、视听新闻报道之中。

四、设计广播电视节目的有声语言要考虑的因素

(一)要符合广播电视传播的传播特性

广播电视节目中的人物有声语言是给人听和记的,尤其是广播节目,受众完全是凭听觉来接收所要传达的信息内容;广播电视媒体又是时序式传播,转瞬即逝,过耳不留。因此,为了达到传播的目的,广播电视节目必须能让受众在有声语言传出的同时就立刻理解、记住其所传达的信息,而这就必然要求有声语言一定要口语化、简短化、节奏化、富于美感。当然,这样的有声语言是文案写作者和播音者、记者、解说员、演员共同努力的结果。文案写作者要"为听而写",选用口语化、简短化、节奏感强而且优美的词句、表达方式、表达风格,播音者、解说员或演员则尽量用一定的音色、音高等准确地还原出这种有声语言特质,并且适时地纠正文案中不符合听觉规律的地方。

首先,广播电视节目的有声语言要口语化。要使用普通老百姓都能听懂的语言,深入浅出,通俗易懂,上口顺耳。要避免使用晦涩难懂和佶屈聱牙的词汇,避免使用文绉绉的书面用语和容易引起误听误记的同音异义词。要说得有风趣,耐人寻味,言出意达。但口语化并不是庸俗化,也不是方言化、土语化。在我国,广播电视节目的有声语言,除方言节目、民族地区的节目等部分采用地方方言、民族语言进行播音、解说之外,基本上均应使用普通话进行播音、解说和报道。也就是说,广播电视节目的有声语言应该在运用普通话的前提下尽可能地符合普通受众的接受水平,广播电视节目的用词、语音、语法结构都必须完全符合普通话的标准,然后才谈得上在普通话基础上的口语化、通俗化。

其次,广播电视节目的有声语言要简短化。尽量使用结构简单的短句,篇幅要短小精炼,切忌长篇大论,在短短几十秒时间里,浓缩进太多的话语。

再次,广播电视节目的有声语言要节奏化。要尽量做到抑扬顿挫,疾徐相间。根据不同情境,决定解说气氛;根据不同的诉求对象,决定解说语气;根据不同的扮演角色,决定解说风格。

最后,广播电视节目的有声语言还要富于美感。要充分选用那些合辙押韵、平仄相间、朗朗上口的词语来传递信息,特别是可适当选用双声词、叠韵词、叠音词、拟声词、感叹词等极具美感与感情色彩的词,要选用比喻、拟人、夸张、通感等修辞手法,来绘声绘色地传递信息,增强节目的吸引力,瞬间即可给人留下深刻的印象,并可加强人们的记忆。

（二）要反映节目个性

有声语言在塑造形象、传达个性方面有着非常重要的作用。每个人的声音都有自己独特的个性，这种声音个性一般由音高、音量、音速、音质四个要素综合反映出来。声音的高低和大小、语调的抑扬顿挫、语速的快慢、音质的纯正，都能体现出一个人的性格。俗话说，同样一句话，能把人说得笑起来，也能使人跳起来。这两种截然不同的反应就在于说话者的声音个性。娱乐新闻节目相对活泼，民生新闻服务性强，时政新闻权威性高，节目个性不同，有声语言的特点便也不同。

第二节　音　　乐

一、广播电视媒体中音乐的定义和分类

音乐是用有组织的乐音来表达人们思想感情、反映现实生活的一种艺术，它最基本的要素是节奏和旋律，分为声乐和器乐两大部分。音乐与用有组织的语词来表达思想的语言，构成了现代人类声音表达的主要方式。与语言的理性化特征相对应，音乐更富于感染力。由于广播电视都具有优秀的声音传真性，因而是胜任音乐传播的媒体。也正因为这些原因，音乐也是广播电视节目的重要表现手段。

在广播电视中，音乐的存在形式有三种：分别是音乐节目、节目音乐和实况音乐。音乐节目是专门提供音乐审美信息供受众欣赏的节目，音乐就是节目主体乃至全部。节目音乐是广播电视节目中的音乐，它只是节目的一部分，和其他传播符号共同传递节目信息，它除自身具有审美价值可供人欣赏外，还担负着在节目中配合、辅助其他传播要素的功用。实况音乐是出现在特定情境中的音乐，是广播电视节目录制、传播现场、报道现场真实存在的音乐，它是事实的有机组成部分，是现场的人或乐器发出的声乐或器乐，如一个中外领导人会见新闻中的军乐队奏乐，又如一则娱乐新闻中歌手的演唱片段等。

二、节目音乐的分类

（一）根据音乐的内容和作用划分

广播电视节目中的音乐根据内容和作用来分类，主要有背景音乐和歌曲（在广告中称为广告歌）两种形式。它们可以是在摄录节目时同步录音的，也可以是编辑、编导在将节目素材进行合成时额外加上去的。不管何种形式的节目音乐，都可以是根据节目内容专门制作的，也可以利用现成的音乐资料。

背景音乐是充当广播电视文艺节目、广播电视广告、电视风光片、纪录片以及软性新闻节目中的有声语言、画面的背景音乐。它只能营造气氛、烘托主题，但不能直接表现主题。

（二）根据音乐的表现手法划分

就音乐的表现手法而言，有写实音乐和写意音乐两种。

写实音乐通常也可称为实况音乐、客观性音乐。它是节目中人物和乐器演奏的，如乐器行的广告中对乐器的声音效果的展示、演唱会或演奏会节目预告中对某人的演唱演奏技艺的展示，它具有现实的真实性，是节目核心信息的一部分。在新闻性节目中，实况音乐表现为报道事件、现场所真实存在的音乐。在电视节目中，写实音乐从画面上可见到声源，又可称为有声源音乐、画内音乐。

写意音乐又称为主观性音乐，它通常是后期配乐，在电视节目中主要以无声源音乐、画外音乐的形式出现，除自身具有审美价值可供人欣赏外，一般是用来充当节目的背景音乐，以配合节目中有声语言、画面等对信息的传递。

（三）根据音乐的表现作用划分

根据音乐的表现作用可分为四类。

描绘性音乐，是指用来对镜头画面中的事物和场景以及具体的、独特的音响进行描绘的音乐手段。如在广告中，描绘性音乐意在为广告作品提供一种声音的造型，使广告更具真实感。比如，"非常可乐"和"可口可乐"广告就利用狂歌劲舞的热烈场景，从听觉上加快画面的节奏，还能造成一种心理时间与实际时间的距离错觉。又如，一些广播电视广告通过歌唱来揭示、描绘广告产品的独特之处。

抒情性音乐，是抒发节目中人物内在感情的音乐，它能表现人物特定的而又难以用语言表达的感情和心理活动，还能直接推动节目情节的发展，并营造真情实感。

气氛性音乐，是指用来为节目的局部或整体创造出的表现某种特定的气氛或基调的音乐。它也往往带有情绪感染力。

喜剧性音乐，是指喜剧性题材、风格的广播电视节目中的音乐，它往往与节目中的有声语言、音响、画面等构造诙谐幽默、引人发笑的喜剧色彩。

（四）根据音乐的使用情况划分

根据音乐的使用情况一般可分为三类。

片头音乐，是指在节目开始时段起铺垫作用的音乐，意在引起听众或观众收听、收看节目的注意力，导引其进入情节中。它还能揭示节目主题，调整和激发受众的情绪以及渲染特定气氛。

片尾音乐，是指用于节目片尾的音乐片段。其功能在于对主题和基本情节进行总括性的"描述"，并通过音乐的节奏韵律强化观众对节目主要信息或其他关键信息的联想和记忆。

标识音乐，是一种与节目的信息内容联系在一起，用来构成节目独特形象的音乐。

（五）根据音乐的出现形态划分

根据音乐的出现形态可分为四种。

整体式，是指在节目中从头到尾都配上音乐，有时配合或高或低的旁白（解说），起映衬的作用；有时贯穿全片，成为表达情感的主要手段之一。

分段式，是指在节目的某一段或多段里配上音乐，起点缀的作用。

零星式,指在节目中的个别局部,如电视某些镜头或一个镜头的某一画面上配音乐,对画面起强调或烘托作用。

综合式,节目中的音乐依据主题和内容灵活地配置,如在某一段落配乐的同时也在其他地方零星式地配乐,完全视表达的需要而定。

三、音乐在广播电视节目中的作用

(一)引起听众和观众的兴趣,避免平淡单调

在电视新闻专题、广播剧、电影录音剪辑、电视风光片等时长较长或具有文艺风格的广播电视节目中,如果只是一个播报者、解说者、报道者、演员等在那儿用有声语言、肢体语言进行演绎,常常显得枯燥,容易使听众、观众失去接受兴趣。在广播电视广告中,如果只是一个演员在播报某商品的性能、特点,那么听众往往会觉得又是在"推销",会自然地产生反感和抵触的情绪。音乐通常具有使人放松的效用,它的出现会让受众、消费者心中的反感和抵触情绪有所缓和,更加轻松地完成对节目信息的接受。

(二)突出节目主题,增加感染力

在一些人文历史题材的电视纪录片中,合适的音乐会对片中的人文主题进行渲染,对历史进行咏叹,让观众的思古幽情更加绵长。如纪录片《话说运河》《话说长江》《新丝绸之路》等。而在《新闻调查》《看见》等深度新闻节目中,音乐的采用能够强化内容主题,让节目更加隽永。

(三)强化内容的情感、情绪力度,创造气氛和情调,烘托意境,加深印象

音乐是直接诉诸情感的,或者说是情感的语言。音乐是感性诉求方式的重要表现元素。因而,在广播电视节目中,常常使用它作为背景音乐,通过营造音乐情感空间,配合有声语言、音响、画面,来引导、强化听众、观众对内容的理解和情感反应,提高传播效果。可以说,情感是思想的催化剂,而音乐又是情感的催化剂。音乐催生了情感,强化了情感,调整了人们的接受心境,推动已经动情的听众和观众产生想象,加快他们对其他表达要素意义的理解速度。音乐又可在其流动、游走的过程中,创造出契合节目内容个性的气氛和情调,甚至创造一种难以言说的美的意境,让听众和观众回味良久。

在一些生活服务类节目、民生新闻栏目、早间新闻栏目、午间新闻栏目中,如中央广播电视总台央视一套和新闻频道早间播出的《朝闻天下》、二套中午的《全球资讯榜》等在节目中会对某些生活新闻、奇闻轶事趣事类的新闻,配上轻松舒缓的音乐。而《新闻联播》在2008年北京奥运会期间经常对运动员获奖、拼搏时的感人片段配以音乐,在2008年汶川特大地震报道中对某些新闻配上或舒缓、或深沉的音乐来对具体新闻的感情基调进行渲染。

(四)作为编辑手段,凸显、整合节目,创造蒙太奇效果

从节目编辑的角度,节目配乐也有重要作用。它能够提高受众的心理唤醒水平,提高接受注意力。它还可以通过组织受众注意力的方式,部分地掩盖其他表达要素中存在的缺陷,如掩盖电视节目中由于素材所限造成的画面编辑不流畅,以音乐的连贯性、呼应性提高节目

各要素间的整体性。

正如电影理论家克拉考尔所说:"只要一响起音乐,我们就会感觉到某种本来并不存在的结构形式、乱糟糟的姿势一变而为可以理解的手势;散乱的视觉材料渐次合并,进退有序,音乐使无声的画面产生连贯性,又使画面显得明亮起来,从而加深了我们的印象。除此之外,它还使画面适应于我们在把握影片含义时的内心时间过程。"[①]

(五)作为节目的声音标志

广播电视传播的一个很重要的特点是可以非专注性接受,听众和观众可以一边做其他事情,一边收听广播节目或收看电视节目。因此,栏目化的广播节目和电视节目一般都有自己的标识。在标识的声音部分,一般都采用音乐。标识音乐可以出现在节目开头,也可以在节目中反复出现。充当广播电台和广播节目声音标志的音乐,称作开始曲。电视的音乐标志一般是与画面结合在一起的,称作片头。还有一种是与固定的内容联系在一起的背景音乐,例如,与节目的内容提要、内容回报和结尾时编播人员名单播报或字幕同时出现的音乐,也具有标识的作用。

(六)作为节目的间隔与过渡

在广播电视节目的不同部分配上不同的音乐,或是从不配乐到配乐再到不配乐或配其他风格的音乐,就自然而然地完成了节目内容的过渡。如广播电视节目中从阳刚高亢的音乐转到优美舒缓的音乐,常常就表示内容片断的过渡。

在广播节目中,这些音乐称为"间隔音乐""桥梁音乐"。在电视节目中,起间隔作用的音乐常与画面、有声语言、文字形成有机的统一体,称作片花。片花有的是单独制作的,有的直接借用片头或片头的一部分。从理论上说,片头出现在节目的开头,片花则可以出现在节目中任何需要的位置。

最后,需要注意的是,音乐的音量一定要控制得恰到好处,不要让陪衬解说的音乐声盖过解说声、报道声,也不要让渲染气氛的曲调过分强烈。使用音乐务必小心,如果使用不当会减弱人们回想节目内容的能力。另外,电视节目音乐还应掌握配乐的必要性,控制音乐渲染程度,为体现主题思想和表现内容服务。

第三节 音 响

音响在不同的语境中,有不同的含义。就一般意义而言,它可以作为"声音"的同义语;在广播电视节目中,它常常被用来指除了人的有声语言之外的各种各样的声响和音乐。我们在与语言、音乐概念并举时所指的"音响",是除去有声语言和音乐以外的所有声音,更确切地说,是没有纳入有声语言逻辑表达序列和音乐逻辑表达序列的声音。它们当中也包括某些语言和音乐,但只能是那些处于具体表达系统之外的语言和音乐。例如,教室里各种小声的交头接耳声,肯定是语言,但语言内容是难以辨认的,无法进入语言传达的逻辑链条中。

---

① 饶立华,杨钢元,钟新.电子媒介新闻教程:广播与电视[M].北京:中国人民大学出版社,2000:121.

又如市井声中夹杂的乐曲声,它们只是各种声音的一个组成部分,附属于市井声,并无独立的音乐表达意义。

一、音响的分类

(一) 根据音响的来源划分

广播电视节目中的音响根据其来源,可分为自然音响、机械音响和人物音响。

自然音响,如风声、雨声、浪涛声、流水声、鸟兽叫声等。

机械音响,即产品、机械发出的声响。

人物音响,是人们在活动时发出的声响,如掌声、笑声、脚步声、喘气声等。

(二) 根据音响的真实性的差异划分

广播电视节目中的音响根据其真实性的差异,可分为两类:实况音响和音响效果,亦可称为写实音和写意音。

实况音响是客观物质运动声波的真实再现,具有现实还原的特点。对实况音响而言,声音的客观存在是其真实感的来源。前文按照声音来源分类时所列举的各种音响,如果是事件现场、现实活动中实际存在的客观物质运动声波的真实再现,即是实况音响。

音响效果是信息传播者制造出来的或转借来的声音,它和实况音响的区别在于,实况音响具有客观真实性,而音响效果仅具有真实感,不具有客观真实性。

信息传播者制造音响效果的方法主要是采用夸张、变形的方法,对声音进行技术、艺术的加工,把本来听不见的声音放大到听得见,把小的声音放大到震耳欲聋;还可以加上混响、延时处理等,使几种音响同时存在,制造出本来不存在的声音,或使本来只在广播电视节目中某一阶段存在的声音延展至其他时间里;还可以用比喻、象征的手法,从其他地方转借一些音响来和所要表现的声音、画面组合,使节目具有喜剧色彩以及其他特殊的效果。

音响的关键是逼真。广播电视节目中出现的人物和景物,一般来说应发出与其特点相符的声音,以完成真实的、不加虚饰的信息传递过程。

二、实况音响的作用

(1) 再现事实、事物的声音感性形态,提供可感受的具体事实信息,增强传播效果。听觉与视觉是人类接收外界信息的两个主要通道。实况音响就是为受众打开的通往客观事实的听觉通道。它为受众提供了真实的、具有现场感的听觉事实,使受众更直接、更具体地感受信息。如在广播电视新闻中,震耳欲聋的现场音响可让听众观众感受到建设工地火热的气氛,感受到球迷或其他观众的热情。

(2) 具有一定的叙述作用。具有典型意义的实况音响,可代替语言来叙事。声音是事物运动的伴生物,许多事物、运动都有自己的声音特征或者声音形象,具有一定的符号特性,因而选择并组织典型实况音响,可以在受众的想象中再生成事物、事物的运动或变化过程,达到叙事的目的。

(3) 与语言、音乐、文字、图像同步或相继各自传播不同时空的信息,创造蒙太奇效果。

实况音响可以作为一个独立的时空单元,与其他时空单元并立,同步传达信息,或与其他时空单元相接,并在相互映衬、补充、对照、冲突乃至否定中生成新的意义传达。例如,在电视专题节目、纪录片中,让落后乡村独轮车的吱吱声与汽车、火车的图像同时出现,或是相反,让汽车或火车的轰鸣声与乡村独轮车的图像同时出现,二者的反差,可以表达城乡的巨大差距、东部和西部的巨大差距,借以呼吁人们关注贫困地区,支持帮助贫困地区的发展。

(4) 在电视传播中,实况音响可以突破视像的框限,拓展空间,增大信息容量。图像虽然可以自由转换时空,但受其现在进行时态的特性和画幅的限定性显示空间的影响,信息容量毕竟有限。音响则是全方位的,它没有空间形态,自由地游走在时间长河中,从而可以突破画框的限制,将信息的容量延展到画面之外,形成一个与人们的经验相同的视听信息空间。如前面所举的乡村独轮车的吱吱声就可以引起受众的联想和想象,使受众的视线"穿过"眼前的图像,透过城市的汽车和火车,在脑海中展现一幅乡村的图景,从而使受众同时面对两种图景。

(5) 在电视传播中,音响的连贯性可以削弱镜头衔接产生的断裂感,使信息传达与接收更为顺畅。镜头间的转换、图像的转换,如果其内部关联不紧密,就会使观众产生瞬间的茫然与困惑,表现在知觉层面,就是视觉上的"跳跃"感。电视编辑时由于制作条件、播出时间等的限制,往往仅能容纳有限的重要镜头或图像,一般多采用"切"的方式组接镜头,或者直接把各种图像"硬接"在一起,难免产生画面"跳跃"现象。连贯音响的伴随,则会提供一段连续的时间链,并以此为坐标,提供画面间联系的关联信息,形成画面之间在时间上的联系感,甚至在感觉层面上转移观众对"跳跃"的注意力,因而起到整合视觉信息的传播效果,弥补画面语言不流畅的缺憾。

(6) 发挥结构作用,提供内容起承转合的信息,使节目承转自然、流畅。在广播电视节目编辑中,通过声音叠加在前一个声音或画面上,引出下一段音响或声源画面,使受众注意力自然转移,不使接续的声画感到突兀。

三、音响效果的作用

(1) 创造主观化音响,传达创作者或节目中人物的主体音响感受。在带有文艺色彩的广播电视节目中,如电视专题节目、电视风光片、诗意纪录片、广播剧、电视剧乃至一些感性诉求的广播电视广告中,常常利用制造音响效果的方法,以传达作者或表现对象的主体音响感受。

如一些通信广告,常利用一个小故事,或者是一些人在野外自助游时陷入了和外界失去联系的境地,或者是产妇在火车上突然出现临产征兆等,此时此刻手机成了唯一和外面取得联系的工具,成了万众瞩目的对象,其他的事物仿佛都不存在了。于是,此时往往将手机的声音放大,小小手机的拨号声响亮郑重,接通响铃声更是格外清脆悦耳,然后期待的救援人员到来,一切迎刃而解。这里就是通过把手机声的放大,来传达人们的焦急和喜悦,表达特定情境下手机的重要和通信网络畅通服务的重要。

(2) 创造现实中不存在的音响形式,配合新奇、怪异、陌生等非日常经验性的情境、画面。音响合成器、延时器等技术设备在广播电视制作中大量使用,使音响的创造变得轻而易举,用它来配合虚构形象、表现性场景等,在科幻、动画之类节目中常有使用。如科学探索类、科幻类纪录片、电视剧就广为应用。

（3）营造、渲染气氛，烘托意境，加强印象。营造和渲染气氛本是音乐的特长，但其实音响效果在这方面也能大显身手。在一些广播电视节目中，通过音响强弱、动静等的变化，配合特定的有声语言或画面，往往可以创造出摄人心魄的氛围来。例如，在一些探险考古类的纪录片、旅游节目中，利用手表发出的滴答声的放大，利用心脏跳动声的放大，来营造紧张气氛。

（4）突出段落分割，实现转场。所谓"转场"，就是划分段落。音响转场，多采用夸张的形式，以引起受众特殊的知觉注意，产生隔断的传播效果。例如，电视风光片、地域形象宣传片中用明显的声源近景或特写画面，配以夸张的音响，完成某一段落，接着，转入下一个段落。

> **思考题**

1. 广播电视实况语言对于广播电视新闻节目有何重要意义？
2. 广播电视的新闻播音语言的表达样式有哪几种？新闻播音语言表达样式的发展说明了什么？
3. 实况音响对于广播电视新闻节目有何重要意义？
4. 有人认为，音乐对于广播电视非新闻节目具有重要意义，新闻节目则不尽然。你如何评价？

第五章　广播电视新闻的视觉符号

电视是视听双通道的媒介,电视节目既要人看又要人听。在电视节目的构成符号中,人们又常常笼统地说,电视是通过声音和画面(或图像)来传递信息的。另外,说到电视摄像,又常常不得不提及另一个概念"电视镜头""电视影像"。因此,在这里有必要对"图像""画面""镜头""电视影像"等概念进行辨析。电视新闻、电视节目的这种符号特点、摄制方式与要求等,视频媒体同样存在。因此,如无特别指出,以下所分析论述的视觉符号内容也同时适合视听新媒体。

图像是电视节目的另一个主要构成元素。在显示屏幕上准确还原视频信号所形成的光的组合,不管是摄影摄像而来,还是绘画制图而来,都可称为图像。它包括活动画面(即活动影像)、特技画面以及图画照片等静止画面和符号、文字、图表等一切诉诸视知觉的符号元素。

画面,是从绘画艺术借用过来的一个概念,一般是指各种呈现在人们眼前的由线条、色彩所构成的具体的形象。它包括静态的画面和动态的画面两类,而不包括相对抽象的文字、符号、图表等视觉符号。从这个意义上说,"画面"的内涵和外延都比"图像"小。

影像作为对事物光影状态的连续再现,则和电影、电视与照片拍摄密不可分,由此也成为视觉文化理论阐述中的常用概念。

作为传播符号的"镜头",有电影镜头和电视镜头两种,分别指用电影摄像机或电视摄像机在特定时空中所摄取的连续画面。在电视节目中,不管是用电影摄像机拍的,还是用电视摄像机拍的,因最终都通过电视屏幕显现,所以可统称为"镜头"。又因为其是连续画面,又常被简称为"画面"。"画面"与"镜头"的区别,实际上是根据对连续画面这种时空一体性影像的空间性和时间性的不同侧重来加以区分的。当我们强调其空间性时,一般使用"画面"这一概念;而当我们强调其每拍摄一次的一段画面的连续性时,往往使用"镜头"这一概念。

镜头是摄影摄像、剪辑时的基本计量单位,它的最小计量单位是画格(帧),在电影摄影中每1秒钟拍摄24个画格,在电视摄像中每1秒钟拍摄25帧,单个画格(帧)上呈现的影像可能是不完整的、凌乱的,而多个连续画格(帧)中出现的完整影像,具有了被用来传达某种含义的功能。

另外,"镜头"又常常和拍摄方式密不可分,如"摇镜头"其实就兼指摄像机拍摄时的一种手法和用这种手法所拍摄的电影电视影像或画面。如此,在影视艺术中就有了两个"镜头"的内涵。

第一节　画　　面

人们在进行影视分析的时候常常借用语言学的基本概念"语言",或者说,此时实际上存在了几个不同层面的"语言"的概念。最广义的"语言"其实指的是构成影视的所有符号,这和电视节目新闻播音员、记者播报节目,演员表演发出的有明确意义的有声语言是不同的。用广义的"语言"概念来看电视媒介的画面符号系统,它包括电视语言的非独特语言元素——造型语言和独特语言元素——景别和镜头。① 其实也就是说,电视媒介的画面符号系统包括非独特表现(元素)系统——造型符号系统和独特表现(元素)系统——景别和镜头。事实上,景别又是镜头或画面的景别。

在电视媒介的画面符号系统中,用来传播信息的元素如人的形体、环境、色彩、光影、线条等并非电视独有,其他的艺术如戏剧、绘画和舞蹈等也会采用。因此,我们称这些元素为电视媒介的"非独特元素",又因为它们在电视节目中主要是完成对所表现形象的形体、形状的塑造,故又可以用"造型符号"来表述。

镜头(包含景别)主要是影视艺术中所独有的,是摄影机、摄像机和照相机对画面、对生活中光影进行记录时所独有的表现方法,故称为"独特元素"。当然,由于影视艺术在当今的显学地位,它们的学术概念其实已侵入了很多学科,比如,今天我们在分析绘画作品、甚至声音时也常用"景别"这一概念了。

一、画面符号系统分类

(一)非独特元素系统——造型符号系统

电视节目的造型符号系统涵括了以活动画面为主、静态画面为辅的动静两大类造型符号。具体如下:

(1) 形体符号:包括人、卡通人物的整个身形以及动作、姿势等,动植物和景物静物的基本形体形态等,是人们感知事物、表达信息的基本手段,有丰富的意蕴。

(2) 表情符号:包括人、卡通人物、动物的面部运动和表情细节,如皱眉、笑、怒等,具有真情实感。

(3) 服饰符号:主要是人的服饰打扮,是伴随人物形体出现时必然存在的元素,在新闻节目中它展现了实况、现场的真实之美,参与构建了场信息结构,还能体现出文化、场景、气质等差异,传播出某种情绪和意图。

(4) 色彩符号:不同色彩的象征寓意使影视画面有着强烈的现实感,既能表达主观心理,又能描摹客观物理现象,还可以表示文化意义。

(5) 空间符号:画面中人与人、物与物、人与环境(背景)之间的关系表达,包括距离远近、角度等,可显示人际关系的亲密程度,人与景物、事物之间的有机联系、主次关系或烘托陪衬关系。

(6) 图表符号:通过统计图表、结构示意图等对数据、信息进行整合、条理化,便于人们获取相关的内容。在精确新闻、展示成就的报道中,以及表达某些科技含量高而又比较抽象深奥的事理时,常常采用。

电视节目的信息传播,从本质上说是通过作用于观众的视听心理,使对节目的无意注意变为有意注意,使之产生较为深刻的记忆和理解,或者产生对某种理念的认同,或者激发他

---

① 张印平.电视广告创作基础[M].广州:暨南大学出版社,2005:89.

们的购买欲望和行为。所以,电视媒介对造型符号的运用必须注意观众的接受心理,各类造型符号的表现都要从吸引观众注意、强化记忆和加深说服效果出发,切忌为了追求图像的完美而忽视了信息的传播效果。

(二) 独特元素系统——镜头

电视拍摄中摄像机的运用主要体现在景别、拍摄方向、拍摄角度和拍摄方法的运用上,它们的综合运用最终呈现为各具特点的电视镜头(影像、画面)。从不同的角度出发,镜头有各种不同的类别划分。

1. 镜头与景别

景别是指画面范围和构图对象在画面中所占比例的大小,由视距和镜头焦距的长短共同决定。视距就是从不同视点到被摄主体的距离,视距远,景别范围大;视距近,景别范围小;视距不变,镜头焦距短,景别大;视距不变,镜头焦距长,景别小。不同景别的有机组合,能带给观众不同的感受,形成画面的外部节奏感。

根据视距的远近,可分为各种景别的镜头:远景、全景、中景、近景、特写、大特写等。不同的景别运用在电视节目中的表现和要求是不同的。

(1) 远景:从较远的距离上观察和拍摄时形成的景别,又称大全景。用来交代事情发生的地点、环境等,表现宏观的、气质性的信息,但不能表现细节。

(2) 全景:表现人物、物体等主要表现对象的全部形体和部分背景的景别。全景可以展示人物、物体的整体外观特征以及人、物与周围环境、自然景物的关系、人与人的关系等,是不可或缺的景别。

(3) 中景:包括画面主要被摄对象或主体的主要部分,人物成像在膝部以上,用于表现事件的主要事物和主体的形状特征。

(4) 近景:包括人物和主要拍摄对象的小半部分,人物成像在腰部以上,用于突出人物情绪神态的特征和幅度不大的动作,描写人物情感和事物细节。

(5) 特写:主要对象或主体的某一局部充满画面,人物成像在胸部以上的景别,有利于刻画人物心理活动和强烈的情绪特点,揭示人物内心世界或事物的本质。具有强调的意味,仿佛在强迫人们仔细观察。

(6) 大特写:比特写更小的某一局部,如一只手或一个手指、一缕发丝、一只眼睛等。可以把人、物的特点、质地、细微处真切地展示出来,具有放大、凸显某一局部和细节的效果。

电视画面不但要重视单个的、独立的景别元素的使用,还要通过景别的不同组合变化来创造出特定的视觉节奏。景别是控制节奏快慢强弱和观众情绪变化的重要因素。例如,运用中景、近景、特写景别,内容调子上升快,对观众的心理冲击强,情绪上升就快。而特写、近景、中景的反向组接,就会让观众的情绪逐渐放松。或运用全景镜头和长镜头的方式,内容调子上升慢,对观众的心理冲击较小,情绪影响就慢。

画面组接中相邻镜头景别相差小,可形成渐变式的画面节奏;景别相差大,则构成突变式的画面节奏。如果将全景和特写这两种景别相接,会带来画面节奏十分紧张的感觉。

2. 镜头与拍摄方法

根据拍摄方法,分为固定拍摄和运动拍摄。前种方法拍摄的镜头称为固定镜头,后种方法拍摄的镜头称为运动镜头。但现实中,人们常把拍摄方法和用这种方法所拍摄的镜头统称为固定镜头和运动镜头。而运动镜头又分为推镜头、拉镜头、摇镜头、移镜头、跟镜头、长镜头、升降镜头、航拍镜头等。

(1) 固定拍摄：摄像人员和摄像机固定在一点不变地摄取画面，静止的景物在画面里的位置不变，移动的物体在画面里的位置则不断地变化。固定拍摄又称为固定摄影，所拍镜头称为"固定镜头"或"固镜头"。

(2) 运动拍摄：在拍摄过程中，通过移动摄像机机位、拍摄方向或变化镜头焦距形成镜头的外部运动，这种在运动中拍摄的方式，叫作"运动拍摄"。有时，摄像师和摄像机没有动，但是他们所在的支撑物在移动、旋转、升降等，从而改变了拍摄的物距、方向和高度。运动拍摄又叫运动摄影，所拍镜头就称为"运动镜头"。

(3) 推摄（镜头）：摄像机向被摄主体方向推进，或者变动镜头焦距（焦距由短变长），使镜头的视角由宽变窄，景别由大变小，使被摄主体在画面上由小变大的拍摄方法。所拍镜头称为"推镜头"。画面效果表现为同一个对象由远至近，使观众有视线向前移的感觉。可以突出主体，突出细节，可以在一个镜头内了解到整体与局部的关系，主体与背景、环境的关系。

(4) 拉摄（镜头）：摄像机逐渐远离被摄主体，或者变动镜头焦距（焦距由长变短），使镜头的视角由窄变宽，景别由小变大，使被摄主体在画面上越变越小的拍摄方法。所拍镜头称为"拉镜头"。画面产生逐渐远离被摄主体或从一个对象到更多对象的变化，使观众有视点向后移的感觉。可逐渐扩展视野范围，并可在同一镜头内渐次了解到局部与整体的关系，造成悬念、对比、联想等效果。如汽车广告中，先是汽车行驶、车厢内饮料罐纹丝不动——观众感觉一般，但是镜头渐渐拉开，原来该汽车行驶在崎岖山路上仍如此平稳。

(5) 摇摄（镜头）：摄像机位置不变，对拍摄对象进行左右或上下的摇动拍摄。所拍镜头称为"摇镜头"。摇摄如同人的视线移动，镜头水平摇时，是人视线的左右移动，而镜头上下垂直摇时则是目光的上下移动。摇摄及摇镜头可以从摇的角度、速度和运动方式上加以划分，如水平横摇、垂直纵摇、环形摇、倾斜摇、慢摇、中速摇、快速摇、甩镜头（摇速极快的摇镜头）以及中间带有几次停顿的间歇摇等。可逐一展示、逐渐扩展景物，产生巡视环境的视觉效果。行动摇摄还可以突出人物行动的意义和目的，用来逐一展示画面中人、物、场景的不同部分部位，引导观众从细部到整体了解全貌。

(6) 移摄（镜头）：摄影机沿水平方向作横向或纵深移动所进行的拍摄，被摄主体不动或不改变运动方向，其效果如同人们边走边看所获得的影像信息，或者是在行进的交通工具中观赏沿途景色，所拍摄的镜头称为"移镜头"。它能较好地表现空间，展示环境，表达人物的行动，营造恢弘浩大的场景，创造紧张的节奏等。如调查性报道、电视纪录片中对人物的追踪。

(7) 跟摄（镜头）：摄像机跟随运动对象，连续拍摄其运动过程及周围环境，视点不断移动，所拍镜头称为"跟镜头"。能突出运动中的主体，交代主体的运动方向、速度、体态及与环境的关系。可以展示运动物体或人在不同场景、位置中的运动状态、运动方向、运动速度和性能、人的行为意图等，让观众全面地把握相关信息。

(8) 长镜头：各种拍摄手段综合运用，对一个运动画面和被拍摄主体进行长时间的连续不间断地表现，以保持画面的连贯性和完整性。实际上就是长时间拍摄、不切割空间且保持时空完整性的镜头。

(9) 升降拍摄（镜头）：往往是运用升降设备使摄像机上下移动进行拍摄。

(10) 航拍（镜头）：利用在高空飞行的直升机等飞行器进行的拍摄。

3. 镜头的其他分类

根据表达视角和描写方法,镜头分为主观镜头和客观镜头。客观镜头分为三种情况:第一种是被拍摄者直接面对摄像机镜头讲话或做表演、演示,观众的视线和讲话人的视线是相对的;第二种是演员、被采访对象等在表演、和他人交流等,被拍摄者的视线不面向镜头;第三种是摄像机纯粹作为第三者进行拍摄。主观镜头是电影、电视剧、电视广告中常用的一种极富有感染力的镜头。拍摄主观镜头的摄像机充当了片中的角色,所摄的画面也正是片中人物所见到的内容。主观镜头使观众置身于演员的角度,身临其境地体验片中角色的所见所感。

根据其内容和在片中的作用,镜头又可分为多种:

(1) 交代镜头,用来给被摄主体定位,交代其所处地点、运动方向的镜头。一般都是用远景或全景镜头从较大的范围来表现被摄对象之间的空间关系,又称场景主镜头、关系镜头、空间定位镜头或整体镜头。

(2) 动作镜头,又称局部镜头、小关系镜头、叙事镜头。动作镜头的景别处理以中景及近景系列景别为主。动作镜头主要是表现人物表情、对话、反应,再现、强调人物动作及过程、动作细节、动作方式、动作结构等。作用与关系镜头相反。

(3) 主镜头,又称"贯穿镜头"。为了记录动作的连续性和便于后期剪辑,在拍摄过程中常把一个动作或段落完整地拍下来,这个长镜头就是主镜头。

(4) 插入镜头,即在连贯的镜头画面中,为了某种表现的需要而插入的一段镜头。

(5) 反应镜头,就是表现人物、主体对前一镜头中的语言、行为或某种事物所产生的反应的镜头。

(6) 空镜头,又称景物镜头、渲染镜头,是画面中没有具体角色人物的镜头。运用这种镜头有时是为了交代环境,表现风景,有时是为了衬托人物心情或表达某种深远的意境。

(7) 资料镜头,即直接从现成的电视片或影片中剪取翻录的镜头。在电视专题节目、调查性报道、人文历史题材纪录片、电视节目广告、素材编辑型广告中常用此镜头。

(8) 实景镜头,即画面是实物或自然景物的镜头。这主要是和电脑制作画面相区别时常用的概念。

(9) 备用镜头。在拍摄过程中,编导、导演常对同一机位、同一内容的画面拍摄数次,除第一次拍摄的镜头外,其他都称为备用镜头,其目的是为后期编辑提供更大的选择余地。

根据拍摄的画面是否有叙事、表达情节的功能,镜头又可分为非叙事镜头和叙事镜头。非叙事镜头在影视节目中一般表现为对话镜头,叙事镜头在影视节目中是指非对话镜头,即动作镜头。

总的来说,镜头画面大体可分成三种较典型的类型:关系镜头、动作镜头、渲染镜头。电视节目的画面由关系镜头、动作镜头、渲染镜头这三类镜头组成,只是每一个电视节目的具体内容和画面表现风格不同,这三类镜头在数量运用排列上各不相同。[①]

下面是一则电视消息和小霸王学习机的一则电视广告的分镜头脚本,从中可以看到拍摄方法、景别的变化和灵活运用,如表5.1和表5.2所示。

---

① 王诗文.电视广告[M].北京:中国广播电视出版社,2001:243-244.

表 5.1　福建电视台《福安仙岩山"佛光"奇观》

序号	景别	画面	解说词
1	全(摇)	仙岩风景	5月8日上午8时许,在福安县差转台上工作的同志,看到一种被称为"佛光"的自然奇景。当山顶上红日斜照,山坡上云雾升腾之际,人们站在山顶的一块巨石上,忽然看到自己映在雾中的身影和身影周围一圈彩虹一样的光环。随着云雾的浓淡变化,光环时隐时现,就像传说中的"佛光"一样,令人惊讶。有趣的是,只有站在这块巨石上的人,才能看到自己的身影和光环,旁边的人除了看到一片白茫茫的浓雾外,什么也看不见。当然,所谓的"佛光"实际上是一种特定条件下阳光折射的自然现象,在四川的峨眉山上也有这种现象
2	全	佛光	
3	特(推)		

表 5.2　小霸王学习机电视广告的分镜头脚本①

序号	镜头技巧	景别	画面内容	声音内容	镜头长度(秒)
1	移动拍摄	全	男孩和女孩在玩拍手游戏,父母推门进来,手提学习机	男孩:你拍一　女孩:我拍一	3
2	摇摄	近	父亲递给孩子的学习机	屏幕文字:小霸王电脑学习机	2
3	移摄	全	无动于衷的孩子们继续他们的游戏。父母在组装学习机	男孩:你拍二　女孩:我拍二	3
4	摇摄	特	游戏机与学习机连接在一起	父亲:游戏学习在一块	2
5	移摄	中	孩子被吸引过来,不解其意	母亲:你拍三　父亲:我拍三	3
6	摇摄	近	父亲操作键盘的手	父母:学习起来很简单	2
7	固定拍摄	近	女孩操作键盘的手	女孩:你拍四	1.5
8	固定	近	男孩操作键盘的手	男孩:我拍四	1.5
9	移摄	中	男孩笑了	母女:包你三天会打字	2
10	固定	特	屏幕文字:包你三天会打字	孩子们:你拍五,我拍五	3
11	摇摄	全	一家人对镜头喊	全家齐声:为了将来打基础	2
12	特技		三维动画	男声:小霸王中英文学习机　女孩:寓教于乐　四人:其乐无穷	5
13	固定		屏幕:小霸王标志		

4. 拍摄角度、布局和空间配置

在拍摄中,摄影机、摄像机与被摄体之间的位置关系除了远近之外,还有角度的不同。拍摄角度的不同也使电视画面产生了不同的含义。拍摄角度在垂直方向上分为平摄、俯摄和仰摄,在水平方向上分为正面、侧面和背面。

---

① 张印平.电视广告创作基础[M].广州:暨南大学出版社,2005:111.

(1) 平摄，也叫平拍。摄影机、摄像机水平放置拍摄。一般摄影机、摄像机镜头的高度和被摄人物的眼睛、被摄物的高度处在同一水平线上，所摄取的画面效果与人们平时观察事物时的角度相近，因而给人的感觉比较自然。平摄时，摄影机、摄像机的高度取决于被摄人物的身高和姿势，如站着还是坐着。

(2) 俯摄，也叫俯拍。摄影机、摄像机高度在被摄人物的眼睛之上，在被摄物体之上，从上向下俯角拍摄。这种拍摄角度特别适宜拍摄大场面。由于俯视的透视效果，画面中的人物、物体显得矮小、变形，因此常用来暗示人物的渺小卑微或渲染一种孤独、压抑的沉重情感。

(3) 仰摄，也叫仰拍。摄影机、摄像机低于被摄人物的眼睛，低于被摄物体，自下而上仰角拍摄。与俯摄画面的视觉效果相反，仰摄使被摄物显得高大壮观，使被摄人物显得伟岸豪迈。

(4) 正面，被拍摄对象的正面朝向摄影机、摄像机镜头所拍摄的镜头画面。如果被拍摄的对象是人物、卡通人物或动物时，给人以直面相对的感觉。特别是当被摄主体目光直视镜头时，画面中人物仿佛是在和观众进行交流，很有感染力。

(5) 侧面，被拍摄对象的正面与摄影机、摄像机镜头成直角时所拍摄的画面。如果被拍摄的对象是人物、卡通人物、动物，则画面上只能看到一只眼睛，而且视线不与观众交流。

(6) 背面，被拍摄对象背对着摄影机、摄像机镜头进行拍摄。如果拍摄人物、卡通人物、动物，则此时画面上出现的是背影。

布局是指对电视画面内各种视觉因素进行空间上的安排。主体是画面中最重要的部分，它的布局安排对整个画面的构图成功举足轻重。为了使主体鲜明突出，可以使它占有较大的画面面积，或将它置于画面的视觉中心。当然，还要考虑主体和其他人、物、环境的关系。有时为了表达的特殊需要，也可以将主体放在画面的一旁，而由前后镜头的衔接和内容兴趣线索来引导观众的视觉注意力。对于运动的主体，还要根据它运动的方向和轨迹来安排其位置。

除了主体的位置安排外，空间的配置也是很重要的。主体在电视画面位置上的安排，还要充分考虑其空间的配置状态及与前景、背景、陪体之间的呼应关系。这就要注意留出三个空间：头上空间、鼻前空间和运动空间。

头上空间指画面中主体的顶部、主要人物的头顶与屏幕上框间的空白区域。这个空间没留出则显得压迫，画面太挤，观众看着不舒服；留得太大，又会让人感觉上轻下重。

鼻前空间指画面中人物面部前方、主体正前方的空间区域。当人物、主体面朝画面一侧时，一般应在其面对的方向留一些空间。否则，在与屏幕侧框的对比中，会让观众产生面壁或碰壁感。

运动空间指画面中运动物体在运动方向上留出的空间。通过这种留白，才能让观众感受到运动状态的存在和持续。

二、新技术语境下的视觉符号元素

(一) 数字图表

数字图表是新闻可视化的呈现，即媒体或机构通过对数据的挖掘、清洗、处理后所获得的图表。数字图表的形式有很多种(图5.1),例如我们常见的柱状图、折线图、条形图、饼图。此外还有数字地图、雷达图、漏斗图、散点图等多种形式。其呈现方式有静态图表、动态数字图表。

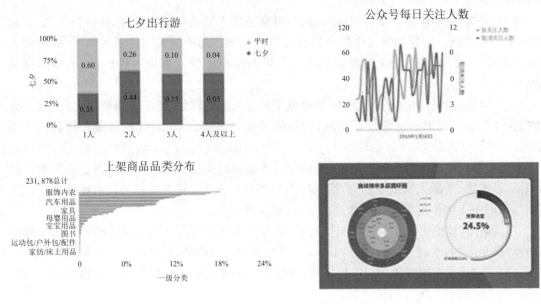

图5.1 数字图表形式

通过数字图表,人们可以直观清晰地看到事物的发展变化,数字图表在新闻业也因其客观性、生动性以及说服力受到广播电视新闻机构、视听新闻机构以及受众的喜爱。

(二)数字影像

数字影像技术主要应用数字化技术和影像技术,并将二者紧密结合起来。与传统的传播媒介和方式不同,数字影像技术作为一项新兴的技术迅猛发展,并逐渐应用于人们日常生活中的各个领域,例如在学校教育、电视电影艺术、医疗影像、军事科技、影像出版以及商业宣传等各个方面,并承担至关重要的作用。

数字影像的发展源于航空航天行业。20世纪80年代以来,航空行业蓬勃发展,同时也带动了航天遥感摄影技术的发展,而航天遥感摄影技术也是获取地球地理信息特点,以及实物空间构成最为重要的方式。随着全球科学技术的不断进步,航空遥感摄影技术也发生了改革性的发展和变化,从传统的胶片遥感摄影技术发展为最新的数字相机摄影技术,在实际的应用过程中,凸显出一系列传统胶片摄影技术不可比拟的特点和优势。

新媒体环境下数字影像数字图像技术提供给普通群众和艺术家们越发丰富多样的创作手段,让传统影像作为记录手段的观念以及常规线性叙事的形式概念发生转变。特别是计算机智能处理、数字虚拟技术以及基于互联网的交互体验技术的运用,更是让影像艺术发展远远超出了其作为呈现和记录手段的含义,进而成为一种以影像为核心载体的多种媒体技术和装置环境综合运用的应用艺术。新媒体时代下的数字影像艺术创作变得开放简单,数量增加,并可以通过互联网得到广泛传播,人们习惯屏幕化、虚拟化的即时网络信息,AR、VR、交互式体验等虚拟与增强现实的技术正大量应用在动画与图像处理,使数字化、虚拟化的影像对人们认知模式的影响得到加强。

(三) 表情包

表情包可以是简单的图形符号,也可以由真实人物、卡通人物、小动物、花卉、自然景色等构成,有时还会辅以文字或动态小视频。表情符号的使用最早可以追溯到手机短信时代,只由文字符号或标点符号组成。随着智能手机技术的发展和 Web 3.0 技术的普及以及微信的广泛使用(2020 年第一季度,微信及 WeChat 的合并月活跃账户达 12.025 亿),表情符号开始更新换代,从初始的简单、标准化的表情衍生出各种主题元素的表情包,越来越多的表情包以多种元素组合的方式呈现。表情包的制作和消费已经形成固定产业。

表情包充分体现了个性化、视觉化、移动场景化,用户可以通过图像处理软件等技术,自主截取图像并添加文字。这种对原有图像的解构和再创作使社交网络中非语言符号的缺失得以弥补,以幽默、诙谐的方式表达语音、文字难以传递的个人情感。

(四) 动画[①]

当前,新闻传播技术、数字技术、计算机技术、动画技术的结合越来越密切,增强了传媒行业的进步和发展。在电视新闻和视频新闻中,动画技术拥有显著优势,强化了电视新闻和视频新闻的表现力与冲击力,提升了节目质量和可视化效果,获得受众好评与媒体青睐。

动画技术在电视新闻和视频新闻中的表现形式主要有:① Flash 动画;② 动画+图表;③ 动画+文字;④ 三维动画。如在分析地震、泥石流、飞机失事等重大新闻事件的过程中,经常使用 Flash 动画,让受众把握和理解这些事件的形成原因、发展过程以及演变趋势等,以更直观、更形象的方式提供相关背景知识和求生技能,把握事件情况,理性科学地看待这些事件。又如,在中央广播电视总台央视《新闻联播》《朝闻天下》《新闻 30 分》等新闻节目中,经常使用动画介绍我国各地 GDP 的增长变化状况与产业经济发展状况,提供相应的数据解析,采取动画图表的形式,形象生动地传递相关新闻信息。而三维动画是动画艺术中的后起之秀,兼具多种动画艺术的优点。在新闻中,三维动画既能展示简单化的一般产品、艺术品、几何体模型等,又能展现复杂化的虚拟城市、房产行业、智慧城市、人物模型等。既可展示单个、静态的模型,又可展示复杂、动态的场景。利用先进的三维动画技术,能够有效地模拟各种真实物体,具备真实性、精确性与可操作性,可以用在新闻节目中的虚拟角色、场景或变形、片头飞字、光效等情境中。

新闻节目在运用动画艺术的过程中,应恪守新闻的真实性、客观性原则,在动画镜头的表现视角、影调、色彩、运动、动画关系与蒙太奇组接等领域,要尽可能地摒弃过度情绪化、主观化的镜头话语方式,满足客观性的新闻报道要求。应坚持时效性原则,由于动画制作的周期较长、难度较大,因此,动画艺术的时效性并不强,但是,新闻的本质在于"新",时效性是它最鲜明的特征之一,势必导致二者的矛盾,所以在制作动画的过程中,应选用便捷快速的手法与技术,确保动画制作的时效性。有限动画技术是针对性较强的技术措施,相对于全动画技术而言,这种动画制作方式只利用少量关键帧,即可得到所需的运动影像,大大削减了制作者的工作量,提升制作效率,有效地满足电视新闻和视频新闻的时效性需求。

---

① 郭笑莹.动画技术在电视新闻中的运用[J].新闻战线,2018(12):100-101.

三、电视画面的节奏

节奏是客观事物发展变化过程中的固有现象,自然界的变化、物体的运动状态,无不表现出有规律、有对比、交替出现的节奏。四季更换、花开花落、日月星辰、潮涨潮落等现象都与节奏有关。人类自身也无时无刻不存在着节奏,个人的身体机能有周期性的变化,集体和群体之间有一定的安排和调节而形成了各种活动的节奏。可以说,节奏是大自然中客观存在的生命现象,只要有生命、有运动,就有节奏的产生。

在艺术作品中,节奏发挥着微妙的、独特的作用。对于作品来说,节奏是感染欣赏者情绪的重要手段;对于欣赏者来说,节奏是欣赏者的一种心理感受。亨利·阿杰尔说:"节奏是由一种物质因素和一种感情因素组成的运动的发展。"普多夫金说:"节奏是从情绪上感染观众的手段。导演用这种节奏可以使观众激动,也可以使观众平息下来。"节奏虽然不是影响观众情绪的唯一因素,但的确能引起人们的情感体验,不同的节奏,带给人或平缓、安静、舒适,或轻快、活泼、跳跃,或激动、紧张、慌乱等不同的心理感受。[①]

在电视节目中,节奏同时作用于人的视觉和听觉,它的体现关系到更加复杂多样的因素。存在于画面语言中的节奏包括两个方面:内部节奏和外部节奏。

画面(镜头)内部的节奏,又称为叙述性节奏,它是指镜头所摄物体、事件、情节、人物情绪等发展的强度和速度,是由事物的内在矛盾冲突、人物的内心情绪起伏等因素所构成的。内部节奏可以通过拍摄时的场面调度、演员表演的控制来加以控制。

画面(镜头)外部的节奏,又称为蒙太奇节奏或造型性节奏,主要是由不同景别、不同长度、不同角度、不同拍摄方法的镜头的组接构成的。外部节奏主要是通过剪辑这一环节来实现的,它是控制电视节目作品结构形态的重要依据和吸引观众的重要手段。影响外部节奏的因素主要包括:由景别、角度、焦距等因素造成的对画面主体运动速度的影响;镜头运动本身对节奏的影响;镜头切换频率对节奏的影响等。其中掌握景别的发展变化规律和镜头组接的规律是剪辑过程中处理节奏必不可少的步骤。

景别是控制节奏快慢强弱变化和观众情绪变化的重要因素。例如,运用中景、近景、特写景别,内容调子上升快,对观众的心理冲击强,情绪上升快;而运用全景、远景和长镜头的方式,内容调子上升慢,对观众的心理冲击较小,对情绪影响慢。画面景别的发展也是形成节奏的重要手段,画面组接中相邻的镜头景别相差小,可构成渐变式的画面节奏;景别相差大,则构成突变式的画面节奏。如果将全景和特写这两极镜头相接,会带来节奏十分强烈的感觉。

剪辑率或剪接率、切换率,是指镜头转换或切换的速率,同样是形成节奏的重要因素。不同景别的镜头长度应根据画面所包含信息容量和观众理解的时间长度为依据。镜头的长度安排要适宜,镜头过短,观众还没有看清楚画面的内容,镜头就转换了,就失去了这一镜头存在的意义;镜头太长,如果没有新鲜内容的加入,就会造成节奏拖沓,使观众感到厌烦。一般来说,表现浩大的场面和特定的环境气氛,以及画面内容较为复杂时,要用较长的镜头连接,切换率宜慢;而表现强烈的动感、紧张的局面、激烈的情绪等,画面内容较为简单时,用较短的镜头,加快切换率,则有助于加剧节奏,强调情绪的变化与发展。此外,运用正常的切换

[①] 张印平.电视广告创作基础[M].广州:暨南大学出版社,2005:121-123.

方式转换镜头,节奏表现紧凑;运用淡化、叠化等特技方式转换镜头,节奏则显得缓慢、柔和,适合抒情、回忆、幻想等以及配合画面情节段落的起伏和转变等。

镜头长度也是形成节奏的重要因素。一段画面中长镜头比较多,给人的感觉是节奏缓慢,而多个短镜头的组接则给人快节奏的感觉。当然,不适当地使用长镜头会产生冗长沉闷的感觉,而过多使用短镜头有可能造成琐碎仓促的印象。

电视画面的外在节奏还体现在镜头本身的运动上。镜头推、拉、摇、移等运动的速度快,节奏自然就快,反之就慢。因此,在剪辑时也要充分考虑这一要素。

方位变化也会影响画面的节奏。摄像机从上方、下方、正面、背面、侧面以及其他各种可能的方位和角度来对同样的对象进行拍摄,并进行组接,那么即使画面中人物、物体运动的激烈程度不发生变化,观众也会感觉到节奏的变化。①

总之,对快节奏的处理,可以多运用短镜头,多分切,镜头推拉摇移速度快,多插入近景、特写镜头,采用前进式结构,使节目内容紧凑,不断向观众传送新的信息,心理冲击力就强;相反,如果需要舒缓的效果,减慢节奏,就运用少分切、长镜头、景别渐变等方式,循序渐进。当然,提高剪辑率,将镜头削减到最低限度的长度,并不是形成快节奏的唯一方法,有时变换速度比持续不变的最快速度的剪辑更能凸显快的感觉。前后镜头在速度上的对比往往可以给观众一种持续的紧张感,造成的印象也可能更为强烈。

还应注意,节奏总是通过对比才能表现出来,内容表现亦要张弛有度。快慢动静的交替出现、长短强弱的相互转换,才能使情绪起伏变化,内容错落有致。

下面是河南电视台的形象宣传片,如表5.3所示。

表5.3 河南电视台形象宣传片②

序号	景别	画面内容(描述)	字幕	声音
1	特写	古剑,红绸		
2	远景	长河落日,余晖满天,暗云浮动		
3	全景	金色的黄河水,在夕阳下缓缓地流淌		
4			我形	
5	全景	洛阳龙门全景		
6	近景	石壁上,眼眼洞窟		雄壮浑厚奏乐贯穿此中
7	特写	卢舍那大佛,伟仪端庄,眼神安详,注视着芸芸众生		
8	近景	一群儿童,手举印有河南电视台标志的小旗,奔跑于石窟前的平台上(画面前景为老人、直升机)		
9			我容	
10	全景	少林古柏树林。绿阴如盖,光影斑离,寂若无声		
11	近景	儿童手举印有河南电视台标志的小旗,奔跑在少林石阶上		

---

① 巴拉兹·贝拉.电影美学[M].何力,译.北京:中国电影出版社,2003:96-97.
② 张印平.电视广告创作基础[M].广州:暨南大学出版社,2005:124.

续表

序号	景别	画面内容(描述)	字幕	声音
12	特写	一少女伫立于林间,与古柏作邻,手竖耳边,作倾听状		亲切笛声
13			我音	
14	特写	一碗烩面,色香味俱全,做工精细,用具考究		
15	中景	一青年坐于桌边,面含微笑,拿起筷子		
16	大全景	古色古香的中式餐厅内,人声鼎沸,食客如云		雄壮浑厚奏乐贯穿此中
17			我品	
18	全景	小浪底工程脚手架的顶端,一建筑工人面向太阳迎风站立,衣襟飘浮。阳光将其轮廓清晰勾勒,宛如飞天的雄鹰		
19	远景	少年放飞鸽子		
20			我梦	
21		(黑屏,红色字体):我爱我中原　中国河南电视台		强冲击力音效

第二节　文　字

一、画内文字

　　画内文字又可称为画面文字,是指摄录到的影像内存在的文字。如所拍摄的会场的横幅、标语、座位牌、建筑物等上的文字;商品包装盒上的品牌名称、文字说明;商品标签、样机上的文字;被拍摄者和采访对象所穿的服装上的文字;地域形象宣传片中的建筑物本身的墙壁、屋檐等位置悬挂、刻印的匾额、徽标、标语、对联以及摩崖石刻的文字等。

　　其作用是可以自然、准确地传达明确的信息,但拍摄时一定要注意语句的完整,防止"断章取义",否则可能"差之毫厘,谬以千里"。

二、屏幕文字

　　屏幕文字又称"字幕",是指根据信息传达的需要,在后期编辑制作或播出时加在影像、屏幕上的文字。

(一)屏幕文字的特点[1]

(1) 屏幕文字是处于一种"过时不候"的动态中,因而对受众有一种强制性,使受众产生一定的压迫感,不能像阅读印刷文字那样从容、自由、轻松。

(2) 屏幕文字在很多情形下是与画面和声音等配合使用或同时出现的,因而其语境要比单纯的文字语境复杂,使用中要受到各方面的制约,包括使用的时机、位置、速度、色彩、与语境及其各传播要素的关系等,配合得好,相得益彰;配合不好,徒增抵牾。

(3) 文字信息必须集中注意力地专注接收才能获得,且屏幕阅读距离与人们日常的书报阅读距离不同,相对较费力,这就与电视以声音和影像为基本传播要素因而接收障碍小、接收轻松的传播特点产生了矛盾。因而在受众电视接收心理定势下,文字属于相对不方便的信息媒介,如使用过多过密过快,就会引起受众的心理反感与烦躁。换言之,受众在电视接收心理定势与阅读条件下的文字阅读耐受性,要低于一般阅读状态。

(4) 由于文字对受众的识字水平有一定的要求,这就在某种程度上使其传播有效性受到了制约,无形中增高了收视的"门槛"。

总之,比较而言,电视并不是文字的最佳传播媒体,在使用中必须有节制,特别是尽量避免大量、密集、长时间使用,要注意扬长避短。在电视中运用字幕要处理好文字与其他视觉要素的关系,毕竟以画面诉求来吸引受众眼球是各类电视节目重要的特征,如果文字太多或与画面不协调,会影响到整个节目的吸引力。

(二)使用屏幕文字应注意的问题

具体来说,要注意以下几点:

(1) 字幕中字体字号的选择要与整个节目的内容、风格、其他要素协调。

(2) 电视屏幕比较小,字幕文字要简单明了,少花哨,通俗易懂,文字的色彩与背景对比要强烈。

(3) 字幕不要被囚禁在画面的中间区域,不要太单调,排列可以多样化。

(4) 当文字与人物出现在同一画面时,应尽量避免与后者重叠、混淆,最好能处于空白处,以便于辨认。

(5) 字幕文字意思一般应与有声语言所表达的意思相符,以避免观众顾此失彼。

(三)屏幕文字的类型

屏幕文字根据其与其他图像、声音等画面构成要素关系的不同,可分为以下几种:

1. 独立型字幕

完全独立存在,不与其他传播要素发生任何意义关联的字幕。如在其他节目正在播放时,有些滚动新闻、生活资料型广告、商场促销广告直接在电视屏幕下方打出移动字幕。

特殊情况下,独立型字幕会占满整个屏幕,并能发挥其他形式的画面元素所不能代替的作用,并且成为经典。如2006年7月12日,北京时间凌晨3时许,刘翔在瑞士洛桑110米栏赛场创造了新的世界纪录——12秒88。当天下午4时,第一条"Nike 12.88"广告便在耐克(中国)官方网站(nike.com.cn)隆重登场。5时,新浪网首页和体育频道播出耐克12.88

---

[1] 饶立华,杨钢元,钟新.电子媒介新闻教程:广播与电视[M].北京:中国人民大学出版社,2000:128.

广告。6时,在刘翔的故乡上海,外滩震旦广场的巨大户外电子屏上,耐克12.88广告在美丽的夜色中盛大上演。这些网络视频广告、户外电子视频广告都只是跳动的数字。7月13日中午12时,第一条"12.88"的电视广告在上海体育频道《体育新闻》播出。当天晚上6时,"12.88"又登陆CCTV-5《体育新闻》。这两条电视广告也都是只有数字——红色屏幕中央跳动的白色数字,从1.53跳到12.88。①

2. 主导型字幕

以屏幕文字为信息传达主导要素的字幕形式。如新闻公报、某些商品促销广告,就利用字幕配合播报人的播报来进行信息传达。

3. 辅助型字幕

配合其他构成要素提供同步相关信息的字幕形式。如电视新闻节目中画面上人物的姓名、身份、职业、年龄等介绍文字,广告所拍摄的实景或虚构的场景的时间、地点、相关背景等介绍文字,体育节目中所展现的运动员的比赛分数、计时、名次等字幕,等等。

4. 转译型字幕

将电视节目中某些有声语言转成文字同步播出的字幕形式。为了使有声语言清晰易懂、避免歧义,以文字复述语言,同步、对位播出,可以使信息传达更准确、接受更容易。人物语言字幕、翻译字幕等均属此类。

5. 表达型字幕

并存、对位且依托于其他传播要素,针对其他传播要素传达的信息发出的同步性评论、惊叹等主观性文字信息。一般由画面中事物引发,但不影响画面内事物自身的进程。好似节目中有个叙事者,旁观者忍不住站出来"旁白"。这种字幕形式在娱乐节目、幽默喜剧式的广告中常会见到。

6. 伴随型字幕

与其他节目相关但无严格对位关系、在它所属或所赞助、冠名、特约的节目播出时出现的字幕形式,其位置一般在屏幕右下方的小块地方,不影响节目的播出。如电视新闻栏目、电视剧栏目播出时,屏幕右下方出现的挂角小广告"××之××""××特约剧场"等。

(四) 屏幕文字的作用

1. 辅助作用

与影像等相比,屏幕文字在传达信息时具有抽象概括的能力,具有简洁、明确、灵活的优势,因而在电视节目中常用于辅助其他形式的图像和声音传达准确的限定性信息,弥补影像多义性和有声语言易产生歧义等局限,发挥补充、说明、介绍、引导、强调、扩大信息量等作用。

2. 分立作用

电视节目中的屏幕文字还可以作为独立的传播要素而非其他要素的辅助因素,与其他传播要素分立,发挥配合、对比、烘托、抒情、揭示、评论等作用,共同完成信息的传播。

3. 独立作用

字幕还能单独传达信息,独自构成一则电视新闻或广告。如电视屏幕下方滚动字幕新

---

① 佚名.耐克12.88,与刘翔同步[M]//中国广告杂志社.中国广告案例年鉴:实战案例127.2006.上海:东方出版中心,2007:341-345.

闻,又如在"图文电视"中的以整屏字幕形式打出的电视广告,在不中断其他节目播出的情况下以打在屏幕最下方的滚动字幕形式播出的商品销售广告、节目预告等。

4. 加深观众的印象

在电视节目中,采用"声画合一"的手法,画面、有声语言和字幕同步播出信息,视、听、读三位一体,既利于观众接受,也利于加深记忆。

5. 字幕不会对声音产生干扰

在不宜出现解说语言的特定条件下,例如,出现解说语言会破坏气氛,破坏风格,产生混乱等的情况下,运用字幕就成为了有些电视纪录片、广告等节目的必然选择。事实上,没有有声语言的电视画面自有其独特的魅力。

6. 参与画面构图,突出创意主题

当屏幕文字单独出现在电视屏幕上时,往往被赋予多维的特征,如三维的立体效果,同时伴以和屏幕主色调和谐一致的颜色、美丽灵动的光影变化、独特的字体,形成了极富艺术性的"字幕画面",一方面给人带来了视觉愉悦,一方面强化了创意主题。

(五) 屏幕文字的位置

1. 出现在节目的开头

此种情况较少。但有的电视节目利用文字图案,巧妙地引出节目、产品或其他信息。中国象形文字天然具有这样的条件。

2. 叠印在画面上

如辅助型字幕、转译型字幕、表达型字幕。而且字幕叠印在画面上,可以起到标题、口号、标语、警句、提示的作用,或是作为节目标识的一个组成部分。

3. 出现在片末

如有些电视新闻专题、纪录片在节目最后打出字幕,对某些信息予以揭示。此外,还有演职人员、工作人员字幕。

当然,对于一个电视节目来说,它的字幕可以只在开头、中间、片尾的某一段时间出现,也可以自始至终都有或多或少的字幕,也可以出现在某几个位置,等等。

第三节 广播电视新闻符号系统的关系

各符号系统的关系,就广播而言就是语言、音乐、音响之间的关系;就电视而言则是影像、语言、音响、图示、文字、音乐等之间的关系,即通常被概称为的电视声画关系。它是由电子新闻媒介所拥有的多种符号传播手段在综合运用当中产生的。这一综合运用的形式是广播电视信息传播的现实形态,它直接作用于受众,产生传播效果。深刻认识各要素的组合方式及其功能,是传播者充分发挥广播电视媒介传播优势的基本前提之一。

一、各符号系统的一般关系

对各符号关系的探讨,不能泛泛而论,不能脱离了传播目的、传播内容及其特点、传播背景等要素的制约,抽象地讨论传播手段的优劣。不同的符号系统各有其特长,同时也各有其局限性,彼此是不可完全替代的。竹篮用来盛菜很好,用来打水就不行了;水桶用来打水很好,用来烧水又不如水壶。从结构—功能的角度看,它们的关系归根结底是功能互补的配合关系,都服从于信息传达的最终目的。问题的关键在于,彼此又有部分的可替代性,例如语言和文字,因此使用场合的条件限定,便起着决定性的作用了。

(一) 影响各符号系统组合关系的因素

不同符号系统可以并行传播的主观依据是人类的注意力具有可分配性。但注意力的分配主要是通过注意力的保持和监督功能配合注意力选择的迅速转移而实现的,因而是有条件的,有极限的,有取舍的。绝非不加选择和过滤,照单全收。

第一,一般而言,在传播过程中,内容决定形式。承载相对重要信息的符号应该占有主导地位,而其他符号系统则应该起配合的作用。被传播对象不同,其对传播符号的适用程度也不同。例如,对抽象概念的传播,就很难找到与之相契合的影像,而用语言则可以有效地传达抽象信息。

第二,体裁对符号的选择有着重大的影响。体裁是节目的样式,不同的体裁对符号运用的偏重也是不同的。同一个新闻事件,被做成新闻消息还是做成纪录片,做法大不相同,对符号的运用也自然大相径庭。消息篇幅短小,故一般只能较多地依赖语言粗线条地传播信息,而纪录片则可以运用大量影像细节展示其来龙去脉。不仅如此,不同的体裁对符号的运用一般也有其传统的模式,如消息类新闻报道一般情况下是不配音乐的(当然也有例外,如有新闻摘要集纳以音乐来整合的形式)。

第三,符号使用的方便程度也制约着其使用状况。例如,动画用来传达新闻信息不是不可以,但其繁难耗时的制作程序会严重影响新闻传播的时效性,故很少被硬新闻所采用。

第四,传播对象对符号的接受能力限制着符号的使用。在少儿电视节目中使用文字就需要格外注意;同样,艰深的专业术语、符号和文字对于相对低文化的受众群体也是不适合的。

此外,传播者对符号的不同偏爱和驾驭能力,相关技术设备的配备水平,以及素材采录和编辑过程中的各种环境条件和主观因素,等等,都会对符号的使用产生一定影响。

(二) 听觉符号和视觉符号的组合关系

具体而言,目前广播电视的传播符号可以分成听觉符号和视觉符号两类不同质的符号,它们的组合关系很复杂,并非符号并行运用得越多,传播效果越好。

第一,两种符号系统在感知方面越接近,彼此干扰的可能性就越大,例如听觉符号间(或视觉符号间)的干扰就比听觉符号与视觉符号间的干扰大,因为它们是在争用同一个信息的神经通道。

第二,不同符号系统各自传达的内容与整体信息传达内容的关系,决定了它们各自的地位及彼此的影响关系。喧宾夺主导致地位关系错位,自然会影响信息传达。

第三,同质符号系统间的对比强度关系如响度、亮度、体积、运动等,也直接影响着符号系统传播的效果及其性质,例如,相比而言音乐声音较小,一般就不会对有声语言形成干扰,其性质是积极的、助益的;但声音过大,就会掩盖住有声语言,成为干扰。

第四,各符号系统的抗干扰能力是不一样的,抗干扰能力弱的符号系统一般需占有传播的相对强势地位,才能保证其传播的效果。例如,有声语言当中几个关键词的含混,将导致整个传达的无效;而音乐当中的个别缺失,尚不会对后面的信息传达产生致命的影响。

第五,符号内容和形式对受众而言,其信息量的密集程度是有量的、阈限的,人在单位时间内不可能无限量地接受信息,超出接受能力的符号所承载的信息,是无用的信息,无用而存在,必然形成干扰。例如,超过人们正常阅读速度的字幕,不仅不能有效传达信息,甚至可以说是添乱。

第六,信息的重要性,对接受者存在着质的制约。由于人的注意力具有集中与指向的功能,因而当信息对注意力的吸引强度使得注意力无法分身它顾的时候,其他同步信息就很难被有效地接受,甚至会形成干扰。

当然,制约因素远不止上述几点,它们共同制约着广播电视的综合传播效果。使用得当,效果优于单一符号的传播效果;搭配失度,则互相掣肘,反不及少而精的传播效果好。

二、电视非同期声语言和影像的关系

在不同符号系统的关系当中,引起争议最多的是非同期声语言(如解说、旁白)和影像的关系,即通常被不准确地称作的"声画关系"。

(一) 声画关系的组合原理

不能脱离了传播目的、传播内容及其特点、传播背景等要素的制约,抽象地讨论传播手段的优劣与主次。声画关系也是如此。一般而言,传达体验性内容,适于采用以影像为主的传播手段;传达观念性的内容,则适于采用以语言为主的传播手段。

从结构—功能的角度看,传播者语言与影像之所以要组合在一起,是由于它们在传播中各自担负着不同的、彼此不可替代的功能。也就是说,它们彼此间存在着功能互补的关系。每一句语言都影响着观众对影像的注意与知觉,每一个影像也都影响着观众对语言的理解。这种融合与互证,使新闻报道内容显得更为简明、清晰、翔实。

从信息整合与传播方式的角度讲,语言与影像在媒体形态、结构方式、表现方式、时空方式、表意方式及其相应的解读方式等诸方面都存在着本质上的不同,并因此决定了各自传播功能上的差异。首先,可以采取多个不完整的信息系统整合的方式来实现信息传达的完整性,即信息系统各自放弃自己的逻辑完整性来实现新的组合传播。其次,在声画共存互补的状态下,若要保持某一信息系统自身语句的完整性,往往会以牺牲另一信息系统的完整性为代价,换言之,需要确定主从关系,才能保证某一信息传播方式的连贯性,不是影像印证语言,就是语言解说画面。若按语言逻辑编排镜头,则镜头长度与组合关系要受语言长度与逻辑关系的制约,而非自身信息量与影像信息逻辑关系的制约;按镜头逻辑编排语言的情形也是如此,因而,即便二者各自保持了相对完整性,它们之间的关系也是彼此妥协的结果。在新闻实践中较常见的为适应报道语言的长度,拖长镜头的存留时间,或是使用没有多少信息量的空镜头,便是其具体表现。在实践中,同样也存在着报道的不同段落声画主从互换的情形。当然,若是在二者机械共存的状态下,如被人们声讨的"声画两张皮"状态,或不同信息内容的同屏传播状态(如画中画),把取舍(实质上是梳理混乱)的责任推给受众,则又另当别论了。

（二）影像与语言各自的优势与局限

1. 影像符号的特点

影像传播是人类视听能力的拓展。如上所述，呈现事实是影像的特长，以时空一体的方式真实展示动态过程，使人们亲历式地从事物运动变化的影像中获得体验式的直接感受，这种传播效果是语言文字符号难以达到的。真实性与可感性，是确立其在电视新闻中地位的根本优势所在。语言的再现，是建立在受众想象中表象的重组基础上的，而影像的再现则是对象感性形态的重现，其真实度自然不同；在可感性方面，影像的视听直接感官刺激与语言的间接刺激，效果也大不相同。

但真实影像在传播信息时也存在着其先天的不足。主要表现是：

（1）只能记录和再现正在发生的事件，而无法复现已经发生的或显示尚未发生的事件。

（2）影像具有多义性，若无语言同期声的配合，则较难于传达具有确定性意义的信息。

（3）影像具有时空一体性，虽然善于呈现动态的、感性的现象，却难于准确表现无空间形态的心理内容和理性内容。

（4）影像组合受被传播对象的现实性制约，不能像语言那样灵活变换位置，因而其概括叙事也不可能无限度地简约，因而难以适应短消息类新闻在有限时间内概括报道的需要。所以，在这类报道中，影像往往只起印证事实的作用，辅助语言叙事。

作为新闻影像，受新闻传播目的的限制，除非采取现场直播的方式，它一般不可能在有限的时间内以影像的逻辑系统来叙述一般新闻事件。因而它通常与抽象的语言系统配合，向人们传播相对完整的信息，在其中发挥其提供新闻的感性真实性的佐证与感染等作用。与语言传播的单纯理性意义上的完整不同，语言和影像配合同时提供了具有感性意义的完整。

既然新闻的节目形式不容许影像从容地通过形成情节链来叙事，而只能通过有限的镜头片断式地展示传播对象的形态，那么，影像传播功能的实现，就在于对事态及其变动的重要场景和细节的捕捉与展示。重要场景的缺失，会造成被传播对象的影像信息不完整，难以实现影像实证事实的功能；细节则能够使被传播对象的影像鲜明、生动，富有吸引力与感染力。

2. 语言符号的特点

语言虽然在真实性、可感性方面不如影像，但它具有影像所不具备的不受时空历时逻辑制约的优势，又能够自由地传达人们对世界万物的认识，具有灵活机动的系统表述能力。因此，语言可以很好地补救影像信息传达能力的不足。具体而言，语言在与影像的配合过程中可以发挥如下主要作用：

（1）简洁地提供新闻信息。电视新闻报道以传播重要信息为目的，一般要求以简单明了的形式进行传播，这一点影像传播很难做到，而语言传播则很容易达到这个要求。所以，简要报道一般以语言为传播主线，而由影像辅助，详细报道则可以较充分地运用影像传播手段。例如，对于重大事件报道，我们往往在《新闻联播》节目中先看到较概括的报道，其中报道语言占有突出的位置，但在随后进行的专题新闻报道中，以现场采访、录像为主的详细报道则是主要报道形式，其中的与影像合一的语言同期声取代了报道语言而成为了主要抽象信息的传播方式。

（2）提供未采录到、无法采录到或难于找寻到影像的信息。并不是所有重要信息都被摄像机记录下来,如过去已发生的事;并不是所有信息都能够被采录,如在无光源的情况下;并不是所有有用的影像素材,都来得及采录报道,如有时为了及时播出,受时效性的制约,不得不减少摄录量,以赶上播出时间;即便留存有影像资料,有时也一时难于找寻到,如资料库中未经处理的电影胶片素材。对于没有被录音录像或影像难于及时找到的重要信息,以语言的形式进行再现和传播,就是一条方便的途径了。

电视新闻影像纪录的往往是变化中的事物的某个突变或转折点,而这种对变动过程横截面的报道难以全面反映事物发展变化的内在因果关系,为了使观众理解新闻的来龙去脉及其意义,必须提供相应的历史、环境等背景材料,这些背景资料很难保证有充足的影像资料素材,在这种情况下,由语言提供理解新闻所必需的解释、说明等背景信息,是电视新闻经常采用的方法。

(3) 传达影像难以表达的主观形态的信息。新闻所传达的信息,既可以是世间万物的变动,也可以是人类观念等的发展演变;既可以是客观世界的万象,也可以是主观世界的万象。影像以再现物象及其变化见长,而对于无形无色的主观对象就无能为力了。

首先,影像传达人类的心理活动,只能通过面部表情等做模糊的展示,而无法细致入微地加以刻画与描绘,正所谓"知人知面不知心";而"言为心声",语言能够很好地承担描摹人物心理活动的任务。像陀思妥耶夫斯基的以心理冲突为主要内容的小说,就很难仅用影像的形式加以完整、准确的呈现,这也是新闻节目中大量运用采访影像的主要原因。

其次,真实影像能通过展示事实使受众从中领悟其中的意义,却很难明确地传达判断与推论、记忆与想象等主观形态的信息,而语言是思维的形式与工具,在传达思维活动及其结果方面具有得天独厚的优势。因此,在议论性、评论性节目中,或是在点化节目主题思想的时候,语言有着不可替代的作用;在表达回忆与引发想象的时候,往往也需要借助语言不滞于物的特性。

(4) 引导受众理解影像信息的意义。在我们所捕捉到的影像当中,有可能被关注的对象并不突出,被埋没在其他形象当中,而受众并不知道你在影像当中所要传达的对象和意义是什么,往往根据自己的认知结构和兴趣来关注和把握影像意义,这样就产生了传收脱节。曾有这样一个实例:纪录片先驱弗拉哈迪曾将一部关于爱斯基摩人生活的纪录片放给她们自己看,他发现自己无意中摄入镜头角落中的一只小鸡,竟成为了这些土著居民的议论焦点。语言正可以引导受众的注意力方向与意义接受角度,通过对画面细节的提示,起到聚焦、放大的作用,把影像细节纳入意义传达的语境之中,为具有多种解释可能性的影像限定明确的寓意,将观众的感知与理解导入预定的轨道,使传播者通过画面所要传递的信息更加凸显,更加准确明了。

(5) 灵活实现结构性转接过渡。当镜头间的逻辑关系或时空关系产生结构性转变时,由于它导致了观众理解线索的中断,相接画面给人的感觉是不自然的、令人困惑的。实现过渡的方法有很多,如使用淡入淡出、划、翻转、化等特技编辑手段。相比而言,利用解说词过渡可以利用语言灵活流转、不滞于物的优势,不切断观众的理解线索,巧妙搭接意义的桥梁,使场面过渡自然、朴实,气脉贯通,还可以节省画面过渡时间。《让历史告诉未来》中有这样两段画面内容相连接:上一段是军队兴办养殖场,下一段是中国政府裁军100万。解说词是这样的:"一位美国将军参观了部队办的养殖场后一连说了三个'不可思议'。或许,更加令全世界不可思议的是,中国政府在一夜之间宣布把自己的军队减少100万。""不可思议"这四个字,成功地提供了一种把表面上毫不相关的两段画面在理解的链条中接续起来的契机。

由上述讨论可知,根据所传播信息内容的特点与传播条件的限定,综合运用影像与语言,发挥其各自的传播优势及其组合优势,才是处理影像与语言关系的正确方法。

三、蒙太奇和长镜头

蒙太奇和长镜头,是影视艺术产品的两种主要叙述和表现手段。二者也都有各自的理论系统及其代表人物。那么二者的理论、作用及其关系究竟如何?在实际的电视节目制作中又该怎样加以合理的运用呢?

(一)蒙太奇

1. 蒙太奇的内涵及发展

蒙太奇(Montage),来自法语,原是建筑学上的法语术语,原意是装配、构成、组装。据资料证实,第一个使用蒙太奇这个法语词汇来指称电影剪辑工作的是前苏联电影理论家弗拉基米尔·戈尔丁。1919年2月10日,他在莫斯科电影委员会发表演讲,认为蒙太奇是电影艺术的一个基本要素。这对列夫·库里肖夫及其同事产生了很大的影响。在当时前苏联对电影艺术重视的氛围下,一群富有朝气的年轻导演怀着对于电影制作的热情,热切地探讨电影艺术,他们制作影片、发表观点、交流经验,被称为"蒙太奇学派"。其中,最具影响力和代表性的理论家、导演是库里肖夫、普多夫金、爱森斯坦和维尔托夫。

1920年,前苏联建立了国立第一电影学院(即莫斯科电影学院,当时世界上第一所电影学院),列夫·库里肖夫这位经过美术专业教育的革命家成为学院领导,并指导学生(其中有普多夫金)在他的"实验工作室"里进行剪辑实验。库里肖夫带领学生们通过实验,验证了格里菲斯等当时著名导演的拍摄、剪辑和制作经验,并将在实践中摸索出的"方法"提升到了电影思维方式的高度。他们将蒙太奇思维与蒙太奇方法置于影像制作中至高无上的独尊地位。此时,蒙太奇就有了两层基本含义:其一是指镜头之间的剪辑技巧和方法,即蒙太奇方法。它由最初纯粹的技术性剪辑工作,发展为叙述剧情的表述手段,再演化为一种影像表述艺术技巧。蒙太奇作为剪辑技巧和方法主要包含以下几方面的内容:① 画面(镜头)与画面之间的组织关系;② 声音与声音之间的组织关系;③ 画面与声音之间的组织关系;④ 由这些组织关系发生的意义和作用。其二是指影视语言的思维方式,即蒙太奇思维。它是创作者运用影像进行表述时的思维状态,体现了创作者对于影像表述效果的理性思索与自觉追求。我们这里讨论的蒙太奇主要是指剪辑技巧和方法。

在库里肖夫看来,电影艺术就是将影片的片断按照一种特殊的、创造性地发现的次序连接起来。

普多夫金在自己的全面的电影实践中发展了蒙太奇的内涵,他在《电影剧本》中强调了在电影剧本的最初写作时就必须有蒙太奇思维指引,用这一方式来处理素材、结构剧本,其中可供使用的蒙太奇有"结构性蒙太奇"与"作为感染手段的蒙太奇——对比蒙太奇"两大类。前者包括"场面蒙太奇""段落蒙太奇"两种,后者包括"对比蒙太奇""平行蒙太奇""隐喻蒙太奇""交替蒙太奇""强调主体趣旨的复调蒙太奇"五种。在强调通过镜头组合来表述上,普多夫金承接了库里肖夫的理念并有所发展。他认为,单个镜头并不具有完整的叙事功能,只有在镜头与镜头的组合中,叙事才得以延伸。[1]

在"蒙太奇学派"中,爱森斯坦留下的理论阐述多,涉猎范围广。他努力将蒙太奇提升到电影哲学的高度,力图以影像来讨论人类的思维、观念。他先是提出了"杂耍蒙太奇",认定其功能是达到震慑,将强烈对比的镜头撞击在一起,强迫观众接受某个观念,而这个观念要大于和异于这些镜头之间的简单组合。后又提出"理性蒙太奇",提出力求以画面内部的造型来阐明理性,从视觉形象中传递出理性认识。在《蒙太奇方法》中,他阐述了蒙太奇是独特的电影修辞手法,并总结了从简单到复杂的全套蒙太奇类型,包括"节拍蒙太奇""节奏蒙太奇""音色蒙太奇""泛音联想蒙太奇""理性蒙太奇",这些类型基本上侧重于利用影像来陈述理念。

维尔托夫的"电影眼睛"理论中包含着的蒙太奇理念的实质是强调表现,强调将现有资料进行重新剪接,并从中发掘、阐释不同于他人的主观感受的哲理蒙太奇。这就明显不同于爱森斯坦强调张力的理性蒙太奇、普多夫金强调连贯的叙事蒙太奇,也不同于库里肖夫强调不同组合、重新创造的蒙太奇。

除此之外,匈牙利的巴拉兹和法国的马尔丹等电影理论家也都对蒙太奇的形式和内涵作了总结和论述。总的来看,影视蒙太奇的含义已经由最初的画面剪辑发展到画面与声音的蒙太奇、声音与声音之间的蒙太奇等影视制作的各个方面,并已成为影视制作中从最初的剧本、脚本的写作贯穿到拍摄、后期剪辑编辑整个过程的思维方式。

2. 蒙太奇的分类

不管是普多夫金的叙事蒙太奇、爱森斯坦的理性蒙太奇,还是维尔托夫的哲理蒙太奇,等等,其实归结起来主要可分为两大类,即叙事蒙太奇和表现蒙太奇。

(1) 叙事蒙太奇。这种蒙太奇的特征是以交代情节、展示事件为主旨,按照情节发展的时间流程、因果关系来分切组合镜头、场面和段落。

① 平行蒙太奇。它将不同时空或同时异空发生的两条或两条以上的事物相互组接起来,统一在一个完整的结构中,忽视了时空距离,而着重揭示若干事物相互间的逻辑关系。这样,可以删节过程以利于概括集中、节省篇幅,扩大片子的信息量,并加强了节奏;而且几条线索平列表现,相互烘托,易于产生强烈的艺术感染力。

② 交叉蒙太奇。又称交替蒙太奇,它将同时异空的两条或两条以上的情节线迅速而频繁地交替剪接在一起,以烘托紧张气氛、制造悬念或加快叙述节奏。

③ 顺序蒙太奇。又称连续蒙太奇,它沿着一条单一的情节线索,完全按照客观事物运动发展的时间顺序和逻辑顺序安排镜头。这种蒙太奇叙事自然朴实,但由于缺乏时空与场面的变化,容易流于单调乏味,因此在电视中较少单独使用,多与平行蒙太奇和交叉蒙太奇混合使用。

④ 颠倒蒙太奇。这是一种打乱时间顺序的结构方式,可以是倒叙结构,也可以是插叙结构,或者是倒叙后再顺叙的混合等,表现为时间概念上的过去与现在重新组合。运用颠倒蒙太奇,打乱的是时间顺序,然而时空关系还是要交代清楚,叙事还是应符合逻辑关系。[2]

(2) 表现蒙太奇。表现蒙太奇组接的画面重点不是叙事,而是表现思想感情、气氛与哲理等,它连贯的不是情节与事件过程,而是思想内涵。

---

[1] 王辉. 纪录片:想法与做法[M]. 北京:中国广播电视出版社,2007:64-69.
[2] 张骏德. 现代广播电视新闻学[M]. 成都:四川人民出版社,1996:255.

① 重复蒙太奇。又称复调蒙太奇、积累蒙太奇。它将若干性质、内容或者形象相同、相似的画面组接在一起，或让含有一定寓意的画面反复出现，以达到刻画人物、强化主题、制造效果与气氛的目的。

② 对比蒙太奇。它通过画面在内容或形式上的强烈对比，产生相互冲突的作用，来表达某种寓意或强化要表现的内容和思想。

③ 比喻蒙太奇。又称隐喻蒙太奇。它通过不同镜头之间的类比，将不同事物之间的相似性、共通点揭示出来，引发观众的联想，含蓄而形象地表达某种寓意。如将跳舞的少年儿童和鲜花组接在一起。

④ 抒情蒙太奇。在保证叙事和描写连贯性的同时，表现出超越剧情之上的思想和情感。或在一段叙事场面之后，恰当地切入象征情绪的空镜头。或将意义重大的事件分解成一系列近景或特写，从不同的侧面和角度捕捉事物的本质含义，渲染事物的特征。①

⑤ 节奏蒙太奇。它用节奏的快慢营造情绪和气氛，最简单的方法是用镜头的长短，或在单位时间内镜头转换的多少来作为制造节奏的手段。

3. 蒙太奇的作用

（1）镜头的选择及动作的取舍，主题的概括与情节的集中，通过蒙太奇的分切与组接，突出主题，强调重点。

（2）创造影视艺术独特的时间和空间，将现实生活的时空变成艺术的有限时空与无限时空。

（3）声画的有机组合，多元素的融合，产生完整统一的声画合一的屏幕形象。

（4）创造出影视片内部结构的严谨和外部结构的流畅，产生出影视片强烈的节奏感。

（5）运用镜头的分切与组接，产生新的含义和概念，使原来单一意义的镜头变为既具有意境又具有寓意的影视语言。

（6）积极引发观众的参与感，吸引观众的注意力，激发观众的想象力。事实上，从接受理论的观点来看，电视节目最终要通过观众才能完成，电视节目的各个片断的时空只有通过观众的心理演绎和联想才能连缀起来，是观众的联想和理解弥合了镜头的缝隙，使其艺术魅力得以实现。

（二）长镜头

蒙太奇学派看到剪辑、组接给电影带来的魅力，便把这种组接视为电影的本性，提到至高无上的地位。20世纪30年代，蒙太奇手法达到了成熟的高峰。但是如果片面地强调形式上的后天组接，强调利用组接来为理念服务，也会造成对现实生活素材的忽视，导致主观主义的膨胀和单一，而缺乏艺术感染力的宣传，甚至存在造假的可能。以爱森斯坦为例，他的夸大蒙太奇作用的理论既使得他与自己趋向现实主义的作品风格极不统一，也曾受到同时期电影理论家和同行们的否定。他自己也承认"在苏俄无声电影作为一个整体而崭露头角的过程中，电影美学就弥漫着一种蒙太奇肥大症，我的作品尤为如此"。②

电影技术的改进扩大了景深范围和表现领域，过去需要几个镜头的连接才能表达的内容现在只需一个镜头即可完成，于是出现了长镜头理论。法国电影理论家安德烈·巴赞首

---

① 张印平. 电视广告创作基础[M]. 广州：暨南大学出版社，2005：144.
② 游飞，蔡卫. 世界电影理论思潮[M]. 北京：中国广播电视出版社，2002：67-68.

先创立了长镜头理论。巴赞虽并不参与电影创作,但从1951年起就一直负责《电影手册》理论刊物,长期关注电影业出现的各种新动向,始终保持着理论上的敏锐、执著。在理论文集《电影是什么》中,巴赞一再阐述的基本理念是:电影是真实的艺术,是现实的渐近线。因此,人们也将巴赞阐明的一系列理论观点,统称为"影像(照相)本体论""长镜头理论"或"场面调度理论"。它是一种与传统的蒙太奇理论相对立的电影美学理论,又是一种与唯美主义、技术主义相对立的写实主义理论。其特点是强调电影的影像(照相)本体属性和记录功能,强调生活的真实性,贬低情节结构和蒙太奇之类形式元素的作用。长镜头理论涉及长镜头、景深镜头和场面调度几个概念。

如前文已述,长镜头是指各种拍摄手段综合运用,对一个运动画面和被拍摄主体进行长时间的连续不间断地表现,以保持画面主体动作的连贯和完整性。也就是说在一个镜头内可以通过景别、构图、光影、场面、环境气氛、人物动作等造型因素连续变化,在一个整体的环境中展示人物关系和事态进展。实际上就是长时间拍摄、不切割空间且保持时空完整性的镜头。此镜头由于其保持了空间和时间的连续性、统一性,具有客观性,给人一种真实感、亲切感。

景深是指处在不同距离上的被摄对象能获得清晰影像的空间范围。在景深范围内,景物成像清晰,而景深范围之外的景物的影像模糊,景深与镜头焦距、光圈、物距有关。景深镜头即大景深、深焦距镜头,指由远及近的被摄景物在画面中都尽可能多地表现为清晰的影像,景深镜头能强化画面的空间现实感和场景规模。"长镜头理论"强调使用"景深镜头"。"长镜头"只是俗称,其指利用景深镜头完整地展示运动着的事物的空间状态。这里的"长镜头"概念,与通常光学镜头焦距长短的含义无关,通俗地理解就是一次摄录的时间比较长。[①]但是,大景深镜头大都要使用短焦距拍摄。

场面调度,出自法语,开始用于舞台剧,指导演对一个场景内演员的行动路线、位置以及演员之间的交流等活动进行的艺术性处理。后被借用到电影中来,指导演对镜头内事物的安排,即导演引导观众从不同角度、不同距离去观察银幕上的活动。场面调度包含演员调度与镜头调度两个层次。演员调度指导演通过对演员的运动方向、所处位置更动以及演员之间发生交流的动态与静态的变化等,造成画面的不同造型、不同景别,以揭示人物关系及情绪的变化,获得相应的银幕效果。镜头调度是指导演运用摄像机机位的变化(如推、拉、摇、移、升、降等运动方法),从俯仰平斜等不同角度,采用不同视距的镜头展示人物关系、环境气氛的变化及事件的进展。镜头调度可以指镜头组接后构成的一个完整场面的调度,也可以是单个镜头内的调度。[②]

因此,长镜头不是长时间用一个机位、一种景别、从一个角度、用一种拍摄方法进行拍摄,而且所拍摄的主体的行动也在不断地发生着或细微或明显的变化。也就是说长镜头的内部、它拍摄的镜头内的各个片断其实也有着组合的关系,摄影者也在利用对场面的调度和景深的控制来实现有选择的、富有表现力的拍摄,同时还可以通过摄像机的运动来不断地调整景别和角度来对拍摄主体进行选择或者强调。长镜头虽然只是一个具有独立意义的相对完整的镜头,没有蒙太奇的镜头切换,但是,它在一个镜头内有主体的变化和景别、角度的变化等,只不过是连续的变化,而非蒙太奇的跳跃式的变化。从表现作用看,一个具有独立意义的长镜头担负了一组蒙太奇镜头组合的任务,因此有人称长镜头为"镜头内部蒙太奇"。

---

① 王辉.纪录片:想法与做法[M].北京:中国广播电视出版社,2007:231-232.
② 秦瑜明.电视传播概论[M].北京:北京广播学院出版社,2002:143.

长镜头理论从产生到发展,几乎在一切方面都同蒙太奇理论相对立:①

(1) 蒙太奇出于讲故事的目的对时空进行分割处理,而长镜头追求的是不作人为解释的时空相对统一。

(2) 蒙太奇的叙事性决定了导演在电影艺术中的自我表现,而长镜头的纪录性却使创作者的主观倾向隐藏在客观纪录的事实影像背后。

(3) 蒙太奇强调画面之外的人工技巧,而长镜头强调画面固有的原始力量。

(4) 蒙太奇表现的是事物的单层含义,具有鲜明性和强制性,而长镜头表现的是事物的多层含义,有瞬间性和随意性。

(5) 蒙太奇引导观众进行选择,而长镜头提示观众进行选择。

长镜头理论带来的最有意义的变革是导演与观众的关系变化。在巴赞看来,蒙太奇不过是一种连接手段,只有叙事价值,而没有真实价值。他甚至将传统蒙太奇理论看成是反电影的观念,因为那种方法破坏了电影自身固有的表现真实的特性。

(三) 蒙太奇与长镜头的综合运用

实际上,以"长镜头""场面调度"为代表的影像表述方法,与传统蒙太奇方法并不是对立的、非此即彼的关系。时至今日,长镜头方法与传统蒙太奇方法经常被创作者依据不同的叙述需要而灵活运用。长镜头方法与传统蒙太奇方法实则是两套互不相同又互为弥补的影像表述方法。法国电影理论家让·米特里说长镜头方法与传统蒙太奇方法其实都只是蒙太奇思维的两种不同形态,它们都是目前影像表述中的主要方法。

二者综合运用的方法如下:

(1) 以纪实见长的长镜头与以分解后重组为特点的传统蒙太奇有着完全不同的特性,可形成不同的叙事基调。在电视创作中,长镜头方法与传统蒙太奇方法可有机地结合起来,有时以长镜头方法为主,结合传统蒙太奇方法,便于形成影像表述的"透明效果";有时以传统蒙太奇方法为主,结合个别长镜头纪录的现场情景,以便叙事进展得更有成效,在相对较短的时间里告知更多信息。

(2) 在叙事进程中,长镜头是以贴近事件本身的方式进行,纪录不断延展的空间和不断持续的时间里所发生的"生活片断"。在电视创作中,以长镜头作为叙事的结构线索,将许多内容与这个镜头联系起来,给人一种视觉上的新奇感。

(3) 在叙事效果上,长镜头属于非强制式、开放式叙事,时空完整,比较适合纪实风格的纪录片、调查报道等,以及那些纪录片式、新闻报道式、示范验证式广告;而传统蒙太奇却往往属于强制式、封闭式叙事,在一种单向展开的逻辑思维中渗入了创作者的理念,呈现出集中、强化表述主题的效果,比较适合简短的工作总结式的电视消息、素材剪辑型广告等。

思考题

1. 为什么说蒙太奇和长镜头两种方法要综合运用?

2. 为什么说字幕的大量使用和电视媒介的媒介优势不符?既然不符,为何又要使用适当的字幕?

3. 空镜头在电视传播中的意义如何?

---

① 郑亚玲,胡滨.外国电影史[M].北京:中国广播电视出版社,1995:190.

第六章　广播电视新闻观念与节目形式的发展

随着科学技术的进步和发展,尤其是卫星电视和数字电视的发展,20 世纪 90 年代以来,世界广播电视事业又进入了一个飞速发展的时代。而中国广播电视的发展更是突飞猛进,除了广播电视事业的发展规模有了质的飞跃,更为重要的是对广播电视的传播观念和传播功能的认识不断深化和拓展。

第一节　广播电视新闻的信息观和时效观

中国的广播电视虽然起步不是很晚,但一度发展得很缓慢,真正开始发展壮大还是从改革开放以后。随着我国经济体制的转变,广播电视的属性和功能开始被重新认识,经营管理被逐步提高到十分突出的地位,凸显出广播电视既是党和政府的宣传"喉舌",又是现代信息产业的双重属性。在市场经济规律的作用下,广播电视为了生存、竞争和发展,冲破了旧框,不断地探索出广播电视自身的传播规律。20 世纪 90 年代以后,卫星技术和数字技术以及互联网广泛应用于广播电视的传播,为人们进一步认识广播电视提供了科学的依据,这不仅使广播电视传播的信息观念、时效观念得到凸显,也使广播电视的节目形态和传播功能得到进一步拓展。

一、广播电视新闻中的信息与时效

(一) 广播电视新闻与信息的关系

1. 将信息与传播导入新闻定义

关于"新闻"的定义,有上百种。而在我国,尤其是新中国成立以来,对新闻的界定一直是以陆定一同志在 1943 年提出的"新闻是新近发生的事实的报道"作为经典定义。

20 世纪 80 年代后,随着信息学和传播学的发展,人们把传播学和信息学的观念引入新闻学,对新闻的概念提出了改造。复旦大学的王中教授把新闻定义修改为"新闻是新近变动的事实的传播"。王教授说:"之所以这样改,我是从人类社会何以会产生信息沟通的社会现象着眼的。因为事实一般是会不断地重复地发生的,太阳每天升起一次,这并不会引起人们的注意,但一旦有日食,即所谓'变动',就会成为新闻。"这里强调"变动是新闻之母"。而"报道"通常意义上是指记者的作品在媒体上的发布,也可以说是指新闻作品,而用"传播"一词在传播渠道上很显然要更为广泛。

复旦大学的宁树藩教授在《新闻定义新探》一文中给新闻的定义是"新闻是经报道(或传播)的新近事实的信息"。这一定义从"种差＋属"的通常定义的公式出发,对经典新闻定义的"属"概念加以改造,以"信息"代替"报道"作为新闻的属性。由原来的"新闻是……报道(传播)"改为"新闻是……信息",这使"新闻"的属概念更为宽泛,扩大了新闻的外延,使新闻的定义更为科学。

关于广播电视新闻的定义也有几种说法：

"电视新闻是通过电视技术传播的、多符号的、报道正在变动和新近变动事实的信息传播。"这里强调的是多符号性和信息传播。

"广播电视新闻是通过电子技术公开传播的正在变动与新近变动的事实的信息。"

"广播电视新闻是正在发生或刚刚发生的信息的广泛而迅速的传播。"

"电视新闻是以现代电子技术为传播手段,以声音、画面为传播符号,对新近或正在发生、发现的事实的报道。"

这些表述与经典定义相比,有几点变化：

(1) 将"新近发生"具体表述为"正在发生或刚刚发生、发现",强调新闻的时效性,努力实现新闻报道与新闻事实的同步化,广播电视实现了共时传播。

(2) 将"事实"改为"信息"。

(3) 用"广泛而迅速的传播"代替"报道",将传播学引入新闻学之中,运用传播学的方法和观点研究广播电视新闻。

(4) 突出了广播电视新闻的多符号的传播特征。

综上所述,我们可以给广播电视新闻下这样的一个定义：通过某些特定的电子技术(如无线电波或者电缆系统)广泛而迅速地公开传播的正在发生或新近发生、发现的事实的信息。

那么新闻的定义可以概括为：利用现代传播媒介广泛而迅速地公开传播的正在发生或新近发生、发现的事实的信息。新闻的本质是信息,新闻的魅力主要是信息本身的力量。广播电视新闻更是如此。

新闻是信息,但并非所有的信息都是新闻。信息的内涵还包括情报、知识、数据等。

2. 信息与新闻的关系

(1) 什么是信息？

信息,是蓬勃发展的当代科学技术引出的新概念,随着20世纪40年代系统科学的兴起,信息已逐渐成为重要的、基本的科学概念。信息分布在世界的各个角落,它也时刻在事物的内部传递着、变化着,而且也时刻在事物与其他事物之间交换着,由此构成了一个丰富多彩的信息世界。在人类社会开始进入信息时代的今天,信息已成为材料和能源之外的另一种必不可少的要素,被视为今后人类发展必不可少的第三种资源。

最初,人们对信息的解释偏重于信息对人类社会的作用方面,认为对信息的接受者来说事先不知道的事情、资料和知识就是信息。后来认识到,信息就是一种具有普遍性的客观存在,不仅存在于人类社会和各种人造的机器设备的运行过程中,也广泛存在于自然界的各种事物之中,包括动物界、植物界以及非生命世界。因此,对信息的解释更偏重于观察事物的属性方面,认为信息是对事物状态、特性和变化的反映。

控制论创始人之一的维纳认为："信息是我们用于适应外部世界,并且在使这种适应外部世界所感知的过程中同外部世界交流的内容的名称。"就是说,信息是控制系统进行调节活动时,与外界相互作用、相互交换的内容。

信息的产生是以物质及其运动或者物质之间的相互作用为前提的,信息的表达是对特定的物质及其运动过程的反映。如果世界没有运动变化,永恒静寂,没有新的特征出现,也不会有新的信息产生。只有变化着的事物才能不断向外界发布反映自己发展特征的信息。从这个意义上说,信息是对物质特性的表征,信息是对物质变化的记录。我们可以说,一切反映事物的内部或外部互动状态或关系的内容都叫信息。自然界的刮风下雨、电闪雷鸣,生物界的扬花授粉、鸡鸣狗叫,人类社会的语言交流、书信来往等等,都属于信息传播的范畴。

信息论的创始人申农认为:"凡是在一种情况下能够减少不确定因素的任何事物都叫信息"。就是说,信息是人们对事物了解的不确定性的减少和消除。传播学家施拉姆对此颇为赞同,并试图把它运用到传播学研究中去。比如,我们已经知道小王和小张一起去某电影院看电影了。假如有急事需要找到小王,有人提供这么几个说法:"小王和小张坐在一起";"小王坐在小张的左边";"小王坐在单号";"小王坐在五排三号"。我们把电影院作为一个系统,而人坐在座位上则是系统的某一种状态。假如电影院有 30 排座椅,每排有 30 个座位,那么电影院这个系统共有 900 个座位,也就是有 900 个状态。以上第一个说法就不能算作信息,因为对我们找到小王没有提供任何有帮助的内容,也就是说提供的还是 900 种可能状态。后三个说法都减少了不确定因素,只是程度不同而已,我们可以称之为信息。第二种说法减少了 30 个不确定因素,因为电影院最右边的 30 个座位被排除了。第三种说法减少了 450 个不确定因素,即双号座位被排除。第四个说法则减少了 899 个不确定因素,因为电影院只有一个五排三号。很显然,第四个说法减少的不确定性因素最多,因而它的信息量是最大的。从新闻传播的角度来说,我们传播的新闻应该是有用的信息,也就是说不确定性因素减少和排除得越多,就越有用,信息量就越大,就越具有新闻价值。

(2) 新闻价值和信息量。

信息是人们对事物了解的不确定性因素的减少和消除。信息量就是测量信息大小的量,不确定性的因素减少和排除得越多,信息量就越大。如果用概率来衡量信息量的话,概率越大,信息量就越小。如上述关于电影院系统中小王的座位状态,第一种说法的概率最大,900 种可能状态都涵括其中,所以这是一句"百分之百正确的废话",因为我们已经知道小王在电影院里。它的信息量为零。而第二种说法的概率相对于第一种说法的概率要小一些,第三种说法的概率为 50%,而第四种说法的概率为九百分之一。由于这种状况在电影院这个系统中出现的概率是最小的,所以它的信息量是最大的。由此,我们可以说越是意外的信息所产生的信息量越大。如果概率为 1,就是事先知道的事情 100% 会发生,那么告诉我们这件事的确发生了的消息所产生的信息量为零。概率描述的是一种可能性,一种不确定性,信息与事物的不确定性有着密切的联系。

那么这与新闻有什么关系呢? 一般来说,新闻是新近发生或正在发生、发现的具有传播价值的事实的信息,而信息则是消除不确定因素的内容。新闻和信息有何异同呢?

(3) 新闻和信息的异同点。

新闻与信息都具有新鲜性、时效性、真实性、客观性。这些是二者的相同之处,共性所在。新闻的本质是信息,新闻必须具有信息的属性。

① 信息与新闻相一致的地方在于:信息量大的事件,通常发生的可能性比较小,也就是发生的概率比较小,而越是不常发生的事越具有新闻的新鲜性。19 世纪美国《纽约太阳报》的编辑约翰·博加特的经典观点是:"狗咬人不是新闻,人咬狗才是新闻。"这可算为典型有

力的印证。有人甚至把新闻定义为"新闻就是你昨天所不知道的事情","昨天所不知道的事"正是信息定义中的"不确定性"。所以说,信息量越大,越具有新闻报道的可能。

② 从传播者与接收者的关系来看,新闻传播中所含的信息量大,消除受众的不确定性越多,就越得到受众的欢迎。这也正是《焦点访谈》《今日说法》等节目广受欢迎的原因。信息量原理提醒传播者对于新闻要做深度报道,以扩大信息面,同时还应对受众头脑中的不确定性因素及受众最关心的问题进行调查,从而不断调整传播含义的信息量,以达到传播者的预期目的。

我们说新闻的本质是信息,新闻必须具有信息的属性。但是,不是所有的信息都可以作为新闻。新闻和信息二者还是存在明显的不同之处:

① 新闻是公开发表的,信息有许多是不公开的,如军事指挥信息、科研数据、经济情报、警察破案获取的线索,等等。

② 确定了的事实可以是新闻,但不能算信息。如某月某日要发射神舟十号,到了发射那天,这件事就不能算信息,但作为重大事件,新闻仍然要报道,当然报到的重点也会跟事先知道要发射飞船不一样。

③ 有些信息专业性强,只有经过专家解释后一般人才能看懂,如通信工程中的编码、间谍使用的密码、暗号等都是信息,但不是新闻。新闻则要求对事件进行描述,要把专业术语转换成一般人都能懂的大众语言,要让地球人都知道。

④ 从传播媒介上说,新闻的传递主要靠报纸、广播、电视和互联网等大众媒介。而信息的传播则无处不在,它可以通过大众媒介,也可以不通过大众媒介。

了解新闻与信息的异同有利于我们筛选信息,为发展社会主义市场经济提供更多的、有用的经济信息,为广大受众提供更多的、有用的生活信息和其他各种有需求的信息。

(二) 广播电视新闻与时效的关系

新闻在强调事实真实性的同时更加注重其时效性。新闻之所以"新",正是因为它具有极强的时效性。无论是从新闻的经典定义"新闻是事实的报道",还是引入"信息"概念后的"新闻是信息",都有一个不可缺少的定语,即"新近发生(发现)和正在发生(发现)"的事实或信息,这是新闻的一个最基本的前提条件。同样,我们无论是从新闻的四个基本特征(真实准确、内容新鲜、报道及时和公开传播)还是从新闻价值的五要素(时新性、重要性、显著性、接近性和趣味性),抑或是新闻的五 W(when 何时、where 何地、who 何人、what 何物、why 何因)来看,都少不了时效性这个因素。在新闻的四个基本特征中,时效性占据两个席位即"内容新鲜,报道及时",在新闻价值的五要素和新闻的五要素中,时新性都排在首要位置。一个事件如果不具有时新性,即便其他的新闻价值或要素都齐备,也不能成为新闻。美国新闻界有这样的说法"无论新闻事件多么显要,与多么知名的人士有关,新闻价值都会随着时间的推移而锐减。"可以说,真实是新闻的立命之本,而时效则是新闻的天然属性,也是媒体赢得更高的发行量和收视率的关键,同时也是产生社会效果最大化的关键。

1. 新闻的时效性

关于新闻时效性的概念,见仁见智,通常定位为新闻报道开展、推进及产生应有社会效果的时间限度,侧重于表达传播时间与传播效果之间的关系。一般来说,时效性指事实发生与作为新闻事实发生之间的时间差(时距),同新闻面世以后激起的社会效果的相关量,即新闻产生应有社会效果的时距限度。时间差越小,时效性越强,新闻价值越高。

从新闻传播的整个过程来看,新闻时效性体现在三个阶段的具体时间距离:一是从新闻事件发生到新闻播报之间的时距,通常表现为媒体记者到达现场的速度,现场采访、后期编辑、最终审定、刊播等各环节的工作效率。二是从媒体播发新闻到受众接受信息之间的时距,这一环节通常受传播手段、传播技术等因素的影响。三是从受众接受媒体信息到形成公众信息反馈(产生社会效果)之间的时距,这也是舆论形成的过程,这一过程不仅受前期新闻制播质量的影响,还受到传播环境,特别是受众自身要素的影响,而这一点在现实操作中很容易被忽视,成为更需要加强的环节。而从新闻定义来分析,新闻的时效性主要体现在内容新鲜,报道及时。

新闻要新,这是由新闻本身的功能和社会需要所决定的。人类社会之所以需要新闻,就是为了及时获取有关社会实践的新信息,了解外部世界的新事物、新情况、新变化、新动向,逐步减少和消除认识上的不确定性因素,更好地认识世界、改造世界。这是新闻产生和存在的基础,也是当今新闻事业成为社会须臾不可离开的重要事业的根本原因。

新闻的时效性,首先体现在内容上要新鲜,即报道的事实要新。新闻虽然是事实的报道,但并非任何事实、任何信息都能成为新闻。构成新闻的事实必须有新意,是人们关心、欲知而未知的事实,能满足人们的知晓需要、引起人们兴趣的事实。事实不新,时过境迁,就不具备新闻价值。内容新鲜,一是指事实是新近发生和发现的。二是指事物的新变动。"陈芝麻、烂谷子"肯定不能算新闻。内容新鲜使得新闻与现实生活保持着最为密切的关系,是现实生活最迅速、最直接、最真实的报道和记录,它永远以常新的面貌出现在受众面前。因此,新闻就其个体而言,是喜新厌旧的,是易逝的,是"易碎品""易腐品",它只有不断新陈代谢、弃旧取新,才能永葆生机和活力,更好地满足人们日益增长的信息需求。在媒介高度发达的当今信息社会,今天的新闻将成为明天的历史,今天知道的历史是经过筛选提炼的昨天的事实报道。

新闻的时效性还体现为报道及时。报道及时与内容新鲜是紧密联系在一起的。最新发生、发现的事实,事实的新变动,如果不及时传播出去,转瞬间新闻就变成了旧闻,仿佛稍有耽搁,就会腐烂变质一般。所以,新闻必须注意时效,力求用最快的速度,在最短的时间内,把刚刚发生和正在发生的事实传播给广大受众。报道及时,是新闻求新的必然要求,也是新闻必须具备的时间条件,这是新闻的一个基本特征。

什么叫"及时"?很难规定一个确切的时间标准。一般情况下,新闻要尽最大可能地发挥迅速、快捷的优势,尽量缩短事实发生与公开传播之间的时间距离。在一定的条件下,时间决定成效。这一距离越短,时效性越强,新闻价值就相对越大,传播效果就越好。新闻实践证明,首发信息的"第一印象"是深刻的、难忘的。正是基于这一点,西方有实力的媒体才会不惜一切代价抢夺新闻的首发权。随着科学技术的发展,传播手段越来越先进,人们对报道及时的要求也越来越高。在过去的"铅火印刷"时代,十天半月前、甚至几个月前的事实,也能当新闻发表,对新闻时效性的要求比较宽泛。例如,在15世纪,哥伦布发现美洲新大陆,消息传回西班牙,几乎用了半年时间,但这对于当时的人们来说,仍然是及时的。19世纪60年代,美国总统林肯遇刺身亡,三个月后消息才传到欧洲。到了20世纪80年代,美国总统里根被刺,仅用了8分钟消息就传遍了世界。而今天,新闻报道已不再是以天来计算,媒体传播新闻真正是争分夺秒,报纸为了缩短时差,已不再满足于一天出版一次,广播、电视充分发挥其快速优势,24小时滚动播出,现场直播能将新闻与事件的发展变化同步地呈现在受众面前。

2. 广播电视新闻的时效性

从传播技术的发展来看,人类的传播技术经历了道路传播、纸路传播和电路传播。从传播的速度看,纸路传播与道路传播有些相当,因为都要靠人来运送。即使在现在的偏远山区,一份报纸要送达读者手中可能也要一个星期左右。但是从传播范围或者说传播空间来说纸路传播要比道路传播更为广阔。而电路传播无论是在传播速度和传播广度上要远远优于道路传播和纸路传播。它以光的速度和"无远弗届"的延伸将世界变成了"地球村"。广播电视新闻传播就是典型的电路传播,应该说广播电视新闻时效性是最强的。

但是广播电视媒体传播新闻的时候并非如此。最初的广播新闻都是重复过期的报纸上的消息,也就是说在内容的新鲜上要逊于报纸,虽然传播速度快,但报道不及时。随着广播电视技术的发展和广播电视媒体自己的采编队伍的壮大,广播电视新闻的时效性大大加强。到第二次世界大战时期,各国都把广播用于战争动员和军事宣传上。由于道路、桥梁被炸断,纸路传播受阻,广播成为最便利、最快速的传播工具,广播新闻也因此发展到它的第一个黄金时期。

【案例一】 1940年8月,美国哥伦比亚广播公司记者爱德华·默罗来到伦敦,进行了《现在请听——这里是伦敦》的现场报道:

"这里是伦敦,我现在站在楼顶上,俯瞰着伦敦全城……我想大概不出一分钟,在我们周围附近,就会听见炮声了。探照灯现在就是向着这一边移动……听,炸弹响了……过一会儿这一带又会飞来一些弹片……弹片来了,越来越近了。"他还把采访话筒放在街道上,自己躲进下水道,录下德军轰炸伦敦的实况音响,进行现场报道。他通过电波将伦敦遭轰炸的情况及时传到大洋彼岸,传遍世界。

电视新闻发展较晚,但是其影响力却后来居上,到20世纪60年代中后期,已经登上了传媒霸主的地位。最为激动人心的是,1969年7月22日,"阿波罗"号航天飞机首次载人登上月球,全球有5.5亿观众通过电视第一次看到人类登上月球的壮观场面。自此之后,无论探险家走到哪,无论是上天、入地,还是下海,都有电视摄像机伴随他们,向全人类展示他们的活动,电视已经紧紧地吸引着人们的眼球。

进入新世纪以后,我国的广播电视新闻现场直播渐渐进入常态。2003年5月,中央电视台新闻频道开播,实行全天候24小时传播新闻,其中有大量的现场直播。现在的中央电视台和各省级电视台的新闻节目都实现了演播室直播,地市级广播电视台也开始试行演播室直播。各地市台也都有了自己的卫星转播车(SNG),对一些重大的新闻事件都可以进行现场直播。广播电视新闻现场直播完美地演绎了新闻的时效性和真实性。

表面上看,广播电视新闻现场直播使新闻事件发生、发展的过程与受众的接收过程同步进行,真正做到了新闻传播的"天涯共此时",传播的事件是正在发生(发现)的,体现了新闻内容的新鲜;传播的速度是光速的,不到一秒钟的时间差距就能将新闻事实传播到世界各个角落,实现了事件发生与新闻传播和受众接收的"零距离"时差,将新闻的时效性发挥到极致。

一直以来,人们在谈到新闻的时效性时,往往会涉及新闻的真实性。媒体在抢发新闻、追求新闻时效性的最大化时,往往以牺牲真实性为代价,仿佛时效性和真实性是一对天生的矛盾。这在纸质媒体中时有发生,因为没有记者的到场,没有核实求证。但是广播、电视媒体不一样,它需要有声音、有图像佐证,尤其是现场直播,那都是实实在在的声音和影像画面,受众是亲耳所听,亲眼所见,而且在时间上几乎是同步进行的,编辑、记者想作假、想加工、想修饰,都没有一丝一毫的时间余地。所以,现场直播包含了一个秘密的承诺,人们看到的是一个未经修饰的,准确地说是来不及修饰的真实,仿佛迟到的新闻会因为时光的流逝而发霉变馊一样。新闻的现场直播是高保真和高保鲜的新闻,是原汁原味的事实。广播电视新闻现场直播不仅把新闻的时效性和真实性完美地统一起来,而且把新闻的真实性和时效性都发挥到极致。

当然,不是所有的新闻都要现场直播,那些重要、重大的事件,尤其是一些危机事件,最好进行现场直播。危机作为"极度危险或艰难的动荡不定的局面",动荡不定的局面中又充满着不确定性而使人们难免有焦虑不安、不知所措和恐惧之感,在这个意义上来说,处理、化解危机的过程同时也是人们消除焦虑的过程,由于信息的定义之一即"减少接受者的不确定性讯息",而在危机状态下,不确定性往往成为人们焦虑、恐惧的原因。因而,准确及时地将有关信息传播,对于危机的处理和化解至关重要。正是由于危机处理过程与信息传播的关联性,人们在危机发生时,自然而然地特别关注信息传播系统提供的有关信息。因而,新闻传播机构在危机发生时对于危机的报道,也必须迅速及时,这就决定了新闻传播的时效性在危机报道中更能突显非同寻常的意义。

大部分社会问题、社会现象的题材本身并不是突发事件,而是已经发生但内在意义尚未被充分认识的社会事件,或是持续存在但被大众忽视的社会现象。此类报道往往是对某一问题、现象的新发现、新思考、新观点。这类报道不一定要进行现场直播,反而要考虑到时宜性,选择恰当的时机播发新闻,可以迅速在社会舆论中形成冲击合力,因为时效性包含了新闻发出后产生的社会效果的时间差。2011年央视"3·15"晚会对双汇食品的曝光报道,其实该采访早已完成,但是要选在3月15日这个最佳时机进行报道,从而求得传播效果的最大化。这里的关键是注重时机的选择,可以结合一段时期内重大社会事件的发生、重要政策的颁布、重要节庆的来临、新舆论焦点的形成等因素加以确定。

二、扩大新闻的信息量,增加新闻中的"受众未知因素"

新闻事业作为一项特殊的社会传播活动,其产生是为了适应人类社会对信息的需求,其发展的内在动力也是社会对信息需求的急剧增长。

广播电视新闻作为一种传播媒介,必须传播一定数量的信息。信息是传播的材料,是构成广播电视新闻的"细胞"。离开了信息,广播电视新闻也就不存在了。因此,作为广播电视新闻节目,其首要功能是满足受众强烈的信息欲,充分地传播信息。信息总是和一定的信息量联系在一起的,而要最大限度地发挥广播电视新闻传播信息的职能,归根结底,就是要扩大新闻的信息量,这也是广播电视新闻改革的一项首要任务。

(一)增加"受众未知因素"

从新闻学的角度看,新闻信息是对消息的接受者来说事先不知道的报道。可见信息量的大小,是由消息中包含的"未知因素"的多少来衡量的。广播电视新闻只有从题材到内容都加强了听众或观众未知、欲知、应知的信息,听众、观众才能从中获得非常丰富的信息。反之,听众、观众在收听收看电视新闻之前,对新闻的内容如果知道的相当清楚或估计的十分正确,那么,他从这条新闻中就得不到多少新的信息。

首先,增加广播电视新闻中的"受众未知因素",要在内容上求新,随时捕捉和反映客观世界的最新变化,特别是注重抓取独家新闻。

独家新闻和一般新闻一样,都是新近发生的、为人们所关心的重要事实的报道。但是,独家新闻比一般新闻有更丰富的信息量。因为独家新闻是独一无二的,其包含的内容往往比一般的新闻更新鲜,观众从中获得的信息量也就更大。

独家新闻,一是指超越其他新闻单位最先发表的新闻;二是指在人们已经了解了的新闻事实中发现、开拓其新的价值、新的意义的那类新闻。独家新闻的抓取,需要记者有较强的新闻敏感和迅速判断信息量大小的能力。否则,即使让你碰上了,也会让它从指缝中溜走。

以电视为例,目前,我们的荧屏上独家新闻太少,而雷同的新闻则很多。这里有客观原因,由于频道的增多,往往是多家电视台的摄像机面对同一个新闻事件,于是在荧屏上该事件此起彼伏,你方唱罢我登场,观众看到的都是相同或同类的新闻,其信息量可想而知。面对同一个新闻事件,面对数架摄像机的竞争,我们的记者应该独辟蹊径,选择独特的角度和主题,运用他人未涉及的素材,尽可能地挖掘一些新的东西提供给观众,而不是简单地人云亦云。控制论的创始人维纳在其著作《人当作人来用》中论及信息量时写道:"一些信息能够对社会的总信息有所贡献,就必须讲出某些同社会已经储存的公共信息具有实质性差异的东西。"①我们的新闻报道如果多一些这种"具有实质性差异的东西",那么,电视新闻的信息量就会有所增强,可看性就会大大提高。

其次,要增加"受众未知因素",还应加强新闻的时效。新闻的新与旧、未知与已知总是相对而言的,假如没有严格的时效,新闻就会变成旧闻,未知因素会变成已知因素。

从新闻报道的自身规律来讲,新闻同一切信息一样,与其说旨在储存,不如说旨在流通,储存久了就会贬值。因此,信息的传输时间也就成了衡量新闻信息量大小的标志。信息的传输时间越短,新闻的信息量就越大;反之,如果时效性差,别的新闻单位早已捷足先登,那么受众对这已经"嚼过的馍馍"一定会索然无味。

综上所述,广播电视新闻的内容和时效是相辅相成的。假如内容不新,时效再强,信息量也要大打折扣的。同样,时效性不强,新闻就变成了旧闻。因此,要增加广播电视新闻中的"受众未知因素",应该从内容和时效两个方面着手。

(二) 提高广播电视新闻的信息含量

广播电视新闻的信息含量,是指在单位时间内所传播的信息容量,也就是信息的浓缩度。在每条新闻的信息量不变的情况下,尽量缩短新闻的长度,可以使观众在同样的收看时间内获得更多的信息。

浓缩广播电视新闻的播出时间,提高广播电视新闻的信息量,必须充分调动广播电视新闻的每一种传播手段,发挥广播电视新闻的多符号综合传播优势,保证"双通道"有充足的信息量。

电视新闻传播使用了人们几乎可以接受的所有符号。图像、图表、字幕、解说、音响等多种表现元素同时作用于观众的视觉、听觉感官,形成了立体信息场的传播态势,这极大地提高了单位时间内的信息容量。

立体信息场传播态势的形成,有赖于广播电视新闻每一个传播符号都能负载实实在在的信息内容,声画结合、声画互补地围绕主题思想传递信息。

---

① 杨伟光.电视新闻论集[M].北京:人民出版社,1993:152.

具体而言,首先,要让每段音响、每个镜头都蕴含信息,那种动辄农田麦浪翻滚,车间机器飞转,观众司空见惯、随时随地可以"贴"上去的镜头,属于毫无信息的"废镜头""闲镜头",应将它们彻底摒弃在荧屏之外。

其次,要用少而精的语言传递更多的信息。要用事实说话,少发空洞的议论,选词用语要简单朴实,能用一句话就将信息传递出去,绝不说上两句。要力戒空话、套话。可以设想,如果我们的广播电视新闻充斥着这类永远"正确的废话",不仅会缩小广播电视新闻的信息量,还会使观众对这类新闻产生厌恶,影响对新闻信息的接收。

(三)扩大广播电视新闻的有效信息量

在广播电视新闻传播中,虽然信息量的大小取决于传播者一方,但是,受众并非如"枪弹论"所形容的射击场里应声倒下的靶子,"他们能排斥枪弹,或是抵抗它们,或是对之另作解释,或是把它们用作自己的目的"①。可见,受众是有选择地接收新闻,是主动的。

广播电视新闻的信息只有被受众理解和消化之后才是有效的。否则,信息量再大也只是时间和感情的虚掷。要扩大广播电视新闻的信息量主要是扩大新闻的有效信息量。要让广播电视新闻信息有效地被受众接收,归根结底是要认真研究观众的接收心理。从新闻的内容选择到形式的表现都要符合和满足受众的接收心理要求,只有这样,信息交流渠道才是畅通的。

传播学认为,传播是双向的,而不是一厢情愿的输送。信息的接收者也不仅仅是"靶子",而是这一过程中的"平等的伙伴"。因此,要使信息交流渠道畅通,首先要求广播电视新闻工作者以平等交流的心态报道新闻、传播新闻,那种板着面孔、居高临下的生硬的灌输教育式的报道,只会引起受众的反感而加以拒绝。其次,要畅通信息交流渠道,扩大电视新闻的有效信息量,新闻信息还要从内容上满足受众的普遍兴趣。

人们的需要和兴趣是多方面、多层次的。既有直接兴趣,又有间接兴趣;既有眼前需要,又有长远需要。按照一般受众的心理,人们最愿意接收的是与自己的工作、学习和生活密切相关的信息。广播电视新闻面对的受众是十分广泛的,不同的年龄、职业和文化程度及具体环境的影响决定其对信息的需求也各不同。以电视为例,比如,经济界人士爱看有关经济新闻的报道,而体育爱好者则爱看有关体育比赛的报道。因此,电视新闻在传播信息时,要注意扩大报道面,满足各方面观众对信息的需求,尽力办好《新闻联播》类综合新闻节目;同时,在满足最广泛的观众的共同兴趣的基础上,兼顾部分观众的兴趣爱好,办一些诸如《经济半小时》《体育新闻》等单向性或专业型栏目,使观众能各取所需,达到较好的信息传播效果。

总之,广播电视新闻作为要闻总汇和人们获取信息的主要渠道,要充分发挥其传播信息的功能,责无旁贷地为受众提供足够的、有效的信息,以满足人民群众日益增长的信息需求。

三、大信息量和快节奏:广播电视传播信息观和时效观的具体体现

有效地发挥广播电视传播的信息功能,在硬件上,要建立四通八达的信息传播网络,改进信息传播渠道,减少信息损耗;同时在节目制作的具体操作中,要充分体现大信息量和快节奏的要求。

---

① 威尔伯·施拉姆.传播学概论[M].北京:新华出版社,1984:202.

(一)新闻直播

广播电视直播报道是广播电视直播技术手段在新闻领域的运用,它既是广播电视技术发展的产物,也是社会进步的结果。从播出形态上来看,广播电视直播报道可以分为演播室直播、新闻现场直播以及电话连线直播等几种类型,现代意义上的广播电视直播报道一般是这几种形态的综合运用。

在中国电视创办初期的1958年,由于国内没有电视录像及电子编辑设备,因此主要是采用演播室直播和现场实况转播的方式播出电视节目,与今天的电视直播报道不可同日而语。

改革开放给中国社会注入了生机。随着舆论环境的改善、新闻观念的进步以及广播电视技术的发展,直播的形式又回到了新闻报道中。

中国的广播电视直播在1997年走向世界,或者说引起了世界同行的关注。该年被称为"中国电视直播年"。广播电视媒体在邓小平逝世、香港回归、党的十五大召开、江泽民访美、长江三峡截流、八运会等一些重大事件中的成功直播报道,体现了向一流的国际化传播媒介迈进的实力和魄力。

进入新世纪以后,随着舆论环境的进一步转变以及新媒体的迅猛发展,重大事件的广播电视直播报道不仅成为电视传播的常态,而且成为观众的期待。正因为如此,2001年美国"9·11"事件发生时人们对凤凰卫视的迅速反应大加赞赏,而对央视的行动迟缓和报道量不足而倍加指责。2003年5月1日,中央电视台新闻频道试播,7月1日正式播出。央视新闻频道的开播为重大事件的直播报道提供了更大的平台和空间,也为迎接突发事件的直播报道做了必要的准备。试播初期,新闻频道推出了连播11天的《抗击"非典"特别直播报道》,为及时传播真实信息、消除公众疑虑、稳定社会情绪起到了一定的作用。

自此以后,中国电视重大事件直播报道不仅更加频繁、更加成熟,而且在预知事件现场直播报道的基础上,不断尝试对突发事件的现场直播报道。经过几年的努力,在2008年"5·12"汶川大地震的直播报道中实现了历史性突破。在这次灾难性重大突发事件的直播报道中,央视的反应速度之快、报道时间之长、动用手段之多、参与人数之众、协作能力之强均创历史纪录,成为里程碑式的震灾报道。

首先是最快速、最及时的报道。14点28分汶川地震发生,14点46分新华社发出快讯,14点50分央视新闻频道以字幕形式发布消息,15点整点新闻口播了消息,15点20分开始了直播特别节目,震后4小时,央视记者到达震中灾区。其次是报道最透明最公开的一次,也是中国新闻史上有关特大灾害报道在公开性和透明性方面做得最好的一次。中央台的记者都是以现场作为背景进行报道的。对灾情的严重、伤亡的惨烈、幸存者生活条件的艰苦,救援和医疗工作遭遇到重重的困难以及党和国家领导人在抗震救灾第一现场等,都是同步还原现场。因为是直播,所以给人感觉是来不及加工和修饰,所以传递的信息真实、透明,是未经修饰的真实。此次直播的央视电视画面大量被CNN、BBC等国际电视媒体所采用,改变了国际社会对中国媒体不信任的偏见,也改变了中国媒体话语权在国际舆论界的弱势局面,从而将中国政府更加民主开放、更加自信的正面形象展示在世界面前。再次,它是报道最充分的一次。《抗震救灾,众志成城》播了50多天。由于直播,需要大量的内容,因而在内容的广度和深度上都非常充分,消息、通讯、特写、专访、评论等新闻样式一应俱全,在时效和深度上,央视都做到了"通吃"。由于直播,央视的舆论引导从始至终都跑在谣言的前面。

重大突发事件（尤其是灾难性事件）具有影响巨大、突然发生以及难以预见的特点，因此对这类事件的电视直播报道不仅需要电视媒体过硬的直播实力和足够的判断应变能力，而且需要具有信息公开、舆论宽松的社会环境。从这个角度来说，重大事件电视直播报道的每一次进步既是社会开放和进步的结果，也是进一步推进社会开放和进步的助力之一。经历了"5·12"汶川大地震直播报道考验的中国电视媒体，不仅实现了自身的历史性跨越，而且成为新中国改革开放伟大历史成就的一个有力的注脚。

广播电视直播使广播电视新闻的时效观由以往的 TNT（Today's News Today，今天的新闻今天发）改为 NNN（Now News Now，即时新闻即时发），但是直播不仅仅是快捷，更重要的是传递信息的真实、透明，是政府民主和自信的体现，更是新闻自由的充分体现。

（二）滚动新闻

所谓滚动新闻指广播电视新闻在首播之后，以整点为单位增加新闻播出次数，在后续播出时根据新闻的重要程度增减删改，随着事件的发展变化，每次播出都增加新的信息，淘汰旧的内容，而非简单的重播。

滚动播出是发挥广播电视传播优势，高密度、大信息量播发新闻的重要方式，也是增加广播电视新闻传播深度和广度的重要途径。对于突发性新闻的后续报道、重大新闻的相关背景和深度补充、独家新闻的必要重复等等，都是广播电视新闻滚动播出的主要内容。比如，在 2008 年汶川大地震的报道中，通过直播和滚动播出，进行持续追踪，从现场救援到医疗救护、伤员转移、安置灾民、处置遇难者遗体、卫生防疫、开展心理干预、失事直升机搜救、堰塞湖排险、重建与规划等，实现了全程现场报道。

我国广播电视界于 20 世纪 90 年代初以后推出新闻直播和滚动播出，在增加信息密度和信息量、提高新闻时效方面取得了积极的效果。1993 年央视一套的新闻每天播出次数增加到 12 次，实现了整点播出。1996 年每天播出新闻次数达 16 次，2002 年更是增加到每天播出新闻 19 次。新闻频道开播后，每天 24 小时播出新闻。

2004 年元旦起整合后的上海东方广播电台新闻资讯频率（即"东广新闻台"），每天上午 6 点到 9 点的《东广早新闻》结束后，开始每 20 分钟一个单元，全天 45 次，持续到深夜零点的滚动新闻，随时报告最新的新闻资讯，提供即时气象、要闻、综合新闻、体育、财经、生活资讯和交通路况信息。从 9 点到 24 点，整个新闻台的版面设置以半个小时为单位，每个整点和半点以直播形式播出 10 分钟新闻和气象，分别为"东广整点新闻""东广半点新闻"。全天滚动新闻之后的 20 分钟为各档新闻小专题，共有《时事背景》《海外瞭望》《东方传呼（上午版）》《日报大家听》《热点关注》《东广体坛在线》《长三角直播室》《新闻故事》《晚报大家听》《东方传呼（下午版）》《娱乐在线》等 11 档。每 20 分钟刷新全球资讯，全力争取第一时间的报道权，成为中国大陆第一家类型化新闻电台。

上海东方卫视 2003 年 10 月 23 日开播，执着于"新闻立台"的追求，以《看东方》《东方新闻》《东方夜新闻》等三档"拳头"新闻节目，加上 8 档整点直播《东方快报》支撑了东方卫视 24 小时不间断的新闻传播骨架。相比于报纸的每天刊出一期，广播电视新闻的信息发布要迅速得多，发布频率也高得多，通过滚动播出和底拉字幕的方式，实现了新闻信息的即时发布。

（三）"大新闻"架构

所谓"大新闻"架构，就是以新闻为骨架，以信息为纽带，把整点新闻、半点新闻、深度报道和新闻评论专栏,大板块的新闻话题、交通信息、经济信息、天气预报等整合在一起,互相补充,共同满足受众的信息需求的广播电视节目结构形式。这种编排方式的传播优势在于:

(1) 可以满足整点新闻,半点新闻量多面广而深度不够的弱点。
(2) 可以满足各群体受众的不同需求。
(3) 可以进一步形成和发展新闻在广播电视节目中的"骨架"作用。

如上海东方广播电台的新闻节目,其信息量之大、传递速度之快的特色广为称道。1994年,东广根据"高起点、大容量、大释放"的新思路,确立以"高浓度、大信息量"的现代信息为主体和内核的节目体系,不仅新闻类、经济类、服务类节目以信息为主,谈话类、生活类、综艺类甚至纯娱乐类节目也强调以信息为本,这是现代广播电视节目的一大趋势。

上海东方广播电台的早晨6点到9点的《东广早新闻》包含了《东方快讯》《新闻追踪》《报刊导读》《东方传呼》《792为您解忧》《公共服务信息》《东广体育快讯》《东方金融专递》等子栏目。

2004年元旦起整合后的东广新闻台,6点的《东广早新闻》内容涉及快讯、今日要闻、服务信息、今日治安视点、中央电台新闻提要、报刊导读;7点的《东广早新闻》内容有新闻提要、快讯、昨夜今晨、今日要闻、路况信息、东广聚焦、媒体传真;8点《东广早新闻》重播7点《东广早新闻》,这与央视的《朝闻天下》有相似之处。三个时段在内容上略有不同,遇到重大、突发新闻可随时插播。"6点档早新闻"风格偏重于浏览式、生活化,"7点档早新闻"风格较为庄重、大气。

东方卫视的早间新闻栏目《看东方》是一档早间大型服务类杂志型新闻资讯专栏节目。开播之初,每天早晨6点30分至9点在东方卫视直播,现在改为7点至9点播出两小时,内容包括新闻报道、财经资讯、文体消息、路况信息、气象播报、热点访谈等,为目前国内所有电视台早间节目之最;栏目采用"新闻+资讯+服务+生活"的组合模式,分门别类地对相关资讯加以梳理、整合,让观众从中各取所需。在满足受众目标多样性、多层次诉求的同时,也培养了新的观众群。

安徽卫视的《超级新闻场》于2004年12月创办,这也是一档大型杂志化早间新闻栏目,创办之初分为"每日新闻榜""阳光聊天室"和"天天故事会"三个板块,现改为"新闻直通车""社会透明度"和"天天故事会",融新闻、服务资讯、评论和故事为一体,是一档打破地域界限,用特色表达方式整合全天资讯,报道新闻热点,为大众提供前卫新锐咨询服务的大型新闻板块栏目。

江苏卫视的《1860新闻眼》是一档面向普通市民的综合性新闻栏目,时长一个小时,主要板块设置有:"今日头条"(体现重大性)、"张蓓侃天气"(体现服务性)、"绝对关注"(体现互动性)、"生活新辞典"(体现解读性)、"今日聚焦"(体现监督性)、"记者调查"(体现介入性)、"我爱我家"(体现关爱性)、"法眼无边"(体现警世性)、"律师在线"(体现顾问性)……在这里,《1860新闻眼》为公众搭建起了一个属于大家的对话平台,一个思想的广场。

(四) 增强新闻的视听性和报道深度

随着对广播电视认识的不断深化,广播电视新闻节目在牢牢把握新闻舆论导向的基础上,增强新闻节目的可视性、可听性,以群众关心的话题,以受众所喜闻乐见的报道方式,面对受众、引导受众、感染受众。在强调宣传的同时兼顾新闻节目的知识性、教育性、娱乐性,最大限度地实现新闻传播的信息价值。快节奏也好,深度报道也好,在客观上都起到了加大新闻节目的信息量的效果。深度报道,一方面适应了受众对于新闻事件寻根究底的心理需求,另一方面对一些可视性、可听性较差而宣传性较强的新闻而言,在插入一些背景资料和相关细节之后反而会变得容易入眼、入耳,化不利为有利,起到一举两得的功效,而故事化、情感化的传播方式则增强了新闻信息的传播和接收效果。这些在21世纪以后登上广播电视新闻舞台的民生新闻中显得尤为突出。

第二节 电视民生新闻和公共新闻的崛起

2002年初,江苏广播电视总台的城市频道推出一档不同于《新闻联播》性质的电视新闻节目《南京零距离》,专门"报道发生在百姓身边的新闻故事",受到广大观众的青睐和好评。一时间,"讲述老百姓自己的故事"风靡全国电视媒体,"零距离"现象普遍开花,如安徽电视台的《第一时间》、成都电视台的《成都全接触》、北京电视台的《第七日》、吉林电视台的《守望都市》、湖南经视的《都市一时间》等,这些节目陆续成为当地电视频道赢得高收视率的宠儿,历经二十年而不衰。这就是人们称谓的"民生新闻"。民生新闻的红火作为电视新闻界的一种特殊现象,引来许多新闻界学者对此话题的频频探讨。

一、民生新闻的崛起与新闻传播观念的革新

(一) 什么是民生新闻

最早提出"民生新闻"这个概念的是时任江苏广播电视总台城市频道总监的景志刚。2001年下半年,江苏电视台酝酿总体改革,以景志刚为首的一帮人在策划一个新栏目,叫《南京零距离》,2002年1月开播,节目影响很大,收视率很高,不仅引领了南京本土的电视新闻改革,而且成为引起全国同行普遍关注和仿效的"零距离"现象。这是一个和别的新闻节目不太一样的节目,是一个在"我们这个城市里受到空前欢迎而又蒙受诸多不屑的节目,一个老百姓时时惦记每天如约而至并成为他们生活的重要组成部分的一档节目,一个他们了解这个城市,了解他们的亲朋好友、街坊邻居的窗口,一个与他们相濡以沫、不倦不弃的朋友。南京市民是我们这个节目的主人公,我们所记录、所报道的是这些平民百姓们的日常生活,是他们在生活中的所做、所遇、所获、所想,是他们的酸甜苦辣、喜怒哀乐,是他们充满质感的生存状态和心灵状态。"[①]《南京零距离》的主要内容有作为社会新闻的逸闻趣事,有旨在舆论监督的以生活投诉为主要形态的批评报道,更有百姓日常的生活状态,他们的新生活、新风尚,他们的生活矛盾、情感困惑。所有这一切让人们看到生活在这个城市中的那些普通而真实的人们的物质生活和精神生活的方方面面。这些生活的方方面面构成了新闻报道中的百姓生活的全景图。"这样的新闻关注的对象是平民百姓,反映的内容是平民百姓的日常生活,显然,这样的新闻用旧有的诸如'社会新闻''舆论监督'等概念来概括已严重词不达意。也许更适合使用的是'民生新闻'这一概念。因为这一概念不仅字面上比较切题而且内

---

① 景志刚. 我们改变了什么?:《南京零距离》及其民生新闻[J]. 视听界,2004(1):8.

容上也比较准确地概括了这类新闻的平民视角、民生内容以及民主的价值取向这样一些本质性的内涵。"①

"民生新闻"这个概念一经提出，立刻受到新闻业界和学界的强烈反响。学界和业界对民生新闻从不同角度进行了阐释。

关于民生新闻，到目前为止还没有一个统一的定义。朱寿桐在《民生新闻概论》一书中的解释是"民生新闻就是以民众的日常生活为主要内容，以民众的人生诉求为基本出发点，以民众的生存状况为关注焦点，以民众的视角表现民主价值和人文关怀的理念，从民众的生存空间开拓资源的新概念新闻"②。简而言之，民生新闻就是反映民众生活的新闻。

（二）民生新闻的精神品质

景志刚将民生新闻的精神品质归纳为三个方面：即民生内容、民众视角、民本取向。也可以说这三方面是构成民生新闻的基本要件，也就是说只要满足这三个方面的要求，那就是民生新闻。而只要满足这三个方面的要求，也就把民生新闻和其他的诸如时政新闻、经济新闻和社会新闻区分开来。

1. 民生内容

民生的内容，是指"民生新闻"将老百姓的生活作为新闻的关注焦点：平民百姓的生活状态、生存状态和生命状态。有人概括为百姓的"衣食住行用，安教医乐理（指安全、教育、医疗、娱乐、理财）"，涵括了所谓的小民生和大民生。这比以往的社会新闻、市井新闻的范畴要广阔得多。这是从题材上（或者叫选题上）的一个限定（或者叫强调）。这实质上关乎新闻的取舍标准和价值判断问题。民生新闻与一般新闻，特别是传统的时政新闻和社会新闻有什么区别，又有什么联系？它的新闻价值的取舍标准和基本原则是什么？

民生新闻，首先是新闻。一般来说，说起新闻的取舍标准，必会涉及诸如新闻的党性、阶级性原则和主旋律等。作为主流媒体的编辑、记者，对于新闻选择的标准或原则，也大多关注于新闻评价的时效性、重要性、显著性、趣味性等方面以及社会评价的政治、经济、法律、文化、道德等领域，这些新闻的基本原则对于民生新闻来说也是适用的，但这是民生新闻与一般新闻所具有的共性，而非个性。民生新闻之所以称为民生新闻，从内容品格来说，主要表现在民生新闻的基本原则是以反映民生内容为核心，以及反映民生内容时所秉持的民众视角、民本取向原则等。在很长一段时间里，我们在重视时政新闻的同时，忽略了对寻常百姓生活的全方位的大容量的反映和报道。随着社会经济的逐步发展和民主政治建设的不断完善，媒体在重视时政新闻的同时越来越多地把触角伸向百姓的生活，使民众的生活和生存状态以及他们的心灵状态越来越多地出现在我们的新闻节目中。在新闻用语里经常使用"国计民生"一词，这个词用在我们的新闻宣传中，正好构成了最主要的两块新闻内容。一块是"国计"，这构成了我们的时政新闻；另一块是"民生"，这构成了我们的民生新闻。应该说这两类新闻各有侧重，前者重国家大事，后者重百姓小事，但大与小是相对的，并且国家大事与百姓小事是相互联系的，互为影响的。"群众利益无小事"，因此，这两类新闻无论是对于社会发展还是对于百姓的需求都是同样重要的。可以说，民生新闻的崛起，不仅大大地拓展了新闻选题的范畴，也有力地促使了我国新闻价值观的转变。

---

① 景志刚. 存在与确认：如何概括我们的新闻[J]. 中国广播电视学刊. 2003(11)：35.
② 朱寿桐. 民生新闻概论[M]. 北京：中国社会科学出版社，2006：4.

2. 民众视角

民生新闻的民众视角可以从两个方面来理解。

首先，民众视角要求记者从民众的视角看问题。这实际上是关乎新闻记者采访作风和方法的问题。有人说记者是"无冕之王"，这句话的含义比较丰富。西方新闻界自诩记者为"无冕之王"，意思是说记者享有凌驾于社会之上的特殊地位。这是由于媒体以及记者掌控着社会的话语权，主导着社会的舆论，他们的报道能够改变舆论对于某一事物的看法。因此，记者在社会生活当中常常拥有特殊的权力，他们不是政府官员，但他们手握的权力却不一定在官员之下，所以称他们为"无冕之王"。从另外一个方面讲，作为一个社会人，生活在这个丰富复杂的社会当中，大家都不可能自己亲身经历社会中的各个方面，而人们对社会的了解，常常是通过媒体的报道来实现的。如此一来，记者承担了对于新闻的把关人的角色，即由记者来确定报道什么样的新闻，让读者了解什么样的信息。换句话说，人们对于自己生活的世界的了解，其实就是各媒体，尤其是主流媒体经过把关，选择后报道出来的世界。记者作为新闻现场的亲历者，他们代替受众去看、去听，然后把自己看到、听到的如实地报道出来。记者的任务和权利，就是采集信息。所以从这个角度来看，记者在采访时，对于他的采访对象，无论是平民百姓还是官政人员，要一视同仁，尤其是对权贵阶层，不要含糊，更不要卑怯，该问的要问，该揭露的要揭露。套用王朔的一句话"我是流氓我怕谁"，那我们的记者要有"我是记者我怕谁"的胆识，我是"无冕之王"。但是，这又导致我们的记者长期以来的新闻视角本质上的贵族化，居高临下，总是自觉不自觉地把自己看成是精神贵族，用贵族的视角俯瞰芸芸众生，这使得我们的新闻充满了教导和教化，充满了导师的影子和正义的面目。这样就可能使生活中的平民百姓常常矮化和扭曲，其结果自然是老百姓的反感和抵触。

民众视角，就是要求民生新闻的采编人员，彻底改变传统思维方式，他们不以导师自名，不讲究身份地位的区别，以一位社会档案记录者的身份，用一种普通民众的眼光，以一个民众的平和心态去观察、体味并记录现实生活中每一个报道对象。这种民众视角奠定了民生新闻具有极大的亲和力和贴近性。这里其实强调的是一种体验式、感悟性采访。

中央电视台在1993年5月1日开办的《东方时空》栏目的子栏目《生活空间》"讲述老百姓自己的故事"的重要意义在于将普通百姓作为关注对象，关注他们的生存状态和生命状态，使新闻的触角得以拓宽。但仍然是知识精英们在讲述老百姓的故事，而民生新闻则是"老百姓讲述老百姓自己的故事"。一方面，在高等教育大众化的新世纪，作为民生新闻（尤其是地方媒体）的记者，他们与百姓有天然的接近性，他们自己可能就是本地人，熟悉本地环境，了解本地风土人情，也可以说他就是普通百姓的一分子。他们无时无刻不在感受本地百姓的生活，是在生活中发现新闻，因而他们是先有感受和体悟，先有材料，后有主题思想。地方媒体记者的采访应该是体验性、感悟性的采访。所以，我们经常在电视上看到，有的记者只是一个观察者和记录者的角色，大量采用现场同期声，把电视这个舞台完全交给普通的民众，给他们充分的话语权，真正做到"老百姓讲述老百姓自己的故事"，具有极强的亲和力。这是中央媒体无可比拟的。这也是为什么中央媒体要进行"走、转、改"接地气的原因之一，目的是让他们"设身处地"从报道对象的角度去看问题。

其次，民众视角要求记者从民众的信息接收需求来搜集信息、传播信息。长期以来，我们的主流媒体习惯于以党和政府当前的大政方针为宣传重心组织宣传，充分发挥了媒体的"喉舌"功能，这是必需的。但是往往忽略了"桥梁"的联系和纽带的功能，更忽略了普通百姓是否真的需要这些信息。当然从大的方面说，党和政府的方针政策应该是百姓需要了解的信息。问题在于媒体宣传的这些信息对普通百姓的针对性比较差,百姓需要那些对他们的生活更为直接、有用的信息。这就要求民生新闻的记者站在受众需求的角度和立场,多采集百姓喜闻乐见的信息。这实质上是新闻传播从"传者本位"转向了"受众本位"。民众视角其实还应包含民众易于接受的传播方式、方法,诸如以故事化方式传递信息等。

3. 民本取向

民生新闻的第三个要件是民本取向。民本取向强调的是人文关怀。民生新闻本着人文关怀的精神和社会的道德感,在报道新闻时自始至终包含着对百姓的关爱,体现出了一种强烈的社会责任感和深切的社会关怀。

所谓社会关怀,即是在坚持正确的舆论导向的前提下,对于广大民众为主体的社会生活投注关注的热忱,并怀着以人为本、人道公正的原则和全局观念对社会生活中出现的种种现象予以真实地反映和积极地参与。

以人为本,就是在新闻报道中尊重人、理解人、关心人、体贴人。具体可表述为尊重人的个性和感情,维护社会生活的多样性;尊重人的理性,敢于质疑,敢于发现并解剖社会生活中的各种矛盾,这体现了民生新闻的舆论监督的特性;尊重人的创造精神,促进道德完善和社会良性发展。这种民本取向彻底地把民生新闻与那些作为茶余饭后谈资的"奇闻逸事""偷窥隐私"等所谓的社会新闻、市井新闻区别开来。

(三)民生新闻的操作原则

民生新闻除了因其独特的新闻价值原则而体现出它的民生内容、民众视角和民本取向的鲜明特色外,民生新闻在具体的操作层面上,也与传统新闻有着不同,那就是民生新闻的互动性、服务性和日常性。

1. 民生新闻的互动性

民生新闻的互动性体现在新闻的制作面向社会和百姓,树立社会办媒体的理念,尽可能地吸引受众参与,力求媒体与受众互动。归纳起来可分为两类:

其一是传播者与受众的角色互动。从某种意义上讲,民生新闻的兴起,其主要原因之一在于媒体的市场竞争压力和竞争意识的形成。对于电视媒体来说,一个节目是否具有竞争力,主要看其收视率的高低。收视率高,广告效应就好。要想提高节目的观众收视率,没有什么比与观众互动更简单、更经济的方法了。一方面观众参与节目内容的制作,观众的生活内容作为普通百姓生活的一部分,成为电视新闻节目,作为当事人的观众当然喜欢看,不仅如此,他们还会通知身边的亲朋好友观看节目。通过观众拉观众,这大大提高了收视率。另一方面,作为观众的普通市民,积极地为电视民生新闻提供新闻源。在《南京零距离》节目开办之初,栏目编辑部就聘请并培训了一千多名市民兼职记者,用他们手中的DV摄像机,记录下正在发生的新闻事件。这些由市民记者提供的新闻,新鲜生动、原汁原味,更具新闻的真实性。人们当然更愿意看这种刚刚发生的原汁原味的东西。媒体通过兼职记者和信息员,拓宽了信息渠道,并获得了许多宝贵的新闻线索和选题。在这里,市民兼职记者和信息员既是观众,又是传播者。他们的作品在电视媒体播出,他们当然要看,而且也会通知亲朋好友观看。这也是电视媒体与观众的低成本互动。除此之外,还可以有其他多种互动环节:好新闻评选、新闻背后实情的竞猜、受众投诉的接入和反馈、有奖征集新闻线索、每月最佳信息员评选以及读者调查等。

在大众传播进入媒体融合时代,媒体的记者已经不再是新闻信息的最早发现者和传播者了,广大的受众尤其是新闻当事人可能是最早通过网络(微博、微信)发布信息的传播者。媒体通过网友现场发来的文字、图片、视频,能第一时间掌握新闻事件的发展,然后派记者跟进求证并以此展开进一步的挖掘和延伸。让遍布各地的网友充当第一手信息员,他们提供的现场资料往往是瞬间性的也是最原生态的,记者是无法替代的,从而保证了新闻的鲜活和不可复制。未来媒体的编辑、记者要做的是整合信息、求证把关,从而使新闻媒介成为媒介所定位的目标人群的"信息管家""时事顾问"和"意见领袖"。这是媒体发展的趋势,也是最强的传者和受众互动的体现。从这个意义上说,民生新闻的操作具有很强的前瞻性。

其二是传播者与受众的心理互动。民生新闻的制作者为实现与观众的心理互动,他们首先以平等的视角来做新闻,和观众站在同一平面上。诸如通过一系列富有人情味、着力表现亲情、友情、爱心的报道,在情感层面上与观众形成互动。其次,始终以服务的心态来选择新闻。因为新闻具有与生俱来的服务性,那些影响到人们生活、生产活动的新事件、新情况,当然会首先引起大家的重视,所以民生新闻必须为观众提供与他们的生活息息相关的实用信息,使民生新闻真正做到"好看有用"。再次,尽可能以感性的方式来传播新闻。诸如用聊天式"说新闻"的方式一改"播新闻"的庄重和严肃;用讲故事的传播方式代替"论文体"宣传方式,等等。

电视民生新闻的互动性,标志着"媒体办新闻"时代的结束,宣告了"社会办新闻"的互动时代的开始,节目树立的以人为本、以普通市民为主体的观念,是媒体的回归,也是传播理念平民化的核心。

2. 民生新闻的服务性

在本章第一节我们曾讨论过新闻的本质属性是信息,而媒介传播的信息就是减少不确定因素,也就是为观众提供有用的信息。提供有用的信息就是为受众服务。可见,服务性原本就是新闻与生俱来的特性。民生新闻的服务性是新的历史时期对新闻的现实要求和创新,而服务是观众对新闻在提供资讯外的又一重要新闻需求,民生新闻的魅力就在于借助社会新闻的形式使新闻服务取得最大化效应。民生新闻之所以最大限度地吸引目标受众,赢得了亲和力,也就在于它不仅为广大受众提供了有效的新闻服务,而且在于它的新闻理念就是不断强化新闻服务性。

民生新闻对新闻服务性的强化主要表现在以下几个方面:

一是民生新闻工作者有着强烈的服务意识和良好的服务心态。他们真心实意地做到了"情为民所系,利为民所谋",以至于百姓们一有难以解决的问题不是去找相关职能部门,而是都来找媒体记者,致使媒体记者在强烈的责任感的驱使下而剑走偏锋,为观众讨说法。这一方面体现了媒体的舆论监督功能的强大,另一方面也可能给媒体和记者惹上许多麻烦官司。

二是民生新闻为民众提供了对其实际生活有用的、有价值的信息,诸如"衣食住行用,安教医乐理"等实用性的服务。当然,这些实用性服务中,既有"雪中送炭"的内容,也有"锦上添花"的内容。在民生新闻的带动下,电视媒体出现了越来越多的服务性栏目,如央视财经频道的《生活》、安徽电视台的《帮女郎帮你忙》、浙江电视台钱江都市频道的《范大姐帮忙》、合肥电视台的《合肥好大事》等栏目,为观众提供越来越多的服务,从物质生活到精神生活,服务的范畴不断延伸。

三是民生新闻特别讲究服务的技巧和方法,新闻服务不可一厢情愿地"硬"服务,细节周到、充满人文关怀和富有人情味的服务可以作为其方式方法来参考。如在报道一些灾难性新闻时,它不是借助灾难新闻来迎合观众、耸人听闻,不是隔岸观火,而是感同身受。因为民生新闻的"民众视角"和"民本取向"的本质要求就是要关心民生疾苦,反映民众最基本、最真实的生活状态,为普通观众解忧解愁。民生新闻的制作者力求把自己还原为一个普通社会人,去感同身受普通民众的喜怒哀乐,正如歌词所言"因为爱着你的爱,所以苦着你的苦"。正因如此,民生新闻赢得了市场,也赢得了效益。其中服务性操作原则是成功的秘诀之一。

3. 民生新闻的日常性

所谓日常性,即民生新闻大多从民众日常生活的世界里采制,新闻内容既涉及民众的整体生存状况、生存空间、生存环境,但更关注民众每天现实生活的冷暖痛痒、喜怒哀乐、衣食住行等方方面面、点点滴滴的事情,诸如民众日常生活之柴米油盐酱醋茶、气象、物价、家长里短等琐碎之事,由于这些琐事每天会发生,而民生新闻又及时给予反映,它天然地具有日常性,所以普通百姓容易且必须经常关注它。这也是民生新闻赢得民心的重要原因之一。民生新闻的日常性,特别注重两个方面的追求。一是追求日常信息的实用性,如气象预报、出行参考、市场行情等日常信息。追求"好看、重要、有用的信息"是民生新闻一个重要的传播卖点。二是追求普通民众的日常出镜率。在民生新闻里,普通民众的日常出镜率很高,让民众现身说法,让民众自己说身边的日常事,说他们的喜怒哀乐、冷暖痛痒等民生故事,记者只管客观记录就行。这体现在电视节目中大量的百姓的同期声的运用,给百姓说话、表态提供了一个平台。民生新闻之所以注重其日常性,就在于很多新闻就发生在这些普通民众的日常生活中,讲述老百姓自己的日常故事,很容易赢得民众心灵的共鸣。

民生新闻除了民生内容、民众视角、民本取向作为新闻价值标准所体现的民生新闻的精神品质和以互动性、服务性、日常性为特征而体现出的民生新闻操作原则外,民生新闻在表现形式上也有其独特的特质,如"说新闻""新闻故事化、情感化"传达等所体现出来的亲和力、故事性、细节感、微观视角彰显了民生新闻在形式上的基本特质。

民生新闻除了具有极强的亲和力外,在具体新闻报道上特别注重民生内容的事件化,通过具体的事件来呈现出民众百姓真实的生活,这些事件又是过程化(故事化)的,通过曲折的过程(故事)来揭示百姓心灵的冲突;同时这些过程又是细节化的,抓住新闻事件的琐碎细节或细枝末节,通过丰富的细节来还原生活的本真。不仅如此,民生新闻常常从新闻事件微观的视角,以小见大地看待各种问题,以微观的实用的社会新闻作为表现的主体,追求一种于细微处见精神的新闻传播效果。

综上所述,民生新闻不仅是传播,而且带有很多服务功能在里边。民生新闻,将新闻告知功能、舆论监督功能、与社会服务功能融为一体,这本身就是一种媒介角色的转换,就是一种创新。

诚然,民生新闻在其发展的过程中,也不可避免地出现了一些问题,为一些人士所诟病。如因为日常性和微观视角,而致使民生新闻显得琐碎,被人们讥为"双鸡",即"鸡毛蒜皮""鸡零狗碎",还有因为"说新闻"和"故事化"而导致"娱乐化"和"低俗化"。其实,这都是"不是问题的问题",是我们的传播者还没有真正领会到"民生新闻"的精神实质,而把"市井新闻""社会新闻"乃至"黄色新闻"当作"民生新闻"来做所带来的后果。

二、从"公共新闻"到"建设性新闻"

正当民生新闻在全国各地方电视媒体红火的时候,2004年10月23日,在"公共新闻"

与省级卫视新闻改革研讨会上,已开播一年的江苏卫视《1860新闻眼》正式对外宣称,它们已走出了一条比民生新闻更为宽广的道路,正式打出了公共新闻牌,即"用公众的眼睛关注国计,以人文的精神关注民生,创造公共新闻话语,搭建社会和谐的公共平台"。此后,《1860新闻眼》便成为国内同行关注和效仿的对象,成为实践中国"公共新闻"的领跑者。也就是在这一年,中国特色的"公共新闻"登上历史舞台。

(一)"公共新闻"的涵义

"公共新闻"(Public Journalism)是美国1990年前后出现的一种新理论,美国媒介为此进行了大量的实践探索。"公共新闻"兴起的大背景主要是由于新自由主义的兴起促成了媒介大范围的联合和民主政治生活的崩溃,以至于传媒只为富人服务,造成公众对传媒的集体不信任,传媒公信力集体无意识,传媒公信力微弱,公民的政治疏离。它的出现是美国新闻业一部分工作者积极应对国家内部矛盾与外部冲突的现实而发起的一场声势浩大的新闻报道业务改革运动,同时也是新闻媒体在新的历史条件下对新闻职业进行反思和批判的结果。

"公共新闻"运动在美国轰轰烈烈地开展了十多年,虽已拥有众多的研究者和实践者,但迄今美国新闻界对公共新闻的概念、报道方式、报道方法等问题或是没有形成明确的说法,或是仍然存在此起彼伏的争议。

最早提出"公共新闻"理论的学者是纽约大学新闻学系的J. Rosen教授,他认为,"新闻记者不应该仅仅是报道新闻,新闻记者的工作还应该包含这样的一些内容:致力于提高社会公众在获得新闻信息的基础上的行动能力,关注公众之间对话和交流的质量,帮助人们积极地寻求解决问题的途径,告诉社会公众如何去应对社会问题,而不仅仅是让他们去阅读或观看这些问题。"他还进一步提出,新闻业是健全的公共生活中的重要组成部分,"所有被公共生活包围着的人——记者、学者、政治家、市民、左派、右派、中立者,都应该认识到,如果市场取代了公众而成为现代社会中唯一的舞台,我们将全部沉沦。"他还呼吁新闻媒介担当起更积极的角色,去加强公民的职责和权益保护,推动公共讨论和复兴公共生活。①

在美国,媒介不仅积极探索"公共新闻"的实践,也积极参与"公共新闻"理论的讨论,而且各媒介之间互相合作,联合报道。这在美国新闻界"打破头"争抢独家新闻的媒介环境中还是鲜见的。维吉利亚导报(The Virginian-Pilot)的编辑们在一次研讨会上说,他们是"通过在编辑部中改变新闻文化来做'公共新闻'的",并总结他们的报道经验:① 让新闻报道揭示出公众带给这些新闻事件的价值,而不是仅仅向公众描述冲突。② 普通公众对事件的认识与专家们对事件的认识是同样有价值的,应该同等看待。③ 在报道谁、什么事、为什么、什么时间和在哪里的同时,要力图向公众解释这个新闻事实为什么值得他们去关注。④ 记者应该着力挖掘关于人们是如何解决问题的相关事实,并尽可能提供建议,这样新闻媒介才有可能帮助社会公众参与到公共生活中去。②

斯坦福大学新闻传播系教授T. L. Glasser在总结"公共新闻"的行动及目标时提出,"公共新闻是一种每天都在运行的新闻传播活动,它号召记者:① 将受众作为公民,作为公共事件的潜在的参与者,而不仅仅是(公共事件的)牺牲者或旁观者;② 帮助解决社会问题;③ 改善公众讨论的舆论环境,而不是冷眼旁观这种环境越变越坏;④ 帮助公共生活走向更

---

①② 蔡雯."公共新闻":发展中的理论与探索中的实践——探析美国"公共新闻"及其研究[J]. 国际新闻界,2004(1).

加和谐美好。因此它值得我们去关注。如果新闻记者能够找到一种途径来做到这些,他们将能够及时地重新树立社会公众对新闻媒介的信赖,重新建立与正在流失中的受众的联系,重新完善新闻报道者的职业理想,在更加坚实的基础上,去健全美国的民主——正是这种民主,给了美国记者以权利和保护"。①

一言以蔽之,"公共新闻"就是要求媒介要介入到公共事务中去,媒介组织并搭建一个沟通社会各方的信息桥梁或对话交流的平台,以促成公共事务问题的解决,并提高公民的公众意识和应对社会公共问题能力。媒介之所以积极探索"公共新闻"的实践,目的在于要"重新树立社会公众对新闻媒介的信赖,重新建立与正在流失中的受众的联系,重新完善新闻报道者的职业理想"。

不可否认,"公共新闻"运动,在对美国内部事务的报道中,对沟通社会信息、化解社会矛盾、维护美国社会的稳定发展方面的确起到了一定的积极作用。

(二) 中国特色的"公共新闻"特点

美国"公共新闻"的理念和实践经验被引入我国后,中国的新闻界(尤其是业界)对其进行了本土化改造,成为中国式的"公共新闻"。华中科技大学教授孙旭培将"公共新闻"概述为"培育和营造公民社会,监督和构建公共领域,报道和指导公共事务,交流和引导公共意见"。②

美国"公共新闻"的实践是从选举报道起步的,关注的是政治民主生活,但后来它的报道领域迅速扩大到与公共生活相关的各个方面,并产生广泛的社会影响。而中国式的"公共新闻"则是发端于"民生新闻",它以"民众的视角"和"民本的取向"关注普通百姓的"生存状态、生命状态和心灵状态",但是它又从普通百姓的"柴米油盐酱醋茶"等细小与琐碎中跳出来,寻找那些涉及多数人共同关心的公共问题、公共话语,搭建一个沟通政府和民众间的信息桥梁或对话平台,通过沟通交流促成公共事务的解决。诸如食品安全、公共安全、教育、医疗、就业、理财等,我们可以称之为"大民生"的问题;或者是通过这些细小的"柴米油盐酱醋茶"的问题深入挖掘,以"小民生"作为新闻由头和传达细节,探寻造成这些具有典型性问题的原因和解决的办法。

在电视新闻实践领域,江苏卫视《1860新闻眼》可谓是将民生新闻与公共新闻集于一身的典型。江苏卫视《1860新闻眼》栏目创办于2003年10月28日,创办之初就将节目定位于"民生新闻",与城市频道的《南京零距离》、南京台的《直播南京》、江苏教育台《服务到家》等构成当地几大民生栏目板块,并在全国电视业界享有广泛影响。在近一年的新闻节目探索中,《1860新闻眼》充分尊重观众的知情权和话语权,有很多新闻采取的都是"介入式"的报道方式,记者亲身介入其中,在报道新闻事实的同时,发起公民讨论,充分地听取意见,寻求解决问题的对策,并促使公共问题最终得以解决。也就是,有意识地把它与其他民生栏目拉开距离,但是由于还是原来民生新闻的几个板块,大样不变,只是在部分报道的内容和角度上变,所以实际收视的效果是:观众看的还是它,但是它一天天在长大,只是由于每天都看而不觉,但是突然有一天人们发现它长大了,成长为"公共新闻"的首倡者与实践者,成为国内同行关注和效仿的榜样。它的主要特点在于:

---

① 蔡雯."公共新闻":发展中的理论与探索中的实践——探析美国"公共新闻"及其研究[J].国际新闻界,2004(1).
② 张恩超.从民生新闻到公共新闻[N].南方周末,2004(11):4.

1. 新闻选材折射公共话题,激发公众参与

【案例二】 正午时分,一个男人骑着高头大马,在闹市的人行道上溜达。在他身体一侧的铁栏杆外,是滚滚的车流。警察过来拦住他,告诉他不能在街上骑马。根据《道路交通安全法》,马车不能上马路。男子振振有词:"可我这是马,它没拉车,你规定了马车不能,可没规定马也不能。"市容部门接到了举报,匆匆赶到现场,他们根据《城市市容和环境卫生管理条例》告诫骑马者:"市区内不能养家畜。"骑者狡辩:"它不是家畜,我也不让它干活,它是我的宠物。怕它随地大小便,我还给它屁股上带上了兜兜。"

这是 2004 年 10 月 23 日江苏卫视《1860 新闻眼》的现场新闻。如果新闻到此为止,那么它就是一则滑稽新奇的社会新闻或者民生新闻。但《1860 新闻眼》的记者没有浅尝辄止。当时,正值江苏省出台全国第一部地方性交通安全法规《江苏省道路交通安全条例》的第二天,记者发现,闹市能否骑马还真是法律的"真空"地带。于是,他们设置了一道问题:"马究竟能不能上马路?"由此引发观众争相去查阅交通、防疫、市容等各类法律文件,试图找出骑马者合法或不合法的根据。有一万多名观众用短信参与了讨论。随着观众讨论的深入,更深层次的问题被一一挖掘出来:闹市骑马是否侵犯他人的公共空间?法律没有禁止的就是合法的吗?相关讨论甚至引起立法部门的重视,开始研讨有无必要将之写入法规。公共新闻的题材可以和民生新闻一样小,但必须以小见大,折射出公共领域的焦点话题,激起观众的参与和共鸣。面对"闹市骑马"这样一则趣味社会新闻,《1860 新闻眼》在报道时,巧妙地把话题引入了公共领域,并通过议程设置,使之成为一个公共话题,引发公众广泛、持续地参与讨论。在这个过程中,话语权不再被垄断,公众的意见得到激发和尊重,公众的思想力、行动力得到培养,并最终促成公共问题的解决。

关于公共话题的选择,一个最为简单的方法就是增加经济现象的剖析。在当今全球经济"一体化"进程中,"生活就是消费,消费就是经济"已经成为人们的共识,作为消费主体的每一个人的衣、食、住、行都与经济有关。一旦我们以民生的视角、用理财的方法,对这些"经济活动"进行剖析,并且上升到财经类高度,我们的"民生新闻"将真正成为小康社会经济建设的"催化剂","民生新闻"就转化为"公共新闻"。从"小民生"的微观现象入手探索"大民生"的本质规律,这应该是"公共新闻"的重要特质之一。

2. 报道方式主动介入社会生活,构建公共话语平台

公共新闻理论对媒介自身重新进行科学的定位,媒介应担负起社会责任。媒介不仅是公共事件的报道者,还是公共事务的组织者。媒介在进行"议程设置",提供多种声音兼容并蓄、良性互动的公共平台的同时,还要发出自己的声音进行思考、评判和引导。在这样的理念指引下,媒体担负起更积极的角色,在报道方式上更注重对社会生活的主动介入,能动性加强。在民生新闻当中,媒介已经开始设置交流平台,但主要是媒介与受众之间的互动,往往把具有公共事务决策权的政府晾在一边。这种低成本的互动虽然能一时解决个别问题,但不可能从根本上解决带有普遍性的共同的问题。要解决这些公共事务问题,就需要媒介更深入地介入,至少要进行公众、媒介、政府三方的互动。

2004 年 9 月,江苏省在全国率先推行的省管干部人事改革"公推公选",进入最后的阶段。《1860 新闻眼》敏锐地捕捉到这一公共领域的焦点话题,在得到省委组织部和台领导的支持后,选择了对关系到江苏经济发展、群众普遍关心的"发改委副主任"的选举进行卫星直播,并请专家进行现场点评,其他场次进行录播。直播中的 9 位评委分别来自组织部、监察厅、政协等部门以及南京大学、南京理工大学等 4 所高校,现场参与测评的 150 多名干部群众也根据自己的判断排出名次折算分数,他们的意见占到总分的20%。最终五名答辩人的名次和场外观众的预测以及短信投票结果丝毫不差。

电视现场直播的方式在市民之间引起了很大的震动,几个主要广场的大屏幕尽管没有声音,但还是吸引了大量的市民驻足围观。1000多名来自各地的观众通过短信参与了直播,或点评演说内容,或对选举程序提出建议,几部直播电话几乎被打爆。

尽管这次干部"竞选"向公众现场直播,并没有赋予公众投票权,公众仍然不可能干预选举结果,但至少电视直播的方式将对选拔干部的人和被选拔的人起到监督和促进作用。候选人竞职演说展示在观众面前,评委给其评分就要更加慎重和负责;一个竞职演讲演砸了的候选人,如果评委给了高分,组织者和评委都要承受社会舆论谴责的巨大压力。

在这之前,公众质疑公推公选是表面文章的声音不绝于耳,通过电视直播的透明消除了人们的疑虑。这种电视直播有助于"公推公选"这个制度的透明和完善。

正是这次电视直播的有限"干预",有人乐观地说:《1860新闻眼》的"公共新闻"的品牌从此树立起来,似乎标志着中国的"公共新闻"时代的到来。

(三) "公共新闻"对构建公共领域、公共空间的意义

中国的公共新闻作为中国新闻领域的新事物近来受到持续关注。与国外的公共新闻事业相比,目前中国公共新闻的发展仍处于初级阶段。它从民生新闻发展而来,与民生新闻有着脱不了的关系,在某种意义上它还是民生新闻,是大民生新闻。

电视民生新闻的特点及优势集中于三点:一是平民视角,民本取向,新闻报道更真实、更贴近、更有效。二是吸纳社会力量办媒体,参与性十分突出。媒体已不再是新闻工作者的个人空间,它更倾向于成为各类专家学者、政府职能部门、普通观众全方位参与构筑的公共空间。三是全方位服务更系统、更深入,为观众提供的信息包括排忧解难,法律援助,舆论监督等。在推动构建公共领域、拓展公众话语空间的过程中,电视民生新闻走到了时代的前列。但是在民生新闻设置的交流平台,主要是媒介与受众之间的互动,往往把具有公共事务决策权的政府晾在一边。这种互动的交流平台交流的信息还不够多,涉及的公共空间还不够大,还不是一个完整的理想的平台,而"公共新闻"搭建的交流平台相对来说就更为完善。公共新闻是旨在培育和营造一个健康的公民社会,通过对公共事务的关注报道和参与解决,引导人们共同交流对公共事务的意见,从而建构一个全新的公共领域。"公共新闻"强调尊重公民的作用,提高公众在应对社会问题、解决公共事务中的能力。

构筑社会公共领域,培育个体的新闻参与意识,对建立良好社会管理机制有着重要的意义。"公共领域"的概念是由德国哲学家哈贝马斯最早提出的。他认为,公共领域"首先意指我们的社会生活的一个领域,在这个领域中,像公共意见这样的事物能够形成"。它是"介于私人领域和公共权威之间的一个领域,是一种非官方的公共领域。它是各种公共聚会场所的总称,公众在这一领域对公共权威及其政策和其他共同关心的问题作出评判"。[①] 从现实情况来看,让人们议论时政、针砭时弊至少有两个层面上的好处:从消极的意义上讲,它是一种社会宣泄的制度性安排,有利于形成一种社会学上的所谓"安全阀""减压阀"效应;从积极的意义上讲,它是舆论监督,保障公共权力的正确使用,增强决策的可行性的必要前提。而且公众的积极参与也增强了人们对于媒介功能的认识。媒介不仅仅是传递信息,它还有一

---

① 方延明.媒介公共性问题研究三题[J].扬州大学学报,2004(6).

个重要的功能就是为多元话语提供一个交流的平台。现在许多观众遇到关乎广大公众利益的事务时,能自觉地想到借助媒体来表达自己的看法与态度,这是一个巨大的进步。正像哈贝马斯所说的"商品交换和新闻传播的发展是公共领域形成的两大主要因素"。新闻传播在公共领域的形成中起了重要作用。公众通过公共媒介在公共领域中形成舆论,公众从电视传播中看到的不仅仅只是一些新闻信息,更为重要的是,电视民生新闻和公共新闻对公众话语空间的拓展和对公民意识、公众意识的培育起到了积极、重要的作用。以往,人们只是以接受者的身份来看电视,而在电视民生新闻中,人们可参与其中,由被动接受者到主动参与者,开始对身边的公共事务有了评说的权利,当然也就增加了对这些事务的义务感。对个人权利与义务的清醒认识,这正是一个现代公民的基本内涵。

传媒作为信息传播的载体和意见表达的平台,按照西方自由主义传统看来,是社会民主的组成部分,在公共领域承担着不可替代的责任。作为行政、立法和司法之外的"第四权力",传媒对社会的民主实现起着重要作用。虽然哈贝马斯所言的"公共领域"是西方学术语境下的一个理想概念,并不完全适用于中国社会,但在中国推进民主建设的道路上,一个独立自主、介于国家和个人之间的"公共事务讨论空间"的建构并非没有可能。在某种意义上,民生新闻已然在政府和民众之间搭建了一座民主化的桥梁,进而给予民意一个畅达的渠道。而公共新闻将在此基础上,把作为政府代言人的媒体手中的话语权转至比市民群体意义更广泛的公民手中,赋予它们参与公共决策的权力,让公众舆论在媒体理性的引导下最终上升为合乎国家发展的共同意志,最大限度地实现公众舆论的公共价值。

南京大学教授潘知常说:做公民时代的公共新闻,这个概念的达成,是基于以下几点,一是国家公共意识的强化,二是现代生活中公共空间的形成。还有就是民主的氛围,要允许构建一个公共话语平台,公众有真正的话语权,有公共话语空间。随着民主化进程的深入推进,处于社会主义国家各项改革前沿的中国进入了一个充满变数的社会转型期。利益分配不公、市民权益遭受侵害、行业风气不正等社会问题及矛盾的产生,激发了社会不同群体对于公共生活的关心,日益强化了社会公众的公共意识。民众迫切需要一个能够参与公共事务、自由言论的公共话语空间。这正是中国"公共新闻"面临的极其难得的发展机遇与空间。所以我们欣喜地看到,除了《1860新闻眼》,许多省级台、城市台还推出了专门的公共新闻电视频道,如福建电视台的新闻频道、安徽电视台的公共频道等都在着力开掘以公共新闻立台的全新概念。

但是我们也看到各电视台的"公共新闻"还不是完全意义上的公共新闻,大多数还是民生新闻,只不过属于"大民生"范畴而已。在中国做公共新闻存在着诸多制约。

首先是体制问题,由于我国传播体制的不够完善,使得公众话语平台的建立,在实际的传媒表现中进展十分缓慢,多元话语的表达主要表现在社会微观层面的种种街谈巷议,而一旦言及主流问题,媒体则三缄其口,不敢自由讨论。传媒公共领域的构建还缺乏基本的制度保证。

其次是经济问题,公共新闻追求的是社会价值,而在市场经济环境中很难做到社会价值和经济价值的高度统一。在美国做公共新闻是要大投入的,有很多的基金会支持媒体的"公共新闻"事业。而在中国的许多电视媒体本身经济条件就不是很宽裕,做"公共新闻",搭建各方的意见交流平台不仅需要人力、物力,还要投入更多的精力。短期内可能勉强为之,但不具有可持续发展的经济后劲。

第三是文化问题,即公众中"公民意识"和"公民阶层"的缺失是中国"公共新闻"发展的潜在危机,从某种意义上说这是最重要的问题。

公共新闻在中国的不断发展和完善,需要依靠广大民众。只有民众积极主动地参与到社会公共事务中来,反映问题,表达民意,才能真正促进公共新闻质量的提高,公共新闻的目的才能实现。

然而,中国的广大公众,大多数还缺少"公民意识"。由于传统新闻话语权始终掌控于国家和政府,民众已经习惯了只是接受信息,即便民众能够在围绕某一社会议程热烈讨论,在讨论中,那些慷慨激昂、入情入理的声音往往来自最底层的民众,即所谓的"越草根,越大声"。我们很少听到社会团体代表们的声音,也很少听到来自公共决策部门的声音。普通的民众人数最多,他们的利益最容易受到伤害,因而他们的利益诉求往往也十分强烈,能形成声势强大的舆论压力。但是,普通民众的声音毕竟是分散的、单个的社会意见,在很多情况下并不能形成真正有效的社会压力。而团体或团体代表的声音就不同了,他们的声音代表了社会一大群人的利益,自然能够对公共决策形成组织化的强大压力或推动力。遗憾的是,到目前为止,社会团体的声音在当前媒体领域中是十分的微弱。另一个问题是,政府官员们很少积极参与公共领域的建构,他们常常是沉默的缺席者。应该说,社会团体和公共决策者的声音的缺乏,在很大程度上抵消了公共领域的真正效用。也因此成为中国公共新闻发展的阻碍。同时中国社会阶层呈现失衡状态。《中国社会阶层研究报告》最新调查结果显示,中国社会目前缺少能够真正担负起社会问题和责任的"公民阶层",在调查的十大阶层中,各阶层人员的文化背景、社会利益、政治经济利益的分配上出现冲突和对抗。因此,中国"公共新闻"要在不同的媒介发展壮大,离不开社会各阶层之间平等而公开的意见交流和利益博弈,离不开媒体的中介和缓冲作用。怎样增强公众的"公民意识",提高素质,培养"公民阶层",是公共新闻在发展中面临的又一个挑战。换句话说就是,增强公众的"公民意识",提高素质,培养"公民阶层"是公共新闻在今后一段时期的主要任务。从这个意义上说,中国"公共新闻"的时代还没有真正到来。

同时我们还必须看到,中国的国情和新闻传播体制决定了中国式公共新闻的发展方向,即有利于社会的稳定、改革、发展、创新。我们也可以说中国的"公共新闻"之路任重而道远。

(四)建设性新闻①

建设性新闻作为一个新闻术语最早由丹麦公共电视的乌瑞克·哈根普洛于2008年提出;而作为一个学术概念,由凯伦·麦金泰尔于2015年首次提出。2019年在北京召开的"建设性新闻:理念与实践"国际学术会议,正式将这一概念引入中国。作为一种新兴的新闻形式,它将积极心理学领域的技术应用到新闻工作中,努力创造出更有生产力、更具吸引力的新闻故事,同时又致力于"新闻的核心功能"。建设性新闻概念的形成是在不同历史阶段、不同新闻实践和理论探讨中完成的,麦金泰尔将其描述为一个"伞形术语"(Umbrella Term),因为它包含主干和各个分支,囊括各种要素或因素的概念,辐射多个领域或方向。不但如此,它的源头还可追溯到"公民新闻"这一旧有的新闻形式。二者在促进更健康的公共氛围、提升记者能动性上有相似之处。

作为新闻从业者基于实践提出的概念,建设性新闻提倡以方案导向和指导性的故事代替冲突的报道,体现人们对新闻社会角色和功能认知的反思。趋于清晰的是,建设性新闻的基本目标是:更好地服务公众,并努力促成这一目标的实现。一般认为,建设性新闻由解决

---

① 晏青. 建设性新闻的观念、范式与研究展望[J]. 福建师范大学学报(哲学社会科学版),2020(6):66-74,93.

方案新闻、预期新闻、和平新闻、恢复性叙事四个重要分支组成。解决方案新闻是涉及"关于人们如何应对问题的严格报道"。预期新闻近年也在业界兴起,它关注未来,记者可以通过与消息来源的对话而引向未来发展。和平新闻的概念及实践早在20世纪70年代就出现,旨在创造冲突压力环境中的建设性影响;恢复性叙事则意在超越突发新闻的即时性,帮助个人和社区在发生重大事件后进行恢复发展的报道。需要说明的是,这四个分支的边界并不是泾渭分明或互斥的,相反则是互相交叉的,并可能运用相同或相似的讲故事技巧。它们在新闻过程中使用基于心理学的技术,努力为更健康的公众氛围做出贡献,同时通过报道具有广泛社会意义的新闻,持续致力于新闻的核心功能,发挥重塑社会秩序、唤醒社会责任的作用。

第三节 广播电视新闻的人际化传播

传统的广播媒介和电视媒介的传播方式是一种"大众传播",广播节目和电视节目是通过电台和电视台这样一个"点"式的机构播出,又被其功率可覆盖区域的广大听众、观众普遍接收的;这些节目从创意到制作成功与受众见面,主要是广播电视传播人员内部的工作,听众和观众很难影响到节目的制作播出。而在新的历史时期,随着新的受众观念的日益深入人心,随着受众媒介接触的主动性不断增强,随着媒介竞争的加剧,尤其是互联网媒介、手机媒介以其个性化、参与性和互动性强等优势在社会上越来越占据重要地位,传统的广播媒介和电视媒介也越来越重视受众调查,重视受众反馈,重视受众参与,节目的参与性和互动性越来越强,节目的语态和形式、节目主持人的主持风格等发生了深刻的变化。

一、广播电视新闻的人际化传播

在广播电视节目中,人与人之间的交流越来越普遍。从节目类型的角度说,新闻节目过去那种播音员严肃的、工作式的播报或宣读式风格越来越少,各种新闻节目都尽可能地采用讲述式的,甚至聊天式的风格来播报新闻,播音员、主播们的表情也越来越具有生活化的随意与亲切,与广大群众的距离日渐拉近。

其他各类非新闻节目的主持人的主持风格更是具有"亲和力",他们分别以邻家小妹、知心大姐、生活顾问、学习帮手、游戏伙伴、朋友般的身份,笑语嫣然、亲切自然、热心真诚地面对荧屏前的观众,并放下身段融入节目,和现场观众、电话线另一端的连线观众或倾心交流,或打成一片。

从人际化传播的表现形式来说,主持人的出现就是一个巨大进步,是广播电视人际化传播方式的重要表征。其次,人与人之间的谈话和交流成为广播电视节目的重要内容。各种节目越来越重视对节目参与者、观看者、新闻事件当事人、目击者及其他各类相关人员的采访,更多地将传者和这些人的交谈的影音素材作为节目的重要内容。各种节目越来越重视镜头中各类人物、角色相互之间交流活动的记录。受众电话参与讨论、主持人与专家连线、演播室主持人与外景记者、现场记者、地方记者连线等,日益普遍。在电视节目中,对于人与人交流时的神情、体态等副语言的记录也越加重视。

二、广播电视新闻节目的受众参与和双向互动

在上述关于人际化传播的分析中,其实已经涉及了受众参与的部分。受众参与的思想源流可以追溯到毛泽东等人的"全党办报""群众办报",在广播电视事业中,它的内涵指的是受众以各种各样的方式参与广播电视传播活动,促进广播电视事业的发展。我国的受众参与呈现出由浅入深、由低至高的发展态势。

这种参与可分为两大类,一类是相对较为外部的参与——受众在节目播出前后,以反馈者的角色表达对节目的意见,帮助节目发展,以来稿的方式丰富节目素材,以及主动为节目提供线索,还有的在节目播出之后参与有奖答题等。一类是对广播电视节目的内部参与——受众在节目播出过程中,通过打进电话,点播某些内容(以广播最为常见),参加节目中的讨论或其他活动,受众直接走进节目演播室或演播现场,和主持人、嘉宾一起活动,等等。其中后一类参与使得受众参与传播过程成为了广播电视节目的要素或要素之一。

这种受众参与也正体现了传统广播电视的单向传播与灌输正在向双向交流、双向互动转化,这才是真正符合传播本意、符合人性的交流与传播。

受众参与,不仅促进了广播电视节目的多功能取向,而且还强化了广播电视的平民性,是人民性的实在体现,密切了广播电视媒体及其从业人员与受众的关系。

受众参与,还可以在政府与人民之间建立起一种比较直接的联系方式,融社会监督、群众监督、媒体的舆论监督为一体,有利于推进国家各项事业的发展,有利于社会的进步和民主政治的实现。

受众参与广播电视传播活动,对于传播者也提出了新要求:

(1)媒体及其从业人员要研究受众心理,把握传播规律。既要研究各类受众群体特殊的一面,又要研究其共同的和发展变化的一面;既要办好综合性节目,又要办好对象性节目。

(2)贴近生活,贴近受众,从受众角度充满感情地传播。在传播技法上要讲究生动、形象、准确,抓住人心,树立尽可能鲜明的视听形象,使受众如临其境,以提高传播效果。

(3)要研究群众生活中的交流方式和常用语言,加强传者和受众之间的情感交流。群众生活中有大量活泼生动、富有感染力的语言和动作,适当运用,可以增强受众的参与感和对节目、传播者的认同感,进而激发他们对节目主动自觉地参与,达到变参与意识为实际反馈行动的效果。

如今,受众直接参与节目内容已经非常普遍,其中视听率高、受众评价较高的节目形式主要有热线电话参与和直播相结合的热线直播节目,电视观众到现场参与游戏、竞赛、表演、谈话的各类真人秀节目,以及热线电话参与和现场参与二者兼有的节目类型。

热线直播类节目在广播电视媒体中都有,当然这类节目尤以广播媒体运用得最多。电视观众到现场参与游戏、竞赛、表演、谈话的各类真人秀节目,热线电话参与和现场参与二者兼有的节目类型一般也主要是电视节目且主要在讨论型的电视谈话节目中,此处不再细述。

在广播的新闻类节目、公共事务谈话、讨论类节目、情感倾诉类节目、综艺点播、游戏互动类节目、服务类节目等,热线参与非常普遍。而在电视的相应节目类型中,往往将观众的热线参与改为电视栏目展示互动话题、观众发手机短信、电视栏目主持人在节目播出中选

读部分观众的短信,或同时在电视屏幕下方以滚动字幕方式出示参与观众的短信内容如表 6.1 所示。而自 2010 年以来,微博、微信的出现,使得受众参与广播电视新闻节目更加方便了。

表 6.1　受众热线电话参与节目之热线直播节目

广　播	电　视
新闻类节目(采访报道类节目):嘉宾连线、接受普通群众的热线提问、发言	和嘉宾的热线连线:《时空连线》 观众的热线提问与筛选:《健康之路》 电视栏目展示互动话题 ↓ 观众发手机短信 ↓ 电视栏目主持人在节目播出中选读部分观众的短信,或同时在电视屏幕下方以滚动字幕方式展示参与观众的短信内容
公共事务谈话、讨论类节目:《市民与社会》《阳光热线》《政风行风热线》	
情感倾诉类节目(夜间谈话类节目):《夜莺热线》《相伴到黎明》	
综艺点播、游戏互动类节目:参与猜谜、答题、点歌、表演节目	
服务类节目:路况信息、电话购物、寻物信息、沟通买卖信息、信息咨询等	

在热线直播节目中,受众通过电话参与节目的制作播出,凸现了现代大众传播活动的两个基本要素——受众的参与和信息的即时反馈,具有十分重要的意义。

(1) 电话介入广播电视节目改变了广播电视节目的传统模式。

(2) 电话介入广播电视直播节目在多方面延伸了广播电视的时空界限。

(3) 电话介入广播电视直播节目增加了广播电视传播的实际效果。

(4) 热线电话介入广播电视节目,奠定了新的传受关系。

可以说,热线电话引入节目为广播电视节目注入了新的活力,但由于发展过快也出现了一些问题,这是不少电视节目的受众参与和互动方式不采取热线电话形式,而采取手机短信参与、微博参与、微信参与的原因之一。

这些问题有:

(1) 宏观容量的失控,影响到热线直播节目的总体质量。

(2) 参与节目的受众面较窄。

(3) 内容随意性大,格调不高。

(4) 热线节目定位不清,节目水分较多。

因此,必须加强对热线直播节目的管理,注意做好以下几方面的工作:① 要培养和提高热线节目主持人的综合素质。② 适当选择话题,事前精心准备。③ 重视导播工作,做好把关工作。④ 做好技术安全保障,必要时要利用电话延时装置,将谈话内容延迟若干秒播出,给主持人留出处理的时间。

第四节 广播电视新闻节目的栏目化、板块化

一、广播电视新闻节目栏目化

节目是广播电视传播内容的基本单位和播出顺序结构,由语言、图像(画面)、音响、音乐等符号元素组成。一般有固定名称、特定主题、内容提要和一定的时间长度。

早期开办的广播电视,一般都是由广播电台、电视台随心所欲地播出节目,既无计划也无规律。常常是有什么内容播什么内容,播出时间随意确定,先播什么后播什么也是随意安排。随着广播电视事业的发展,节目播出也逐步走上正轨。除了定时播出外,适应社会及听众观众的需求,广播电视渐渐开始实行计划播出,以使听众、观众方便地收听、收看广播电视节目。在现代广播电视业中,栏目化是节目播出方式的主要特征。

所谓栏目化,是指广播电视节目编排播出的一种方法,即将若干个反映同一内容或同一类型的节目编排组合在一起,形成一个独立的节目单元,或归为一个栏目,使这个栏目有一个固定的名称、标志、开始曲和时间长度,并固定安排在某个时刻播放。

栏目可定义为:广播电视节目中专门集中播出有某种共性内容的组成单位和划分形式。一般以固定名称、特定的标志图像和标志音乐等与其他节目单元区分开来,其所有内容或同一主题、同类题材,或同一体裁、同一特征等。

广播电视节目栏目化可以使节目的内容、类型系统化,节目编排条理化,时间长度规范化,播出时间固定化,既有利于组织节目制作与播出安排,又便于听众观众定期、定时收听收看,培养视听习惯,从而使节目拥有相对稳定的基本听众和观众群体。

从广播电视的发展历史看,广播电台、电视台最先开办的节目一般都是新闻性节目,最先设置的节目栏目一般也都是新闻节目的栏目。并且,由于新闻节目往往适合社会各个层次、各个方面听众观众的需求,每个广播电台、电视台又普遍在黄金时间设置重点新闻栏目,所以大多数广播电台、电视台的重点新闻栏目也通常都是收听率、收视率最高和最受听众、观众欢迎的节目栏目,如我国中央人民广播电台早晨的《新闻和报纸摘要》节目、晚间的《各地人民广播电台联播》节目和中央电视台的《新闻联播》等作为全国的信息总汇,开办几十年经久不衰,一直是在我国听众、观众中享有盛誉的名牌栏目。

广播电视新闻节目栏目从内容上可分为综合性、杂志性和专一性三种(其实这三种都"综合"很多内容,但综合的范围不同)。大多数新闻节目都是综合性的,它是将不同题材、不同内容的时效性强、短小精悍且新闻价值大的新闻(动态消息)按一定的编排原则编排在一档节目内。这种新闻栏目由于其内容的丰富性而决定了受众群体的广泛性和多层次性,一般是电台、电视台的重点新闻节目,如上述三个栏目。另外还有各省、市电视台在黄金时段、整点播出的新闻节目,如安徽卫视的《新安晨讯》《今晚报道》等。

杂志性的新闻栏目是通过节目主持人,将多种题材、多种内容、多种体裁的消息类新闻或专题类新闻、评论类新闻、谈话类新闻混合编排,内容丰富,报道面比较开阔。这种栏目以新闻为骨架,是融新闻性、知识性、服务性、教育性为一体的综合性节目,其中又可分为不同

的子单元。有的专著将其称为"大板块综合性节目"。如中央人民广播电台的《午间半小时》、中央电视台的《东方时空》。

专一性的新闻栏目是按社会行业、社会生活领域或地域划分来编排新闻内容的,如工业新闻、农业简讯、科技动态、经济要闻、军事新闻、体育新闻或国际新闻、港澳台新闻等,这类新闻可以深化行业报道或突出某地区的报道,满足社会公众的特殊需求。专一性的新闻既可单独构成一个大的播出栏目,如《中国财经报道》《中国房产报道》《海外娱乐报道》《世界娱乐现场》等;也可在综合性栏目中占据一隅,以若干条相同类型的新闻组合成一个小栏目或一个新闻集纳式的播出节目群,如中央电视台《晚间新闻》中的"体育新闻"。

广播电视新闻栏目一般都采用固定时间播出的方式。在播出时间安排上,通常用三种原则方法:一是占据"黄金"时间。早晨6点至8点和晚间7点至9点这两个时间段是一天中绝大多数听众最便于收听广播的"黄金"时间,晚上7点至10点还是电视观众收看电视节目的"黄金"时间。所以大多数广播电台、电视台都是在上述这两个"黄金"时间段中安排重点新闻栏目。二是整点播新闻。即在每个小时的整点时刻安排新闻栏目。三是插空补"白"。即利用一切栏目空隙安排5至10分钟的短新闻、要闻等。

加快新闻传播节奏,提高新闻传播的密集度,多办新闻栏目是适应社会现代化要求而使广播电视得以发展的一个标志。新闻节目一般是按计划的栏目播出,但遇有突发性的重大新闻,便可能打乱正常的节目时间安排,临时插播新闻节目。这种现象在宣传中是常见的,也是广播电视利用自身优势适应现代社会发展的具体表现。

广播电视新闻节目栏目还可以运用多台联办的传播方式。这种方式称为联播,即各台在规定的时间里统一转播来自中心台的新闻节目,这样可以发挥广播电视传播网络的优势,使新闻信息能够在较大的范围内迅速得以扩散。我国目前中央和省两级广播电台、电视台都办有新闻的联播节目。在联播节目时间,其下属各地方台一般都要转播。此外,一些地(市)台和县级台,也都有各式各样的新闻联播节目。还有一些经济区域各台开办的以交换新闻为主的新闻联播节目。这种联播有利于扩大新闻的覆盖面,促进信息的更大范围的传播,促进广播电视新闻节目数量的增加、质量的优化和提高。

随着广播电视事业的发展,教育性节目、娱乐性节目或文艺性节目、服务性节目也借鉴新闻节目栏目化的经验,有的也可分为综合性、杂志性(板块化)栏目、专一性栏目,并且也在固定时间播出,甚至进行节目的合作制作与"交换"式的联播。

二、广播电视新闻节目板块化

在上述对于栏目化的分析中,已经提到杂志性新闻栏目又被称为"大板块综合性节目",而各种非新闻性的节目中也出现了大量大板块杂志型的节目。

"板块"是来自地质学的一个概念,在地质学的大地构造理论中,板块是指由地质上的活动地带划分的岩石圈的构造单位。板块式广播电视节目在广播电视学中用于对集合式广播电视节目的一种形象称呼,它具有基本固定的播出时段及周期,节目内容融新闻、信息、服务、文化、娱乐等多种节目类型为一体,多采用主持人串联形式播出的大时段节目,亦称"杂志型节目"。

相对于传统的节目编排方式,板块型节目栏目的结构方式如下特点:

(1) 板块式节目编排集中,时间长度基本固定;传统节目编排结构分散,时间长度随意性较大。

（2）板块式节目中栏目内容相互关联；而传统结构中节目内容基本互相独立，缺少联系。

（3）板块式节目内容具有多元性、多向性的特点；而传统结构的节目内容界定明确，指向单一。

本来，板块型、杂志型节目只是广播电视节目栏目中的一种类型，但是由于板块型的栏目融多种内容于一体，能在有限时间内满足多层次受众的需求，并且由于内容多样也改变了原有单一的内容指向，在同一栏目中具有多种风格，更加活泼，使广播电视节目更具开放性和张力，因而具有比较显著的视听效果。因此，大板块杂志型的节目栏目渐渐成为很多广播电台和电视台节目编排的重要类型。

板块式节目栏目并非是若干不同类别节目的简单总和，而是对节目内容与节目时段的优化组合，节目内容是一个有机的整体，是依照一定的内在联系与规律编排组合起来的。依其编排标准的不同，板块式节目栏目一般分为三种不同的节目模式：

（1）内容集约模式，是指将多数受众在某一时段希望获得的信息和普遍有兴趣的内容集中统一编排的板块式节目编排方式。

如一般在清晨节目中，广播电视大多依照受众的普遍需求，将早新闻、交通、气象、市场等各方面信息汇集在一个节目板块中，让受众根据这些必要的信息作出相应的日程安排。

（2）对象集约模式，是指按照节目的目标受众群的特殊需要来集中编排节目内容的模式。其节目内容是为满足特定的受众的多层次、多侧面的广泛需要。

如《半边天》栏目星期日版，其子栏目包括了《时间航班》《人生百味》《谁来做客》《海外来风》等，将原先散杂的有关女性题材的栏目汇集在同一个大板块杂志型栏目之中，产生了集合效应。

（3）混合模式一般是以时段为标志，以多方面的内容来满足多方面的受众的需求，是介于内容集约模式和对象集约模式之间的一种节目编排模式。

当然这三种划分是相对的，因为节目的内容编排随着播出过程会不断得到修正和调整，而且不同时期的同一节目的编排风格也会有所差别。而且，混合模式由于缺乏明确的指向，往往容易转向内容集约模式或对象集约模式。

第五节　节目定位与非黄金时段的开发利用

一、节目定位

随着信息传播业的不断发展，可供受众选择的信息源越来越广泛，大量广播电视专业频率频道的涌现，计算机互联网络的普及，受众享有的选择媒体的自由得到了空前的加强。现代广播电视媒体的发展面临着从广播到窄播的转向——频率频道数量多，受众碎片化，单个频率频道不可能再像以往那样拥有泛的大量的受众了。广播电视节目只有经过精确的节目定位才能吸引特定的受众群体，达到传播目的。

(一)节目定位的内涵及其影响因素

所谓节目定位,是指节目制作人员对播出节目的思想内容、目标受众、节目样式、制作风格等划定,对节目设置的目的和宗旨所做的事先规划。节目定位在广播电视的实践中成为制约和规范节目内容、风格、特色等的重要"风标",定位的成功与否直接体现了广播电视节目的舆论导向和宣传艺术的水准,也体现了广播电视节目的质量。

广播电视的节目定位并非是节目主创人员随心所欲、闭门造车的结果,而需要事前周密地搜集、分析资料,根据其覆盖区域特征、目标受众的新闻敏感度、感知热点和兴趣爱好所在,以及主创人员的业务水平以及主持人驾驭调控现场节目的能力等诸因素进行综合评估,才能得出相对正确的结论。

除了目标受众群体的兴趣、需求等,还要考虑到其他诸多方面的因素的影响,影响节目定位的因素有:

(1) **政策因素**:包括一个时期的宣传任务、舆论重点、党和国家的大政方针等,这些因素在新闻时政、纪实类节目中尤为重要,在一般文化娱乐节目中也并非是可以忽略不计的。

(2) **环境因素**:节目传播范围和地域因素。包括该地域现阶段和未来的经济模式、功能定位、发展趋向等;该地区的民族、文化属性和特征以及地理、历史背景等多方面的地域性因素。

(3) **节目的结构因素**:以不同结构模式组织编排的节目在定位上必然有不同的要求,在节目定位时必须将节目的形式等因素考虑在内。

(4) **媒介竞争因素**:不同媒体间、同类媒体内的激烈竞争都将影响节目定位的确定。尤其是同时段播出的其他节目的类型风格,会对节目定位产生较大的影响。

(二)节目定位的评价及控制

节目定位一经完成,即具有相对稳定性,但并非是一成不变的,而是根据节目的实际播出效果做相应的调整和修正。对节目播出效果的判断,必须经过一段时间的播出之后,一般是三个月左右,可以组织部门领导、专家学者、受众代表等组成评定小组,对节目的播出效果做定性的分析与评估。同时,也可采用一些定量的方法来测定。这里的分析工具主要有收听收视率、经济回报率、满意度指数、专业委员会评分、网络影响力指标等。

所谓收听收视率,是指在一个人群当中,所有广播电视用户或所有人,收听、收看某一个节目或频率频道的估计百分比。它是个估计值,不能精确地测量受众规模,具有方法上的局限性。同时,它是一种受众数量的度量,是广播电视市场的"交易货币",但不能反映听众、观众视听的满意程度,即它只能反映听众、观众在可利用的节目选项中选择了什么,但不能反映听众、观众对节目质量的评价。此外,收听收视率与收听收视效果没有必然的关联性,数据仅显示人们接触某个节目但并没有说明他们被该节目影响。

满意度是测量听众观众对节目质量的评价、对收听收看过的频率频道或节目满意程度的指标,也是在收听收视率这个量的指标之外的另一个"品质导向"的指标。在有的国家和地区满意度又称"欣赏指数""享受指数""兴趣指数"等。

$$绝对收听(收视)率 = \frac{节目收听(收视)人数}{该节目覆盖地域的受众人口总数} \times 100\%$$

$$相对收听(收视)率 = \frac{节目收听(收视)人数}{节目覆盖地域内该时段接收广播(电视)的人数} \times 100\%$$

$$节目经济回报率 = \frac{节目的广告收入 + 节目版权等其他收入}{节目制作及播出成本} \times 100\%$$

表6.2 《致富经》的满意度指标示例

	整体	内容	形式	画面	主持人（配音、解说）	节奏
《致富经》满意度	86.15	87.75	86.13	83.16	85.60	81.49
经济生活类栏目平均满意度	84.19	85.67	83.25	82.05	84.14	80.57
全部栏目平均满意度	85.28	86.77	84.20	82.95	85.32	81.61
与本类栏目平均满意度差值	1.96	2.08	2.88	1.11	1.46	0.93
《致富经》细化指标权重	—	0.32	0.25	0.07	0.18	0.18
经济生活类栏目细化指标权重	—	0.27	0.17	0.12	0.26	0.19
与本类栏目细化指标的权重差值		0.05	0.08	−0.05	−0.08	−0.01

2008年6月21日,由中国广播电视协会、中国传媒大学和中央民族大学联合推出的《中国电视网络影响力报告(2008)》在北京颁布,报告在业界首度提出以网络影响力为新型电视评价指标。网络影响力的内涵归纳为三个方面,一是知名度指标,二是被关注度指标,三是网络收视度指标。所谓"媒体知名度指标"指的是由正式机构发布的关于某一电视媒体的信息量的总和,选取网络中主要搜索引擎的搜索结果的平均分作为最终得分;所谓"媒体被关注度指标"指的是某一电视媒体在网络各大论坛中被讨论的量,被讨论次数越多表明媒体越受关注;所谓媒体的"网络收视度指标"指的是电视媒体生产的内容在网络中被收看和被下载的次数,表明观众的主动收看行为,是电视媒体网络影响力的最高指标。最后,三大指标的加权平均之和即为最终媒体网络影响力指标。①

为什么网络影响力指标可以用来评定一个节目呢? 首先,这是一个体现传统媒体与新媒体融合趋势的全新的评价指标。当前新媒体越来越强势,越来越多的人通过在线音频视频、传统电台电视台网站的网上直播、网上点播,以及手机媒体收听收看音频视频节目。其次,网络影响力指标可以弥补收听收视率指标的先天不足。收听收视率指标评价的是有多少人在收音机电视机前听或者看某个节目,而对于没有在收音机电视机前听或看节目的网民是否了解该节目及媒体以及所持的看法等却无法评价——实际上,有很多人在某电台电视台播放某节目时没听没看这个节目,但他恰恰在网上听了或看了该节目的直播或点播。也就是说,没听传统广播、没看传统电视的网民不仅可能通过网络听了看了某个节目,而且即使他们真的既没通过传统广播电视收听收看,也没通过网络收听收看,但他们还可以通过网络来影响他人对某个节目的看法和行为。第三,网络影响力指标可能更具有真正持久的影响力。收听收视率指标所表现的是受众在强制状态下做出的一种被动性反应,既无法反映受众的主动性要求,又无法代表受众的真实满意程度,更无法测量广播电视节目及媒体的社会影响力。而在网络中,没有时间的强制性限制,没有频道的强制性选择,受众对某一节目的喜爱与否可以最大限度地释放,这是一种发自内心的主动性的自我选择,而非被动性的

---

① 李桥,苏英.《中国电视网络影响力报告(2008)》发布[EB/OL].[2008-6-22]. https://tech.sina.com.cn/i/2008-06-22/17582274749.shtml.

强制收听收看。因此,一档节目在网络中受欢迎才是真正地被受众喜爱,广播电视节目的网络影响力才是真正持久的社会影响力。①

如节目播出后出现下列现象,则意味着节目定位需要做必要的调整,甚至有重新定位的必要:

(1) 节目发生舆论导向的偏差。
(2) 无法产生应有的社会影响和吸引特定的受众群,收听(收视)率持续下滑。
(3) 节目形式多次改版,收听(收视)率仍无法提高。
(4) 广播电视宣传任务或国家工作中心转移。
(5) 扩大传播区域或节目制作规模扩容。
(6) 自主经费的栏目经济回报率明显下降。

二、非黄金时间的开发与利用

随着广播电视事业的发展,广播电视出现纵横两个方向上的增长:横向是大量专业频率频道纷纷成立,纵向是每天的节目播出时间不断增加。

原来每天广播播出的时间一般在10~16个小时,如今多数电台频率实行24小时的全天候播音,至少实现了从清晨到深夜的18个小时左右的连续播出。

电视节目播出时间的延长则更为显著,在20世纪80年代初期,电视一般只在晚间从18点30分开始播出4个多小时的节目,现在则已是全天24小时的全天候播出。

这一发展体现了人们作息时间的变化,更体现了广播电视传播对于非黄金时段的开发。根据人们的作息规律,广播电视播出时间中有一些特定时段会受到较多受众的欢迎,一般来说,大多数人在夜幕降临之后到就寝这段时间内相对较为休闲,能够在家庭的收音机或电视机前收听收看节目。其他的时段能否接收节目则因人而异。

因此,在广播电视播出语境中有一些时间段被称为"黄金时间"——广播电视播出时间中一些特定时间段受到较多受众的欢迎,在该时段播出的节目一般能获得较高的收听(收视)率,同时也因此得到较高的广告收益。

根据长期研究表明,广播节目的黄金时段一般在清晨、中午、傍晚和深夜等时段;而电视节目的黄金时间一般出现在晚间及节假日的白天等。

但黄金时段并不是固定不变的,不同时期的电台、电视台或不同的广播频率、电视频道,或其他重大事件的发生等,都有可能改变黄金时段的出现时间。

黄金时段的形成受到下列一些因素的制约:

(1) 该时段内的节目质量。这是形成黄金时段的最主要的一个影响因素,只有其节目质量在一定水准之上,才有可能使该时段成为黄金时段,若节目的质量过于低下,是绝不可能引起高收听(收视)率的。

(2) 媒介自身的优势和特点。广播节目要求受众的注意力较电视为低,受众可以一边处理日常生活事务,一边收听广播节目,因此就较容易在早晨及傍晚时段形成收听率的峰值;另外由于广播收听要求的设备较简单,所以在中午休息时间以及早晚交通高峰时间容易形成峰值。

---

① 李岭涛,黄宝书.网络影响力:电视评价新指标[J].中国广播电视学刊,2008(7):19-21.

电视则以其丰富的视听双重享受、信息丰富的优势,在晚间受众较空闲的时间,比广播更容易形成收视率的高峰。

(3) 受众的作息规律和收听收视习惯。不同类型的受众作息时间不同,收听收视习惯也不同,从而可能出现一种对某些频率频道、某些栏目来说是黄金时间的时段。

随着广播电视节目的播出时间不断延长,节目播出量不断增加,受众的分众化,像过去一样形成极端高峰收听(收视)率已不太可能。同时黄金时间的容量已接近饱和,广播电台、电视台必须重视对传统意义上的非黄金时段进行开发利用,以收到更好的经济效益和社会效益。

对非黄金时段的开发利用的关键在于对节目目标受众的特定兴趣、需求要有比较清晰的认识,只有清楚地认识才能准确定位,才能在"非黄金时段"达到理想的传播效果,甚至使之成为黄金时间,即必须发现适合该时段的目标受众和适应该目标受众的节目内容,二者缺一不可。

较电视而言,广播具有设备简单、携带方便、容易普及等优势,在非黄金时间的开发利用上有可能做得更深入。

由此可见,黄金时段和非黄金时段的界限不是绝对的,在一定条件下,二者可以相互转换,随着广播电视媒介的专业化、窄播化、丰富化,黄金时段和非黄金时段的划分会越来越模糊,甚至有学者提出"任何时间都是黄金时间"的观点。

思考题

1. 中国的"公共新闻"和"建设性新闻"发展走向如何?
2. 广播电视非黄金时段的开发如何进行?
3. 广播电视的互动性、参与性优势在实践中有无问题?为什么?
4. 如何看待新闻节目的娱乐化播报现象?

第七章 广播电视新闻采编流程

第一节 广播电视新闻采访

广播电视媒体的新闻采访,与其他媒体的新闻采访活动一样,是新闻工作者深入社会生活、发现新闻素材、搜集资料,以便进行新闻报道的深入细致的调查研究活动,是广播电视新闻工作者为了获取新闻而开展的活动。因此,新闻采访的一般规律同样适用于广播电视新闻采访。在采访前要进行资料准备、物质准备、技术准备、心理准备;人物专访、预约采访,在带机采访前还要和被采访者反复沟通;在采访中,要充分运用观察、记录、提问、交谈等方式进行信息采集等等。不过,由于广播电视媒体的媒介特性,由于主要是利用声音和图像进行信息传播的特性,比起平面媒体的新闻采访活动,广播电视新闻采访活动有它自己的特殊性。

一、广播电视新闻采访的特殊性

当然,在广播电视媒体上播出的新闻,不完全都是能充分体现广播电视媒体的媒介特性和优势的。听众往往会听到广播新闻里有些新闻只有播音员的播报,观众会看到电视新闻里有些新闻只有播音员出镜播报或只有静态图片、字幕配合画外音解说构成,它们都没能充分展现广播媒体各种声音符号的综合性传播的魅力,没能展现电视媒体活动影像与同期声结合的传播魅力。这些在广播电视媒体上播出的新闻和平面媒体的文字新闻、图片新闻或摄影报道相似,只是让播音员将文字播读出来,这是因为对于任何新闻媒体来说,信息传播、新闻性是第一位的,媒介特性是第二位的,有的时候,由于时间、条件所限,暂时没能录到现场的有声语言、实况音响、实况音乐,没有摄录到现场的活动影像及其同期声,广播电视媒体为了迅速播发新闻,就采取了简便的方式。因此,我们在本章所要讨论的——如何发挥广播电视媒介特性进行新闻采访和报道的问题,在实践中不应该成为教条,更不应该成为决定新闻取舍的标准。即便在采访过程中所有符合媒介特性的采访方式与手段都无法实现,只要所采访到的事实具有新闻性,哪怕是采用口播、图片、字幕的方式,也要对其加以报道。[①]

(一) 带机采访是最为主要的采访方式

广播电视媒介的带机采访是指电子媒介记录与采访共生的采访形式。带机采访所获得

---

① 饶立华,杨钢元,钟新.电子媒介新闻教程:广播与电视[M].北京:中国人民大学出版社,2000:172.

的信息可以通过声音和影像的方式直接进入新闻节目进行传播。

与此相对,广播电视媒介的脱机采访指的是不带摄录设备,而仍然是通过传统的口头提问、观察、默记于心或借助某些书面文字记录工具来记笔记的采访形式。对于广播电视媒体来说,脱机采访是一种辅助性采访活动,是为了更好地进行带机采访而进行的准备性的采访活动,它所获得的信息要首先形成文字稿件,再以文字语言或有声语言的形式进行传播。

因此,广播电视媒介的带机采访不仅要考虑到新闻信息的采集,而且要考虑到新闻信息的传达。即它不仅涉及所采集新闻信息内容的重要性,也涉及所采集新闻信息形式的表现性。也就是说,广播电视记者在采访时,不仅要考虑问什么问题、能采录到什么内容,还要考虑到问问题的方式和采录信息内容的方式;不仅要考虑到被采访者语言内容的准确性,还要考虑到其语言表达的形式;不仅要考虑采录到的信息的完整性,还要考虑这些信息传达的时间长度……换言之,记者要考虑自己问问题的方式,因为记者本人的声音、形象可能有必要成为节目传达的一部分,记者要考虑到录音的清晰度、摄像的技法问题,要考虑到如何呈现被采访者的声音、形象,等等,表7.1为带机采访和脱机采访的比较。

表7.1 带机采访和脱机采访的比较

带机采访	获得的信息可以通过声音和影像的方式直接进入新闻节目传播	不仅要考虑到新闻信息的采集,还要考虑到新闻信息的传达
脱机采访	获得的信息要首先转换成稿件,再以文字语言或有声语言的方式进行传播	承担外围性的信息收集任务,而把关键性的采访交由带机采访完成

对于电视媒体的采访来说,还需要特别注意出镜采访的问题。出镜采访是指电视记者以收集素材、播报评述新闻事实为目的,在新闻传播活动现场的镜头中出现自我形象的采访方式。这种采访包含提问、访谈、交流、报道等具体形式。它的作用在于记者能够带领观众亲临现场,增强新闻报道的可信度;使现场的信息更加条理化、秩序化;搜集摄像机不能直接记录的信息;使采访更加深入。

(二) 现场性的原生形态纳入广播电视新闻报道

在文字新闻报道中,素材唯一能够进入作品的形式是直接引语,除此之外,记者只能将其在现场的所见所闻所感用自己的话来重组。而在广播电视新闻中,带机采访可以将其所摄录到的声音和影像大量地直接用在节目中,而辅以少量的报道词进行连缀和必要的说明,就能构成一个完整的新闻作品,后期的再创作只能决定对素材的选择与使用,而很难对素材本身进行任何改动。

这样,采访过程直接进入报道,它改变了以往回溯式、结论式的报道方式,使报道在时间定位上产生了位移,采访与报道可以同步展开,报道方式呈现出探索性、未知性、过程性的特点,能够更多地激起听众、观众的新闻欲,令听众和观众欲罢不能。这样,也就能最大限度地将现场的情况展现给听众和观众,在其心理上形成最大程度的真实感,让他们感到所有节目内容都是没有经过中介的原生形态。

(三) 新闻报道形式与采访方式密切相关

由于广播电视带机采访的素材以固有形式直接进入新闻报道,使得新闻报道形式与新闻素材的获取方式密不可分,这样前期采访和后期制作不再是彼此脱节的两个环节,带机采访的文字记者同时是单个新闻、整个新闻节目的编导,由文字记者来指导摄像记者、录音师在现场进行摄录。如果在现场采录到非常鲜活、丰富、典型的音像素材,电视新闻就可以采用影像新闻的方式,广播新闻就能采用录音报道的方式;如果摄像记者、文字记者以及录音人员配合很好,文字记者还能够在现场做采访报道,从而制作出广播电视现场报道;而如果带机采访出问题,由于物质准备不足、工作作风不够扎实、摄像技能不强、摄录设备出故障,没录到想要的音像素材,那就只好用口播、字幕的方式来播发新闻了。

对于不同类型的广播电视新闻节目来说,其带机采访中对于音像素材的摄录要求也是不同的。比如,电视消息时间短,而如果拍的镜头比较单一,只是单个完整的长镜头,那么就难以与报道词相互配合,剪辑的时候就难以操作。电视专访,如果只拍了采访现场访问者和被访者的对话,那么节目呈现出来会非常的枯燥。对于深度报道类电视新闻节目,如果没有长镜头,没有过程性的记录镜头,则会由于素材零碎、片段化,使报道的真实感和生动性大打折扣。

"成也萧何,败也萧何",带机采访已经构成了新闻作品制作的有机组成部分,其成败对整个作品具有不可替代的重要影响。对于突发事件报道来说,如果记者在带机采访中出现了问题,音像记录失败,更是没法补救的。由于这种采访与传播的统一,使得记者在采访过程中必须时刻关注传播效果和传播方式,要求记者能够具有编辑意识,在采集素材的时候不仅要考虑到素材的内容,也要考虑素材的呈现方式,并采取相应的摄录方式,这就与传统意义上采访侧重于对新闻信息内容的挖掘形成了鲜明的对照,而且也对记者的素质提出了非常高的要求。

(四)记者的角色定位增加了新的内容

传统的记者角色是新闻的采集者、调查者和传播者,而广播电视新闻中的记者出现了新的角色定位,比如在广播现场报道和电视现场报道中,记者还应是受众认知新闻、观察新闻事件的现场引导者,是新闻事件和活动的参与者、体验者。在现场报道中,记者不仅会将他已经掌握的信息说给听众听和观众看,他还会带领受众去观察、发现、探索新的事实,通过对现场当事人及有关人士的提问,来解答受众的疑惑,这都使得广播电视现场报道类新闻体裁有了突出的现场性、过程性、未知性、探索性的特点,从而改变了广播电视新闻的总结式、转述体的语态,使得其在受众心中的真实性、客观性、体验感非常浓烈,也体现了对受众认知能力的尊重。

当然,这种新的角色定位对记者的素质提出了非常高的要求。记者要有非常强的对现场各种情况的掌控能力,他要及时地、随机应变地对现场情况加以从宏观到微观的整体把握,这种把握既要能够对现场事实本身进行语言学层面的把握,然后用口头语言加以描述,又要能在政治性、思想性上准确客观;他还应能对新闻事件的发展做出预测,要能够对受众的接受心理与需求做出判断和把握,并在这一把握的基础上开展信息的编码和传播,从而尽可能实现较好的传播效果。此时,记者的口头语言表达能力、严谨而敏捷的思维品质非常重要,而其报道新闻时的言行举止和服饰也会对信息的传播效果产生影响。也就是说,记者本身也成了广播电视新闻传播的一个符号,他的声音、形体、服饰、表情等都构成符号元素系统的重要部分。记者本身既是传播的手段也是传播的内容,他决定了新闻传播的成败,正如麦克卢汉所说:媒介即讯息。

（五）采访和传播对摄录器材的依赖性

比起传统的报刊媒体，广播电视媒体的采访对摄录器材的依赖性特别强。报刊媒体的新闻主要使用文字、照片进行报道，其记者在采访中主要是通过提问、观察、文字记录来进行信息采集，记者在采访中可以携带照相机进行照片拍摄，也可以不携带，让被采访者提供照片的情况经常存在。但是，广播电视媒体的记者在采访中，除非准备性的脱机采访，否则必须携带摄录器材进行录音和摄像，而且摄录技术的高低对新闻作品质量起着重要的影响。

比起广播媒体，电视媒体对摄录器材的依赖性也更强。广播媒体的采访只需要携带广播级录音机或其他替代性的录音设备，设备携带方便，录音技巧容易掌握；而电视媒体的摄录器材则不仅器材多而且昂贵，摄录技术也更加复杂，记者要熟练地进行摄像并录音，掌握起来需要较长的时间，一旦设备出故障，也更难以迅速排除。这就在一定程度上限制了电视的机动性和时效性。

（六）电视采访的合作采访方式

传统的报刊媒体在采访中往往只需要一个记者，广播媒体记者在采访中将录音机调试好后也可以自由地提问和记录，这两种媒体通常只需要派出一位记者就能有效地完成信息的采集。但是电视采访却通常需要两位记者分工合作，一位是采访记者兼文字记者和编导，一位是摄像记者。更多的时候，为了电视新闻报道形式的丰富有力，甚至还要有专门的出镜记者、灯光师、音响师等等，在复杂的电视新闻专题、新闻纪录片、电视新闻现场直播中，可能还要有更多的专业人员加入。这些工作人员必须通力协作，才能够共同完成新闻报道任务。

二、广播电视新闻的拍摄原则与方法

广播电视媒体的采访形式主要是带机采访，最能体现广播媒介特性的广播新闻形式是带音响的报道，最能体现电视特性的电视新闻形式是带有现场画面和同期声的报道。也就是说广播电视新闻应该不仅仅是记者通过提问、访谈等收集信息，更要把记者的提问、记者与被采访者的交谈、被采访者相互之间的交谈、记者所看到的有价值的景物和现象摄录下来。这就需要遵循真实性原则、时效性原则。

真实性原则，就是指广播电视新闻的摄录必须是对真实时间、真实空间发生的真人真事、真实场景进行客观的记录，而不允许在对被拍摄对象进行干涉之后再拍摄，不允许将现成的稿件交给被采访者背诵出来或读出来，再由摄录设备摄录下来，不允许将真实和表演两种因素嫁接在一起再摄录下来，即不导演、不摆布、不嫁接。

时效性原则，是指对于广播电视新闻素材的采录来说，在有价值的影像和声音出现时，是否能够将其迅速地记录下来是第一位的。不能因为"我"在考虑技法，考虑怎么样拍能更好，而让本应该摄录下来的影像和声音随着时间溜走，即任何表现要素的考虑都不能以牺牲记录新闻信息的时机为代价。与没有采录到关键的镜头和声音相比，一切形式要素的不完美都是可以原谅的。有时镜头的晃动、光线的昏暗、录音效果的混乱……或许恰恰正是现场态势的最好体现。

在这样的原则下,广播电视新闻的拍摄方法主要是"抓拍",就是在采访的基础上,根据事实和传播意图的需要,灵活采用挑、等、抢的方法,从客观现实生活特别是新闻现场中抓取相关的镜头,记录和再现新闻事实。这种拍摄方法排斥对采访对象的干涉、支配、摆布、导演,尽量避免破坏被拍摄对象的自然状态和发展进程。

所谓"挑"是指记者和摄像师、音响师在新闻现场通过采访调查、观察、思考、判断和预测,对传播意图和现场实际状况加以整合后作出的操作性决定。"等"是在摄录的最佳时机尚未到来之前在新闻现场的准备过程。"抢"是要求摄影师、录音师在摄录目标出现的时候不失时机地、成功地实施摄录。

当然,这三者不是各自独立、互不相关的三个方法,而是三位一体的,是一种拍摄方法的三个层面。正如电视学者黄匡宇所说:"挑"在拍摄过程中,兼有"等"和"抢"的内容。"挑",就必须等待时机的出现,等到稍纵即逝的时机出现时,又必须"抢"方能实现"挑"的目的。

在挑、等、抢之外,还有"偷拍"。偷拍,是抓拍的一种特殊形式。它是应用于隐性采访的拍摄手段,即是在拍摄对象完全不知道被摄录的情况下记录其言行的音像。当然,隐性采访的运用本身就有争议,偷拍也应该谨慎运用。

抓拍之外,还有"组织拍摄"的拍摄方法。组织拍摄,是以获取观念为目的的非现场报道的人物采访。这种采访的拍摄方法是一种仅适用于由记者的采访行为引发的非事实记录式的拍摄过程,组织的对象也仅限于采访环境的选择,相关证据的展示,各类示范、演示,采访对象自己同意的重新表述等。

在电视新闻的摄录中,一定要注意同期声的采录。无论在什么情形下,也不管在后期编辑中是否用得上同期声,都应将话筒开关打开,在录制人物语言同期声时,如果可能,最好带上监听耳机。录音师、出镜记者要与摄像师密切配合,协调统一,通过调整与声源的距离和角度,以及不同特性话筒的选择使用,根据传播意图的需要,取得真实而与影像一致或分立互补的音响(声音)。

当然,话筒采录声音与人们日常听声音是有所区别的。人在听声音时,是受注意力控制的,因而听得最清楚的声音,并不一定是最响亮或频率最高的音响;话筒要"客观"得多,各种声源的声音,只要进入范围,就照单全收。这就需要:

(1)记者和录音师要培养敏锐的听觉能力,善于辨别声源,找准主要音响(声音),快速把握音响环境,选择最佳录音距离、角度,有针对性地采录现场声音,避开噪音,使典型音响得以凸显。

(2)注意随时监看录音机上的指示表,据此调节话筒距离或录音调控旋钮,确保录音质量。

(3)录完音以后,最好马上回放,检查录音效果,若出现问题,可以及时补录。

(4)声源特点和声音环境的不同,对采录效果影响很大。因而采录的声音并不一定与人们听到的声音效果一致,要不断摸索、调整,积累经验。

第二节 广播电视新闻写作

广播新闻是"为听而写",而电视新闻既要"为听而写"(为耳朵而写),又要"为眼睛而写",这里面还含有报道词与电视画面相配合的关系。因此,广播新闻的一些写作技巧也适用于电视新闻,而电视新闻的一些要求则不一定适合广播新闻。

一、广播电视消息的特点

消息是新近发生与正在发生的有意义的事实的报道,或者称作新近变动与正在变动的事实的信息。无论是哪种新闻媒体传播的消息,都必须做到真、新、快、短、实,亦即完全真实,准确无误;内容新鲜,富有信息;迅速及时,时效性强;短小精悍,明白晓畅;事例典型,用事实说话。

但是广播消息与电视消息应该而且可以做到更短更快,因而内容更显新鲜与扎实。一般报纸上的短新闻平均每条在500字篇幅,而广播新闻与电视新闻平均每条在200字篇幅。这是因为广播新闻声音转瞬即逝,过耳不留痕迹,只宜短小精练,以一事一报、简洁明快为好,才能给听众留下明确的印象;而电视新闻,除了有文字报道词外,还有画像信息相配合,文字部分相对可以简练些。请看一则广播新闻的脚本:

【乌蒙特写】 这里的群众心不慌(2011-09-28)

中广网毕节9月28日消息(记者包云) 经历了持续的干旱,贵州毕节地区赫章县如今的秋收情况如何?记者走进了田间地头,了解农民们今年的收成情况。

走到中山村小桥沟组,村民朱德慧正在收割水稻,她告诉记者:

【出录音】 朱德慧:可以有点找人卖了的,也有自己吃到的,总共一下我家的田要收六七千斤。【录音止】

她家屋后就是一片水库,这里的村民能够从附近水库和政府修建的"同心水窖"里引来水源,虽然遭遇特大干旱,今年的收成没有受到影响。而仅仅五六公里外的另外一个组就没有那么幸运了。在大寨组,村民赵永慧家的水稻、玉米几乎荒废在山上,她对记者说,由于在山上开荒种粮,缺乏灌溉设施的保障,她家的庄稼只能靠天吃饭。

【出录音】 赵永慧:今年又干旱了,播的种又干萎了。【录音止】

面对几乎绝收的生活,赵永慧却显得并不焦急。她对记者说,前几天乡里派人来统计过了,对他们这些粮食绝收、歉收的农户国家将给予每人每月30斤的粮食补助。有了这些补助,他们的生活也不会受到太大的影响。

面对同样的干旱,却是两种不同的收成;两种不同的收成,却同样安心。在毕节这样一个大部分地区仍然靠天吃饭的农业耕作模式中,只要水利工程跟上了,干部工作到位了,群众在旱情面前就心不慌了。

【出录音】 赫章县委副书记丁晨:我们要把群众的事放在心上,把实干放在头上,把贫困甩在身后。【录音止】

下面是《新闻联播》一条电视消息的脚本,如表7.2所示。

表 7.2 【直击春运购票】记者体验三种购票方式(2013-01-17)

画面	报道词
主播,演播室	火车票到底好不好买,本台记者今天分别对电话、网站和火车站窗口购票进行了购票体验
记者体验电话购票的场景	记者首先体验了电话订票,按照往年的经验,北京往成都方向是比较热门的线路,票不好订,记者的购票方向就选择了成都,开始的时候,电话一直处于占线状态,大概5分钟后,电话接通了,记者顺利地订到了2月5号北京西开往成都的临21次列车 (订票电话同期声,略)
记者体验网络订票的场景	鉴于广大网友纷纷吐槽12306网站在春运高峰期体验不佳,记者兵分两路,一路上网订票体验,一路来到12306网站指挥中心。记者登录12306铁路客户服务中心网站,选择购票之后,页面始终无法正常显示,记者不断刷新页面,大概10分钟后页面恢复正常,在输入用户名、密码、验证码等一系列操作之后,记者进入了订单排队生成系统,经过10分钟的等待,记者也成功订到了车票,整个过程用时30分钟左右
12306指挥中心的大屏幕	在12306指挥中心,我们看到了巨大电子屏上显示着互联网、电话订票等实时的统计数据
采访中国铁道科学研究院朱建生	(采访同期声)在春运到来之前,对系统做了大规模的优化,但是呢,因为大家也都知道,铁路的运能和运力在春运期间还是满足不了全社会的需要
控制中心的工作场面	(朱建生声音后延)登进来了以后,还要看您选的这个车,席位是不是有足够的票
12306控制中心的屏幕上的数据	1月16日,12306网站点击量有15.9亿次,比去年购票最高峰还多。16号当日网络售票265万张,是去年日均售票量的2倍多,系统仍运行平稳。据悉,目前互联网订票已占全铁路订票近40%
火车站排队买票的人群旅客小范	在北京西客站,记者跟随小范体验了窗口买票的过程。由于部分旅客通过电话、网络等渠道买票,因此和小范一起排队买票的队伍不是特别长,每个窗口大约20几个人,小范45分钟买到了 (订票同期声略)
体验各种订票方式的画面	体验下来,记者的感受是:电话订票最快捷,操作也最简便。网络订票需要有网上支付功能的网银,购票者需要具备一定的网络知识。传统的窗口排队购票最直接,适合年龄偏大、没有上网习惯的人群。需要提醒的是,互联网和电话购票与窗口订票的预售期是不同的,在网上和电话订不到,并不代表窗口没票。许多网上和电话没及时领取的票也会回流到窗口

二、广播新闻导语的写作

报纸新闻的导语之前,一般有主标题、副标题、引题,统称标题。标题是读者的向导,是新闻内容的集中与概括,它用精炼的文字提示新闻中最主要或者最值得注意的内容。在它的帮助下,读者读了标题再读导语,不会感到茫然。在导语部分,没有必要再重复上述内容,可以再抽象点,也可以再具体点。

报纸新闻的这种写导语的方法,用到广播新闻的导语写作中是不行的。广播新闻没有标题,即使有提要,也是在新闻节目的开头播出,离新闻有一定的距离,听众不便一一对号。因此,像报纸新闻那样,把导语写得过于抽象或者过于具体,是不妥当的。

(1) 广播新闻的导语,应该像报纸新闻的标题那样,着眼于用最精炼的文字,概述新闻的最主要的内容。它既不能写得过于抽象,远离主要新闻事实,又不能着眼于对最主要事实的详细叙述。即使是描写式新闻导语,也要通过对现场的描述,引出主要的新闻事实。

(2) 广播新闻的导语中,尽可能只突出一个最重要的新闻事实,而把其他新闻事实移到主体再作交代,力求把导语写成一句话,也就是写成"一句话导语"。因为,广播新闻与报纸、通讯社新闻相比,时效性要求更高,更需要在尽可能短的时间内向听众提供尽量多的信息。

(3) 广播新闻的导语,最好用单句,即采用主语、谓语加宾语的句式,少用或不用复合句。

我们知道,单句的构造简单,只有主语、谓语和宾语,播音方便,听起来不费力。复合句构造则比较复杂,句子一般都比较长,播音员播起来吃力,听众听起来也感到吃力。因此,除特殊情况,广播新闻的导语不要采用复合句,在导语上尽量少用过长的定语、状语和补语。

为了说明这个道理,我们来比较以下几条导语的不同。

【导语一】 人民解放军兰州部队某给水部队指战员,在荒漠中探测出大量地下水资源,为边疆建设做出重要贡献,受到地质矿产部通报表扬。

这则导语由四个分句组成,每个分句都是单句,构造比较简单,比较适合于广播。如果把这条导语改为复句,就会变成这样:

在荒漠中探测出大量地下水资源,为边疆建设做出重要贡献的人民解放军兰州部队某给水部队指战员,受到地质矿产部通报表扬。

这个导语由原来的四个分句合并为两个分句,把原来在句子中作谓语的两个分句提到主语"人民解放军兰州部队某给水部队指战员"之前,做定语。这样,原来的三个简单句,被合并成一个复合句,这句话的 45 个字,播音和收听都比前面那条导语困难些。

当然,广播新闻导语中,并不是排斥一切定语,简短有力的定语,在广播新闻导语中,同样是必要的,不可少的。例如下面这则导语:

【导语二】 连续 15 年亏损的兰州钢厂,今年实行了承包责任制,第一个月就实现了收支平衡,略有结余。

主语"兰州钢厂"前面的定语"连续 15 年亏损的"这几个字,用在这里就很有力量,显示出了对比和变化。如果把这几个字去掉,这个导语由于没有对比感,听众就听不出实行责任制前后的变化,力量远不如原来那条导语大。

(4) 广播新闻的导语不宜使用倒装句。

所谓倒装句,有两种情况:一种是主语和谓语颠倒,把谓语提到主语前面;另一种是宾语和主语、谓语颠倒,把宾语提前。在报纸新闻导语中,宾语提前的例子比较多。例如:

【导语三】 当前要切实按照中央最近通知的精神,从六个方面入手,改进机关作风,消除腐败现象;广东省省直机关在端正党风中要做全省的表率,这是广东省委领导同志在机关端正党风汇报会上提出的要求。

在这个导语中,宾语"要求"的具体内容提前了,主语和谓语移到后面去了,这种写法,突出了有新闻价值的内容,而把新闻事实的出处放到导语后面交代。导语的这种写法,在近年的报纸新闻中常见。但是,在广播新闻中,这样写导语,会使人产生突如其来的感觉,听起来费力。如果按照人们听力的习惯,应该这样修改:

广东省委领导同志在省直单位端正党风汇报会上提出,当前要切实按照中央最近通知的精神,从六个方面着手,改进领导作风,清除腐败现象;省直机关在端正党风中要做全省的表率。

以上我们讲了写广播新闻导语的四项要求,即概括主要内容、突出主要事实、尽量多用单句、最好不用倒装句。

三、电视新闻标题和新闻导语的写作

报纸新闻历来对标题十分重视,一篇好的消息配上一个好的题目,会给消息的内容增色不少,有时一个好的题目会使人过目不忘,其效果甚至超过消息的内容。广播新闻对标题不太重视,因为广播新闻的标题播送不出来,听众也听不见,只能在记者和编辑之间使用。电视新闻的标题,长期以来也不被重视,很少出现像报纸新闻那样多的、精美的、脍炙人口的标题。但近年来随着新闻节目改革的加快,人们对电视新闻标题日渐重视,而且电视新闻的标题以字幕的形式出现在电视屏幕上,参与画面构图,在屏幕上停留数秒,也必须引起重视。

(一)新闻标题的创作

电视新闻标题的创作原则可以用八个字概括:简练和谐,恰当易记。

电视新闻的标题一般以蓝色透明底或者灰色透明底加白色字幕,上下分两行,上行是标题,下行是记者的名字,有时标题也会有两行甚至更多,从屏幕的左下角划像出入或者淡出淡入,字号不宜太大,在画面的位置不能太突出,占据画面的面积不能太大,停留时间以五六秒为多。由于这种形式的限制,电视新闻的标题必须简练和谐,恰当易记,否则标题出现的效果就不理想。

(1)电视新闻的标题以简单的陈述句居多,如:

委员提案:电信业必须允许私企进入

转包造成隐患

全国人大十届三次会议今天开幕

江泽民主席会见美国前总统布什

人大代表关注医疗事故处理立法

铁血卫士——方红霄

政绩出了"羊"相

嵩山雾淞

(2)对称的句子如果既工整又通俗,效果也很好,如:

鲜韭菜烂布、大白菜喂猪

中债炙手可热 买者络绎不绝

美国:无知幼童杀人 "枪控"呼声高涨

(3)简短的诗词句型也可以采用,如:

稻花香里说丰年

泪眼相看　对面可是我兄弟

王朔"狗眼"看艺谋

(4) 疑问句在电视新闻的标题中也经常见到,如：

公园咋成了停车场？

评论：科索沃,你该朝何处去？

美国白人警察＝暴力＋种族歧视＋谎言？

(5) 简短的惊叹句效果强烈,如：

听! 她的爱心还在跳动! ——七岁幼女临终前捐献器官

3200万! 巨贪王明利锒铛入监

"城市广场热该降温了"! ——政协委员给城市建设敲警钟

(6) 比喻句也可以采用,如：

为巨乳少女卸下俩"负担"

山沟里飞出金凤凰

(7) 直接引语也可以用作标题,如：

朱总理：老乡,别说套话了

王朔：我是疯狗见谁咬谁

(二) 导语的写作

电视新闻的导语在写作方法上逐渐形成了自己的格式,主要有独立的新闻导语和串联用的新闻导播两个类别。

1. 独立的新闻导语

独立的新闻导语比较传统化,写作上与报纸的新闻导语没有多大区别,但近年来越来越多的电视新闻的导语在写作时就已考虑到播报的需要,更注重口语化、生活化和与观众的交流感。具体有：

(1) 概括式——将新闻的主要内容在导语中体现出来,观众听了导语,就已经知道了新闻的主要内容。有点像消息写作的倒金字塔写法。

中美关于中国加入WTO的谈判今天中午结束,谈判取得成功,签字仪式将于下午举行。

今天的中国空降兵已经具备了随时能飞、到处可降、降之能打的全方位作战能力,一旦需要,可以在数小时内,成建制出现在中国任何地区执行作战任务。

(2) 摘要式——把新闻事实中最重要的内容抽出来做导语,其他的内容在新闻中做进一步交代。

中国加入世贸的谈判,已经取得较大的成绩,现正朝与所有成员国全面达成协议的方向前进。专家认为,近期中国与其他世贸成员国就中国加入世贸的双边谈判,将会有新的突破。

宁夏考古工作者近日在贺兰山脚下对一座西夏时期的古墓进行了抢救性发掘,在大量的珍贵文物中,鎏金塔模是国内首次发现。

(3) 直述式——面对观众将所要传递有新闻事实或观点直接叙述出来。

没钱有技术,有人帮你开公司。以高风险、高回报形式在市场上运作的投资型企业在上海的发展出现迅猛之势,因其能量惊人,并与 WTO 和个人经济生活紧密相连,引起各方关注。

如果你想买一套住房而资金不够,我可以告诉你一个办法:找市房改办理公积金贷款。我市住房公积金管理和使用办法今天出台,住房公积金贷款正式推出。

(4)背景说明式——有两个种类,一种是从消息的背景说起,在导语中直接点明消息的来源;另一种是用于反映新闻,在导语中点明反映主体,以引出当前的新闻。

本台记者近日来到市侨联出国留学咨询服务中心举办的出国留学报告会上,看到来这里咨询或准备出国留学的中学生非常多。据业内人士介绍,今年以来,我市中学生出国留学增长迅速,一股中学生出国留学的热潮正扑面而来。

(5)引语式——直接引用资料或者某个新闻人物的重要讲话作导语。

据国家林业局最新的一次森林资源调查显示,到 1999 年底,我国人工林面积达到 3425 万公顷,建设规模和发展速度均居世界首位。

章凤仙等 31 名代表提出:目前,一些党政官员以权谋私,一些司法机关和执法部门徇私枉法,一些企事业单位领导贪污渎职、腐化随落现象仍相当严重。为此,我们建议,要建立行之有效的监督机制。

(6)描述式——从描述一个场景、一个人或者一个物开始,以吸引观众在电视画面上看到更多的内容。

拥挤的人群,喧闹的声音,出人意料的惊喜和无可奈何的失望,今天的社会福利彩票发行出现了火暴的场面,请看我们的记者从现场发回的报道。

眼下正是数九寒冬,但花卉交易市场依然红火,云南的玫瑰,广州的睡莲,美洲的芦荟,江西的杜鹃,红花绿叶,争奇斗艳,人在花丛中,花开遂人愿,好一个美丽温馨的花的世界。

(7)悬念式——在新闻的开始或者开始之前给观众一个悬念,以引起观众注意新闻中的重要内容。

人们曾经普遍认为,只要中、美结束"加入世界贸易组织"谈判,中国加入世贸的最大障碍就已基本消除,剩下与欧盟的谈判进程会轻松容易得多。然而,今年元月下旬中国与欧盟双方在布鲁塞尔新一轮磋商的结果却表明,事情并非如人们想象的那么简单。

莲菜种在池塘里,大蒜种在旱地上,中牟县的农民却把莲菜和大蒜套种在了一起,他们想出了什么新办法呢?请随我们的记者一起去看一看。

(8)问答式——在新闻的开始设计一个完整的问题,在新闻的内容中交代答案的由来。

一根半尺长的草绳值多少钱呢?你可能认为一钱不值,但卖螃蟹的陈先生却清楚地知道,半尺草绳值 36 元。请和我们的记者一起看看陈先生是如何把一钱不值的草绳卖出高价的。

给你一万元,让你开个公司,你会干吗?也许你不会。一家咨询公司的调查表明,78%的人不愿意自己开公司,原因当然很多。

(9)比喻假设式——运用《诗经》中的比兴手法,从一个常见的事例、语句或者假设引出新闻的主要内容。

俗话说,种瓜得瓜,种豆得豆,南阳县农民却遇上了种瓜得豆的事儿。今年春上这里的农民种了几百亩优势甜瓜种,眼看夏天就要过去了,这几百亩瓜地里一个甜瓜也没有长出来。

煮熟的鸭子会飞吗?当然不会。然而火车站的两位小偷今天却遇上这样的尴尬事。他们两人合伙偷窃了旅客的一个大行李,正当他们躲在一个静悄悄的角落里分赃的时候,却被从天而降的警察逮了个正着,原来他们躲藏的地方正是公安局的家属院。

2. 串联用的新闻导播

随着电视新闻节目和新闻报道形式的改进,新闻节目主持人的作用越来越大,新闻节目被看成一个整体,单篇的电视新闻对于节目主持人来说,只是组成一档节目的材料之一,新闻的内容固然重要,节目主持人的串联也十分重要,串联词代替传统的新闻导语形式,成了引导新闻的"导播"。特别是在新闻直播或者说新闻的形式中,超越单篇新闻的内容之上的导播在写作方式上十分灵活。为了使节目的整体效果达到和谐统一,为了使节目主持人的串联词更加吸引观众,串联词往往别出心裁,花样繁多。除了传统的新闻导语写作方法仍然在继续采用以外,还出现了许多新的方式。

(1) 时间开头——用时间作话题的开头,是一个古老而又简单省事的方法。别小看"今天天气哈哈哈"这样的无聊话,只要把时间和具体的内容联系起来,就可以说出十分恰当的导语。

今天是"3·15消费权益日",围绕今年的3·15活动主题"明明白白消费",全国各地的消费者以各种形式开展宣传咨询服务活动。

(2) 上下联系——从上篇消息的内容说开去,引出下篇新闻的内容。

比如在《我市开展3·15大型投诉活动》和《12315投诉热线电话今天开通》两篇消息之间可以用这样的串联词:

从现场投诉的效果看出,今天可以说是个让消费者放心、让造假售假者担心的日子,不过仅仅靠这一天解决不了所有的问题,广大观众都有一个愿望:但愿"3·15"不是一个节日,让"3·15"变成"365"。这一愿望正逐渐成为现实,一个专门的热线投诉电话"12315"今天正式开通了,今后消费者遇到侵权事宜,可直接拨打投诉电话。

(3) 旁征博引——对同一个类型的事例进行综合对比,利用人们对已知新闻事件的印象增大本类新闻事件的影响,并引出新近发生的同一类型的新闻事件。

上月15日,江西省人民政府原副省长胡长清因贪污受贿被判处死刑,24日原湘潭电线电缆集团公司党委书记兼总经理陈海燕等六人因大量转移、侵吞国有资产被判处无期徒刑。26日原丰都县建委主任黄发祥因贪污2000多万元三峡工程移民款被依法判处其死刑。正当人们为这些巨贪唏嘘不已的时候,九届全国人大三次会议新闻发言人曾建徽今天(3月4日)透露,全国人大常委会副委员长成克杰因涉嫌违法违纪以及其他重大经济问题被依法查办。

(4) 老生常谈——从大家早已熟知的事情说起,逐渐说开,引起观众的共鸣,然后切入正题,引导出具体的新闻事实。

交电话费要排长队、没有市话清单以便用户核对、换了IC卡用户手中的磁卡用不了又退不掉、上网速度简直像是蜗牛爬、信息台管理混乱、水货手机充斥市场……恐怕还没有哪个企业像电信部门一样让人牢骚满腹,或许这和信息时代人们对通信的强烈需求有关,但电信部门以往给人的印象也是用户无法对其产生信任感的原因之一。记者今天在电信局收费处就看到了这样的不文明行为。

(5) 观点先行——表明自己的观点,从自己的观点说开,引出相应的新闻事实内容。

近年来"台独分子"之所以嚣张,全在于美国撑腰。如果中国能面对美国挺起腰杆,美再售台军备就断交,"台独"势力自然不敢肆无忌惮。断交会带来较大经济损失,但比起武力攻台,这损失就要小得多。况且美国也未必承受得了断交所带来的政治损失。我国军事界几位著名的专家,就近期的海峡两岸局势做出了最新的分析。

四、电视新闻报道词写作

这里说的电视新闻,是指消息类电视新闻,或称电视消息,大多为几个画面镜头,配上几百字的文字(声音)报道。由于受电影画外音"解说词"的影响,至今电视界称电视新闻文字稿为"解说词"。实际上,这个称谓是不恰当的。张骏德认为,电视新闻的文字稿不能称为"解说词",因为电视新闻的画外音(文字稿经配音播出)不同于电影的画外音"解说"。电影的图像有完整的情节,画外音完全处于解说、交代的从属地位;电视新闻的图像画面没有完整情节,缺乏完整的表述能力,电视新闻的画外音(文字稿)却是完整的新闻稿。因此,将"电视新闻报道词"代替"电视新闻解说词"似乎更确切些。同样,新闻性的电视专题片,其画面也没有完整的叙事能力,其完整的信息内容也是靠文字稿("画外音")来表述的,因此也应将"解说词"改成"报道词"为妥。

电视新闻文字稿,或称电视新闻报道词,作为独立的新闻稿,与报纸消息、广播消息写作基本要求相似。结构形式上,复杂的电视新闻报道词分导语、背景、主体、结尾四部分,简单的电视新闻报道词只有导语与主体,有的甚至导语与主体合成一段,而没有结尾段落。

现将两篇1993年度中国电视奖获奖新闻作品的新闻稿摘录如表7.3和表7.4所示。同时对比分析2020年新冠肺炎疫情期间中央广播电视总台央视《朝闻天下》栏目播出的一篇新闻,见表7.5。

表7.3 1993年度中国电视奖获奖新闻作品:空中联欢会

空中联欢会

中央电视台　高军　周建国　庄殿君　王晶

画面	报道词
专机上,空姐在合唱,江泽民主席等热烈鼓掌	(歌声、掌声) (同期声)各位观众,我们现在是在欧洲一万米的高空。作为主持人,我有幸主持并向大家报道一场别开生面的联欢会
主持人	(同期声)江泽民主席唱歌
江主席手握空姐的话筒唱歌 字幕	此时此刻是葡萄牙午夜12:30,北京时间7:30,葡萄牙在静静地熟睡,北京在悄悄地苏醒。刚刚结束了美国、古巴、巴西、葡萄牙四国之行的江泽民总书记与随行人员正用歌声、笑声洗掉十几天积下的疲劳,带着友谊飞向北京
钱其琛副总理讲笑话 主持人	(同期声)钱其琛副总理的诙谐和幽默引来了机舱内阵阵笑声和掌声
江主席与大家共唱《歌唱祖国》	这是一个难忘的不眠之夜,正如外交部刘华秋副部长所说,机舱里聚集了世界上最欢乐的人群。14天的紧张出访,传播了友谊,增进了了解。此刻,专机正满载着出访的成果,载着歌声和笑声飞回祖国。 这是中央台报道的

表 7.4　1993 年度中国电视奖获奖新闻作品:英雄壮歌

英雄壮歌
宜宾电视台　申兵　朱杰

画面	报道词
徐洪刚事迹报告会	今年 8 月以来,一个英雄的名字在巴山蜀水广为传颂,他,就是济南军区某部班长徐洪刚。他以自己见义勇为斗歹徒的英雄壮举和人民群众热爱子弟兵的深情厚谊,谱写了一曲英雄的壮歌
公共汽车 徐洪刚受伤的背景 采访司机 医院抢救手术	今年 8 月 17 日上午,徐洪刚探亲返回部队,途径筠连县边司镇时,车上 4 名持刀歹徒向坐在前排的农村妇女吴道蓉索要钱财,遭拒绝后竟又当众凌辱她,并把她往行驶的车窗外猛推。在这危急关头,徐洪刚挺身而出,与歹徒展开搏斗。吴道蓉得救了,徐洪刚却被刺 14 刀,靠近心脏的一处伤口深 8 公分。歹徒跳车仓皇而逃,徐洪刚用背心兜住流出的肠子,追了 50 多米。恰好遇上经过此地的筠连县税务局詹车芳等 4 人,事后记者采访了他们
各界人士探望徐洪刚	(同期声)(略)
采访群众,表彰大会	徐洪刚被送到医院后,伤势十分严重。宜宾地委、行署指示,不惜一切代价抢救英雄。筠连县医院和地区二医院腾出最好的病房,组织专门的医务人员,还请来著名的胸外科专家为徐洪刚做手术。徐洪刚住院的一个多月,到病房探望的群众多达 5600 人次,捐款 13000 多元,慰问品价值 8400 多元。8 月 25 日,杀害徐洪刚的 4 名歹徒全部被缉拿归案。徐洪刚伤愈从家乡彝良县归队时,乡亲们举行了盛大的欢送仪式。筠连县授予他为"见义勇为"标兵,宜宾地委、行署决定号召全区人民向他学习 (同期声) 一个学英雄、做英雄的高潮在全区展开 这是本台报道的

从上述两篇电视新闻的报道词看,都是相对独立的消息,都讲究导语写作与主体部分的展开,后一篇还注意背景的交代与结尾的照应,报道词与画面、同期声、甚至字幕组合,成为统一的电视新闻。

表 7.5　总台央视记者专访梁万年:统筹考虑,抽调专业医护力量支援湖北(2020-04-13)

画面	报道词
主播,演播室	疫情暴发后,全国共 346 支医疗队的 4.26 万医护人员支援湖北。如此短的时间内,调集了众多的医疗队伍,难度可想而知。那么,在调集医疗队伍的过程当中,主要考虑哪些方面的因素呢?国家卫健委新冠疫情应对处置工作专家组组长梁万年在接受总台央视记者专访时给出了解答

续表

画面	报道词
采访国家卫健委新冠疫情应对处置工作专家组组长梁万年	（采访同期声）在组织医疗队的时候，那么，在医生的这个层面，就是对呼吸、传染、急救、重症、麻醉这块(些)是作为主要力量进行抽调(的)
采访国家卫健委新冠疫情应对处置工作专家组组长梁万年＋医疗人员工作的画面1	（采访同期声）而且我们抽调各地顶级的专家、最好的医生到这来参与救治工作
采访国家卫健委新冠疫情应对处置工作专家组组长梁万年＋机场画面	（采访同期声）另外，也特别注重护理人才的抽调。因为，这些病人，尤其是重症和危重症的加强护理也是非常重要(的)，也是抽调了最优秀的护理队伍
采访国家卫健委新冠疫情应对处置工作专家组组长梁万年＋医疗人员工作的画面2	（采访同期声）在抽调的时候，我们是考虑了全国的四道防线来统筹考虑。比如说，我们把湖北武汉作为第一道防线，是一个中心的防线；把北京的安全作为第二道防线；把武汉周边的一些省份包括浙江、上海作为第三道防线；全国其他的省份作为第四道防线。每一道防线具体医疗资源的配置、它的策略和措施都是各有重点和不一样的。与此同时，我们综合考虑了各个省的疫情情况、各个省的医疗卫生资源的情况，尤其是医生的数量、结构，把这二者有效结合，预判它未来的一段时间会出现什么样的疫情，最大的医疗需求量会是多大。在这种基础上，我们从各个省有针对性地来抽调医疗队员
采访国家卫健委新冠疫情应对处置工作专家组组长梁万年	（采访同期声）难度是相当大的，因为，当时武汉是疫情的中心，湖北和武汉是我们的决胜之地
采访国家卫健委新冠疫情应对处置工作专家组组长梁万年＋医疗人员工作的画面3	（采访同期声）当时总书记就说了，武汉胜湖北胜，湖北胜全国胜。所以把它作为最重要的，一个地方，是我们的决战之地。但是其他的省份也同样面临着压力，那个时候，防控物资也好，包括有关的设施设备也好，也都是缺乏的。那么，在这种情况下，就要靠一种精神、靠一种力量、靠一种统筹来打决战
采访国家卫健委新冠疫情应对处置工作专家组组长梁万年＋医院的画面	（采访同期声）那当时就是用这种气魄，加上我们的制度、我们的精神，可以说很快速地完成了千里驰援的任务

以上可以看出，时隔20多年，我国电视新闻的消息体裁在基本理念和手法上是一以贯之的。

（一）电视新闻的开头方式

电视新闻的开头部分并不全都是导语。但无论是怎样的开头，它都必须做到先声夺人，在开头的几秒内就能把观众吸引住。这是因为电视新闻一般长度都非常有限，特别是一些动态性新闻，大都只有1分钟左右。

电视新闻的开头主要有这样几种形式：

1. 导语式开头

在开头部分突出最重要、最精彩的新闻事实,交代主要的新闻要素。电视新闻较之报纸新闻等更为注重时效,所以一般在开头就将时间强调出来。而一些非事件新闻则较多采用概括性导语。

事件性新闻的开头画面通常是与导语相配合的内容,如新闻事件发生的地点、环境、状况,一般应把最有特色和最吸引人的画面突出出来。如浙江电视台拍摄的《富春江堵坝抢险目击记》的开头,如表7.6所示。

表7.6 《富春江堵坝抢险目击记》部分新闻稿

画面	报道词
富春江浪涛翻涌受淹的村庄 决堤现场 洪水冲击	7月3号,美丽的富春江一夜间像一匹脱缰的野马,肆虐着沿岸的村庄田野。 深夜11点50分,春江乡八一村南浦闸突然下陷,意想不到的决堤发生了。洪水迅速冲开了一个15米宽的大口子,直扑富阳县的主要产粮区。春江危急!富阳告急

如果是人物新闻,则应在开头将最能表明其身份特点和事迹的画面突出出来。如《农业专员——孙庚午》的开头,如表7.7所示。

表7.7 《农业专员——孙庚午》部分新闻稿

画面	报道词
孙庚午在田里示范一组看玉米与农民交谈 农田	要说对土地的爱,他和老农们一样深,要抓粮食生产,他比乡村干部还认真,山西省晋中行署专员孙庚午关心农业,善于抓粮食生产,被人民誉为"农业专员"

概括式导语是一种常用形式,它以简约的语言提纲挈领地概括新闻要点,为观众提供消息的梗概,具有提示重点、点明事实的作用。山东电视台拍摄的《台湾同胞回青岛探亲》的开头用的就是概括式导语,见表7.8。

表7.8 《台湾同胞回青岛探亲》部分新闻稿

画面	报道词
台胞走下飞机 记者采访一对夫妇	进入十一月份以来,一批批台湾同胞从青岛回家乡探亲访友。截止到十一月中旬,已有50多位,其中12对是夫妻双归。他们当中有军界退休人员、经济界人士,也有家庭妇女

事件性新闻较多采用的是陈述式导语,它用简明朴实的语言叙述最重要的报道内容。此外还有描写式、提问式等导语形式。

2. 独白式开头

以记者、主持人或播音员的独白开头,在独白中向观众介绍最主要的新闻事实或要采访的新闻人物,如《外国留学生站柜台》的开头,见表7.9。

表 7.9 《外国留学生站柜台》部分新闻稿

画面	报道词
主持人	各位观众： 圣诞节前夕，南京大学留学生部和中外合资南京苏桑有限公司联合举办了一次新颖的假期社会实践活动。十多位外国留学生身披苏桑公司的绶带在南京几家大商场站柜台，推销这家公司在国内市场首次推出的新产品

3. 画面式开头

开头部分只用画面和同期声。一些画面很有吸引力、现场感比较强的新闻常采用这种方式开头。如一条报道卫星发射的新闻，开头是火箭升空的画面和同期声，在这之后才出现播音员的画外音播报语言。

对于电视新闻报道词来说，导语一般也是指开头第一段，通常是由最新鲜、重要、吸引人的事实构成。它或概括全篇，或提纲挈领，或揭示要点，起着开门见山、引人入胜的作用。报道词的导语还应与电视新闻的第一个画面（有时还带同期声）组合，才能成为统一的电视新闻导语。

要写好报道词导语，应注意以下几点：

（1）讲究新闻根据。新闻根据是指某一事实之所以能构成新闻的客观依据与充分理由，主要指新闻导语所记述的事实一定要新鲜而又富有意义，也指新闻报道的契机与消息的来源。大多数电视新闻报道词的导语均突出新鲜、有意义的事实，如前面列举的《空中联欢会》《英雄壮歌》等都是如此；也可采用指出报道的机会与原因，或指明消息的来源与方式。电视新闻中的现场报道，其导语往往是记者或节目主持人交代时间、地点、采访现场情况，实际上交代了新闻报道的时机与信息来源。导语之后，再自然地报道采访问答的实况。

（2）要简明扼要。新闻导语的句式要短小精悍，表意要简洁，避免繁琐冗长。中央电视台新闻部曾通知各地方台向中央台传送新闻时，要求每条新闻要有 50 字左右的导语。因为导语越简洁，表意越明了，传播效果好，观众也越容易记忆。

（3）要突出新近点。电视新闻导语，尤其是动态消息类的电视新闻的报道词导语，要强调新近的时间（今日、即时），新近的距离（本省、本市），新近的心理——与观众切身利益相关的信息，能满足观众的迫切需要，在心理上密切相关，以引起观众的普遍关注，增强传播效果。

（4）还可突出变化点，趣味点。有些电视新闻导语还可突出事物的变化点、趣味点，符合读者的普遍兴趣要求，吸引读者的注意力，取得较佳的传播效果。例如，山西电视台拍摄的电视新闻《"老井"已不再是那个〈老井〉》，作为独家新闻，导语中的画面是"记者在太行山区开车行进，两旁是欢欢喜喜的农民家庭"；而报道词导语指明"随着农村改革的逐步深入，太行山这些昔日最为贫困的小山村，如今人民生活发生了巨大的变化，'老井'已不再是当年的那个《老井》（注：指电影中的《老井》）。"电视新闻导语突出了变化点，这是成就性经济新闻导语的常用手法，常用常新。

（二）电视新闻报道词背景的写作

新闻背景，就是与新闻人物、新闻事件有机联系的条件和环境。从新闻人物看，总有它的经历和社会关系;从新闻事件看,总有它的历史条件、自然环境、前因后果与来龙去脉。有的新闻事实本身简洁明了,一清二楚,就不必再加背景材料;而有的新闻事实较为复杂,必须讲清人物关系与事物关系,就一定要有新闻背景材料。新闻背景的类型有历史背景(人物背景)、地理背景、科技知识背景、事物背景、社会背景等。

电视新闻背景,如有电视资料可以用来表述,字幕上打上"资料"两字即可,插入电视新闻主体之中,同样起着说明、注释与烘托、铺垫以至深化新闻主题的作用;如没有电视资料可说明,就只能依靠报道词中的新闻背景来弥补。

1. 电视新闻报道词背景的类别

(1) 社会背景。交代说明新闻事实发生、发展的社会环境,阐明新闻事实的社会原因和社会意义,并进一步揭示新闻的主题。

(2) 事物背景。介绍与主要新闻事实相关的背景知识,一般用于报道新事物、新成就,以帮助人们理解新闻事实,以及它对于社会、政治、经济、文化发展的作用。

(3) 历史背景。介绍人物的主要经历和新闻事件的发展历程及由来。如中央电视台在报道名人去世时,用大量篇幅介绍其生平,从而吸引很多观众的关注。

除此以外,还有地理背景,它强调新闻事实发生的地理位置及其空间环境,包括自然条件、物产、交通、居民点等,以帮助观众理解新闻的丰富内容及其意义。

2. 电视新闻报道词背景的写作注意事项

(1) 报道词背景一定要紧扣电视新闻主题(或主要新闻事实所体现的思想倾向),注意背景材料与新闻主要事实材料配合得当。应力戒节外生枝、东拉西扯的写法。

(2) 报道词背景的写作,同样要简明扼要,注意突出重点,详略适宜。切忌主次不分、材料重复、文字拖沓。

(3) 报道词背景材料,是电视新闻的一个有机组成部分,首先应注意与图像、同期声、字幕等的密切配合,同时需要灵活穿插。报道词背景材料的穿插,在电视新闻中没有固定的位置,大多在导语以后的展开段落中,也有在导语与结尾中的。报道词背景,可以独立成段,也可以根据内容与需要,分别穿插在行文中。

(三) 电视新闻报道词主体的写作

电视新闻报道词作为一篇独立的消息,其主体是导语的展开段落,应予精心选择事实材料,并讲究结构严谨。

首先是精选典型事实,大量采用新闻事件当事人、新闻事实知情者等人士的陈述、各种现场画面及其同期声,这是电视新闻报道词"用事实说话""用事实说理"的关键。

其次是讲究结构严谨。报道词主体的结构应讲究逻辑联系,或是因果关系,或是点面关系,或是对比关系,或是现象与本质关系,或是并列关系,或是层层递进关系,等等。

(四) 电视新闻报道词结尾的写作

这里的结尾,指的是电视新闻报道词的最后一段或最后一句。

不可否认,在新闻写作结构的各部分中,导语写作的重要性居于首位,正是导语的出现与不断改进,促使了新闻写作的变革与创新、发展。

也不可否认,"倒金字塔式"新闻结构的出现,使新闻事实的排列按照重要性递减的顺序,导致了"头重脚轻"的现象。

但是，上述这些都不能成为忽视新闻结尾写作的充分理由。这是因为，任何事物都要善始善终，才能给人以完整美满的印象。何况新闻结构形式多种多样，对结尾的要求也各不相同，即使最小的结尾也能起到补充新闻信息、恰当完整、照应全篇的作用。更何况，新闻改革的实践已提出了改进新闻结尾写作的要求。原新华社社长穆青在《关于新闻改革的一点设想》中也提出，新闻报道不仅要注意开头，还要注意结尾。

电视新闻报道词的结尾也是一样，它在新闻报道中起着两大作用：一是首尾呼应，照应全篇，使新闻完整圆满，起着概括全篇或补充、点题的作用；二是阐明意义，留有余味，或寓意深刻，启迪生发。

综上所述，写电视新闻报道词导语要精心设计，千思万虑，以期引人入胜；写报道词背景要紧扣新闻主题，密切配合新闻主体与主要新闻事实；写报道词主体要精选新闻事实，讲究结构严谨；写报道词结尾同样要下工夫，力求善始善终，圆满完篇。

【案例一】 下面是2011年的一篇走基层报道。

主播走基层——跟着矿工去下井

【口播】 金岭铁矿召口矿区位于临淄区凤凰镇，年产矿石90万吨，占全矿矿石产量的近一半。建矿近50年来，井下矿工的工作条件有着什么样的变化？今天的主播走基层，让我们跟随采掘工段的矿工们，下到深达500米的矿井，感受他们的工作环境。

【解说】 上午7点半，我们来到金岭铁矿召口矿区采掘工段驻地，矿工们正在进行下井前的班前会。正在讲话的这位叫高庆文，是今天采掘工段的值班工长，他告诉我们，每个矿工在下井前都要参加班前会。

【同期】 召口矿区采掘工段 值班工长 高庆文

"最关键的一点就是职工生产过程中的安全注意事项，我们职工上班就是以安全为主。"

【解说】 班前会结束后，我们换好行装，准备下井。

【现场(张海滨)】 "我们身边的这个设备叫罐笼，它就像一个电梯一样，每天送工人们上下井，现在我们就跟随工人们一起到井下去看一看。"

【解说】 近年来，矿区采用先进的信息技术进行安全管理，在井口前的监控室内，下井的人员数量和下降深度都一目了然。在距离地面310米深的井下，宽敞明亮的巷道让我们下井前的忐忑不安一下子减轻了不少，而随着矿区对井下安全生产的不断投入，矿工们的工作环境也发生了翻天覆地的变化。

【现场(张海滨)】 "在下井之前，工作人员给我一个人员定位标示卡，据了解，每个下井人员都必须配备这样一个卡，它到底有什么作用呢？我们采访一下高工长，请他给我们来介绍一下。"

(高庆文)："这个定位卡是每个矿工都必须佩戴的一个东西，每个人员行走到哪个地方，上边的监测室都能监测到。"

【解说】 除了人员定位卡以外，现在整个矿区井下已经实现小灵通信号全覆盖，即使在几百米深的井下，也能用小灵通对话。

【现场(张海滨、高庆文)】 (张海滨)："在地下310米深的地方感觉呼吸还是比较顺畅的，下边是不是有特别的通风系统？"(高庆文)："对，我们这的通风系统，随着科学的发展，这几年改进得很大。一般是新鲜的空气压入以后，井下污浊的空气，都通过另一个井口排出去了，每天的新鲜空气都循环得很快。"

【解说】 随着井下巷道的不断深入，矿井水也越来越多。在井下500米，井水形成涓涓细流不断汇入到蓄水池中。高庆文说:对于矿井来说,除了通风系统外,另一主要安全措施就是排水系统。现在矿区在每个工作面,都安装了大功率抽水机,将井水全部抽到地表。

【同期】 召口矿区 工人 王强

"像我们这个泵房排水能力是每小时88立方米,像这样十七八个小时能完成一天的排水量。"

【现场(张海滨)】"在井下经过一个半小时,步行将近两公里的路程之后,我们来到了井下其中的一个采矿点,恰巧我们碰上这个采矿点刚刚进行完二次爆破,高工长现在正在对这个采矿点进行安全检查。"

【同期】 召口矿区采掘工段 值班工长 高庆文

"对顶板上有裂缝的石块,用撬棍把它敲下来,防止落石伤人。"(张海滨):"通过你的安全检查,现在这个矿坑点是什么情况?"(高庆文):"现在达到正常作业的条件了,现在就可以作业。"

【解说】 在采矿点我们看到:说是采矿,其实主要是控制机械,现代化的装备机械解放了人力,提高了产量,更增加了安全系数。高庆文从事井下采矿工作已经25年,说起井下的变化,让他最感自豪的是,井下无论走到哪儿都能看到保障安全的装置设施,这才是真正的以人为本、安全第一。

注:2011年9月27日,淄博电视台记者邵亮、张海滨到召口矿进行基层采访,本文为采访后形成的电视新闻脚本。

【案例二】 中央广播电视总台央视《新闻联播》一则人物报道

表7.10 【一线抗疫群英谱】张静静:愿以吾辈青春 守护盛世中华(2020-04-08)

画面	报道词
主播,演播室	她是一位普通的山东援鄂护士,随着湖北抗疫工作完成,光荣返乡,在14天的隔离期满后,即将回家和亲人团聚时却突发心脏骤停,再也没能醒来。"愿以吾辈之青春,守护盛世之中华"是她的座右铭,她用自己年轻的生命践行了一位医者对人民、对祖国的深沉之爱
张静静理发的场景	(同期声)来的时候我就想着,剃成那种和你们差不多吧,就是那种男孩发型吧
张静静生前在黄冈战"疫"一线的画面	这是张静静随着山东省首批援鄂医疗队支援湖北黄冈后留下的画面,张静静是山东大学齐鲁医院呼吸与危重症医学科主管护师,除夕当天,当得知医院要组织支援湖北医疗队时,她第一时间报名
张静静生前在黄冈战"疫"一线的画面 护患沟通本的特写镜头	初到黄冈时,由于听不懂当地方言,与患者交流出现了困难。张静静自制了一本《护患沟通本》,将一些日常用语和简易回答列出,为医疗队与患者沟通搭建了语言桥梁
张静静生前采访	(同期声)主要是一些日常用语,比如说同黄冈方言说的"你等一会""你好灵醒(干净整洁)",然后还有一些"你舒不舒服"这种,我们用黄冈方言和患者交流的话,距离一下子就和患者拉近了

续表

画面	报道词
张静静生前在黄冈战"疫"一线的画面 动画呈现张静静的日记	在救治间隙,张静静也用日记记录下了工作中的温暖与感动。在给一位患者抽血后她写道:"阿姨血管不好找,我找了好一会,凑近看了又看,想找一个万无一失的血管。突然,我听到一句话:'孩子,别离我太近,你们这么年轻,从山东老远到我们黄冈来,我不想把病传给你。'"
采访康复者刘女士	(同期声)瞅得蛮近,我也当时不知道她叫什么名字,我说你别离我这么近,我把手抻开,伸长一点,你离我远点,(她)答应明年来,应该到我们黄冈再来看一下,她视为第二故乡的地方,她这么年轻,把我们都救好了,自己就这么走了
治愈患者出院的场景 张静静生前在黄冈战"疫"一线的画面	2月4日下午,大别山区域医疗中心首例新冠肺炎治愈患者出院,这是山东援鄂医疗队收治的首批患者之一,张静静参与了这名患者的救治工作
动画呈现张静静的日记	她在日记中记录下了那一刻的感受:"和年幼的孩子分离我没哭;没能陪父母吃上团圆饭我没哭;战场上累到颈椎病复发我没哭……但是当被患者集体点赞,当患者竖起大拇指的那一刻,原谅我没忍住,泪流满面。"
张静静生前在黄冈战"疫"一线的画面	有患者告诉张静静:"凌晨4点,当看到你们还在,我心里无比踏实。你们真的是暗夜中期望的一束光,帮助我们找到归岸的路。"
山东医疗队在黄冈战"疫"一线的画面	在这次疫情阻击战中,山东医疗队共计610人援助黄冈,历时近两个月共救治患者726人
医疗队离鄂的场景	3月21号,在奋战了57天后,张静静和队友们圆满完成任务返回济南
张静静生前在返程飞机上的画面	在返程的飞机上,张静静面对镜头诉说着对家人同事的想念。(同期声)"我们马上就回家了,到济南,离家只有一步之遥,然后很快就可以见面了。"
山东医疗队回到济南的场景	回到济南后,张静静和队友们按规定进行14天的集中隔离医学观察
空镜头 张静静生前照片	4月4日下午5时隔离期满,原计划第二天上午回家与亲人团聚的张静静却在5日早上7时突发心脏骤停。经全力救治无效,4月6日18时58分,年轻的生命永远定格在了32岁
动画呈现张静静的日记	在战疫一线的日记中她曾这样记录下她最大的心愿:"我们最渴望的,就是患者的平安,我们最希望的,莫过于患者痊愈出院。今日立春,希望'从此雪消风自软,梅花合让柳条新'。希望从今天开始我们听到的都是好消息!"

第三节　广播电视新闻编辑

新闻编辑工作是新闻传播工作中的一个重要组成部分。广播电视新闻编辑与报刊媒体的新闻编辑工作相比,在原则与内容方面很多是相同的,例如,都既要根据社会价值标准、新闻价值标准、媒体自身定位等标准进行新闻的组稿策划,也要根据这些标准从各类新闻作品中进行精心选择;都有微观层面的对单个新闻作品的内容与形式的调整、润色与加工,也要把各方汇集来的大量的单篇新闻报道按照一定的原则与方法编排起来;都要对重大、典型新闻进行配评论,讲究新闻标题与提要。但是也有很大的不同,主要是报纸新闻编辑,如果以某一版为例,从组稿、选稿到改稿、排版、校对等都可以一人完成;而广播电视新闻编辑,以某一栏目为例,则单篇广播电视新闻作品的编辑主要是身兼编导的各个采访记者或文字记者配合技术人员分别完成,栏目编辑往往只负责各条新闻之间的串联编排。在这里,对广播电视新闻的单个作品的编辑主要是声音、画面之间的组接关系的安排,更多地属于技术性的层面,在《非线性编辑》《电视画面编辑》这样的课程中会有专门介绍,本章不做介绍。

一、新闻编辑工作的主要职责

(一) 把关

"把关"就是对新闻信息生产与传播的具体管理。在新闻生产传播的过程中,把关人无处不在。

首先,在广播电视新闻生产的外部,国家各个和思想文化工作有关的部门都会对新闻生产进行政策层面、业务层面的管理与指导。而在具体的广播电视媒体中,从台到频道到部门到栏目组,也都会对新闻的生产进行各个层面的管理。再到每个具体的新闻报道,从记者采访和粗编,到编辑修改,再到责任编辑的审核,到主编等各级编辑部领导者,都会在生产中表达自己的看法,修改作品。

概括而言,这层层"把关"主要基于三重层面的考虑:社会价值标准、新闻价值标准和媒体自身定位(传播对象定位标准)。社会价值标准体现的是媒介的社会责任和政治责任,正是"舆论引导""喉舌""纽带""宣传"等词语所要求媒介所承担的责任,反映的是对新闻的倾向性及其传播的社会效果的考量。新闻价值标准体现的是新闻生产在业务方面的专业性要求,主要是真实性、准确性、客观性、时效性、重要性、显著性等,是决定一个新闻素材、半成品和准成品值不值得报道,要不要进一步加工刊播的主要标准。媒体自身定位标准,主要是从满足目标群体新闻需求和兴趣、接受心理角度出发对新闻信息的取舍与呈现,主要关注新闻信息的接近性、新奇性、趣味性、人情味、可读性、可视性、有用性等标准,反映的是受众心理需求对新闻内容、新闻报道形式、作品风格等的要求。

对于广播电视新闻的采制来说,一个栏目在选择、制作新闻作品时要同时考虑上述三重标准,尽量做到上下满意、社会效益和经济效益的"两益齐飞",尽力让专业人士、领导和受众都能有所肯定,尽力让新闻作品在思想性、新闻性、艺术性上都能有较好的表现。

各级层面的编辑在广播电视新闻生产链条中,起着至关重要的作用。他要按照上述三重标准对一个半成品、准成品进行审核,当发现可能出现冲突的时候,他要做出修改指令,甚至做出弃用的决定,从而确保广播电视新闻作品在传播中能够产生正面效应,确保意识形态安全、文化安全、国家信息安全、社会价值观正确。

(二) 发言

广播电视新闻中的发言,就是电台、电视台对于新闻的价值判断。具体来说,主要是新闻编辑部通过直接或间接的方式,代表媒体对新闻事实表达具有倾向性的态度和立场,影响受众对新闻事实的理解与判断。发言,是广播电视新闻媒体社会责任和舆论工具功能的具体体现。

广播电视媒体中这种发言主要是在新闻栏目中,发言的具体方式很多。其中,直接发言主要是通过播发评论的方式,可以是播发新华社、人民日报的社论和评论员文章,也可以是本台自己采写的评论,可以在新闻后面配上短评、编后语。间接发言显得更为含蓄,主要是新闻提要的安排,新闻传播内容及着重点的选择,报道词及标题的处理,字幕的使用,颜色的选择,音响音乐的处理,节目长短和播出时间的安排,节目中的编排位置,与其他新闻的组合关系等。

当然,新闻首先是一种信息的传播,真实性和客观性是第一位的,倾向的表达应该是从对事实的真实客观的传达中自然生发出来的,不能够硬性地贴上倾向的标签;新闻是要传播然后被接受的,只有受众接受了,传播效果才达到了,因此倾向的传达必须是真诚的、富有艺术性的。

(三) 保证有效传播

编辑部门是广播电视新闻传播的枢纽,担负着整个新闻传播活动的策划、组织与具体实施,并对传播效果负主要责任。因此,编辑部能否高效灵活地运作,直接关系到新闻传播的效果和新闻生产传播的可持续发展。这就要求编辑部从宏观到中观到微观的各个层面、环节,进行全方位地精心策划与实施,大到基于对国家政策法规的准确把握而进行的经营策划、栏目定位,与其他栏目、频道、电视台各类栏目竞合关系处理,小到每条新闻的内容与形式的安排、每期节目的编排等等,都要精心筹划与实施,从而保证广播电视新闻的有效传播。可见,对广播电视新闻编辑的要求是十分高的,他不仅要有解剖刀的能力,还要有指挥家的宏观把握,把握社会脉搏,知晓国际国内形势,站在时代前列,积极主动地、有预见性、目的性和创造性地开展工作,才能不失时机地传播受众所欲知和应知的信息,取得最佳的传播效果和社会效益,创造较好的经济效益,成为社会历史发展的积极推动力量,完成社会赋予广播电视新闻媒介的历史使命。[①]

二、编辑部门的具体工作

(一) 栏目的设置与调整

栏目的设置是电视台、频道根据一定时期的社会发展形势、国家大政方针、文化发展、社

---

① 饶立华,杨钢元,钟新.电子媒介新闻教程:广播与电视[M].北京:中国人民大学出版社,2000:310.

会心理需求以及本地、本台的特色与优势,而做出的决定。一个栏目一旦决定开办,就必须成立具体的编辑部门,来对栏目进行定位。栏目定位包括受众定位、内容定位、形式定位、风格与特色定位等。而当形势发生变化,受众心理发生变化,国内外电视产业环境变化,栏目所在的媒介生态发生变化,就有必要进行调整和改版。

(二)新闻报道的策划与组织

新闻栏目的首要工作就是保证新闻节目的生产与传播。但是,编辑部不是被动的"守株待兔",不是当新闻发生后,再派记者去采访摄录。每一年、每一季度、每一月、每一周、每一天,编辑部都会根据政治、经济、文化、社会等各项事业的发展,根据新闻生产的节令规律,对新闻生产做出提前谋划,特别是有很多常规性、预发性、周期性的重大年节活动、重大会议安排,都可以提前进行深入细致的策划与组织,并力求能做出新意,而基于平时的新闻历练,也要对突发性事件的发生有所预见,并作出相应的人力物力的安排预案。

在新闻事件发生后,编辑部要能够迅速组织人力物力,开展采编工作,组织报道,并要根据事件的性质、重要程度等,决定是否采用集中报道、连续报道、系列报道、多现场同时报道等形式。

集中报道是新闻作品在空间上的集中,一般是指在一档栏目中或打通多个栏目,以主要篇幅和大量时间集中报道某一事件或新闻主题,节目形式可以是单篇报道,也可以是相关报道的组合。比如,为了宣传某典型人物,电视台打通几个栏目做深度报道。

连续报道是伴随新闻事件发展进程进行的小间隔的追踪报道,是对事件进展的不断添加性的报道,在播出时间上要持续一段时间。

系列报道是在一段时期内围绕同一主题从不同侧面、不同角度展开的一组报道。由于电视重要播出时间的稀缺性,系列报道在播出时间上也是前后持续一段时间的。

多现场同时报道实际上强调的是在一次事件报道中,时间上的"同时性"与空间上的"分散性"所形成的多视点广视野效果,是一种同时异空、并蒂绽放,是广播电视媒体内部各报道地点、各地广播电视媒体的合作呈现。如世界各地多国电视台联合直播进入新千年。

当然,这几种报道形式并不是相互独立的。对于同一事件的报道,可能同时具有上述几种报道形式的特质。如在国庆庆典的报道中,当晚中国中央电视台多个频道多个栏目都会做相应的节目,在新闻频道各个栏目会从各自定位出发做有特色的报道,《新闻联播》栏目中会派出多路记者,在节目中拿出大量的时间、篇幅来报道各地庆祝国庆的盛况,这就综合了集中报道和多现场同时报道的形式。又如,关于汶川地震、玉树地震、芦山地震,中央电视台中断了娱乐节目的播出,实行 24 小时连续直播,不断报道抗震救灾进展,并且将多元化多角度的事实呈现出来,这就是连续报道和系列报道的结合,而打通多个栏目也是一种集中报道的做法。

请看中央人民广播电台对台湾广播中心 2011 年创作的大型系列广播节目《辛亥百年》(20 集,首播栏目《海峡在线》)目录,如表 7.11 所示。

表 7.11 大型系列广播节目《辛亥百年》目录

播出日期	播出目录
9月26日	第1集:开篇——辛亥革命百年祭
9月27日	第2集:革命的前夜
9月28日	第3集:最后的挣扎——戊戌变法
9月29日	第4集:斑驳的历史——关于中国同盟会的历史研究
9月30日	第5集:秋风秋雨愁煞人　鉴湖女侠秋瑾
10月1日	第6集:革命的方略——辛亥革命的思想传播
10月2日	第7集:胜利的前夜——黄花皓月 浩气长存
10月3日	第8集:武昌首义——开启民主共和新纪元
10月4日	第9集:南京——民国的建立
10月5日	第10集:袁世凯——袁林墓碑的背后
10月6日	第11集:中山陵前的追思——孙中山与辛亥革命
10月7日	第12集:黄兴——功不必自我立
10月8日	第13集:吹响新时代的号角——新文化运动和五四运动
10月9日	第14集:不拘一格降人才——从厦门双十中学说起
10月10日	第15集:百年情书两岸共解读
10月11日	第16集:黄埔军校与辛亥革命
10月12日	第17集:辛亥百年话华侨
10月13日	第18集:辛亥百年在台湾
10月14日	第19集:共同的纪念
10月15日	第20集:结篇——百年风云上心头

(三) 选择播出内容

在具体的新闻栏目中,编辑部每天会收到本栏目记者采制的很多新闻,其中有的是按照编辑部安排有计划地进行的报道,还有的是记者和通讯员自己发现选题和新闻事件而采制的。除此之外,其他在行政级别上处于下属地位的广播电视台也会发来不少新闻作品,本行政区域内的有关单位可能也会主动联系采访播出他们单位发生的新闻。在如今人人都是媒体的自媒体时代,用户生成内容的方式也广为广播电视媒体采用,很多新闻栏目主要是民生新闻栏目而会向社会征集公民制作的音视频新闻。那么,编辑就要对这些新闻准成品进行鉴别,从中选择适合播出的报道内容,选择的标准正是在"把关"一节所说的三重标准以及国家相应的法律法规。

在选择播出内容的同时,由于广播电视媒体的技术特性和媒介特点,还要考虑收到的音视频的技术指标是否能达到播出标准,是否符合广播电视媒体用视听语言叙事的特点。如果内容思想性很高,选题很需要,但是影像质量不高,声音效果不好,有的时候就无法选用。

（四）编辑、修改节目与文字稿①

在具体的录播型广播电视节目的采编中，各个台的具体运作不尽相同。有的台是由记者完成节目的编辑，编辑在其基础上进行再加工；有的台是由记者完成前期采访，写出报道提纲，写好报道词，然后交由编辑进行素材的剪辑合成。在同一个台、同一个频道，不同的新闻栏目的采编制度也不尽相同。有的栏目实行的是采编合一，文字记者同时是编导，要自己完成节目的编辑播出；有的栏目是采编分离，记者和编辑各司其职。在同一个栏目中，由于新闻半成品、准成品来源的不同，也会有不同的处理，本台记者按照编辑部的意见去做的新闻，记者在作品的内容、形式和时长的把握上都非常好，往往就不需要做大的修改；有的是通讯员发来的，是地方单位发来的，那就可能只能当作素材，在内容、形式等方面都需要进行深入修改，需要重新剪辑。

修改节目、文字稿的原因有两个：一个是其本身存在问题，主要在事实准确性存在问题，进而在视听语言表达上存在问题，必须进行订正和修改，这被称作绝对性修改。一个是节目和文字稿本身没有问题，但为了让其符合栏目定位和传播意图的变化，为了符合编辑部对该节目的时长要求等，而要做出相应的修改，这又可以称为相对性修改。绝对性修改，既要修改差错，又要在文字稿的语言表达和视听语言形式上进行相应的调整。相对性修改，只需要在文字稿的表达上和视听语言表达上进行调整，称为"修改辞章"。

修改差错就要订正事实，矫正思想政治差错。

订正事实首先要编辑运用自己的知识积累，进行分析判断，发现矛盾和疑点，并加以删除或改正；要进行调查核对，即通过对事实的调查了解、查证权威资料、咨询权威部门或权威人士，发现和纠正差错。

矫正思想差错要求纠正节目、文字稿中立场、观点、方法上存在的问题，检查有无违反政策、法规和社会规范的地方，以及校正在字里行间直接或间接地流露出的错误观念和倾向。特别是涉及政策、法规、外交、民族问题、宗教事务、机密等敏感问题，要格外重视其在观点、提法乃至叙述的表达上的准确性。还要注意表达中蕴涵的情感色彩的倾向性，因为情感色彩的背后，反映的是一定的观念和态度。

修改辞章主要是在形式层面的修改，一是对视听语言中各种符号元素的调整，其中文字稿的修改和报纸新闻编辑中的修改一样，主要是看用词、修辞、语法，还有适合广播电视口语传播和听觉接收声音的"口语化"修改，而音响音乐和画面的编辑，主要是从声画关系出发，运用蒙太奇规律进行顺序调整、剪辑合成（《非线性编辑》和《影视剪辑学》的内容，本书不做详述）。二是对节目、文字稿从整体上加以调整与增删处理，包括压缩、补充和重组。如本来记者或通讯员是按照一个完整的消息来做的，有两分钟长度，但是由于当天新闻报道很多，为了增加发稿条数，就必须对消息做压缩处理，只保留核心内容。而发现收到的几条新闻准成品在主题上极为接近，比如分别是讲某省几个地市文化产业的发展成绩，那么就可以改编汇集，成为一条综合消息。

（五）消息类新闻节目的编排

编辑往往从全局观念、节目观念、受众观念几个层面考虑来确定一期新闻节目的编排。

---

① 饶立华，杨钢元，钟新.电子媒介新闻教程：广播与电视[M].北京：中国人民大学出版社，2000：314-317.

全局观念,就是编辑在进行新闻编排时要考虑全局利益,既要了解党和政府的中心工作精神,又要了解实际情况。节目观念是指要考虑具体媒体具体栏目的定位,研究新闻节目的内在规律、基本特征和编排艺术,注意新闻之间的内在联系,通过编排,充分挖掘其蕴含着的新闻价值,从而达到最佳传播效果。受众观念是指以受众为中心,从受众的接受心理出发确定新闻编排的顺序。

1. 选择头条,突出重点

新闻机构都把精心选择头条新闻作为新闻编排的重点,给受众留下深刻印象。头条的选择不仅能突出重点,还能反映出媒体属性、栏目定位,体现了新闻编辑部门的意图。因此,在同一天同一个时段的新闻栏目,其头条可能是不同的。

突出重点还可以体现在一次新闻节目中重点新闻的"量"上,往往围绕一个主题,通过选择不同角度的新闻编排组合,以形成一定的舆论声势。

2. 优化组合①

编辑在进行新闻栏目的编排时,通过将不同节目合理巧妙的组合,使其在整体传播效果上超过单条新闻传播效果之和。常用办法是关联组合、专栏集纳、稿件配合。

关联组合是把在内容方面有某种联系或相似性的新闻节目组成节目群,以形成整体传播强势,并让新闻之间产生互动效果。关联组合的分类情况见表7.12。

表 7.12 关联组合的分类情况

同事件组合: 将同一事件的几篇相关报道组合在一起	纵向编排:把几篇对同一事件的不同发展阶段的报道组合集中,使受众对事件的来龙去脉有全面的了解
	横向编排:把几篇对同一事件的不同侧面的报道组合集中,使受众对其整体状况有全面的了解
	参照编排:对同一事件不同说法的报道进行组合集中,使受众对事件有客观的了解
	同事件混编:把上述三种编排方式根据实际情况综合运用
相关内容组合: 把在内容上有某种关联性的不同报道组合在一起	相关编排:把具有内在关联的不同报道或评论组合在一起(整体与局部、因果、印证、呼应、评述等关系)
	互衬编排:把主题相同或具有互补、对比等关系的报道组合在一起
	同类型集合:以某种一致性为联系的纽带将不同的节目组合在一起(同一个领域、都很简短的"简讯")

专栏集纳是在栏目当中再分出来一些子栏目(专栏),在子栏目中专门传播特定主题或特定节目形式的新闻。专栏有固定的和临时的两种,固定栏目又分为定期和不定期两种。

稿件配合是为了便于受众理解某种新闻报道而配合播发相关事实信息或观念信息,也就是通常所说的配资料和配评论。

3. 运用峰谷技巧,巧妙安排结构

心理学研究表明,人们的注意力保持是有一定时间限度的。通常,听众收听一个广播新闻栏目、观众收看一个电视新闻栏目,到一定时间后就会产生倦怠。这就提醒编辑要根据人

---

① 饶立华,杨钢元,钟新.电子媒介新闻教程:广播与电视[M].北京:中国人民大学出版社,2000:337-338.

们的认知规律来安排一档新闻栏目中的各条新闻,具体来说就是采取"峰谷技巧",其关键词是峰谷、分段、节奏。也就是说编辑要把新闻搭配开来,让受众易于接受的新闻和相对接受较难的新闻穿插编排,每次都要用当天最重要的、最新的、重要的突发性新闻做头条,从高峰开始。往后,新闻的紧迫性和新闻价值有所减小,当达到低谷状态时,应该找到一个办法,如在预报有兴趣的节目内容后断开,采用广告或片花或节目形象宣传片来一个转变,使节目再回到高峰状态,使受众的接受兴趣恢复……

4. 精心写作广播电视新闻提要、串联词

一档新闻节目总要使开头、中间、结尾之间实现一个自然流畅的起承转合,实现的方法也很多,可以用栏标、音乐、音响、字幕、广告、片头、片花、片尾等等,而新闻提要、串联词这种以有声语言为媒介的起承转合,是其中最直接的实现手段。

新闻提要是为了凸显重大新闻、吸引观众注意而采用的一种编排技巧。它既体现了编辑部对当日重要新闻的判断,也为受众选择对节目的收视提供了线索和依据。

广播电视新闻提要的表现方式有两种:一是主播(或播音员或主持人)在节目伊始对当期主要内容、重要新闻的一次概要介绍。这主要出现在时长 30 分钟左右、节目当中没有片花打断、没有分成几部分的新闻资讯类栏目中。二是在一次新闻播出过程中,间或出现主播(或播音员或主持人)对几条新闻主要内容的简要预报。这种新闻提要还有揭示新闻间的内在联系、显示编排结构意图、转换受众注意的作用。这在时长较长的民生新闻栏目中常常出现,这些栏目往往有 1 小时甚至更长的时间,中间用片花或节目形象宣传片将整档节目分成几段,那么在前一段新闻播报结束的时候,往往会出现"接下来您将看到(听到)……",以预告下面几条新闻的主要内容。

对于广播新闻来说,无论是节目开始的新闻提要,还是节目当中的几次新闻提要,都是主播(或播音员或主持人)的口播。对于电视新闻来说,既可以是主播(或播音员或主持人)出镜口播,也可以是以主播的口播,同时配上同步播出的已编辑的影像、照片或打出字幕,让观众更清晰地了解整期新闻节目或某段新闻节目的主要内容。

串联词是指上下新闻之间承上启下的简短介绍、议论和提示。

【案例二】 中央电视台《新闻联播》2013 年 6 月 7 日晚上的节目编排:
习近平在培尼亚总统陪同下参观墨西哥奇琴伊察遗址
习近平抵达加利福尼亚,将同美国总统奥巴马举行中美元首会晤
2013 成都《财富》全球论坛开幕 习近平致信祝贺 张高丽出席开幕晚宴并发表演讲
习近平就做好安全生产工作作出重要指示 始终把人民生命安全放在首位 切实防范重特大安全生产事故的发生
国务院召开全国安全生产电视电话会
俞正声对丹麦进行正式友好访问
韩国总统朴槿惠将对中国进行国事访问
全国麦收过半 防范多雨天气全力抢收
国家电网:2015 年将实现户户通电
2013 年全国高考今天开始
数说高考:招生增量向中西部倾斜
"学前教育三年行动计划"实施近三年 1300 万名农村幼儿获益
80 后科考队员:鹦哥岭发现珍希新物种

国内联播快讯
美期待与中国在新关系下良好合作
本台记者探访中美元首会晤庄园
美政府承认收集大量民众通话记录
国际联播快讯

有的新闻栏目在节目最后还有新闻回报(回顾),是对新闻提要在节目结尾时的复述,目的在于加深观众的印象和记忆,以方便中途收听收看节目的受众对整档新闻节目内容的了解。

(六) 录制播出

广播电视新闻节目的播出分为直播和录播两种。

录播的消息类新闻节目(新闻资讯类栏目)、新闻杂志类节目(板块型节目),每条新闻(每一板块)编辑好,要由责任编辑写出播出串联单,主播(或播音员或主持人)根据新闻提要、串联词进行串联,编辑(导播)监制,制作出完整的播出带,由领导审看,审看通过就可以送播。

演播室直播节目中,每条新闻(每个板块)都是录播的,由记者和编辑制作完成。播前,责任编辑要写出新闻播出串联单、新闻提要和串联词,然后由导播负责安排播出。在播出过程中,编辑要在现场,随时准备处理情况。

新闻现场直播节目中,事先没有任何节目带,演播室主持人、现场主持人、前方记者(现场记者)紧密配合,根据新闻事件的进展,进行消息播报、现场报道、现场采访、评论,导播、调音、摄像、录像、切换、美工、字幕、特技、灯光等各个工种都要在导播指挥下,各就各位,各司其职,保证在新闻事件发生的同时,就能顺利地将节目播送出去。

这里,再将新闻播出串联单做一个介绍,它要写明每条新闻(每个板块)的序号、新闻标题、时长、磁带号(文件号)。

> **思考题**

1. 广播电视新闻采访的特殊性是什么?
2. 广播新闻的导语写作有什么要求?
3. 电视新闻的导语有什么独特的方式?
4. 消息类新闻节目的编辑中优化组合的方法有哪些?
5. 新闻编辑中的峰谷技巧是什么?

第八章 广播新闻体裁与呈现

第一节 广播新闻体裁

在广播电视新闻体裁分类上,目前国内的分法是多种多样的,因为在广播电视新闻中伴随"体裁"的还有报道方式、制作方式、节目组合方式、播出方式或播映方式等各个概念,所以不同的著作在分类时往往同时用了几种概念标准,而导致分类复杂化了。

从广播新闻体裁来看,报纸上出现的文字性的新闻体裁(图片新闻除外),广播新闻体裁基本上都具备,只是广播新闻体裁是用有声语言表述的。从有声语言角度看,即从广播新闻的表现手法上看,广播新闻体裁可分为口播广播新闻与音响广播新闻两大类。但是,人们习惯上将广播的内容、播出方式等因素也考虑在内,从而又引出了几个似乎是广播新闻体裁的概念。

一、口播广播新闻与音响广播新闻

(一)口播广播新闻

这是由电台播音员、节目主持人或记者口头播出的广播新闻。体裁又可分广播消息、广播通讯、广播特写、广播访问记、广播评论、广播调查。

这类口播广播新闻稿,除文字表达要求口语化外,其余与报纸新闻稿的写作要求基本一致。从中国广播新闻的历史发展与现状看,也经常有电台播音员播出报纸新闻与通讯新闻的,广播新闻稿的结构与写作要求与此差别不大。

(二)音响广播新闻(音响报道)

音响广播新闻是指带有新闻事实实况音响、真实资料音响,与新闻报道词一起组合的广播新闻。这里的"音响"是录自新闻事实发生现场、采访现场的各种声音。由于播出手段不同,音响广播新闻又可分现场报道与录音报道两种。

1. 现场报道

又称现场口播、现场口头报道。它是记者在新闻事件或新闻事实发生的现场,边目击采访,边口述新闻,报道带有实况音响和现场目击情况的介绍,因此现场感、时效性都特别强。

现场报道中,直接在现场播出的,属于现场直播;在现场报道时仅录了音,经过编辑再播出的则属于录音报道。严格的现场报道应为前一种。现场直播的优势在于事件发生与传出去的时间。差距几乎等于零,实现了"同步"进行,新闻价值增强,加上有现场音响,能引人入胜。

现场报道的题材要求是重大典型和听众所普遍关注的国计民生大事,新闻事实本身带有典型音响,生动有意义,同时事态正在进行与发展之中。

【案例一】 例如,广播现场报道《大瑶山隧道胜利贯通》,其中大部分是现场音响与记者口头报道音响:

韶关人民广播电台,听众朋友,您好!

在全国最长的铁路双线隧道——大瑶山隧道马上就要贯通的时刻,我们韶关人民广播电台的记者来到大瑶山隧道采访。现在,我们的采访车正在出口端沿着已经砌好的隧道往工作面开去。

听众朋友,大瑶山隧道全长14.295千米,是我国最长的铁路双线隧道。这座隧道是从1981年第四季度开始施工的。经过两千个日日夜夜的奋战,现在,隧道马上就要贯通了。

听众朋友,现在我们的车继续向工作面开去,这条隧道地面宽大约有10米,可以并行走三部大卡车。地面离水泥拱顶大约有三层楼那么高。好了,到了,到了。我们现在到了工作面了。我们看到在南端这一边有一台双臂台车,我们所在的工作面,地面上是水泥浆、碎石,头顶在不停地滴水。现在听到嗡嗡的声音是双臂台车开动了,有五六个工人,正在装炸药,安导火线。现在炸药已经装好了。大瑶山隧道贯通的最后一炮的炸药现在已经装填好了。

(工作面安全员在喊:请各位同志退出工作面,大瑶山隧道贯通的最后一炮马上就要响了!)

(现场总指挥讲话:现在希望你们做好准备以后,按照各项工作的要求,再进行检查。我们请中央领导同志给我们施放贯通炮。)

(沉闷的炮声)好!好!贯通大瑶山隧道的最后一炮响了!工作人员正在向着工作面奔去。我们随着人群往前跑。在这里,工作台车正在清理余泥。新闻单位都在占据有利的地形,拍照片、拍电视、录音。现在这个洞口已经打开的这个半月形,大约有一米宽。两个大灯笼拿来了,灯笼大概有一米五的直径,一个灯笼上面写着"为国争光",另一个上面写着"振兴中华"。

(鞭炮声、锣鼓声)鞭炮放起来了。锣鼓响起来了!南北两支施工队伍胜利会师!握手,亲切地握手。有人拿着鲜花在欢呼,有人互相拥抱,一些工人被人抬着抛起来。

我们站在风口处,打开的隧道口风很大,原来比较闷热的空气一下子变得流畅,非常清新,工人们在欢呼,贯通了!贯通了!(欢呼声,喊叫声,一个工人激动地说:大瑶山隧道贯通了!我们隧道工人想的是大瑶山贯通,干的也是大瑶山贯通,是我们的胜利!……)

注:记者在现场口头报道时并没有文字稿,此稿根据录音记录整理。

这则广播现场报道,除了现场的环境音响实况烘托了强烈的工地氛围与生动场景外,电台记者的现场口头报道或记事,或状物,或写人,都简洁明了与形象化。读者还抓住了两个大灯笼上八个字"为国争光""振兴中华"的细节,鲜明地表达了隧道贯通的意义与新闻的主题。广东韶关电台的记者在十分艰苦的采访条件下,先于其他新闻单位首播了这篇新闻稿,可见广播现场报道的优势以及对记者的特殊要求。

2. 录音报道

通常是用实况音响与播音员播报报道词、记者播报报道词相组合而成的录音来报道新闻事实或新闻事件的广播新闻形式。录音报道包括录音消息、录音通讯、录音特写、录音访问记等。另外,在广播新闻报道中的深度报道,也主要是采取录音报道的形式,而在播出上往往一个深度报道会播出几次、几天甚至更长时间,成为连续报道或系列报道。

(1)录音消息。是以简明扼要的报道词与典型音响来报道新近发生与正在发生的新闻事实的一种广播新闻形式。它在广播新闻中大量运用,大多为动态新闻,迅速及时地直接简洁地报道国内外重大事件及社会生活中的新情况、新成就、新变化、新动向,最能体现广播新闻新、快、短、活的特点。

(2)录音通讯。通讯是用比较详尽生动的语言描绘先进人物的事迹或重大事件的过程的一种新闻体裁,又可分人物通讯、事件通讯、工作通讯、新闻故事等。录音通讯除了具备适宜写通讯的典型人物、典型事件外,还需有典型的音响素材,才能综合制作合成。录音通讯比录音消息无论在写人叙事状物方面,都更详尽生动。它不仅有播音员或记者客观的叙述,而且有各种现场的背景音响与资料音响,还可以穿插记者与采访对象的谈话与议论,因此内容更加丰富多彩。

(3)录音特写。新闻特写是一种再现新闻人物形象或新闻事件场景的形象化报道,以描绘为主要手法,抓住生活中典型有特征的事实片断加以突出反映。特写的种类有人物特写、事件特写、事物特写、速写等。录音特写在取材与表现手法上与一般新闻特写相同,不同处在于录音特写是运用有声语言报道并讲究音响效果,需要将精细的语言描述与精选的实况音响有机结合起来,情景交融,使听众闻其声如见其人,如身临其境。因而录音特写具有独特的魅力。

(4)录音访问记。也称"录音专访",是电台记者带着录音机对新闻人物或掌握新闻事实的单位、权威人士进行专题访问,然后作出的录音报道。其又可分为人物专访、事件专访与问题专访等。录音访问记一般都有新闻由头;有特定的背景和强烈的现实性;主题往往偏重回答和解决社会上普遍关注的某一问题;报道中注重现场描绘与谈话纪实,给人以实感与亲切感;报道时可以用第一人称,也可采用对话形式。

请赏析几条录音报道的脚本。

【案例二】 中广网2011年9月28日的【乌蒙特写】高兵换车

中广网黔西9月28日消息(记者曹美丽) 中央台"情牵大乌蒙"报道组沿着乌蒙山区往西走,来到黔西县解放村,这里的村民通过休闲农业和乡村旅游,摘掉了贫困的帽子,过上了幸福的生活。

傍晚时分,解放村稻花香农家乐的客人逐渐多了起来,厨房里煤气灶开到了最大,高压锅在嗤嗤的冒着热气。农家乐的老板高兵一边招呼客人,一边留意着电视里的汽车广告。他说他准备把现在的比亚迪换成丰田越野车。

【出录音】 高兵:想换越野车,我喜欢越野车,越野车感觉好。小轿车感觉太小气了,越野车出去好一点。【录音止】

准备淘汰的比亚迪是去年年初买的。2009年的时候,高兵开了这家农家乐,一年过去了,高兵一算账,一年时间赚了十八万。一家人顿时乐开了怀,在别人的美慕声中,一辆崭新的比亚迪就这样开进了家门。

【出录音】 高兵:买点菜啊,代步。去华山啊,草原啊,自驾去游。

记者:有空也会自驾游出去玩?

高兵:嗯。【录音止】

其实比亚迪并不是高兵的第一辆车。在这之前,高兵开过大货车。想起那段奔波的日子,高兵的眼里不禁泛起了泪花。

【出录音】 高兵:当时都跑车的,开货车。跑了四五年。运煤,主要运煤炭。从黔西拉到广西。一天跑一趟。那个累,比较累。【录音止】

跑车拉煤,除了累,还不能好好陪陪刚出生的孩子,这也成为高兵心中永远的痛。幸运的是,最近两年,村里开始发展休闲农业和乡村旅游。高兵瞄准机会,办起了农家乐。

【出录音】 高兵:我觉得是种机会。一年挣十七八万,雇了四个人,都是本村的。【录音止】

今年,高兵准备把农家乐扩大成休闲农庄。不过眼下最迫切的是赶紧换辆越野车,带着老婆孩子去旅游。

【出录音】 高兵:我们想一家人出去玩几个月。最想去海南,享受海南风光。

【案例三】 安徽人民广播电台新闻综合广播2012年10月19日播出的录音特写《多一句追问,多一份放心》(记者马静)

昨天下午(18号),省十一届人大常委会第三十六次会议召开联组会议,就我省食品安全工作情况开展专题询问,省农委、省商务厅、省工商局等相关部门主要负责同志现场回答了部分常委会组成人员、省人大代表有关我省食品安全工作情况的多项询问。请听安徽台记者马静采制的新闻特写:多一句追问,多一份放心。

【出录音】 "我们在调研中感受到人民群众对食品安全感的认同感并不高,反映'吃动物怕激素、吃植物怕毒素、喝饮料怕色素',吃什么心里没数!"【录音止】

省人大常委会委员张东安的这"三怕"拉开了正常专题询问的序幕。市纪委常委会组成人员和省人大代表竞相举手提问,字字一针见血,句句切中要害。

【出录音组合,压混】 "群众对食品安全的担忧挥之不去,很无奈……"

"老百姓对此很担忧,反映也很强烈……"

"我今天的提问就是要问一次性餐饮具的安全隐患……"【录音止】

"担忧""隐患""不放心",这些在惯常会议中很少听到的字眼今天却贯穿了整场问询会的始终,广大人民群众对食品安全问题的关注与焦虑,透过十几位询问人急迫的语气展露无遗。

【出录音】 "一些重大食品安全事件,如毒奶粉、地沟油、瘦肉精等,大多是通过媒体曝光后才引起高度重视。为什么这么多重大事件是在媒体曝光后才引起重视? 我们的政府和相关部门是怎么进行日常监督的?"【录音止】

当省人大常委会委员苏泽泉抛出这个重量级的问题后,与会人员的目光齐刷刷地聚集在省食品安全办公室主任、省卫生厅副厅长徐恒秋身上。

【出录音】 "我们的基层监管力量确实是不足,全省与食品有关的企业加一起有33万家,而我们从事食品安全监管的人员才只有几百个人。应该让日常监管'硬'起来,加大投入,切实履行职责,这是我们下一步要做的工作。"【录音止】

听了上述回复,苏泽泉继续追问。

【出录音】 "那么在发挥媒体和社会舆论监督作用上,有关部门准备采取哪些措施?"【录音止】

【出录音】 "今年3月份,省政府出台《食品安全违法行为奖励举报办法》,截至目前已经有841件举报投诉得到初查,效果还是很不错的。"【录音止】

【渐止,压混】 食品安全关系千家万户,人大代表代表人民群众。参与询问的每一个询问人深知自己的使命和职责,他们提问、追问、再追问,用多一句追问换来人民群众的多一份放心。

【案例四】 安徽广播电视台新闻综合广播2012年12月29日至31日播出的系列报道《别让咱们的黄梅戏老了》(作者:徐国平 编辑:徐鹏 张国社 制作:程迎红 王承)

上篇 黄梅戏咋成了"啃老族"?

我省标志性的文化品牌黄梅戏是一个比较年轻的剧种,却出现了剧目、人才和观众的老化,成了"啃老族"。创作新经典,推出新时代,培育新戏迷,是我省黄梅戏事业的当务之急。请听安徽台记者徐国平采写的系列报道"别让咱们的黄梅戏老了",今天播送上篇,题目是《黄梅戏咋成了"啃老族"?》

【黄梅戏《黄梅飘香盛世浓》,压混】

11月5号,在第六届中国(安庆)黄梅戏艺术节开幕式晚会的最后,著名黄梅戏演员韩再芬演唱的黄梅戏《黄梅飘香盛世浓》,描绘出黄梅戏的繁荣景象。然而,在11月7号的艺术节理论研讨会上,安徽省剧作家协会副主席王长安却一语惊人:老演老戏的黄梅戏已经沦为"啃老族"。

【出录音】 王长安:"有的观众甚至戏言:《天仙配》是天天配,就是说天天都演这个戏;《女驸马》是屡驸马,指反复上演此戏;黄梅戏是黄没戏,没有的没,就是指没有新戏,这着实让我们每个从事黄梅戏、热爱黄梅戏的人汗颜,一个极具活力的剧种已经在不知不觉间沦为让人诟病的'啃老族'"。【录音止】

王长安曾参与调研2010年和2011年两年的黄梅戏创作、演出状况。他所调查的安徽和湖北20家黄梅戏表演团体,演出剧目70%以上是传统戏和《天仙配》等经典剧目,半数以上的院团两年内没有新戏上演。去年和前年,安徽省黄梅戏剧院共演出1514场,传统戏和经典剧目演出场次占87.64%,其中,《天仙配》和《女驸马》共演出522场,《天仙配》演出最多,高达472场。

这些看家戏全都是解放前和解放初创作、改编的。省黄梅戏剧院的改编本《天仙配》是1953年9月在安庆首演的,即将迎来60大寿,最年轻的"女驸马"诞生于1958年,也已经54岁了。

实际上,原创能力强的国有剧团生产了大量的新戏,只不过这些新戏往往都是昙花一现。潜山县黄梅戏剧团团长韩焰生分析,国有剧团过去作为政府的事业单位,在新剧目中重点宣传当地的政绩和人文资源,一直是件分内的事。

【出录音】 韩焰生:"那么许多事情你就要按照政府的政策导向来办事,因此许多的东西变成了一个宣传品,一批又一批的都是宣传品,这种东西肯定是不能传唱的,最终都是被时代淘汰的。"【录音止】

很多新戏创作出来,就是为了参加重大演出活动夺取大奖的。为了迎合领导和专家评委,这些新剧目通常都被建成大投入的"形象工程",在营造舞台效果上舍得投入,还请来歌舞团伴舞,搞人海战术。第六届黄梅戏艺术节新剧目展演组组长舒劲草作了介绍。

【出录音】 舒劲草:"这些演出的一个最大突破就是,整个剧目投入一个新的突破。过去一台戏无非就是二三十万、四五十万,现在一台戏都是五百万,少的也有一百万,大投入、大制作让我们广大的观众一饱眼福。"【录音止】

不过,戏曲大制作导致大剧组、大布景、大道具,运输和演出成本高昂,对剧场要求也高,剧组走不出、下不去、演不起,新剧目很快就进了仓库。

1984年,安徽省黄梅戏剧院首演《风尘女画家》,并在第一届安徽省戏剧节获得演出一等奖,此后不久便从舞台上销声匿迹。直到去年4月9号《风尘女画家》重排后首演,这部孕育了《海滩别》等经典唱段的精品剧目,已经在仓库尘封27年。省剧协副主席王长安认为,这种怪现象是评奖机制造成的,即参加评奖的作品必须是原创。

【出录音】 王长安:"作为这个原创团得了奖以后,它为了下一次得奖,就把这个戏扔了,它要排下一个新戏再去得奖,它就没有时间来演以前已经获奖的戏,哪怕是很好的戏。作为其他的团,也不会学你的戏。"【录音止】

要改变我省黄梅戏老戏当家的局面,各级党委、政府及宣传文化部门首先要进一步深化文化体制改革,让国有剧团彻底脱离政府的怀抱,去参与市场竞争。在优胜劣汰的市场环境中,黄梅戏必将回归草根性、民间性,不断产出适应观众需要的新剧目;同时,改进黄梅戏的评价体系,将以专家评奖为主的评价方式,改为以大众的口碑和传媒的评论为主,将评委席从舞台前转移到市场中。

2009年,文化部设立"优秀保留剧目大奖",以剧目久演不衰为主要评奖标准。今年11月20号,安徽省黄梅戏剧院的《天仙配》由于达到了解放后首演并且演出1000场以上等条件,荣获第二届优秀保留剧目大奖,这是唯一获得这项大奖的黄梅戏。我省戏剧节有识之士认为,只有创新评价体系,黄梅戏院团才能摆脱评奖的束缚,生产出更多像《天仙配》一样排得起、演得动、传得开、留得住的好剧目。

中篇　黄梅戏创作人才为何凋零?

我省标志性的文化品牌黄梅戏是一个比较年轻的剧种,却出现了剧目、人才和观众的老化,成了"啃老族"。创作新经典,推出新生代,培育新戏迷,是我省黄梅戏事业的当务之急。请听安徽台记者徐国平采写的系列报道"别让咱们的黄梅戏老了",今天播送中篇,题目是《黄梅戏创作人才为何凋零?》

12月6号到7号,2012年度黄梅戏剧本创作研讨会在安庆市召开,与会的全国黄梅戏剧作家只有20人,其中,60岁以上的老编剧占了三分之二。主办单位之一——安徽省黄梅戏艺术发展基金会秘书长许福康,面对会场上老汉为主的编剧队伍,感到可悲。

【出录音】 "我们看到现在为止,仍以老汉为主,这是比较可悲的。"【录音止】

目前,我省黄梅戏主创人才严重匮乏,本土创作主要依靠退休老人,成了另一种"啃老族"。除了安徽省黄梅戏剧院还有两名中青年编剧,其余剧团都没有了编剧这个行当,全省有一名导演的黄梅戏院团仅仅只有5家。著名黄梅戏作曲家陈精耕为记者扳着指头统计,全省能写出一台戏的黄梅戏作曲家不超过10个人,而且全都是退休老人,没有一名在职人员。作为全国黄梅戏唯一的中心点,安庆市黄梅戏主创队伍更是人才凋零:全市在职的副高以上职称的黄梅戏主创人员,有导演一名,编剧两名,舞台美术师两名。

黄梅戏院团演老戏,成本低还能获得不错的收益,可是创新作,投入大,风险高,还可能丢失票房,因此,创作队伍被投闲置散,日渐式微。

【出录音】 省剧协副主席王长安:"新剧目的创作、新产品的开发在剧院团始终未成为一种艺术发展的常态,创作人员也就自然显得可有可无了。一大批地方表演单位撤销创作室,让编剧、导演、作曲、舞美设计改行、下岗、离退,并不再进。"【录音止】

为了获取大奖,这些年来,黄梅戏几乎所有的新创剧目都要从行业之外借兵打仗,话剧、京剧、越剧的主创人员纷纷承揽黄梅戏创作任务,大量进入的外援,如同外来生物入侵,严重破坏了黄梅戏行业的人才生态。

【出录音】 王长安:"一些外援或单独或结伙来做黄梅戏,仿佛是转战南北的包工队,无论剧本成熟与否,先夸下海口、许下宏愿,促其上马,造成了资源一次又一次的抛荒和浪费,让很多原本有志于黄梅戏创作事业的人寒心、痛心,也就断了创作之念、绝了入行之心。"【录音止】

为了节省成本,黄梅戏剧团都制作有伴奏带,用来替代乐队。第六届黄梅戏艺术节展演的20台黄梅戏,只有省黄梅戏剧院的《风尘女画家》是乐队现场伴奏,其他都是放伴奏带的。再加上全国文艺院团转企改制政策的影响,工龄满30年的乐手纷纷退休。目前,大多数剧团的乐队残缺不全,怀宁县团的乐队甚至只剩下一把二胡了。黄梅戏作曲都是从乐手成长起来的,乐队的萎缩甚至消失,使作曲队伍成为无源之水,严重威胁着黄梅戏艺术的再生产。

为了让我省黄梅戏创作队伍早出人才、快出人才,有识之士呼吁,新剧目要坚持本土创作。第六届黄梅戏艺术节展演剧目《映山红》是安徽黄梅戏艺术职业学院排演的,所有的主创人员全都是学院的毕业生和在校生,没有一名外援。

【出录音】 院长黄新民:"事实证明,我们本地的人才完全有力量承担一个新戏的原创,有这个力量。其实,应该是培养我们当地的人才,给他们一点补助,花点钱,这个值得的,留下来的最后是种子啊!"【录音止】

2010年,安徽省黄梅戏艺术发展基金会与省文化厅联合实施黄梅戏遗产抢救工程,目前已经改编黄梅戏传统剧目十几个,并将三台大戏搬上了舞台。这三台大戏的主创团队集结了安徽黄梅戏曲界的中坚力量,实现了行业协作。基金会秘书长许福康表示,今后新创剧目都可以采用这种模式。

【出录音】 "在二度创作的过程当中,一定要把我们全省的黄梅戏界的可用资源用上,只要我们省里面能够调动的这些力量,我们基金会都可以出面协调好这方面的工作。"【录音止】

从演员中选拔苗子送到高校深造,则是安徽省黄梅戏剧院自主培养创作队伍的经验,值得借鉴推广。剧院编剧何小剑今年41岁,原来是演员,业余喜爱创作,被剧院送到上海戏剧学院进修两年,实现了从剧作者向专业编剧的跨越。

【出录音】 何小剑:"在这个剧目创作的队伍上面,我们剧院早就有这个眼光。剧院这近十年来,不断有年轻人被剧院输送去进修。(记者:有多少位出去深造过?)五六位,而且回来以后能派上用场。"【录音止】

下篇　让黄梅戏观众生生不息

我省标志性的文化品牌黄梅戏是比较年轻的剧种,但却出现了剧目、人才和观众发的老化,成了"啃老族"。创作新经典,推出新生代,培育新戏迷,是我省黄梅戏事业的当务之急。请听安徽台记者徐国平采写的系列报道"别让咱们的黄梅戏老了",今天播送下篇,题目是《让黄梅戏观众生生不息》。

近两三年,安徽省黄梅戏艺术发展基金会一直在本省农村做黄梅戏观众调查,调查发现,黄梅戏的观众群大部分都是中老年人。

【出录音】 基金会秘书长许福康:"传统剧目的观众群一般都在50岁以上,这个为主。人员流动的原因也存在,青年人的群体基本上都出去打工去了。"【录音止】

老演老戏,留住的是老观众;新戏演出少,又不对当代青年的口味,因此,黄梅戏观众正在老龄化。黄梅戏这个"啃老族"在啃老剧目、啃老专家的同时,还在啃老观众,是老观众延续着黄梅戏的生命。

观众是黄梅戏的土壤,如何扩大观众群,使它变成神话传说中那块能自己生长的土壤?启动黄梅戏都市化进程,这是省剧协副主席王长安的主张。

【出录音】"戏曲虽然是农耕文化的产物,但是都市化进程是不可抗拒的。我们要积极地主动地勇于占领都市,占领了都市,才能占领当下,才能占领未来。"【录音止】

2003年,安庆韩再芬黄梅戏艺术剧院首演的现代黄梅戏《公司》,讲述了历史学女博士姚兰在职场中,遭遇骗子、色鬼和伪君子,最后以诚信打天下,取得事业的成功。这部戏开创了黄梅戏都市题材的先河,同时,融合了多种现代艺术元素,老戏新演,受到年轻人尤其是大学生群体的欢迎。在北京演出之后的观众调查显示,87%的人喜欢这出戏。中国剧协副主席、《公司》的主演韩再芬说,黄梅戏要变成时尚文化,吸引年轻观众。

【出录音】"目前,黄梅戏应该讲还是没有走到现当代里面来。黄梅戏一定要变成这种时尚文化,你要去研究年轻人他爱看什么,他喜欢什么,你要去揣摩、去了解年轻人的价值。"【录音止】

高投入、大制作,加上剧场高昂的进场费,使得黄梅戏票价高抬,把大量观众拦在门外。因此,政府保护黄梅戏的最好方法,不是花钱养剧团,而是花钱让老百姓看戏。著名戏剧理论家王长安建议,咱们还可以借鉴古希腊的做法,向公众发放看戏补贴。

【出录音】"古希腊就是这样做的:给所有的雅典市民发放看戏补贴。我们现在把这个补贴全部发给剧团了,投资给你去排戏,那么,剧团排戏没有风险,他排戏的这种责任心就不会很强。现在,我把这个钱放在外面,只有你排得好,他拿这个钱买你的票,这样可以刺激剧团把这个作品生产得更加适销对路。"【录音止】

如果说,观众是黄梅戏的土壤,那么,戏迷就是让黄梅盛开的沃土。政府应该积极采取措施,保护本地和外地戏迷的热情,为他们提供必要的服务和保障。2008年2月,桐城市投入150万元财政资金,在市文化馆建立严凤英戏迷俱乐部,并且每年安排12万元专项补贴。现在,俱乐部现有活动场地560平方米,设立了戏迷教室,每年公益性演出60场以上,为桐城市黄梅戏事业的发展营造出有利的文化氛围。

12月23号,星期天下午,在安庆市青少年宫"小小黄梅"戏曲培训中心,老师正在给9名新生上黄梅戏唱腔课。

【出现场录音】

老师教唱:"'一月思念,如痴如醉',预备,起!"

学生跟唱:"一月思念,如痴如醉"。【录音止】

"小小黄梅"创办3年来,累计培训小学员200来人,成为安庆唯一的少儿黄梅戏专业培训机构。在2013年中央电视台元旦晚会上,他们将代表黄梅戏剧种一展风采。

"从娃娃抓起,培育新戏迷",已经成为黄梅戏之乡安庆人的共识。在严凤英的故乡——安庆市宜秀区罗岭镇,有的小学开设了专家授课的黄梅戏兴趣班,有的在课间播放黄梅戏音乐,有的每周举办一次"文化早餐",每个班出一个黄梅戏节目。

只要观众生生不息,黄梅戏就有希望。

【出录音】"安庆地区的群众对黄梅戏太热爱了。"【录音止】

第一批黄梅戏新文艺工作者、85岁的郑立松老人对黄梅戏的未来充满信心。

【出录音】"有戏迷,这个剧种才有希望,所以,我就持乐观态度。"【录音止】

二、广播评论

在广播中对当前具有普遍意义的新闻事件和重大问题加以评述和论证。属于新闻评论的一种体裁,表明电台的政治倾向。

广播评论在20世纪20年代广播新闻诞生之后开始出现,但并未引起重视。1938年9月12日到29日历时18天的"慕尼黑危机"期间,美国哥伦比亚广播公司的汉斯·冯·卡尔登邦,以敏锐的洞察力对每一事态的发展进行分析评论,迅速准确地估价其真正意义,成功地开创了广播史上醒人耳目的广播评论新局面,使广播评论名噪一时。第二次世界大战期间是各国广播评论的全盛时期。我国中央人民广播电台的前身——延安新华广播电台,在1940年12月30日开始播音以后,也随即开展了广播评论工作。

广播评论既具有新闻评论的共性,又由于广播本身的特性,在选题、论证、结构和语言等方面与报刊评论有区别。广播评论的选题不能太深、太专,要选择听众普遍关心的新闻事件和问题;论证结构力求开门见山,短小精悍,最好一次讲清一个问题,切忌贪大求全,语言要求通俗朴素,亲切感人,动之以情,诉之以理。总之,要时时注意听众的接受程度,评到问题的关键处,说到听众的心坎上,使观众心悦诚服,乐于接受。

广播评论可采用多种形式:可以配合新闻播出评论、短评、编前的话、编后按语、新闻解说、广播漫谈等;也可请有关人士发表评论性讲话;或运用《听众信箱》作为群众论坛;还可通过"广播问答""广播对话""广播座谈会"等向听众阐述道理。当然比较多的还是录音述评,在形式上同录音报道相似,录音述评表现元素丰富,大量用被采访者的实况语言来发表意见,显得客观可信。

【案例五】 安徽广播电视台生活广播《特别关注》栏目2012年12月29日播出的评论《除了吆喝,"市长们"还应有更大作为》(作者:任荣荣 张妍妩 编辑:马宏)

今年,陕西、山东、河南、甘肃、安徽等地出现多种农产品严重滞销的情况,很多市长走上街头吆喝,帮农民卖滞销的蔬菜和水果。有人称赞这是关心农民疾苦的亲民之举,有人质疑这样的吆喝只能解一时之困,有人担心农民会产生不找市场找"市长"的依赖。面对农产品滞销,市长们究竟该怎么办?除了吆喝,市长们还能做些什么?请听广播评论:除了吆喝,"市长"们还应有更大作为。

【出录音】"又甜又脆,水分充沛,还有很好的保健功能……"【录音止】

从去年冬季安徽界首市副市长刘新兴在合肥街头推销萝卜,到前几天河南安阳市副市长在地头卖菜。这两年,市长们卖长枣、卖山药、卖土豆的吆喝声在媒体上此起彼伏。有人就把这种情况戏称为"市长很忙,农民很慌",对此,安徽省三农问题专家、安徽农业大学教授张自立认为:

【出录音】"就是在应急状态下,这就等于说遇到紧急情况了,这种做法也对。但是这不是长效机制,不能老是这样,那就是说要从根子上解决问题,要形成一个长效机制,明年该引导农民怎么实现均衡生产和均衡供应。"【录音止】

有人认为农产品供需之间出现的问题应该交给市场解决,"市长"卖菜,会让农民产生不找市场找"市长"的依赖性。但安徽省农委市场信息处调研员王一鸣认为,农产品销售一头连着物价指数,连着城镇居民的生活质量,一头连着农民的钱袋子,连着农村的繁荣稳定。市长们在管起菜篮子的同时,也应该管好菜园子,这对促进农民增收、统筹城乡发展具有现实意义。

【出录音】"靠一家一户农民是不行的,政府是一种引导、服务、宣传,这是政府所要做的,第一个就是做好服务,信息可以通过服务来进行宣传引导;第二个是做好一些衔接的问题。"【录音止】

观点交锋再继续,今年,在更多的政府官员走上街头吆喝卖菜的时候,记者注意到,界首市副市长刘新兴却没有再来合肥卖萝卜。难道今年他们的萝卜不愁卖了吗?

12月26号,踏着小雪,记者再次来到了界首市萝卜主产区,颍南街道碾石村。

【录音压混】 午后一点,一辆辆收购萝卜的小货车来到村里,但村民们只是上前问问收购价,真正愿意卖的却很少。

【出录音】 村民王修书"目前价格上来了,越贵越不卖。"

(记者:那萝卜不卖就放在家里了?)

"对,上窖了,都存起来了。"

(记者:那准备什么时候卖?)

"再到腊月半的时候,它要涨价。"【录音止】

界首萝卜是如何从昔日的"烂在地里没人要"变成如今的"奇货可居"呢?碾石村村民说,今年政府引导他们减少了萝卜种植面积,光他们一个行政村,就减少了2000多亩,整个界首市,减少了9000亩。

【出录音】"物以稀为贵,我们这个面积小了。"

(记者:我们今年村里种了多少?)

"我们这个村里啊,就千把亩。"【录音止】

去年,安徽省的"界首萝卜"和"怀远大白菜"都大量滞销,堪称一对"难兄难弟",但今年,当界首萝卜打了一个漂亮的翻身仗时,怀远大白菜依然滞销。怀远县荆芡乡大庙村村民张成春说:

【出录音】 "这个干生产吧,都像有一种习惯性在里头,比如将那一片都种上菜,他卖不掉他还种,没办法调节。"【录音止】

安徽省三农问题专家、安徽农业大学教授张自立说,蔬菜水果等农产品具有上市期集中、储运难、运输难等特点,但消费市场却是弹性的而且不断变化的,要想从根本上理顺农产品产销关系,信息畅通很重要。但传统一家一户分散种植的农民很难自发形成市场意识,也缺乏掌握市场信息的能力。

【出录音】

"对于大部分农民散户的情况下,青壮年都去出外打工挣钱,因为已经不把种植业作为主要(收入来源),这样农村的这些老人们整个的市场信息不灵,只是满足于把家里的口粮田种好,总而言之,我们现在农业的组织化程度比较低,应对市场风险的能力也比较弱。"【录音止】

王一鸣说,怀远大白菜再次滞销的主要原因,就是当地农民缺乏市场意识,种植的盲目性、随意性很大。提供信息服务、引导农民合理种植,是地方政府应该大有作为的地方。界首市颍南街道办事处主任秦海光说,接受去年的教训,他们今年加强了蔬菜产销信息监测,并将信息及时提供给农户。

【出录音】

"很多信息一个是由专业合作社来提供,第二个就是我们界首有一个农业信息网,发布

一些农业信息,还有一个就是来源于小贩,他知道往哪送,他知道哪里需求,三种信息然后综合研判。"【录音止】

碾石村村民王修书说,根据市里农业信息中心提供的周边市场的信息,他们自己又打听了附近一些蔬菜基地的种植情况,最后决定减少萝卜种植面积,增加大葱的种植面积。

【出录音】"去年大葱就可以,今年为啥呢?栽这个葱啊比较费事,要开沟,要浇水,要培土,年轻人都出去打工了,都是老头老婆在家种,所以说面积小,所以葱贵。想啥赚钱就种啥,根据市场行情。"【录音止】

界首萝卜去年和今年截然不同的命运,给界首市上了生动的一课:农产品的销售政府不能不管,也不能越俎代庖的乱管,而是要为"市场中的农民"做好服务。界首市颍南街道办事处主任秦海光说:

【出录音】"你再好的东西,市场上没有那么大的需求你等于白搭。我们政府是引导我们农民干啥?科学种植,引导农民关注市场行情,不要盲目种植,这是我们政府的事。如果说叫政府包装好推向市场,这个我觉得现在政府是不能干预市场的,我们只是让市场来决定。"【录音止】

安徽省农委信息处调研员王一鸣说,从界首的事例可以得出,对于农产品滞销这一问题,政府不仅应该有所作为,还应该有大作为。从服务经济和规范市场的角度上讲,政府的"功课"还要做得更深、更实。

【出录音】"主要是七个方面内容,第一就是保持稳定的产销形势;第二个内容就是办好农业会展扩大交易合作;第三个方面就是发展直接配送,稳定购销渠道;第四个方面主要就是充分利用网络优势做好促销活动;第五个方面主要是建立一些农产品的储藏保鲜加工系统体系;第六个是发展农产品电子商务;第七个作为政府来讲主要是加强宣传,强化引导。"【录音止】

三、实况广播

在事件进行的同时向听众播送全部实况音响的广播形式,又称现场实况转播。实况广播几乎是与广播电台同时诞生的,世界公认的第一座广播电台——1920年11月2日开始播音的美国KDKA电台,播音之初就转播了棒球比赛的实况。

实况广播被认为是电子传播媒介最大的优势之一,因为现场实况音响发出的时间与听众收听的时间是同步的。而且,实况广播时,记者只对现场情景作一点旁白解说,并不选择和删接实况音响,实况广播的真实、迅速,使其越来越成为新闻报道的重要方式,除了预发性新闻,如重大的政治集会、群众游行、欢迎外宾、体育比赛等更多地采用了实况广播的报道方式外,许多突发性新闻,比如交通事故、自然灾害等,只要记者赶到新闻现场时事件还未结束,也常采用实况广播的方式,使新闻报道与新闻事件同步进行。这样的报道方式是直接的、即时的,在新闻与受众之间没有第三者介入,因而也是比较客观的、公正的。正因为如此,实况广播越来越受听众的欢迎。

四、配音(乐)广播

给广播通讯、特写、故事等配上音乐或音响效果,只配音乐不配音响效果的称为配乐广播,既配音乐又配音响效果的称为配音广播。

配音(乐)广播与录音报道是两类完全不同的节目。第一,配音(乐)广播既包含新闻性节目,也包含文艺性节目、知识性节目和服务性节目;而录音报道只是一种新闻报道形式,属新闻性节目。第二,配音(乐)广播中的音响和音乐部分不仅用现场采录的实况音响,而且可以用虚拟的、仿制的;而录音报道中的音响必须是新闻实况音响。第三,配音(乐)广播所配的音乐和音响,一般只有渲染、烘托的辅助作用,如果把音乐和音响去掉,文字稿照样可以独立成篇;而录音报道中的音响是新闻材料的有机组成部分,有揭示报道内容、表现主题的作用,如果没有实况音响,录音报道本身就不存在了。

近年来,我国广播工作者对新闻性节目配音配乐的得失问题进行了探讨。许多人借鉴国外的经验,认为新闻中配音、配乐是国外20世纪40年代招徕听众的做法,目前早已摈弃不用,而重视录制现场同期声,大量采用录音报道。新闻的生命在于真实和时效,在新闻中配音配乐,既不真实又耽误时效,是不符合新闻报道规律的。目前,在消息中不再配音、配乐已取得一致认识,当然在录音通讯、录音特写中还是可以适当地配音、配乐。

新闻性节目之外的配音(配乐)广播正方兴未艾,尤其是少年儿童节目,配上音乐和音响,既逼真又动听,深受小听众的喜爱。

五、广播对话

在广播中通过两个或两个以上人物的相互交谈叙述事件、讲清事理的一种体裁,就是广播对话。

广播对话是由"对播"和"问答"发展起来的一种广播体裁,在我国20世纪五六十年代的广播中比较流行。两人的对话形式,有的有人物身份的区别,有必要的情节串联;有的没有这些,只是互相交谈讨论问题。两个以上的人物对话,一般都虚拟了人物身份,有必要的情节串联。

广播对话的形式便于提出问题和讲清问题,对于需要着重阐述的内容,可以通过人物的问答有意识地重复强调,以引起听众注意,帮助听众思考和记忆。广播对话要求充分展开问题,层层说理,步步深入。

广播对话的语言要求通俗、口语、朴素、流畅,符合人物的身份、口气,而且要注意前后一致。

广播对话与相声、话剧、广播剧有本质的区别。相声、话剧、广播剧都是艺术形式,重在塑造艺术形象,而广播对话只是借助于人物的对话,重在讲清事情,阐明道理。

另一种是广播中的答记者问。记者就一定的问题请有关人士发表意见,或是代表听众要求某个部门解惑释疑。这种形式除了读者和被访问者的谈话音响外,不用任何题外的描写,干净利落,主题集中,有一定的针对性。

第二节　广播录音报道采制

音响报道,即带音响的新闻,是广播自己走路、体现广播声音魅力的体裁。它形式多样,不拘一格,从形式上可分为录音消息、录音专访、录音通讯、录音特写、录音评论、现场报道、直播现场报道(现场播报)、连线报道等。它要求尽可能地采用记者在现场的报道语言、现场录下的音响、音乐、人物对话的同期声等,来反映所报道的事件、活动本身,而不是通过记者的转述或通过播音员对文字稿的口播来表达。口播给人一种二手感,使广播新闻的真实感降低,音响报道营造了现场氛围,具有来自现场的各种信息,令人身临其境。

一、录音消息

如前文所述,录音消息是以简明扼要的报道词与典型音响(广义)来报道新近发生与正在发生的新闻事实的一种广播新闻形式。

录音消息在广播新闻中大量运用,大多为动态新闻,迅速及时地、直接简洁地报道国内外重大事件及社会生活中的新情况、新成就、新变化、新动向,最能体现广播新闻新、快、短、活的特点。

录音消息主要运用现场录音来反映和揭示报道的主题,由于录音的真实性和实证性的特点,录音消息比文字消息具有更强的真实感和可信性。同时,与文字消息相比,还具有现场感强、感染力强的特点,可以通过声音出气氛、出感情,以情动人。请看两则录音消息:

【案例六】 大寨成为昔阳县纳税第一村(山西人民广播电台,1997年2月8日,山西台记者罗庆东、范宏文报道)

400口人的大寨村去年向国家上缴利税164万元,成为昔阳县纳税第一村。村党支部书记郭凤莲昨天告诉记者:不打开寨门,改变观念,就没有大寨今天的发展。

当年的"铁姑娘"郭凤莲于1991年底重返大寨担任党支部书记。在国家民政部召开的一次全国农业典型座谈会上,她的内心受到很大震动。

【出录音】 郭凤莲:"我当时参加这次会议的时候,实际上是个穷代表。整个大寨村总收入只有100多万元,人家参加会议的都是上亿元的。我心里很震惊,既有动力,又有压力,在这个起点上,大寨该怎么走?"【录音止】

1992年,郭凤莲参加党的十四大后,直接赶到山东、天津等地考察取经。在村民大会上,她提出:党的改革开放政策对全国都一样,为什么大寨就落后了?关键是观念落后,现在真正到了"大寨学全国"的时候了。

【出录音】 郭凤莲:"我自己思来想去,大寨还需要走出去,所以当时我带着大寨人往外跑,把外面有经验的人请进来。希望集团董事长刘永新来了,我说:你一定要给大寨人上一课。我把大寨人集中起来,让刘永新把前前后后怎么发展起来的向大寨人作了一番介绍,对人们启发很大。"【录音止】

5年来,大寨坚持农工商并重,通过联营、合资,先后办起水泥厂、酒厂、制衣公司等企业,产品销到全国各地。过去只知道种田的大寨人现在学管理、学经商,有3位年轻农民当上了厂长,全村80%的农民进入村办工厂。对土地有着深厚感情的大寨人继续加大农业投入,粮食总产量一直稳定在32万公斤,农业生产基本实现机械化、水利化。

去年,大寨村经济总收入达到3200万元,人均纯收入2100元。著名劳模宋立英、梁便良等老一辈大寨人每年都能领到500多元养老金,安度晚年。

【案例七】 我省县级公立医院改革试点昨天全面启动(安徽新闻综合广播《全省新闻联播》栏目,2012年11月2日,记者钱瑶报道)

我省县级公立医院改革试点昨天11月1日正式启动。请听安徽台记者钱瑶的报道。

在广德县人民医院的药房门口,记者见到了九龙乡村民张喜艳,她正在给儿子拿药,在她的药单上共有四种药,合计120多块钱。

【出录音】 张喜艳:"小宝宝咳嗽(来买药)。"

记者:那你有没有觉得今天的药便宜了呢?

张:"我也没感觉到……"【录音止】

【渐隐,压混】

听到张喜艳这么说,药房的邹钟静医生赶忙拿起一张昨天还在使用的药价单向张喜艳介绍。

【出录音】 "(工作人员)葡萄糖酸锌口服液以前是51.75,现在是45。小儿肺热口服液以前是23.5元,现在是20.05元。"【录音止】

与张喜艳相比,当天下午带着孙子在芜湖县人民医院做CT检查的张奶奶享受到的实惠就更多了。

【出录音】 "运气真好!原来做214元,同样的部位今天花了96,省了100多块钱,高兴哦!"【录音止】

从昨天开始,我省全面启动县级公立医院改革试点,21个国家试点县的42家县级公立医院药品全部实行零差率销售,大型设备检查费用平均降低20%。而降价的背后是一套庞大而完整的综合改革体系在支撑。

据省财政厅社保处负责人介绍,我省已经提前拨付了1100万元补助金给42家试点县级公立医院。除了财政补偿之外,改革还将按照管办分开、政事分开、医药分开、营利性和非营利性分开的要求,统筹推进县级公立医院的管理体制、补偿体制、人事分配、监管机制等综合改革。

【出录音】 省医改办专职副主任程进军:"这项政策破除了以药补医机制,促使医院回归公益性。人民群众不仅从降低价格中直接获益,更重要的是它有利于促进县级公立医院医务人员合理用药,合理诊疗,(从)根本上维护群众的健康。"【录音止】

【案例八】 惊心动魄160分钟——首次揭秘"长五"推迟发射(中国之声《央广新闻——晚高峰》,2017年第二十七届中国新闻奖一等奖,2016年11月4日播出,主创人员:张棉棉、丁飞、马喆、吴媚苗)

【现场背景录音压混】

昨天晚上8点34分,文昌航天发射场指控大厅里,灯火通明,警戒线内,专家们很多都不在贴有自己名签的座位上,而是三三两两地聚在一起,指着有各种密密麻麻数据的LED大显示屏低声交谈,所有的目光都齐刷刷地盯着前方:

【零一号指挥员胡旭东:"各号注意,6分钟准备!"(此后压混)】

此时,大屏幕上方仍然延续了一小时前的显示数据,预计点火时20点40分,零一号指挥员胡旭东的声音再次出现时听起来却让人一愣:

【零一号指挥员胡旭东:"各号注意,阵地将推迟下达3分钟准备。"】

大屏幕上方也出现变化:预计点火时变为20点41分,随之而来的是,指控大厅内响起了此起彼伏的电话声,【电话声压混】1分多钟之后:

【零一号指挥员胡旭东:"107继续倒计时。"】

人们开始松了一口气,3分钟倒计时口令重新启动:

【零一号指挥员胡旭东:"各号注意,3分钟准备。"】

【电话声压混】

时间继续推进1分钟:

【零一号指挥员胡旭东:"各号注意,阵地推迟下达2分钟准备。"】

第二次推迟的口令发出前后,大厅内的人们脸上就像盛夏的天气,从艳阳天瞬间变成了阴云密布,而大屏幕上方预计点火时已经变为20点42分……【零一号指挥员胡旭东:"各号注意,2分钟准备!"(此后压混)】终于,"2分钟准备、1分钟准备"【零一号指挥员胡旭东:"2分钟准备!"(此后压混)】的口令声再次响彻大厅:

【零一号指挥员胡旭东:"各号注意,1分钟准备!"】

十几秒后,眼看火箭就要腾空而起:

【零一号指挥员胡旭东:"倒计时停。"】

虽然只有四个字,仍然让人有泰山压顶之感。好消息在25秒之后到来:

【零一号指挥员胡旭东:"1分钟准备!"】

很快,口令声密集起来,【零一号指挥员胡旭东:"1分钟准备、50秒、40秒……"(压混)】50秒、40秒、30秒……人们的焦虑程度也在一点点变小,时针指向20点43分:

【零一号指挥员胡旭东:"4、3、2、1……点火!"】

点火口令发出9秒后,长征五号8台液氧煤油发动机和2台液氢液氧发动机终于达到1060吨级的推力【火箭点火音响压混、口令声、掌声压混】,火箭发出了震天的怒吼,喷出橘色的烈焰、一飞冲天,海天之间仿佛瞬间升起了一个太阳,白昼再次降临。

【掌声压混】

【级箭分离口令声压混】

约30分钟之后,载荷组合体与火箭成功分离,进入预定轨道,长征五号首飞任务发射场区指挥部总指挥长王经中宣布:

【"长征五号运载火箭首次飞行任务获得圆满成功!"】

【掌声压混】

最后十分钟的经历让人感到长五的发射颇为不易。事实上,不仅是最后十分钟,整个任务都称得上险象环生,8点43分火箭的发射已经是发射窗口的最后边缘,也就是说,如果8点43分,火箭还没能发射,那么,当天火箭就没有机会再上天了。国防科工局系统工程司副司长赵坚坦诚,他在航天领域工作了30年,参加了很多次发射,而这一次是最扣人心弦,也是最激动的一次:

【赵坚:"太震撼了,太高兴了,太爽了!我们在发射的预定窗口时间是晚上6点至8点40分,我们刚好卡在了窗口的后沿,解决了问题,完成了发射。"】

从6点发射一直推到了8点40分,这其中究竟出了什么问题?首先是火箭的四个助推器,在1助推和3助推氧气的排出管道方面,遇到了一些技术方面的困难。航天科技集团一院长征五号火箭副总设计师娄路亮独家透露,正是因为这个原因,火箭从6点的发射窗口推迟到了7点:

【娄路亮:"火箭助推上的一个产品出了一些小问题,这个问题经过专家的讨论之后认为不影响后面的发射,检查和讨论过程花了一点时间,应该说占用的时间不多,那么这个时间呢我们当时就决定,在窗口上还有将近三个小时,那么占一个小时应该是没有问题的。"】

一个问题解决,又出现了新的问题,芯一级液氢液氧发动机的管路进行预冷的过程中,

温度降不下来,这是本身就被称为"冰箭"的长征五号无法承受之"重"。赵坚说:

【赵坚:"你可以想象,你要启动一辆车,怎么开油门,它就是点不着,还是挺危险。而且后面的时间是有限制的,我们必须在预定的窗口内把它发出去。所以说我觉得中国的科技工作者真的是很伟大,我们广大的科技工作者遇到这个情况临危不乱,最后一刻我们抓住了,我们把问题解决掉了,就是通过合理地调整我们的技术参数,使我们的温度降下来了,保证了低温火箭——我们这个'冰箭'的工作条件,最后能够点火。"】

注意事项:录音在报道中要尽早出现以先声夺人,吸引听众。主体部分要用典型音响,音响的安排要层次分明、逻辑性强。主体音响的使用要注意精当,以一当十,避免重复堆砌。

二、录音通讯

如前文所述,在广播音响报道中,录音通讯是最常用作典型报道的重武器。它是对最突出、富有代表性的人物与事物进行的重点报道,包括典型人物报道、先进集体报道、重大事件报道、工作经验报道等,又可称为录音人物通讯、录音事件通讯、录音工作通讯、录音概貌(风貌、旅游)通讯等。其基本表现手法与技巧相同,只是报道的对象、内容的侧重点不同。或重点报道人物事迹,或重点报道事件过程,或重点报道工作经验教训,或重点报道一个地区一个单位的面貌变化。

录音通讯是一种报道性和描述性相结合的广播形式。它由记者叙述、人物谈话或对话、现场音响剪接组合而成。与录音消息相比,它容量大,能更详细、具体地反映人物面貌,报道主要情节,揭示因果关系,展现事物发展前景;它不仅有叙述、描写,还可穿插记者与被访问者的对话,可以夹叙夹议,手法比较灵活多样。与报纸通讯相比,它不仅有报道词,还有现场实况音响和人物谈话,比较形象亲切。

【案例九】 请看青海人民广播电台2008年播出的录音通讯《警徽在风雪中闪光》

上　篇

听众朋友,玉树藏族自治州曲麻莱县公安局副局长寇连善从警20年来始终不忘当初立下的誓言,把一腔热情倾注到他钟爱的公安事业,他被当地群众称为"雪域保护神"。最近,我台新闻中心记者李静采访了寇连善同志,采写了录音通讯《警徽在风雪中闪光》,今天播出这篇通讯的上篇。

秋冬季节是草原盗牛盗马案的高发季节,罪犯往往利用风雪天气掩盖牲畜的足迹,这无形中增加了刑侦人员的工作强度和难度。

初冬的一个上午,寇连善接到群众丢失牛羊的报警后,立刻带着一名刑警赶往事发地,由于风雪弥漫、道路难辨。经过两个多小时的追踪勘察,寇连善大致确定了盗贼逃跑的方向。

【出录音】"昨天晚上,山那面发生一起牲畜被盗案,我们走到半路,车误在河里,为了赶时间调查,借了一匹马到山这面调查。"

记者:"今天雪下得很大。"

寇连善:"刚刚没过脚面,雪对我们来说是平常的。"【录音止】

1994年5月,27岁的寇连善在麻多乡寄宿小学当了7年小学教师,又加入了公安队伍,成为了守卫江河源头的一名人民卫士。从那一天起,他在海拔4700多米的黄河第一乡——麻多乡一干就是12年。

"曲麻莱,曲麻莱,进得去,出不来。""十里不同天、一日有四季。"人们这样描述着可可西里边上这个中国两大江河的发祥地。

【出录音】"我们有的村到乡上的话有一百多公里,汽车路不好的话,起码要一天多才到。"【录音止】

麻多乡派出所仅有三名警察,负责着方圆1.3万平方公里社会治安。寇连善深知,在藏区最基层工作不掌握民族语言就没法接触群众。有一股子牛劲的寇连善跟藏语较上了劲,无论是工作还是闲暇,他都把身边藏语说得好的人当作老师,留心记、认真学,只用了一年多的时间,就攻下了语言关。

【出录音】"我到派出所了以后,说也说不来,听也听不来,做笔录找翻译也不行啊,就逼上了,跟着所长学。"【录音止】

寇连善勤于思考,善于做群众工作,很多棘手的矛盾纠纷在他的耐心调解下得到了圆满解决。从普通民警到担任麻多乡派出所、巴干乡派出所所长,无论走到哪里,寇连善都能很快融入当地,和群众打成一片,藏族群众也把这个当过老师、热心助人、办事公道的警察亲切地称为寇老师。

1999年,寇连善由于工作需要被调到县公安局刑警队工作,没想到一年以后,他曾任所长的巴干乡又找到县上,请求把寇连善再调回治安状况比较差的巴干乡当所长。

【出录音】 寇连善:"当时,巴干社会治安比较混乱,局长给我做思想工作,我想,哪里都是我们公安工作,哪里不好,我们就要到哪里去。"【录音止】

一到巴干,寇连善就不动声色地明察暗访,加强治安管理工作,半年后,巴干乡发生了明显变化,治安秩序好了,群众安全感强了,从全县的治安乱点一跃成为治安先进单位。

刚才播送的是录音通讯《警徽在风雪中闪光》的上篇,明天同一时间请继续收听这篇通讯的中篇。

中　　篇

请听青海台记者李静采写的录音通讯《警徽在风雪中闪光》,今天播送这篇通讯的中篇。
2003年,寇连善担任了曲麻莱县公安局刑警队副队长,一到任就接到一桩恶性命案。

【出录音】 寇连善:"7月7号,我们接到报案,我和主管局长四个人分成两个组,连夜赶往现场。"【录音止】

案发地秋智乡距离县上只有95公里,在内地,最多只有一个多小时的行程,但是在沼泽、河流密布的曲麻莱,在道路时有时无的江河源不到一百公里的路却让寇连善他们开了一夜的车。

经过四天三夜雪中400多公里的跋涉追踪,刑警们终于在曲麻河乡昂拉村将犯罪嫌疑人抓获。

【出录音】 曲麻莱县公安局治安大队队长雪岭:"到7月15号的时候,在一个老乡家看见房子后面有一匹马,当时寇局长前面进去了,犯罪嫌疑人就在床上睡觉着,我们一过去就把他压住了。"【录音止】

在繁华都市,公安人员可以依赖现代的技侦、网侦手段破案。但在通讯不畅、地广人稀的高寒牧区,这些现代化的设施手段往往派不上用场。寇连善凭借着长期基层工作积累的经验和超人胆识,练就了一身极地求生、绝境破案的"绝活儿"。

【出录音】 曲麻莱县公安局局长韩忠义:"2005年9月11号,在不冻泉发生的……"
(压混)

2005年9月11号,青藏公路109国道一辆半挂车停在便道上,车内两名男子头部中枪死在车里,此案引起了公安部的高度重视。曲麻莱县公安局接到案情立即成立了由寇连善为组长的专案组,在长达两年的艰苦勘察摸排中,寇连善先后多次赴拉萨、江苏、湖南、格尔木等地侦查取证,终于在2007年12月19号将此案破获。

【出录音】 曲麻莱县公安局局长韩忠义:"这两三年当中,寇局长他一直没有放弃对这个案件的侦破,功夫不负有心人,经过两年多的努力,去年的11月份把这个案子破了,犯罪嫌疑人也抓回来了。"【录音止】

办案子是不分白天黑夜的,长年在平均海拔4500米的黄河源头奔波的寇连善却把吃苦受累看得很平常,在与寇连善的交谈中,他经常用到"拉岗趄"这个词,一打听才知道,就是长距离徒步行走的意思。有一次,寇连善和战友在寒冬腊月执行任务途中,汽车燃油用尽,在方圆不见一户人家,通讯是盲区的情况下,寇连善决定带领一名年轻警员"拉岗趄"到60公里外的一个水库工地求援。

夜风夹着雪粒,呼呼地吹打在两个疲惫不堪的警察身上,年轻警员尕文身背一个塑料油桶,在零下二十多度的风雪中行走体力渐渐不支,两腿一软躺在了冰面上说什么也不走了。由于饥饿寒冷几乎晕厥的寇连善强打精神,把战友拽了起来,他清楚,在这样的天气,一旦坐下就再也起不来了。就这样,他们在风雪中走了一夜,终于到达了水库,留守在车里的两名战友也终于得救了,死里逃生的四个人喜极而泣,紧紧地拥抱在一起。

刚才播送的是录音通讯《警徽在风雪中闪光》的中篇。明天同一时间请继续收听这篇通讯的下篇。

下　篇

请听青海台记者李静采写的录音通讯《警徽在风雪中闪光》,今天播送这篇通讯的下篇。

高原气候多变,昼夜温差相差一二十度,即使在夏天,一天内感受到四季的变化也不是什么稀奇事,在户外工作,稍不留神就可能被太阳灼伤、被风雪冻伤、得上雪盲症。对一名雪域高原的刑警来说,必须随时应对恶劣自然环境的挑战。战友扎多回忆起一次和寇连善在暴涨的河水中抢救车辆的情形。

【出录音】 "2007年九月份,我们两个到各个矿点去看民用爆炸物品的使用情况,当时连续下了几天的雨,往不冻泉走有一条河,车陷到水里了,水淹到叶子盖上,车子直接就转过来了。正好,工地上来了一辆车,我们俩把钢丝取出来,好不容易把挂钩挂上。我俩把车拉出来到民工的帐房里烤火去了,他全身都抖,嘴巴也青着,脸色整个变掉着,我说'赶紧钻到被窝里',我把火架起来,给他倒了杯开水,他把杯子抓到手里根本就提不到嘴边,浑身抖,一个多小时才缓过来。"【录音止】

由于高原极端的艰苦环境,寇连善的耳朵、手脚多次冻伤,落下了严重的关节病,因落马引发的腰伤导致的骨质增生也时常让他夜不能寐。

【出录音】 寇连善:"一冷关节就犯,骨质增生,一疼坐在板凳上站都站不起来,走路也只能躬着腰。"【录音止】

一次,妻子在给他换药擦洗时发现,丈夫的腰背部由于长期用药,皮肤已经起泡溃烂,泪水忍不住像断线的珠子打湿了丈夫的脊背。

对于妻子,寇连善话语中充满了愧疚,他的声音哽咽了。

【出录音】 "我经常说挑个水,她不让我挑,她说你一年四季在外吃苦,到家里来就轻轻闲闲坐一坐。我经常出差,媳妇每次噙着眼泪送我,她是个藏族,每次走她就在佛像面前许愿,祝福我平安。她有的时候也有点怨言,我给她说,这也是工作,我不干,还有其他人干,还要舍家,我已经选定这个了,再干上七八年,退休了,我就好好陪你。"【录音止】

寇连善是曲麻莱县公安局公认的"硬汉",这些年,在他的带领下查破的大小治安案件有百多起,每逢要案、大案,他总是身先士卒和刑警队员们一起风餐露宿,趟冰卧雪。

寇连善先后8次被评为"优秀人民警察""优秀共产党员""优秀党务工作者""先进基层工作者",他主管的刑警队被评为"全国公安系统先进集体"。

寇连善疾恶如仇对犯罪分子绝不留情,对人民群众却是侠肝义肠,热情似火。从警20年,他与当地群众结下了深厚的感情。

【出录音】"我们下乡到老乡家,吃老乡的,住在那里,确实相互的支持。"【录音止】

巴干乡藏族老人才仁拉毛孤寡一人,多年来寇连善一直承担着照顾老人的责任。

【出录音】"家里就她一个人,她家的房子漏了,找个人我掏钱修房子,再就买个米买个面什么的,送点茶叶,看着困难,给上一百元或两三百元。"【录音止】

寇连善动情地说:"如果没有群众的帮助,仅凭我们这几十个警察是不可能破那么多案子的。"这些年来,寇连善只要是办案经过牧民群众的居所,他都要进去和主人唠唠家常,遇到家里有困难的,他都会尽最大的努力帮助他们。

长江村二社藏族妇女诺尼告诉记者:

【出录音】"寇局长经常来这里,关心我们一家有没有困难,问我身体好不好,就像一家人一样。"【录音止】

录音通讯《警徽在风雪中闪光》到今天就全部播送完了,感谢您的收听!

我们将这篇录音通讯和新华社采写的反映寇连善的文字通讯相比较,可以更直观地发现录音通讯的特点与优势。

【案例十】 下面是新华社2008年12月29日发布的稿件《草原之子:青海省玉树藏族自治州曲麻莱县公安局副局长寇连善》。

23年扎根草原,青海省玉树藏族自治州曲麻莱县公安局副局长寇连善,言语不多,平凡而普通。在他的履历表上,没有赫赫大功,但在他身上却书写着藏汉难割、警民难舍的血脉亲情。他身上有细腻的温情,也有汉子的野性,藏族群众亲切地称他为草原"守护神"。

草原的儿子

"曲麻莱,曲麻莱,进得去,出不来。"这是一首反映曲麻莱县恶劣自然环境的民谣,这里平均海拔4500米,四季飘雪,没有一棵树,高寒缺氧,电力紧张,交通通讯不便。恶劣的高原气候环境随时可能引发肺水肿、脑水肿等危及生命的高原病。

寇连善20岁从西宁来到曲麻莱,他在麻多乡当了7年老师,后来当了小学校长。学校和派出所是前后院。当时偷牛盗马案件较多,他亲眼目睹了乡亲们到派出所报案时的愤恨悲痛。可是基层派出所警力有限,一个民警的责任辖区高达1000多平方公里,很难及时破案。于是,寇连善穿上了警服。

5.2万平方公里的曲麻莱县比海南省面积还大,却只有5个乡4个派出所,寇连善在麻多、巴干两个乡的派出所工作过12年,那里90%的牧民群众都认识他。至今大家仍称他为"寇老师"。

巴干乡五保户叉义一家忘不了"寇老师"。那天叉义老伴欧毛肚子剧痛,托人捎信向时任派出所所长的他求救。他立即安顿好所内工作,单身骑马赶到三十多公里外的叉义家,将欧毛搀到马背上,一夹马肚闯进茫茫夜色。草原上大雪封路,路上颠簸加之剧烈的疼痛使欧毛几次跌下马背，寇连善一脚深一脚浅地背着老人，与马轮换着把人驮到了卫生院。"阑尾炎急性穿孔，再晚一会儿送来就没命了"。看着累得已经虚脱的寇连善，医生还以为欧毛是他的亲阿妈。

草原"守护神"

曲麻莱全县警力33人，公安工作点多面广任务重，他一年200多天呆在牧野乡间，为便于工作寇连善学会了藏语。草原上牛羊合群后纠纷不少，凭着对牧民生活的熟悉，他总是入情入理地做出判断，和风细雨地耐心说服，末了，还不惜自己掏钱安抚当事人。从警近15年来，他帮助群众解决各类纠纷近1400件。

寇连善和他分管的刑警队总共不过4人，他既是指挥员又是战斗员，同时还要身兼司机。就是在这种条件下，2004年以来，寇连善带领民警连续破案百余起。他分管治安和刑侦工作以来，全县刑事及治安案件的查破率均达到了100%。

2007年冬天，麻多乡巴颜村四社公求寺发生持枪入寺抢劫案。藏族群众历来视寺院为圣地，如果不能及时破案，很可能引发大范围的群体性事件。根据有关线索，寇连善带队赶奔四川德格县，冲破几十个亡命徒的拦截将嫌犯捉拿归案。三天三夜千里缉凶，创造了曲麻莱县破大案用时最短的纪录。当他们凯旋归来时，小小县城从未那样热闹过，街头涌满群众，哈达、美酒、锅庄……藏族乡亲用最隆重的礼仪迎接心目中的英雄。草原"守护神"这一称号不胫而走。

他也彷徨过

高原藏区，艰苦、危险、贫穷，寇连善惧怕过，也彷徨过。前妻一再要他调回省城，而他却要前妻调到牧区。一年多的拉锯战最终以两个人的分离结束。许多亲友劝他趁着年轻、身体尚无大病的时候赶紧离开曲麻莱，甚至多次帮他在省城联系好了工作。

但寇连善留了下来，娶了个藏族妻子。走进这位副局长的家，映入眼帘的是一间上世纪70年代建造的土木结构平房，总共30多平方米，一台老式双桶洗衣机和一台25英寸的彩电算是高档家电。

高原警察出警办案，一跑就是几十公里上百公里。很多草滩根本就没有路。其他地方能用10年的汽车在这里大概只能用3年。寇连善常年趟冰河、宿雪地、啃冰块，以致耳朵和手脚多次冻伤，落下了严重的关节病，落马摔伤又导致骨质增生。

寇连善对记者说："我的最大心愿是干警们能有一份人身意外保险，每次出警都伴随着危险，但是县里财政太穷，希望每个干警家庭能有更多的保障。"

一次，麻多乡郭洋村发生一起持枪抢劫牲畜案，40多头牦牛被抢。寇连善带领民警开车追捕凶犯。半路上汽油耗尽，茫茫雪地旷无人烟，通讯求助无信号。寇连善决定和民警尕文徒步奔向50多公里外的温泉水库找油求援。夜风夹杂着雪粒，像鞭子一样抽打着他们的脸颊。两人又累又饿，尕文累得实在走不动了，多次想躺下入睡。而在这零下30多摄氏度的高海拔寒冬野外，如果躺下可能再也不能起来，甚至会被野狼吃得尸骨全无。寇连善搀扶起尕文，连拖带背，最后两个人几乎是爬到了温泉水库……十多天后，劫走的牦牛终于被追回。当寇连善回到家时，已是大年三十的夜晚，妻子看到门口雪人般的丈夫，泪水一下子夺眶而出……

（新华社西宁，12月29日电，记者：文贻炜、杨寿德）

通过【案例九】与【案例十】对比分析，我们可以看出反映先进人物的录音通讯的采制有如下特点：

(1) 谋篇结构大多采用纵式结构,即按时间顺序与事物发展顺序展示人物事迹或反映事件过程。录音通讯是通过播音员的声音与现场音响声音来表述的,谋篇结构采用纵式结构适合听觉习惯。尤其是录音事件,顺序描述事件的起因、发展、高潮与结局,显得脉络清晰,一气呵成。

(2) 录音通讯在刻画先进人物时,应注意描写关键事迹或关键情节,以便突出人物思想。录音通讯在描写先进人物时,不应就事论事,应该见物见人又见思想。而人物的精神境界又是通过人物的行为和言论来体现的。因此,应着力描写好能突出人物思想境界的关键情节。

③ 录音通讯在报道新闻事件时,应注意处理好写事与写人的关系,即"事因人生,人因事显"。

④ 录音通讯要适当运用细节描写,以显示人物神采,或深化报道思想。细节是指人物形态言行、事物外貌、周围场景的细枝末节,典型的细节,往往反映了人物的思想、性格、品质、作风,以小见大,有典型意义。

【案例十一】 例如录音通讯《让泥沙造福于民的人》中,有两段细节描写:

……在稻田里我见到了那位六十年代毕业的大学生弓盛梅同志,只见她卷着两条裤腿,满脚泥水,脸上挂着一串串汗珠。这位一身农民打扮,满口乡音土话的大学生,尽管平时和人们言谈不多,但人们却与她称"姐"道"妹",打得热火,连戴红领巾的小学生也尊敬地叫她"奶奶"。

……住室既是办公室又是实验室,屋内除一对普通沙发和简陋的床、桌等家具外,都是科研工作所需设施。一个亲戚看到这种情况很不理解地说:"姐呀,看你过的啥日子!"弓盛梅说:"姐不是没钱,是没时间管家务事,俺干这活都是跟土和泥沙打交道,接触的都是群众,穿戴、摆设那么好,不是和群众拉开了?"

前一段中的有关主人公肖像的细节描写,栩栩如生地再现了与农民打成一片的大学生的形象;后一段则"言为心声",用朴实的语言说出了与农民打成一片、一心为事业的心里话。

【案例十二】 下面这篇录音通讯从内容来说是旅游风貌通讯,也常被称为"社教专题"或"文化专题",安徽广播电视台新闻综合广播《开放的安徽》栏目2012年11月4日播出,标题是《唐模村里的法国》,主创人员为朱彪军、张建亚、邹婧、王承、汪丽华。请看其文字脚本:

听众朋友,安徽黄山市就是古徽州所在地,境内有很多古村落,其中西递、宏村已经被列入了世界文化遗产名录,另外,还有更多的古村落也同样体现着古徽州的广博深邃。今天的节目我们就带您走进其中的一个古村落——唐模村,这个古村落这些年与法国结下了不解之缘,我们接下来将为您从头道来。

唐模始建于唐代,据说是按照盛唐时的模式、风范与标准建立的,所以得名"唐模"。经过宋、元时期的发展,到了明、清逐渐达到鼎盛,至今这个村落已经有了1400多年的历史。这里的水口、古街、古亭、牌坊、古桥很多已经成为文物而被严格保护起来。

唐模村和古徽州别的村落一样,把水当作时间与财富的象征。一条叫作"檀干溪"的河流穿村而过,全村夹岸而居。这使得整个村落几乎都倒映在水里,由此人们得到一个"水印唐模"的印象,而沿河的两边街道就是闻名遐迩的"水街"。

在古徽州,每个村落的村头都建有水口。徽派建筑大师程极悦介绍说:

【出录音】"唐模水口入口的序列空间比较有特色,在徽州众多水口当中它算比较有特色的。另外,它自然与人文的结合还是比较好。民国时期当地有个乡绅叫'许承尧',这个人就是唐模的人,所以在他手上进行了修葺,与其他的水口相比,它的人文价值相对多一些。"

【录音止】

唐模的水口建于村东,而且这个水口还附有园林,这座园林因流经全村的檀干溪而得名,叫作"檀干园"。檀干溪和进村的古驿道穿园而过,河溪两岸数十株百年古树,浓荫蔽日。唐模村前任村长汪友好介绍说:

【出录音】"原来这些树遮得都不见天,我们都知道,如果下小雨,人在树下走都淋不到一滴雨,树茂盛的不得了,再还有松鼠啊,鸟叫个不停,后来有一次大风,大风一下就吹倒了12棵树,往这边倒,我记得很清楚,12棵大树。"【录音止】

【出黄梅戏《天仙配》片段,压混】 在这些古树中间,有一颗异常高大的槐荫树,人们都相信它就是安徽黄梅戏《天仙配》里描述的为董永与七仙女做媒的那棵树。这段"天地为证,槐荫为媒"的东方爱情故事感召着南来北往的客人们,他们在这棵树上系上了无数的红丝带,以寄托对爱情的向往。

新浪董事长汪延祖籍就是在这里。2007年4月,法国前总统德斯坦在他的陪同下来到徽州,并重点考察了唐模。德斯坦先生对唐模景区这棵有着"天下第一媒树"之称的老槐树感到十分惊讶;对在科举制度的社会里唐模村出了三个翰林发出由衷的赞叹;还对徽州建筑和幽默风趣的民俗表演表现出浓厚的兴趣。在唐模檀干园文会馆德斯坦还欣然用中国毛笔写了"很好"两个汉字,这让在场的陪同人员都感到吃惊。据介绍,德斯坦对中国文化非常喜爱,70岁以后开始学习中文,能对答简单的汉语。

当时的唐模村长汪友好陪同着德斯坦,他回忆道:

【出录音】"刚好到了中午的时候,村民采茶归来,老年妇女采茶回来,背个篓子,他就很感兴趣,他就买了二两带回去,是黄山毛峰鲜叶,是鲜叶。"【录音止】

德斯坦带着那二两毛峰鲜叶离开了唐模,他临别前对唐模古村落给予了高度评价,他认为这里的乡村生活气息很浓,很适合国外人,特别是法国人到这里游览休闲,发展乡村旅游潜力很大。

2008年1月,黄山市与法国弗朗什孔泰大区签署了《中法乡村旅游合作项目框架协议》。2009年12月,中法合作唐模国际乡村酒店一期样板房——汪应川故居正式开工。这个项目的开工,标志着中法合作唐模国际乡村度假酒店整个项目已经启动。

值得一提的是,这期间由汪延策划,2009年12月,由法国女作家高丽安和徽州本土摄影家张建平历时三年合作的徽州文化图书《石与墨书就的儒商中国》首发式在北京隆重举行。而张建平《徽州面孔》摄影展于2010年元月赴法国巴黎"中国之家"进行了展出。

【出法国艺术家在唐模村演出现场的同期音,压混】 2010年春季,法国艺术家德菲尼·泽格莱和奥汝尔·格鲁埃勒来到唐模,他们共同以水为主题展开创作。

2010年6月,法国前总理拉法兰来到唐模。主人向拉法兰介绍了中法合作唐模国际乡村旅游示范项目的内容,拉法兰对此很感兴趣。拉法兰对唐模评价很高,认为唐模文化古韵深厚,生态环境优美,自然与文化珠联璧合,是21世纪世界旅游业发展的大方向和活动所在。拉法兰在临别题词中写道:"中国唐模:世界最美丽的村庄之一,感谢你们友好而热情的接待。相爱就是眺望同一个方向,中法两国的共同方向就是建设一个和谐的世界。"

2011年9月,中法合作打造的唐模国际乡村酒店项目一期已经完成,由汪应川故居、继善堂、方华根酒吧、潘国华宅4个组团建设。

在有着200多年历史的清代徽州汪应川故居里,几根巨大旧房梁拼成一张长桌,古代徽州人的烤火桶装饰成桌凳,收租米斗倒悬着成了别致的吊灯……几间独具徽州古民居特色的会议中心和10间客房自去年9月试营业以来,几乎日日爆满。

唐模景区营销总监牛守义介绍说:

【出录音】"汪应川酒店应该说是我们中法合作乡村酒店的一期项目,是2011年10月份开业的。二期已经在施工,二期有14栋古民居,全部在唐模村里面。预计是在明年,即2013年5月开始营业。14栋古民居也类似这种乡村酒店性质的。"【录音止】

在二期工程"七天井"项目建设处记者看到,一个硕大的帐篷里堆放着古民居撤下的标着编号的砖瓦、房梁、门窗,工匠们正在紧张地工作着。据介绍,有关部门迄今为止投资收购了唐模村内外的数十栋古民宅,用于修缮、复原、恢复。

这个"七天井"项目的内容之一就是异地复原一个带有七个天井的徽州古建筑。

另外,水街上部分古民居被赋予新功能,在不改变原有古建筑的前提下,空间大的改造成徽州古建筑展览馆、综合接待会所、民俗表演戏台;空间紧凑的,改造成诊所、邮局、网吧、银行、书院、当铺等配套的服务设施。在水街,记者见到几个工人正在作业。

【出录音】

记者:"现在修的是个什么?"

工人:"法国式酒吧。"

记者:"你们在这里做了多长时间了?"

工人:"我们在这里做了一个月了。"

记者:"这样的酒吧建了多少个了?"

工人:"这里以前还没有,这是第一个。"

记者:"原来这是个什么屋子啊?"

工人:"原来啊?是个店面房,店铺。"

记者:"哦,历史上就是店铺。"【录音止】

【出孩子们研习徽剧《万花献瑞》同期声,压混】 采访期间,记者还遇到一位老先生,他叫方仁华,正在指导一群孩子们唱曲。与来到这里的法国艺术家们演奏浪漫的爵士乐不一样,他们研习的是雍容典雅的徽剧,这是当地传承了数百年的古老地方剧种。

【出录音】 方仁华:"徽剧我从小时候学是口传式的,就像昆曲一样,去教小孩们唱的时候就是一句一句地教,教完以后,我们把录音录好,孩子们对着录音唱。"【录音止】

在中国的徽州唐模,遥远的法国似乎触手可及,本土的优雅和法国的浪漫在这里相互映照,东西方文化在这里逐渐地融合。

第三节 广播现场报道和连线报道的采制

一、广播现场报道

如前所述,广播现场报道又称现场口播、现场口头报道。它是记者在新闻事件或新闻事实发生的现场,边目击采访,边口述新闻,报道带有实况音响和现场目击情况的介绍,因此现场感、时效性都特别强。

现场报道中,直接在现场播出的,属于现场直播;在现场报道时仅录了音,经过编辑再播出的则属于录音报道。严格的现场报道应为前一种。

现场播报,对广播来说是指不经过录制程序而直接由记者、主持人向听众播说,通过电话、手机连线将信息传回编辑部直接广播出去,是广播记者的一项必备基本功。当新闻发生时,广播记者力求最快到达"第一现场",在"第一时间"直播新闻,做到报道与事件同步,以满足听众的信息需求,使"真相"跑到"误传""谣传"之前。广播记者的现场播报,比其他媒体更具优势,更容易为受众所接受和喜欢,也使广播新闻的"第一时间报道权""第一时间解释权"得以兑现。

现场报道、现场播报从内容上看分为现场实况音响(乐)、记者现场解说、现场访问几部分。

记者现场报道的语言要做到:口语化、准确形象的现场描绘、及时穿插背景材料。

湖北人民广播电台1997年11月8日《三峡工程胜利实现大江截流》:

各位听众,现在是下午3点28分,最后几辆装载卡车聚集在龙口进行合龙攻坚战,最激动人心的时刻就要到了!(合龙音响)好,合龙了!现在是11月8号下午3点30分。

口语化,是指有感情地说,而不是干巴巴地念稿子,应该是记者感到仿佛面前站着听众,然后记者像是和听众聊天一样讲述事实。在讲述中,记者将他看到的景物、人们的神情、体会到的内容、听到的声音等,绘声绘色地描绘出来。现场描绘还要粗细结合,要将速写和特写相结合。

现在是上午8点30分,此时的长江风平浪静,薄雾笼罩着江面。在上游围堰左戗堤堤头,依次排列着48台自卸车,这些自卸车上满载着各种石料,他们在等待着合龙的冲锋号令。

……

上午9点,随着李鹏总理一声令下,三颗绿色信号弹腾空而起,大江截流龙口合龙之战打响了。

各位听众,我是记者刘应钦。现在是11月8号下午3点18分。三峡工程大江截流已经进行了6个多小时,现在,龙口已经缩小到3米左右,我们看到,随着龙口的缩小,水流越来越急,溅起的浪花也越来越高。

(截流音响)

现场报道要及时穿插背景材料,对现场报道做纵向和横向的扩展。只有在背景资料的衬托下,现场的新闻价值才能凸显出来。背景资料要和现场描述灵活巧妙地穿插在一起,纵横交叉,点面结合,使现场报道结实厚重。背景资料还要少而精,切忌游离现场的大段的背景描述,否则极容易时过境迁,妨碍对现场主要新闻事实的报道,又容易冲淡现场报道特有的现场气氛。

在前面所举报道中,记者在"大江截流龙口合龙之战打响了"之后插入:

各位听众,三峡工程是当今世界上最大的水利水电工程,大江截流最大水深为60米,最大流量为11600立方米每秒,施工难度之大,在世界上前所未有。三峡建设者迎难而上,到10月27号,将790米宽的江面束窄为40米宽的龙口,合龙就是将这40米的龙口填平。

今天的截流之战是在长江左右岸四个堤头共11个工作面全面展开。400多辆巨型装载车紧张有序地轮番在4个堤头向龙口抛投石料。我们看到,大江两岸,车如梭,人如潮,四万多名当地群众和移民载歌载舞,在迎接一个伟大时刻的到来。

现场报道、现场播报要求广播记者具备高度的现场语言运用能力、现场表达能力和思辨能力,是广播记者综合素质的具体展现,不仅反映了记者的文化底蕴,而且反映了语言的掌控能力。一个优秀的广播记者应该是个杂家,除经常了解国内外政治、经济、文化、科技和社会等方面的信息外,还要博览群书,勤于思考,积极实践,善于总结,不断提高现场直播质量,使之真正成为与其他媒体竞争的有效手段,更好地为听众服务。

二、广播连线报道

广播连线报道亦可称为电话连线采访报道,是以声音为主要传播载体,电话为媒介,采用直播室主持人与广播记者的互动对话形式,把广播记者在新闻现场对相关信息的口述或与采访对象的互动对话,通过直播室直接播报出去。

(一) 广播连线报道的优势

广播新闻连线报道具有明显优势:

1. 体现广播媒体快速的特点

传统广播新闻节目制作比较繁琐,记者从采访到成稿再到录音制作,需要一定的时间,而记者的连线报道能使其采访到的新闻在第一时间播出。而且,这种主持人与前方记者电话连线的新闻传播方式,能将各方面信息进行整合、过渡、衔接。主持人代替听众向前方记者发问听众所关心的问题。记者以第一人称,通过声音展现新闻第一现场,使广播新闻的自身价值和传播效果不打折扣,使广播新闻传递更加快捷。

在2008年年初南方雨雪冰冻灾害的报道中,其他媒体因灾害严重无法正常发挥作用,而广播传播方便快捷的优势却充分得到体现。

2008年2月2日,在前往重灾区湖南郴州的列车上,温家宝总理通过中央人民广播电台向全国听众、向灾区的群众拜年,在无法通过无线网络传回电台的情况下,随团的中央人民广播电台记者在信号微弱的情况下通过手机连线将这个消息告知中央人民广播电台本部的导播,很快在第一时间播出,将党中央和国务院的温暖传向四面八方。

2. 使广播新闻更有现场感,增加了新闻的真实性

连线报道中,听众能听到多种人,包括事件当事人、参与者、目击者、知情者、利益相关者、专家学者等等的介绍、意见,这种多元化的语言表达,都是主体语言,不再是记者或播音员主持人一个人的转达,让人感到更加真实。而且,连线报道中,演播室主持人往往引导在现场的连线记者或其他嘉宾,对新闻事件发生现场、采访活动现场等现场的情况进行详细的语言描述,在现场的记者也往往通过对现场有关人员的采访,口述出现场更丰富的信息,从而使听众如临其境。

3. 能够深度挖掘新闻资源,丰富广播新闻的报道手段

连线报道可以对新闻资源进行二次开发,在获得新闻事实的同时,第一时间由现场记者进行权威解释,满足了听众在第一时间全面了解新闻事件的期待心理。

(二) 广播连线报道对广播记者的要求

1. 记者必须有较好的普通话和语言表达能力

记者必须几句话就能把现场情景、气氛充分展现出来。如果记者在连线过程中,普通话不标准,就容易让听众产生歧义或者收听困难。语言表达能力不强,会直接影响连线效果,从而影响收听质量。这就要求记者在平时的学习和工作中做"有心人",通过参加培训、加强自身学习、在实践中进行锻炼,提高普通话水平和语言表达能力。

2. 记者必须有较强的新闻组织能力

记者必须在极短的时间内对现场发生的事实用新闻的视角和新闻语言进行组织,说清楚新闻发生的时间、地点和事态的发展趋势,要求记者在进行连线报道之前必须做好充分的准备,主要包括资料的准备和情绪准备。只有平时注意积累各种资料,才能在现场从容应对。

情绪准备是指记者在进入现场前要对自己的情绪进行必要的调整,以便自己到现场后迅速进入角色。另外,情绪必须随新闻事件的进展做出适当调整,做到张弛有度。

3. 广播新闻连线语言必须准确、简洁、明快,应该完全是口头语言

容易引起歧义的多音词、单音词,因果推理复杂的长句子在书面语言中也许可以称得上是好词妙语,可是到了连线报道中就成了短处甚至是缺点。它会把事件本身最有价值的信息掩盖起来,得不偿失。所以,广播新闻的连线语言必须通俗易懂,口语化,不能过于冗长。

4. 学会恰当取舍现场信息

首先,要开门见山,尽早进入主题。现场连线的开头要交代新闻事件的时间、地点等要素和主要的新闻事实,而且要先声夺人,尽早把听众引入新闻现场,使之身临其境。切忌开篇就长篇大论,迟迟进入不了主题,让听众等得不耐烦。

其次,事件过程的叙述不能"大而全",要介绍最关键的内容,舍弃一般性材料。

再次,对现场人物的采访不能面面俱到,要有针对性。一个是选择的采访对象要有针对性,另一个是现场提问要有针对性。

【案例十三】 请看案例《台风"海葵"正面冲击宣城 当地干群众志成城"迎风而战"》,安徽广播电视台生活广播《特别关注》2012 年 8 月 9 日播出(作者:张飞　张步新　编辑:马宏):

第一篇　宣城市防汛抗旱指挥部

(12 点 01 分 40 秒~12 点 07 分 40 秒)

主持人:听众朋友,今年第 11 号台风"海葵"正面袭击我省,江南大部分地区已降大到暴雨,局部大暴雨,灾情突变。据预报,10 日前我省沿江、江南、大别山区有大暴雨、特大暴雨,形势十分严峻。目前,全省受灾 135.8 万人,因灾死亡 1 人,紧急转移安置 15.6 万人,倒损房屋 1.4 万间。鉴于当前灾情和雨情,今天上午,省民政厅已启动安徽省Ⅲ级救灾应急响应。

我们安徽生活广播记者已奔赴一线采访报道,今天我们全天节目中将会持续关注海葵的最新动态以及对我省的影响。今天一早,安徽生活广播总监张步新就带领记者张飞,赶到宣城进行采访。下面首先来连线他们。张飞,你好!

记者:主持人,你好!

主持人:你们现在宣城什么地方?给我们介绍一下你们在当地了解到的情况。

记者:我们现在所在的位置就是在宣城市的防汛抗旱指挥部。我们今天早上大概是在十一点钟到达宣城市区的,我们从早晨来看的话呢,宣城市区的车流量和人民群众的生产生活啊,是比较正常的。但是我们从当地的群众那里也了解到,从昨天晚上的八点钟开始,宣城市(就是那个)普降大暴雨,普降大暴雨就导致了宣城市多处路段发生了(这种)内涝的情况。通过了一夜的共同奋战以后,从目前来看,宣城老百姓的生产生活还是比较正常的,车流量也是非常的通畅。

目前,我从宣城市防汛抗旱指挥部得到的最新消息,就是从7号的八点到九号的早上,也就是今早的七点,宣城市全面地受到了11号台风也就是海葵的正面冲击,普降大暴雨。

全市雨量平均在152毫米,超过100毫米的强降水点就有222个,超过200毫米的就有41个,超过300毫米的呢有2个,最大雨量绩溪合阳343毫米;24小时最大雨量为291毫米,也就是说,它们突破了(我们翻看了一些资料)近30年宣城市日雨量的极值。

截止到今天早上的八点,水阳江全线超警戒水位,那么局部超保证水位。宣城市有93座中小水库水位超汛限,那么有31座水库溢洪。初步统计,宣城市受灾人口69.9万人,紧急转移安置人口9.2万人,农作物受灾面积65.1万亩,倒塌房屋1139间,直接经济损失就达到了6.2亿元。

那么,省政府8月7日和8日两次防台防汛工作电视电话会呢,就认真地贯彻张宝顺书记和李斌省长重要指示精神,全力做好防台风防御工作。今天早上呢,李斌省长也是到达了一线,与广大群众一起抗击海葵。那么,我所了解的情况,宣城市已经启动了防台风的一级响应。那么讲到防台风的一级响应,首先我们要关注的就是转移人员。

转移人员宣城市有882个地质灾害点,85个重点地质灾害隐患点的危险区域群众,截止到8日晚上10:00之前包括五保户、留守儿童和空巢老人,农村危房居住的人员都已经全部转移了。那么,目前呢,宣城市与防台防汛无关的会议、活动已全部停止,76个渡口已经全部停运,2100个建筑工地已经停工。

那么,剩下的就是做好这个抗灾和抢险的工作。我们要说一下,驻宣部队、武警、消防官兵,以及民兵预备役、公安民警乃至群众和广大的干部。因为他们,正是他们不懈的努力,使得宣城市抢险应急队伍已经投入到抗灾抢险工作,已经化解各类险情80余处。这是目前我所了解到的情况。主持人。

主持人:我们从这边了解到,这次台风的中心今天上午9点已经离开宣城,接下来,宣城还有没有降水?如果降水严重的话,当地会采取哪些应对措施?

记者:正像你刚刚所说的,宣城市目前的(台风)中心,今天早上9点已经离开宣城了,但是它以每小时5公里的速度还是在盘旋。那么预计呢,9号、10号,也就是今天、明天、后天,宣城市还有强降水,那么累积的降水量可以达600毫米。那么可以说防台风防汛的工作是不可忽视的。另外,刚刚我从宣城市的防汛防旱指挥部了解到,要有两个重点工作要做。第一个工作就是突出抓好地质灾害点防范和转移人员的安置工作。那么,第二个就是抓住水阳江流域的防汛抢险工作。全力保障人民群众的生命安全,最大限度地减少台风给我们带来的损失。让省委省政府放心。接下来呢,我们将下到第一线去,到灾区的安置点了解人民生产生活情况。他们是否吃饱了?他们是否有水喝?有饭吃?是否能住得好?

主持人:好,好。感谢张飞,你们也注意安全啊!

记者:嗯。

主持人:再见。

第二篇 宣城市溪口镇四合村山区

(约15点10分32秒~15点17分05秒)

主持人:今天一早,安徽生活广播总监张步新就带领记者张飞,赶到宣城进行采访。现在他们到达了宣州区溪口镇,这里是这次受灾比较严重的地方。张飞,给我们介绍一下你们现在在溪口镇什么地方了？给我们介绍一下你们在当地了解到的灾情。

记者：那么，我现在所在的位置应该就是溪口镇的四合行政村，四合行政村因为我们刚刚途经到达第一线的时候，发现手机信号是全无的。也就是说，我再往前走20米，手机是没有信号的。

主持人：嗯。

记者：那么我们总监张步新，正在道路上搬石块，因为我们能够看到就是这个沿途泥石流冲刷下来的石块呀，就已经把道路进行堵塞了。没法正常地行走，那么另外呢，也许你应该能够听到我身后都是水声，这都是山洪所冲刷下来的，包括泥石流。道路受阻以后呢，我们能够看到沿线的山竹都被刮倒了，有的是直接被拦腰折断；还有这些农作物，在我左边是农作物，是一块芝麻地，芝麻全部倒伏了。我们从溪口镇镇长唐旗那了解到，该镇有8000亩的农作物受到了损害，有香菇棒1000万株。

我们现在试图前往受灾最严重的一个叫严周坪村民组，但是现在我们已经是无法再往前前行了，因为道路已经被泥石流冲刷的无法再前行，确实已经无法前行了，然而我们离受灾最严重的严周坪村民组还有15公里。

主持人：我们现在想关注两个情况，首先当地的雨还在下吗？

记者：因为是山区，雨来得快，它去得也快，现在目前来讲还是没有下雨的。

主持人：风力情况呢？

记者：当地的情况啊，也就是从昨天的八点钟严周坪村民组就出现了非常不好的一个消息，道路溢水、道路中断、山洪暴发、通讯中断，也就是说我们前面再走20米，也就无法再走了。从昨天下午的四点钟开始，当地通讯是中断的，你要知道通讯中断以后我们就失去了与严周坪村民组的一个联系，而那里有多少人呢？有20户，有80口当地的老百姓，而这80口的老百姓呢分别都是一些，因为当地外出（务工）人口比较多，可以说吧，留下来的基本上都是一些老弱孤残。有一个非常好的消息，我们得到的，在昨天下雨、台风来的时候啊，我们有五位当地镇村干部徒步就翻山越岭到达了严周坪村民组，那么，今天上午的11点钟开始，在通讯中断了11个小时以后，四合行政村的村主任桂烈森。终于，他一个人，因为他对当地的山区路途比较熟悉，他就翻山拿着砍刀，沿途砍出一条路，然后自己走出来给我们大家报平安，也就是说，我们现在了解的情况是，包括五位镇村干部在内的有85人呢，他们现在是有矿泉水、有米、有面。

主持人：嗯。

记者：也就是说村民基本的生活是有保障的。那么目前当地正在通信工作的一个抢修工作。还有一个供电也正在积极地抢修。

主持人：嗯。

记者：其实，说到这些的话，因为通讯中断、道路中断乃至供电中断，其实对我们来讲，是一个非常不好的信息，但是，我们万幸的是我们所有的老百姓都得到了妥善的安置。这要归功一个什么呢？我们要说一下，在事先宣州区溪口镇就在当地市政府的领导下，就做好了一个应急预案，也就是说在台风来临之前，他们已经做好了反复的演练并备好了一些不时之需。所以，这一切都要归功于防患于未然。主持人，我现在了解情况基本就是这样，接下来我们还要前往宁国，因为宁国的话，受灾也比较严重。我们想到下一个救灾点去看一看。

主持人：好，谢谢张飞，也请你们注意安全。谢谢！

记者：好的。

主持人:好,刚才呢,是我们记者张飞从宣城市宣州区溪口镇给我们发回的报道,从张飞的介绍当中,我们能够可以了解到当地的灾情还是比较严重的,但是就像他在连线当中说到的一样,万幸的是我们当地村民,现在的基本生活也得到了安置。刚才他也介绍到了有一些村干部不顾个人的安危,通过自己对当地情况的熟悉奋不顾身地来解救我们的村民,非常感谢他们的付出,也希望我们所有的救灾的干群,包括我们记者都要注意安全。

第三篇　宁国市桥东社区安置点

(17点51分21秒～17点57分20秒)

主持人:接下来的时间我们就要连线特别关注记者张飞了,因为在之前的预告当中,我们也都说了,张飞和安徽生活广播总监张步新一直在跟随着台风海葵的脚步,现在他们的地址是在我省的宁国市。马上来接通张飞的电话,张飞你好!

记者:主持人,你好!

主持人:现在你在宁国市的具体什么位置? 给我们说一下。

记者:我现在在宁国市的桥东社区。桥东社区呢,有一个非常特殊的特点就是它是在沿河边的,也就是在东津河的旁边。我们看到在百姓家里面的水位已经没过了我的大腿。现在水位已经退去了,我们正好看到了桥东社区的王爱金书记,王大姐正好在走访百姓家里,然后,看看百姓家里的生活情况怎么样,现在让王书记来给我们说说。

主持人:好。

记者:王书记你好!

王书记:哎,你好!

记者:昨天我们是怎么安置转移百姓的?

王书记:昨天接到上级的应急预警通知之后呢,我们通过各级小分队,分别到各家各户沿河岸居民家去通知,告诉他们海葵台风的威胁性,同时老百姓积极配合,都将自己财产向高处转移。同时人在隔壁邻居的帮助下呢,转移到二楼上面,没有受到财产和生命的威胁。

记者:那现在百姓的情况怎么样?

王书记:今天上午水退去以后呢,老百姓都回到自己的家里。有的受淹的家庭已经在整理自己的东西了。

记者:那也就是说已经恢复正常了。

王书记:哎,对,已经恢复正常了。

记者:我们看到一家,陈大姐的家里,那么她的家里昨天是受灾非常严重的,那么她的家里呢,刚刚已经说了。她的家门旁啊,有大腿那么深的(高)的一个水印,也就是昨天的洪水已经没过了那(地方)。而且我看到她正在烧饭,那我们来问问陈大姐,昨天的情况好不好?

主持人:嗯,好的。

记者:陈大姐,昨天晚上发生了什么事情能给我们介绍一下吗?

陈大姐:昨天晚上已经到十二点多一点,把东西搬搬。

记者:也就是说十二点多水就冲到了家里。

陈大姐:我们就把东西都搬到楼上。

记者:是自己搬的? 还是有人帮忙搬的?

陈大姐:市里领导一起来帮的。

记者:哦,是有社区的工作人员和也有领导干部一起来帮忙转移的,对吧?

陈大姐:嗯,东西转移到楼上。

记者：哦，把东西转移到楼上，现在生活情况怎么样？

陈大姐：现在已经恢复正常了，我已经在烧饭了。

记者：好的，好的，谢谢陈大姐。主持人！我们现在看到陈大姐呢，生活已经是井然有序的，其实通过今天一天的采访来讲的话，我们从宣城市的宣州区的溪口镇再到宁国市的桥东社区。我们看到就是说，令我们非常欣慰的一点，就是（台风）洪水来了以后啊，我们百姓的安置情况都相当得好，那么看到整个沿河边居民生活井然有序的。

另外一点就是，东津河的水位呢比平时涨了3.6米，我们经过一夜的水位的排放以后呢，现在已经降到了3米多，那也就是说，地处山洼地区洪水来得快，它去得也快。最大的感受就是，我们有一个防患于未然的机制。也就是说，我们要提到一个预警机制，我们从沿途的采访来看，百姓之所以被安置的很好，最主要的一点，他们（百姓）都和我们说有演练，有预警。也就是说，当灾害来临的时候，我们通过这种预警我们都能够非常淡然地面对这个洪水，而确保我们的生命和财产的安全，来确保我们居民生活的正常，我们看到了，虽然有天灾来了，但是我们没有人祸，我们杜绝了人祸。主持人！

主持人：是的张飞，其实你知道吗？你在整个采访过程当中有一句话我听的是最定心的，就是后面那位阿姨说的——你看，我已经开始做饭了。就是在自己的家里，虽然昨天晚上进了水，但是，今天在社区工作人员，和领导的帮助之下，家里的水已经退去了，我已经能够正常的生产和生活了，这一点让我听起来是最定心的。

记者：对！对！对！而且我们刚刚还从桥东社区王爱萍书记那了解到，如果还遇到强降水的话，他们依然将转移这些百姓。比如到街坊邻居家去居住一夜，到临时安置点去渡过这个难关。主持人！

主持人：好的，好的，你在外面辛苦了，要注意安全。

记者：好的。

主持人：好的，再见！听众朋友，刚刚是本台记者张飞和张步新在我省宁国市发回的最新报道。那么，我们知道台风海葵现在已经减弱为热带风暴了。而且，根据我事先和张飞沟通，宁国市现在已经不下雨了，甚至会出现太阳。刚刚我们也拿到一个最新的统计数据，是来自安徽省民政厅的最新消息，截止到今天下午的4点钟，今年第11号台风海葵已经造成我省8个城市、47个县不同程度的受灾。受灾人口已经超过175万，因灾死亡3人，紧急转移安置16.3万人，倒塌房屋1556间，直接经济损失8.8亿元，但是我想因为有党有政府，所以我们大家不要担心，我们的灾后的恢复重建也好，还是咱们的生产生活也好，会很快的恢复到正常的秩序当中。

第四节　网络与社交媒体时代音频新闻的发展

网络与社交媒体时代的到来，使得广播媒体开始有了自己的音频客户端或者在音频平台媒体开设账号，在这些新媒体终端上面，广播新闻的形式和语态发生了变化，出现了"音频新闻"。可以说，音频新闻的发展获得了更加丰富的创新机遇和多样化平台空间。作为一种声音媒介，音频新闻有效地建构出听觉表达的魅力，让新闻产品在声音符号的流动表达中凸显价值。音频新闻的活力在网络与社交媒体时代重新被激发，其传播形态由单向结构向网状互动结构转变,并在新媒体产品中再次获得发展契机。

首先,音频新闻的形态不再局限于传统的广播形式,网络聚合平台、新闻客户端以及社交媒体终端都成为了音频新闻聚合分发的新平台。随着网络技术和智能硬件技术的高速发展,音频新闻传播渠道不断扩张,为音频新闻内容提供了广阔的分发渠道和载体,在不同应用场景下满足不同用户群体的碎片化收听需求。在时间性上,音频新闻的收听打破时效性弊端,缩短了新闻与用户的距离。在空间性中,媒介所构建的声音符号将用户置于虚拟体验的信息空间中,以提供贴近现实的场景服务。

其次,媒体的边界也不再是清晰可分。传统媒体纷纷进入移动音频新闻领域,通过移动应用软件、微信公众号、车联网等多样终端。"人民日报"微信公众平台推出的《来了！新闻早班车》,"新华社"微信平台的《早知天下事》,以及"央广新闻"的《嗨！七点出发》等,均以音频的形态在其微信公众平台推送每日热点,方便用户利用碎片化时间获取新闻。"封面新闻""南方都市报"等手机APP同样也选择开设音频专区播发新闻内容,新闻内容的叙事由原本的单一媒介丰富为文字加音频的形态,用户通过"听"的选项获取音频服务,体现了网络与社交媒体时代新闻内容生产和传播的有机结合。

在媒介融合的背景下,音频新闻的形态变化,不仅是传统广播媒体的延伸,更是其他媒介形态与互联网相互融合的结果,新闻实现了由"广播"形态到"音频"形态的变化。原本只能由一种媒介提供的新闻内容突破了以往的传统限制,能够借助声音这一媒介形式加以呈现。音频新闻在这一阶段成为传统媒体和新媒体传播信息的重要方式、实现了多形态的转型。

与此同时,广播也出现了新的新闻体裁,尤其是声音纪录片和以《梁家河》为代表的广播纪实文学。

一、声音纪录片

声音纪录片是以真实为原则,从现实生活中采制音响素材,用非虚构的艺术手法传达创作者对社会认知的一种广播节目形态。与电视纪录片一样,声音纪录片无论是节目形态、特点,还是价值诉求体现,都应基于对真实性原则的秉承和坚持。但不同于电视纪录片,声音纪录片诉诸受众的表现手段只有声音。虽然表现手段单一,但如果运用得当,音响的表现力可以千百倍地超过文字的描绘。

关于"声音纪录片"最早的提法,目前可见的是2001年大卫·加萨发表于英国《影视历史杂志》的论文中,首次将加拿大广播公司制作的系列广播作品定义为声音纪录片。之后由美国广播团队制作的《印度恒河》系列广播作品,同样使用了"声音纪录片"的提法,且在之后,"声音纪录片"这一称谓在广播业内应用中开始偶有出现。2015~2016年,中央人民广播电台先后推出了系列广播节目《印记》《我的长江》。两部作品均被广播业界冠以"声音纪录片""广播界的大纪录"等称谓。

声音纪录片不仅仅是截取新闻事实中的一个片断、一个场面、一个情景、一个镜头,更重要的是将这些片段、场面、情景或镜头串联起来,围绕主旨,用声音的逻辑充分调动音响元素去构思、处理声音与文字、声音与音响之间的关系,从而表现严肃的主题、表达理性的思考,最后呈献给听众的是一个相对完整的故事或事物。

【案例十四】 湖北之声《焦点时刻》特别策划:声音纪录片《我们在一起》(编辑:周漫

华磊)

回望过往,从刻骨记忆里我们选取了十个值得记录的瞬间,在过去200多天里,这些重要的时刻、事件和现场,都有湖北之声记者与您一同见证!今天,我们一起来听记录者的声音。

【音响:封城现场】 我是湖北之声记者金若涵,我记得1月23日早上,我6点多钟醒来看到手机满屏的推送,社交媒体上大家都在说"武汉要封城了"。我脸都没洗,马上赶到了武汉火车站,因为10点我们有直播,我要连线。我到那的时候我看着武汉火车站的警戒线已经开始拉起来了……(自己描述当时所见),看的时候我都觉得自己腿在抖你知道吗?我第一次那么深地理解了什么叫作壮士断腕。4月8日武汉解封,我也在火车站,人还不是特别多,但是看到有人不断从车站里走出来,真的,我流泪了。76天,武汉挺住了!

【音响:火神山医院】 我是记者刘爽。1月27日,火神山医院开工的第*天,那天晚上我们湖北之声在工地做网络直播,到达施工现场的时候,场平工作还没有结束,虽然是半夜,但是灯红通明,很多大型机械来来轰鸣穿梭,那时候现场几乎找不到一条成形的路,我连摔带爬执机踩点,一不小心还摔了一跤。那时候绝大多数人都待在家里不敢出来,但是这里数万名工人和志愿者集结在一起,冒着被感染的风险,平地起高楼。我们采访了一些工人,他们都戴着口罩,我现在也不知道他们长什么样,但我们永远不会忘记,拯救生命的接力赛,是他们传递出了第一棒。

【音响:方舱医院】 我是记者钱开。2月5日晚22点,第一家方舱医院江汉方舱投入使用,就在我们台对面,武汉会展中心,一个我都特别熟悉的地方,承担了这样特殊的使命!疫情期间,我去过两次江汉方舱,第一次去是收治病人的头天夜里,你无法想象那个场面,那么多人,铺床,摆设备,甚至连垃圾桶的位置都是精心设计的,那一刻我真的被震撼到了,我很少哭,那天我掉眼泪了。37天,15家方舱医院,一共收治了1.2万人,名副其实的"生命之舱"。我只想说,我的武汉,我们的国家,真了不起!

【音响:高龄老人】 记者:我是何伶凌。武汉新冠肺炎患者中共有8位年龄超过100岁的患者,其中7位治愈出院,最大年龄108岁。这当中,我去采访过98岁的康复患者著名天体学家韩天芑,大概是7月底吧。我们去看韩爷爷那天,他穿了一件红色的背心,很健谈,一直在笑。我特别惊讶,因为他手机玩得很溜,他至今仍和救治他的浙江医疗队医生保持联系,经常在微信上跟对方报告自己的身体状况。我想说那句话:一个国家文明程度的标尺,不是让强者更强,而是让弱者不弱。让高龄患者得到了他们所应得到、所能得到的最好的救治,捍卫他们活着的权力,这是对生命最大的尊重。

【音响:社区】 记者:我是湖北之声记者向秀,我们在武昌区一个老旧小区楚材社区蹲点采访了4个多月,12篇报道,记录了50多个人。这也是我第一次和社区有那么深的接触,疫情期间每一件你平时很小的事都是大事,就拿上门测体温来说吧,在居民看来,你就来问了我一个人。然而当工作人员转身,你关上门,你是否会想到,就是这样一个简单的过程,社区工作人员可能已经重复了上百次甚至上千次。而就在这样每天周而复始的轮回中,他可能还没吃饭,可能昨夜刚刚加了通宵的班,可能孩子独自在家里没人看管。其实千言万语可以汇成一句话:社区战疫微光,汇聚必胜力量。

【音响:云课堂】 我是记者马艳,说实话我自己就是小学生的家长,整整一个学期,上网课,前所未有!武汉教育部门很短的时间就拿出了在线教学方案,开发了云课堂的平台,每个区都有自己的线路。特殊时期能做到这样,太不容易了!有的老师年纪大了不会操作,一遍又一遍的学啊！包括有些得了轻症进了方舱的老师，在方舱里还在给孩子上网课！因为守护孩子就是守护希望啊。9月1日那天我特别开心，我送孩子去上学，我也去采访报道开学第一课，看到学校重回热闹，我们的武汉才真的回来了！

【音响:复工复产】 我是湖北之声记者赵文华，我记得很清楚，3月11日，东风本田汽车公司总装生产线恢复生产，成为武汉首批复工复产的企业。为了防疫安全，当时真的是想足了办法，大门口穿着防护服的安保人员拿着测温仪、背着酒精喷射桶，对所有进厂人员和车辆进行严格检查和病毒消杀，那么多人，为了保障吃饭安全，餐桌用挡板隔断，形成独立的就餐环境。还要追溯每张桌子的就餐人员信息，想得特别细。东风在省内拥有员工10万人，这个复工复产意义重大，来之不易，是每一个人努力奋斗的结果。

【音响:夜市】 我是记者嘉珉。保成路夜市，武汉最大的夜市，5月31日，疫情之后再次开市，我们是6月6日去做的直播。因为我从小就在那一片长大，对那里每一个街巷都很熟悉，所以真的是特别感慨！我记得那天晚上在老皇宫照相馆前，很多人是拿着专业的单反相机在拍夜市，看到大家戴着口罩逛街，看到小朋友正拿着泡泡机快乐地奔跑，听到商户们大声地叫卖……都说人间烟火气，最抚凡人心。那一刻，真的是发自内心的为我们的武汉骄傲。

【音响:旅游】 我是湖北之声记者罗怡鹏。你有一次终生难忘的旅程吗？我有！8月7号，来自全国23个省份的援鄂医疗队代表受邀重返湖北，开启"与爱同行 惠游湖北"旅程。作为记者，我和中南大学湘雅二医院手术部的护师陈劲舟同车，游览了武汉的黄鹤楼、襄阳古隆中、丹江口水库等美景。当经过各城市、景点时，陈劲舟说，过去，我们为湖北拼过命，值了！如今，越来越多的外地游客来啦！曾在疫情暴风眼做过报道的我，有一种深深的感动。我们的祖国如此强大，湖北人民如此"英雄"！我们一起挺过来了！

【音响:我们在一起直播】 我是湖北之声总监洪燕。《我们在一起》是湖北之声战时直播的总版头，广播用这样的态度向世界宣告"守城有我，决不放弃"。回望过去200多天，我们再次感受到，人民群众是打赢这场战斗的强大力量。"全民一心"才能所向披靡；《我们在一起》，当千万双手紧握在一起，这片土地上升腾起的，就是战胜疫情的磅礴伟力。

【出歌曲《我们在一起》】

二、广播纪实文学

广播纪实文学是广播文艺语言类节目一种重要的体裁样式，大都是由广播电台将文字稿件创作成为语言作品改编而成。它具有新闻性和文学性的双重特点，新闻性在于其内容完全基于新闻事实而采制，有大量实地采录的实况语言、实况音响、资料素材的新闻原声；文学性在于其表现手段上有声音模拟与扮演，播音员主持人的播讲具有一定的文艺气质。一般用两种方式播出：一是由电台播音员朗诵，以适当的音响效果，烘托现场气氛，增加真实感；二是由播音员（或演员）扮演成主人公，分角色演播，类似广播剧的形式。

广播纪实文学充分运用现代传播技术的优点，传播迅速、覆盖面广、模拟逼真、形象感人，不同年龄、不同文化层次的人均可收听，已成为重要的新闻传播节目。

广播纪实文学作品《梁家河》是在纪实文学《梁家河》和中央广播电视总台有关纪录片和音视频资料的基础上改编录制而成。作品语言朴实，情感真挚，制作精益求精，感染力强。作品在忠于原著内容的前提下，音频版对语言表达进行了符合广播传播的可听性再创作。

为增加作品感染力,丰富声音元素,音频作品中使用了习近平总书记讲话原声。为适当突出地域特色,节目中还使用了陕北民歌、民间音乐等营造氛围。

《梁家河》用极富感染力的声音讲述习近平在梁家河七年的知青生活,从三个维度生动刻画了一个心系人民、饱含人民情怀的青年习近平形象,开创了讲述人民领袖故事的新气象。

【案例十五】 中央广播电视总台推出12集大型广播纪实文学《梁家河》(节选)

2015年2月13日,农历腊月二十五,上午11时许,三辆中巴车远远地停在梁家河村口外。车上下来几个人,健步向村里走去。

"近平回来了!"

一声惊呼,村民都向村口外跑去。

习近平回到了梁家河——这个位于黄土高原腹地的小村庄,这个让他魂牵梦绕的地方。算起来,他离开梁家河已经整整40年了。

踏上这片曾经劳动、生活过七年的土地,见到这些曾经朝夕相处、始终不能忘记的乡亲,习近平难掩激动的心情。

"哎,随娃!"习近平老远就认出了跑在人群中的石春阳。一声亲切的呼唤,话音未落,两个人的手已紧紧握在了一起。

"迎儿,你老了!"

"向前,你上次可去过我家呢!"

习近平和昔日的"小伙伴"们挨个儿握手,双方的手都不愿意放开。

春娃、迎春、成儿……岁月虽然沧桑了当年"小伙伴"们的脸庞,习近平却仍能亲切地叫出他们每个人的小名。

陪伴习近平一起回来的,还有他的夫人彭丽媛。他用陕北方言向乡亲们介绍:"这是我婆姨,今儿领回来让大家见一见。"一句话逗得大家哈哈大笑。

"张卫庞,你还没有变!"正与"小伙伴"们热情寒暄的习近平,一扭头看到了张卫庞,便伸出右手"狠劲儿"地拍在张卫庞的肩上。有力的大手上传递的深情,让张卫庞感受到"近平的心跟咱们还是那样亲"。握着张卫庞的手,习近平向彭丽媛介绍:"这是梁玉明的'挑担'哩。"("挑担":陕北方言,称"连襟"为"挑担"。)

"随娃,还有几个不认识,介绍一下。"习近平转向石春阳说。

石春阳连忙把身边的人向习近平挨个儿介绍。当介绍到巩保雄时,习近平握着这个年轻人的手问道:"你是谁家的孩子?"

"这是会彦的儿子。"石春阳说。

"你爸可是个老实人。"习近平亲切地说。

人们簇拥着习近平,一路走,一路拉话。

到了村委会大门口,更多的人拥了上来,激动地围在习近平身边,一步也不肯挪开。

石春阳急了:"亲人回来了,快迎进家,让站在大门外算啥啊!"大家这才让出一条路。

不少当年曾在一起劳动、生活的乡亲,习近平一眼就认出了,并亲切地叫出了他们的名字。

"根民,赤脚医生。爱学习,看的书也多。"

"争气儿,家里都好吗?"

"张儿,你'有肚子没嘴嘴'。"("有肚子没嘴嘴":陕北方言,意为肚子里有话但说不出来。)

....

亲切的小名脱口而出,亲切的往事也历历在目。

68岁的巩政富小名叫"开伙",习近平笑着对他说:"你当年劲大,摔跤是村里最好的,不过,你可摔不过我啊。"大家听了,欢笑一片。

巩政富患有眼疾,一只眼睛已失明。习近平关切地问:"你年轻时眼睛就不好,现在咋成这样了嘛!"这事他还记在心上,记得这么清楚。巩政富闻言,直抹热泪。

当年的老支书梁玉明来晚了,好不容易挤到跟前。习近平边叫着"王栓"(梁玉明的小名),边与他热情地握手寒暄。梁玉明高兴地说:"你先忙着,我给咱们回家准备饭去,一会儿到家里吃饭。"

习近平和"小伙伴"们拉着家常:收入靠什么？平时吃些什么？老人好吗？孩子们都在做什么？日子过得怎样？能吃上大米吗？常有肉吃吗？……

习近平问得非常亲切、细致。

"小伙伴"们告诉习近平:"现在光景过好了,平时吃的是白馍、白面,大米和肉什么时候想吃就什么时候吃。"

习近平听了露出舒心的微笑,满意地说:"那就好,乡亲们过上好日子,我就放心了。"

(节选)

思考题

1. 什么是录音报道？它的优势是什么？
2. 广播现场报道的特点和优势有哪些？
3. 广播连线报道和现场报道的区别与联系？
4. 广播现场报道的采制要注意什么？
5. 广播连线报道和现场报道对记者的素质提出了哪些要求？

第九章 电视新闻体裁与呈现

第一节 电视新闻体裁

我国电视新闻的起步较晚,在1978年召开的党的十一届三中全会之后,才有了较快的发展。电视新闻体裁与报道形式,既受报刊、广播、电影的影响,又受多种传播符号的影响,再加上报道方式、制作方式、播映方式的影响,有各种不同的体裁分类法,其内涵与外延常发生交叉以至混乱。本书结合实际情况与实用,采用目前电视界较流行的分法,将中国的电视新闻分为消息类、专题类、评论类、谈话类四大类型。[①]

一、消息类电视新闻

这是电视新闻节目中最常用的基础新闻形式,大量为动态新闻,一事一报,简洁明快;也有综合新闻与经验新闻。根据其表现手段和制作方式可分为如下几种。

(一)口播新闻

口播新闻是由播音员或节目主持人在荧屏上出面,播读新闻稿件(包括来自电视台及电台、报刊、通讯社提供的新闻稿)的新闻报道形式。

口播新闻中有播音员或节目主持人的面部表情与手势等传播符号,还可配上背景图像,包括照片、字幕、图表等。

但是口播新闻没有新闻现场的影像画面,它以语言为传达信息的主要手段。世界电视新闻历史上最早运用的是口播新闻。1958年5月1日中央电视台前身北京电视台开播,1958年11月2日,开播了《简明新闻》栏目,这是一种口语形态的消息类新闻节目,稿件由中央人民广播电台新闻部提供。栏目安排在晚间电视节目结束前播出,由中国第一位电视播音员沈力在演播室直播,每次约5分钟。由于直播口语形态的新闻节目稿源有保障,制作播出程序简单,所以基本上可以做到每次电视播出时,都有一次《简明新闻》。

早期的口播新闻稿源来自广播,也继承了广播的方法,是由播音员播读新闻稿。今天的口播新闻则运用抠像等电视特技,配以照片、图表、地图、实物、标题字幕和活动背景资料形象等,它弥补了缺乏现场画面的不足,增强了口播新闻的可视性,扩大单位时间传播的信

[①] 中国电视奖评选时的分类法,是将中国的电视新闻分为消息类、专题类、评论类、连续(系列)报道类四大类型,笔者认为最后一类实是消息类电视新闻的组合方式,故将其放在消息类中讲述。

息量。

口播新闻播出灵活、简便,有其他报道形式不可替代的优势,迄今仍有独特作用。

1. 口播新闻能增强新闻时效

重要新闻的最新动态,当影像新闻来不及传送时,可及时地采用口播作报道。它可在新闻事件发生的同时,以最快的速度、最简洁的手段将新闻发布出去。为了抢独家新闻,记者可以从采访现场用电话、电传等现代通讯手段发回消息,经编辑快速处理,可以在直播的新闻节目中以"最新消息""刚刚收到的消息"等形式播出。1981年3月30日13点45分,美国总统里根遇刺4分钟后,CBS(哥伦比亚广播公司)著名新闻主持人丹·拉瑟就在荧屏前以口播新闻方式及时播报这一震撼公众的新闻。我国大兴安岭森林火灾的报道,由于影像传送的困难,当时来自火灾现场的最新动态,都是用口播先作报道的。一些大型体育赛事,电视台为了及时向观众报道金牌获得情况,也大量采用了口播新闻这一形式。

2. 口播新闻能扩大新闻报道题材

电视新闻应尽可能传播一切新近发生、发现的事实。由于时间、环境、设备等条件限制,电视摄像机的触角不可能伸向每一个地方,电视记者不可能时时、处处、事事都能赶到新闻现场拍摄。特别是一些突发性、灾难性的新闻,瞬息变化,时过境迁,不可能都同步摄录下事件发生时的现场情景。对那些有价值又没有记者在现场拍摄的新闻事件事态都可以写成文字稿,由口播新闻形式先作播报,随后再由影像新闻等继续报道。

目前,口播新闻大体有两大类:

(1)政令文件类。如党和国家的重要公报、决议、命令通知、新闻发布稿等。这类新闻信息一般都没有任何形象材料,从而采用由播音员播念其内容的方式在广播电视媒体发布。播报特别重要的政令等,为增强记忆和显示重要,常采用屏幕字幕配合播音员播读方式播出。

(2)简讯类。对有新闻价值又没有形象画面的新闻信息,多采用口播形式作简要报道。简讯的题材内容,除电视记者、本台通讯员写的新闻文字稿,还包括报纸要闻等报摘消息。

经过编辑部精心编排的口播新闻,应具有语言文字的精炼和包含信息密集的优势。一般情况下,一条配有二百来字的影像新闻,只能传达一个主题,而在一组同样数量文字的口播简讯中,却常常可以包括工业、农业、科技、文教等多种信息。可见,口播新闻是扩大电视新闻信息量,充分体现消息类新闻短、频(广)、快特征的重要手段。

电视口播新闻虽然以语言为传播信息的主要手段,但它仍有别于广播新闻,是声画双通道的传播信息。观众不仅听到播报文字稿的声音,还可以从播报员播报时的神态、表情、画面色彩、背景图像等获得立体的形象信息,与播报内容相贴切的形象都可以加强语言传播效果。口播新闻技术处理上要特别重视背景图像的作用,用抠像与播报员同时展现在屏幕上的背景图像不仅增加可视性,也是传递信息、深化内容的重要元素。播报员落落大方的气质、爱憎分明的态度,从容镇静的神情,以及鲜明准确的语气,起伏错落的节奏都可增加口播新闻的权威性、可信性。特别是在播报党和国家的重大决策、外交声明等重要信息时,播报员神态、语气语调鲜明,准确地表明我国政府的立场、观点和态度,能收到良好的播出效果。

(二)图片新闻

图片新闻是运用单张或成组的新闻摄影图片,结合文字解说报道新闻事实,是把报纸、杂志等新闻图片报道引用到电视新闻中来的一种报道形式。

我国电视新闻播出历史中,图片新闻是先于影像新闻在荧屏上播出的。图片报道是中国电视新闻的最初形态,是一种将新闻图片分切组合加上解说的新闻报道形式。新闻照片选自新华社。在演播室中,将新闻照片置于两台摄像机前,两台摄像机按预先设计方案轮换拍摄照片的不同部位,形成画面镜头组合。播音员直播编辑写的解说稿,达到声画组合。图片新闻由于新闻时效差,加上依赖其他新闻单位提供照片,所以不定期播出。1958年5月15日,中央电视台第一次播出了自办的电视新闻节目《图片报道》,介绍了我国制造"东风牌"小轿车的情况,节目长约4分钟。当时的图片新闻借助摄像画面的连续运动效果,以多幅照片多侧面阐述新闻主题,每幅照片又有相对的独立内容,说明事件或问题的某一方面,经过合乎逻辑的组合,全组报道互有联系,较完整地对事实作报道。它也能弥补缺乏新闻现场摄录影像的不足,以扩大新闻报道面。在一定时期内,图片新闻在我国电视新闻屏幕上占有一席位置。

随着社会各系统摄录像设备的普遍使用,各台建立起一支遍及各行各业的电视新闻通讯员队伍,大大扩展了影像新闻的来源。图片新闻因而在新闻屏幕上已很少使用。有时把新闻图片和口播新闻相结合,把图片以抠像技巧等用作背景画面使用,由播报员播念文字稿。

我国省市电视台新闻从业人员还尝试过图片新闻的一种新的开拓。1987年上海电视台《新闻透视》开播,在"观众中来"的栏目内,选登群众所拍摄的新闻图片,通常都是用一幅照片把生活中的不文明现象给予放大并停格提示。重庆有线电视台新闻部则对记者拍摄的有意义有价值的影像画面做定格处理,再在画面上打上文字,以类似新闻照片的效果,向观众传播生活中的好人好事或提示某一问题、现象。如"在雨中",展示冒雨清扫街道为行人提供方便的景象。

在媒介融合、人人都是媒体的今天,电视媒体往往公开征集观众拍摄的有新闻价值的照片,或是从互联网络上选用新闻照片,然后在新闻节目中由主持人通过口语串联,一边将照片呈现在屏幕上,一边口述新闻事实,从而完成报道。

(三)影像新闻

影像新闻,又称图像新闻(消息)、录像报道,是通过在新闻事件现场摄录到的反映新闻事实的图像、同期声与新闻报道间相结合的录像来进行报道的电视新闻形式。

影像新闻通常是经过前期摄录、后期剪辑、制作时配上报道词语言以后播出的。影像新闻以生动的形象画面为主要表现手段。它是电视新闻中运用较早,也是迄今最常用的报道方式。

影像新闻最早诞生于1947年,美国全国广播公司(NBC)和哥伦比亚广播公司(CBS)分别与厂商合作生产16 mm的摄影机和胶片,用于拍摄电视新闻。从此,以影像为主要报道方式,开始了电视新闻有连续形象画面的新篇章。

在我国,1958年北京电视台开播后就有了影像新闻节目《电视新闻》,它是记者拍摄完成的以电影《新闻简报》为样板的新闻节目。记者使用16 mm反转胶片拍摄新闻素材,然后剪接成工作完成片。在每条新闻之间接上空白胶片,以便在空白胶片放映时间内,在演播室出新闻的题目字幕。播出时,在演播室内设一小型银幕,将新闻片图像放映到银幕上,另一台摄像机拍事先写好的字幕,由导播在导演台上切换。观众在屏幕上看到的则是字幕后即出的影片新闻的一个连贯的整体。记者写好解说词后,由播音员在演播室内直播,并有配乐,有时还有效果声。这种新闻每条长二三分钟,每次播出约三四条,总长约10多分钟。由于设备条件的限制,《电视新闻》也是不定期播出,每星期约播出两三期。从1960年开始,中央电视台有了固定的《电视新闻》栏目,作为电视台晚间播出同观众见面的第一个节目,每次四五条,约10分钟。

20世纪70年代初期,由美国率先并很快在欧洲、日本等国广泛应用ENG拍摄电视新闻。ENG画面与声音的摄录同步、即时成像的优点,更适应于电视新闻时效快的要求。录像新闻的众多优势使它逐步取代了电影胶片的拍摄。由于电影胶片色彩还原性能好,光线效果逼真,发达国家在一些时效性不太强,画面艺术性要求高的电视纪录片还用电影胶片拍摄。我国于20世纪80年代初才陆续以ENG取代电影摄像机,成了电视新闻摄录的重要设备。现在则大量用高清数字摄像机进行电视新闻的拍摄。

较之以语言为主的口播新闻,影像新闻更能体现电视新闻形象化传播的优势,给观众以身临其境的现场感、真实感。

(四) 字幕新闻

字幕新闻是由电子计算机控制字幕发生器,在电视屏幕上打出字幕,以简洁的文字,向观众传播最新信息,它是电视新闻最简便的报道方式。

字幕新闻是随着电视技术的发展而出现的。中央电视台于1984年开始用字幕新闻,它也是电视新闻提高时效的重要手段。

字幕新闻按照字幕运用的不同处理技术可以分为动态和静态两类。动态字幕是指文字上下滚动的字幕。通常是叠现在正播出的电视节目画面上,不影响节目播出,而把重要新闻的简讯以简洁文字及时传达给观众。正因为这类字幕新闻不中断节目的正常播出,就不会影响观众对正在播出节目的收看,因此,字幕新闻报道的新闻事件必须是重大的,为观众所关注的。如在奥运会等重要国际性的体育比赛期间,用字幕新闻这种简便快速传递的方式报道我国体育健儿夺取金牌的消息等。字幕新闻的文字要求极其简练,短而又短。

静态字幕新闻是指一个节目播出结束后或中断节目的播出,屏幕上以文字传达最新消息。

字幕新闻的特点是时效快,运用灵活方便,文字简要明确,它在电视新闻屏幕上的出现,进一步体现了电视新闻表现手法与报道形式的多样化。

(五) 现场报道

现场报道是电视记者在新闻事件现场,面向摄像机(观众),以采访记者、目击者或参与者身份口头报道正在发生和进行中的新闻事件的报道样式。它的显著特点是,记者出镜,观众既能听记者述说,又能观看现场实况,发挥了电视面对面同步传播的优势。可以说,较之影像新闻,现场报道具有更强烈的现场感,观众更能感受到"身临其境"的参与。

现在一般的现场报道是在现场摄录,然后经过剪辑再播出的录播形式。还有一种直播型的现场报道,在记者出镜进行现场报道的同时,由导播进行切换,节目就播出去,不需作后期剪辑,这是最能体现、发挥电视传播特点、优势的新闻报道形式。

现场报道最早起步于美国电视界,20世纪70年代初,美国开始用ENG拍摄新闻。ENG的摄像同步技术条件把电视记者推上了屏幕,记者为报道新闻事实而进行的采访调查活动,由群众看不见的报道前期工作变为直接展现在电视屏幕上的报道本身,这一变化使观众感到新闻更可信、更真实。现场报道的第一个高峰是关于越南战争的报道,美国的越南战争升级时,正值连接太平洋东西岸的通信卫星发射成功。美国著名的新闻主持人克朗凯特、丹·拉瑟等纷纷率领采访报道组亲赴越南,在战壕前作现场报道。克朗凯特等身穿风衣,手执话筒,风尘仆仆赴海外采访的记者形象被美国公众誉为"海外特派式"记者,是美国公众心目中最佳的记者形象。现场报道的同步传播,把电视新闻时效提到极致,现场报道毋庸置疑地成为最有电视特色、最受观众欢迎的新闻报道形式。

在西方电视新闻界有一条不成文的规定:凡是适合于现场报道的新闻绝不采用其他形式报道。理由是:现场报道最能表现新闻事件的现场感,最能把观众带入身临其境的现实环境之中;其次,现场报道以其明快的节奏,与事件的同步和立体感使电视新闻真正步入声画合一、水乳交融的境地。由于这些关键因素,现场报道的数量目前在欧美发达国家的电视新闻节目中增加的幅度很大,而且对现场报道的技巧越发重视,要求也更严更高。一流的电视新闻记者都具备高超的现场报道能力。他们口才颇好,擅长即席发挥,出口成章,且头脑冷静,反应迅速,能够抓住关键问题用精炼的口语叙述下来。

在西方电视新闻界目前现场报道呈两种发展趋势:一是报道趋于短小精悍,记者用最少的语言干净利落地叙述新闻事件;二是对重大新闻事件做有一定深度的报道,不仅仅叙述事件的过程,而且还对事件的原委给予充分的报道。

1987 年,NBC 由首席新闻记者、著名新闻主持人布罗考亲自率领庞大的报道小组到中国进行特别报道《变化中的中国》,在美国引起巨大的反响。CBS 急起直追,由丹·拉瑟率领强大的摄制队伍到前苏联作《苏联的变革》的特别报道。今天,电视发达国家的现场报道已不仅仅是消息类新闻的报道形式,也在专题报道中被广泛采用。

在我国,现场报道也是在 ENG 的使用以后起步的,20 世纪 80 年代我国电视新闻屏幕上称之为现场报道的还是良莠齐下。比如,有的报道记者(一般由播音员客串)开头在现场出图像时播报一段导语,随之是一般的画面加解说的影像新闻,这样"戴帽式"的报道不能称之为现场报道。

(六) 连续报道、系列报道

1. 连续报道

电视新闻的连续报道,是指借助电视媒体的多种传播符号与手段,对不断发展变化的同一新闻事件或新闻主题进行多阶段的追踪、补充报道。

连续报道的特点是:报道的及时性、连续性、递进性、密集性、显著性、完整性的分次显示。

连续报道受到国内外电视界的青睐,因为它具有明显的传播优势。

(1) 较好地解决了新闻迅速及时与相对完整的矛盾。电视新闻的连续报道就是由不完整逐步走向完整的过程。它解决了新闻时效性与新闻事件完整性的矛盾,既可以把新闻事件的最新事态以最快速度报道出来,又逐步让人们了解新闻事件的全过程。

(2) 较好地解决了电视新闻"浮光掠影"与深入报道的矛盾。由于报道时间和报道方式的限制,电视新闻很难在一条新闻中对一个新闻事件或新闻主题进行深入的报道——报道时间限制了它的容量,报道方式使它难于用形象去表达抽象的、哲理的、深刻的内容,因此往往给人稍纵即逝、浮光掠影的感觉。而连续报道则可以对一个新闻事件进行多次纵深的追踪报道,这样就增加了报道的立体感,便于将事情说深说透,交代清楚来龙去脉,从而使新闻主题得到深化。

（3）突出报道内容的重要性。以引起更多人的关心和重视，形成强大的社会舆论，起到积极干预生活的良性循环作用。

采用连续报道，可以在一段时间内，使同一新闻事件或新闻主题的最新发展情况，不断地呈现在观众眼前，形成一种强烈的社会效果，把社会舆论引到这个事件上来，使舆论得以形成，发挥扶正祛邪的作用，推动事物的发展。

2. 系列报道

系列报道是借助电视媒体的多种传播符号与手段，对同一新闻人物、新闻单位或新闻事件，从不同的角度或侧面，分别予以报道，以组合成全方位透视的优势。系列报道的特点是：新闻主题的同一性、主题的重大性、传播的系列性、报道的整体策划性。

二、专题类电视新闻

专题类电视新闻是电视新闻深度报道的形式。具体来说，这是对于一个新闻人物、重大新闻事件或当前社会现象所进行的较为完整的、深入细致的电视报道。它可以采用活动图像加画外音报道的方式，也可以采用现场报道的方式。为了提高专题类电视新闻的质量，大多用前一种方式。

此类新闻的明显特征：① 有新闻性与艺术性双重属性；② 所面对的客体对象是现实生活中真实存在的事物与人物；③ 通常是对某一主题的深入报道与阐述，具有一定的深刻性和丰富性；④ 通常采用直接取材的方法获得客体对象的图像声音与材料，具有明显的现场气氛和真实效果。

（一）特别报道

特别报道是对特别事件或重大选题的报道，能够引起观众特别关注。如每年的"两会特别报道"。

特别报道在表现形式上的特点是：不拘一格。它没有固定不变的格式，相对不受束缚，可以将现场报道、图像新闻、采访问答、新闻特写等各种报道方式的表现形式结合起来加以运用。

特别报道在时间跨度上的特点是：不受时间顺序限制。它可以将现在、过去、将来时态灵活地调度。

特别报道往往选择一定的报道时机播出，事件性新闻报道时效性较强，要求不失时机地在事件发生余波未尽的时候推出。非事件性新闻的报道往往是在一定的时代背景下推出，时间安排上大多在"黄金时间"。

时效性强的特别报道以新闻事件为由头，围绕着事件本身以及事件引起的一系列影响和反应进行全方位立体报道。

时效性不太强的非事件性特别报道，以特定的时代背景为大的由头，选择全社会或世界关注题材来说明一个重大主题。

事件性特别报道还可以随着事件的发展过程不断地扩大报道范围。报道时要求将事件及事件引起的反应、产生的反响、发展趋势有机地进行整体构思。注重提供信息和背景，让观众了解更多的事实。

非事件性特别报道注重深刻说明主题,报道时应该能够将各种材料消化透彻,贴切地运用材料以便内容扎实,有说服力。

(二) 专题新闻

专题新闻在选材上注重新近发生或正在进行的为全社会关注的事物。它是以摄像或摄影手段,对政治、经济、文化、历史事件做比较系统完整的纪实报道,并给人以一定审美享受的电视新闻作品。它要求从现实生活中取材,拍真人真事,不容许虚构、扮演,其基本报道手法是采访摄像或摄影,即在事件的发生发展过程中,用"等、抢、挑"或追随被采访人的摄录方法,记录真人真事。

专题新闻具有一定的时效性。它可以截取客观事物之中的重要内容加以详尽报道,也可以截取客观事物的一个侧面进行专门报道。

在日常报道中,专题新闻在发布消息后播出。我国党和政府召开重要会议,大都采取这样的方式。首先在《新闻联播》中报告新闻,然后在节目之后播出专题新闻。

专题新闻采制要求补充、扩大消息报道的事件。有时要提供背景材料,说明、解释新闻中涉及的复杂事实。

专题新闻还要求以新近发生的事实为主体,以现场进行中的画面作为背景衬托,展示事件的原貌。有时,人物大段的讲话要用解说方式加以概括,写作时要进行必要的交代。

【案例一】 请看案例《陈光标:我是志愿者!》(江苏省广播电视总台 2008 年 7 月 6 日,主创人员:陈迹、赵琳、李轩、李晓光)

【配音】 抗震救灾,他与军队几乎同时到达。

【同期】 陈光标:我要求在路上面,人可以休息,车辆不能休息。

【配音】 救灾一线,他将自己生命置之度外。

【同期】 陈光标:我这个人从来没有把我的命当回事。

【配音】 他是怎么去的抗震一线?他在灾区经历了什么?

【同期】 陈光标:惨不忍睹的场面太多太多。

【配音】 他又是如何从一无所有成为亿万富翁,并完成从富豪到慈善先锋的转身?

《陈光标:我是志愿者!》稍后播出。

【音乐+字幕】

我在北川长大,

不知道江苏在哪,

抱在你温暖的手里,

我才知道江苏四川是一家。

【口导】 这首名为《一个北川女孩对陈光标最后的话》的诗歌,最近在网上广泛流传,被网友称为 2008 年最感动中国的一首诗。而这首诗歌里的他——陈光标也因为此次抗震救灾里的表现被网友亲切地称为"史上最牛企业家""最美企业家""真心英雄"。在抗震救灾中他到底做了什么?他为何要舍命去抗震一线?而他的背后又有着怎样不为人知的故事?

第一部分:光标速度。

【字幕:黑底白字,电报效果】

5 月 12 日 14:28 四川 汶川 地震 强度 8.0 级

【字幕】 5月12日 14:30 湖北 武汉 黄埔资源再生集团董事会 主题 公司发展

【同期】 陈光标:大约是三点半接到四川好朋友的电话,说四川出现大地震了。

【字幕】 5月12日 15:30 湖北 武汉 黄埔资源再生集团董事会 主题 抗震救灾

【同期】 陈光标:当时我们这些股东兄弟就说那就捐款吧。

【字幕】 5月12日 16:28 黄埔资源再生集团抗震救灾救援队成立

(以下略)

【陈光标哭的慢动作+情绪音乐】

【配音】 但是,更多时候陈光标经历的是伤心和痛苦。

【音乐延续+一些灾区感人的画面】

【同期】 陈光标:地上全部是孩子的尸体。我当时心就像刀割了一样。

【现场同期】 女子痛哭

男子:那儿有一个幼儿园,没一个活的,幼儿园。

女子:那个就是我女儿,都砸变形了。

【同期】 陈光标:一开始就要跳河,我们就拽住她。

【现场】 女子抱着女儿的尸体袋哭。

【同期】 陈光标:(她)讲你能不能帮我一个忙,我想把我孩子就埋在这个地方,公园——我这个孩子平时就喜欢到这个公园里玩。

【画面】 在铁索桥上陈光标和女子一起拿着铁锹,陪着女子去埋孩子。

【现场同期】

陈光标:3月28号才(生日)。

女子:4月28号才(生日)。

【现场同期】 埋在哪边?

【画面+情绪音乐】 挖土+家长抱着孩子尸体痛哭+下葬+家长哭

【同期】 陈光标:后来我给她一张名片,我说以后你们有什么困难,你找到大哥,大哥都帮你解决。

【配音】 除了救援,陈光标还委托中国扶贫基金会向灾区捐款785万元,并把随身携带的20万元现金和200万元支票、23000台收音机分发给了受灾群众。

【黑转】

【字幕】 2008年5月23日 绵阳市九洲体育馆安置点

【同期】 温家宝握住陈光标的手。

你是有良知、有感情、心系灾区的企业家,我向你表示敬。

【分导视1】

【配音】 高调现身各大捐赠活动,他在追逐一种仪式感还是其他?

【同期】 带动更多的企业老板来学习你这种精神。

【配音】 为什么你越讲他越捐?

【同期】 路遥知马力,日久见人心。

【配音】 他有多少钱,他为何如此高调?

《陈光标:我是志愿者!》正在播出

第二部分:慈善先锋之路

……

第三部分:未了的心愿
……

(三) 新闻纪录片

电视媒体的新闻纪录片是新闻内容和电视纪录片形态的结合。那么什么是电视纪录片?杨伟光在《中国电视论纲》中对"电视纪录片"作了解释:"电视纪录片是一种特定的体裁和形式,它是对社会(包括政治、经济、文化、历史和军事领域的事件或人物)及自然事物进行纪录,表现非虚构内容的电视节目种群;纪录片直接拍摄真人真事,不允许虚构事件,基本的报道手法是采访摄影,即在事件发生发展的过程中,用挑、等、抢的摄影方法,纪录真实环境、真实时间里发生的真人真事。"[1]徐舫洲等人认为,电视纪录片是一种非虚构的、审美的(非功利的),以建构人和人类生存状态的影像历史为目的的电视节目类型,是人类个人记忆或某一集团集体记忆的载体,是对现实生活的有选择再现。[2] 朱羽君认为,专题节目多以事为主题,对个人化的关注受到影响。它们多以人为例证、为典型来生动地说明某些主题,而纪录片则直接关注人,不追求直接的主题和宣传效果,而追求人与人之间的沟通、理解,关注人的生存方式和文化积淀。越深入到个人独特的生活、心态、情绪,越具有丰满的细节就越具有审美价值。她还说,题材的人文特征是纪录片的特点,它的主题趋向于更为深层更为永恒的东西。[3]

归结起来,我们可以认为,电视媒体的新闻纪录片是运用纪录片手法对新闻事实的呈现,在时效性上比其他电视新闻弱,但在艺术性上更考究,更注重人文关怀,强调对人物、事件、事实的长时间的观察和记录,过程的展现、人性的反映、深层的理性思考、意蕴的多重性等特征非常鲜明。

目前,中央电视台的栏目《新闻调查》《新闻纪实》《看见》,就是用纪录片的方式在进行对事实、人物的报道。

在纪录片中,解说几乎永远存在,但运用解说要格外慎重。过满的解说不仅破坏了作品内容,而且还会分散收视者的注意力。决不能使纪录听起来或看起来像教育片或电视课程,其观点、例子、内容要清晰、具体。

以技巧而论,高超的纪录片大都是简洁、具体、明确、富于深刻哲理和饱满感情的。

一般情况下,新闻纪录片要有脚本,写作时首先拟出提纲或研究报告,待素材拍摄完成,脚本的实质性文字材料应该搜集到位。而后,制片人或记者检查素材,决定以何种方式、何种结构将它们组合起来,选用哪些内容,删掉哪些内容。在这个阶段,真正的脚本创作才开始。

画外音的作用是把材料串接到一起,因而承上启下、转折过渡常常离不开解说。但是切记:层次之间、段落之间要有停顿,不能用画外音灌满。

三、评论类电视新闻

新闻评论是对国内外重大的、具有典型意义的、有趋向性的新闻事件与问题发表看法,表明立场、观点、态度。

---

[1] 王辉.纪录片:想法与做法[M].北京:中国广播电视出版社,2007:297.
[2] 徐舫洲,徐帆.电视节目类型学[M].杭州:浙江大学出版社,2006:150.
[3] 朱羽君,殷乐.生活的重构[M].北京:北京广播学院出版社,1998:196.

电视评论同报纸评论、广播评论有共同的特征,也有个性,主要根据不同方式而定。总的要求是:旗帜鲜明、立场坚定、态度明朗、语言有力。

经过多年实践摸索,电视评论体裁得到不断发展。我们这里涉及的评论不包括在电视上播发的其他传媒的署名评论,如新华社、《人民日报》评论员文章、社论等,因为这不是电视机构自己编发的,我们所讲的评论是电视机构自己采制、编发的,是代表电视台的发言。

政府首脑、权威人士、有代表性的人物或普通观众上电视发表讲话、演讲、讨论、座谈,对新闻事件和问题发表看法、表明观点,这些仍然不是我们所讲的评论,而属于电视谈话节目范畴。虽然这些形式里边也包含着言论色彩,但只代表政府或个人,不代表电视台。

严格意义上的电视评论是代表电视机构,由电视台自己制作的。电视台的评论员,虽然以个人面目出现,但是他们代表电视机构发言。

中国电视屏幕上的评论体裁主要有4种形式:编后语、短评、述评、主持人评论。

(一) 编后语

编后语是电视应用较为普遍的体裁。编后语制作比较简短,大都在新闻事实播发后面播出。主要指出新闻事件说明什么,什么是值得提倡的,什么是引以为戒的。如果提出批评或建议,必须注意以理服人。因为编后语大多是一事一议,观众已经了解了事实并得出自己的看法,评论时只要画龙点睛就够了,无须讲过多大道理。

(二) 短评

电视不同于报纸,不便发表长篇大论式的评论,如社论、评论员文章。短评作为轻武器,比较适合电视应用。

短评是一种独立成章的体裁,主要针对重大事件、问题发表简短而灵便的言论,态度鲜明地表明立场观点。许多情况下,国际事务的纠纷多用短评方式阐明立场。电视的国际评论比较注重就事件发表看法,所以采取先报道事实,然后发表短评。

(三) 述评

新闻述评以夹叙夹议手法,边叙述事实,边进行评论。

中央电视台《焦点访谈》节目就是新闻述评体裁。这个节目注意发挥电视特点,走出了一条电视发表新闻述评的道路,使评论成为每日固定的节目,这对中国电视报道来说是突破性的,具有开拓意义。

新闻述评一般分为事件述评、工作述评、形势述评、思想述评。几年来,《焦点访谈》在这些方面都进行了有益尝试。

新闻述评在体裁上要求叙述事实必须有一定新闻性,评述问题要引起人们普遍关心。

电视的新闻述评没有固定格式,可以根据述评内容、节目样式进行布局。有时,记者在采访问答过程中进行述评,有时在画外音解说中评述,有时在节目开头、结尾表明态度。总之,以形象画面出现的新闻述评,写作时要考虑画面的规定。

在某种程度上讲,电视述评不但学会用画面报道事实,而且还要学会用画面评论事实。

【案例二】 请看案例《扶残助残,共享小康》(中央电视台《焦点访谈》2008年9月15日,主创人员:刘涛、朱邦录、邢旭东)。

【演播室】 你好,观众朋友,欢迎收看《焦点访谈》,残奥会的吉祥物"福牛乐乐",又一次牵引人们的目光去关注更多的残疾人。不光是运动员,更有残疾人这个群体,当我们说起我国的残疾人口有8300万的时候,经常会遇到惊讶的目光,因为在人们的视线里似乎没有那么多的残疾人,毕竟有些残疾人朋友很少出门,没有广泛地融入社会生活,8000多万残疾人直接涉及的家庭人口竟高达2.6亿,也就是说,接近全国五分之一的人口都和残疾人有关,可以说残疾人的生活质量折射出我们社会的和谐文明程度,那么,我们如何为残疾人创造更有质量的生活呢?

【解说】 家住浙江省杭州市江干区的重度残疾人余劲涛靠他年迈的母亲侍候,如今瘫痪在床已经三十多年了。

(浙江省杭州市江干区副区长魏丹英)我们政府给了他非常好的政策,就是把这些残疾人单独列户纳入低保,同时我们区里面又出台政策,每个月有两百元的生活护理费。

【解说】 残疾人余劲涛在当地政府的帮助下可以说是衣食无忧了,可他年迈的母亲却有着另外一番的担心。

(余劲涛的母亲)我现在最大的担心,就是我百年以后谁来管他。

【解说】 余妈妈的这种担心很快就会烟消云散,因为杭州市的残疾人托养机构已经开始建设,其实在浙江省类似的托养机构,许多已经开始运行了。

(浙江省金华市金东区杨宅村村民吴兰翠)这里一切都好,样样都好,住在这里头舒服。

【解说】 这位吴老太太过去一直瘫痪着,住在漏风漏雨的老房子里,连床都不能下。可自打两年前她住进了村里的残疾人公寓后,不仅生活好了,心情好了,还能独立地扶着墙走出户外了,像这样的残疾人公寓在浙江省金华市金东区的社区和农村里已建有十座。

(浙江省金华市金东区残联理事长傅文忠)最大的好处就是有房住,有饭吃,有人照顾。

【解说】 残疾人的安养问题是一项相当复杂的系统工程。近年来,浙江省各个地区独创了许多如居家安养、日托式安养、全托式安养等不同的安养模式。其中,残疾人在托养机构的托养,是相关部门花费财力和人力最大的。

(浙江省金华市残联理事长楼启余)集中起来进行安养、托养,能够解除这部分家庭的健全人上班及其他的后顾之忧。

【解说】 从解决残疾人生活中最难解决的托养问题入手,这让浙江省整个的残疾人事业起步艰难,但有关部门算的一笔大账却说明,这样做带来的却是更好的收效。

(浙江省残联党组书记、理事长陈燕萍)从它的数量构成来看是311万多,应该是占了我们总人口6.36个百分点,如果涵盖他的家庭人口的话,是将近一千万人。我们浙江省总人口是五千多万,也就是五分之一的人口是跟残疾人有关的。

(以下略)

【解说】 今年4月份,中共中央和国务院正式下发了关于促进残疾人事业发展的意见,这为全国的残疾人事业发展带来了更大的机遇。

(中国残联副主席、党组书记王新宪)党中央国务院关于促进残疾人发展的文件对于促进残疾人事业的发展,具有非常重大的意义。残疾人是社会中最困难的社会群体,难中之难、困中之困,如果说没有残疾人生活水平的进一步的改善,残疾人不能够和广大人民一起共奔小康,那么我们这个小康目标是难以实现的。

【演播室】 现在不论是残疾人还是健全人都在想,残奥会能给我们带来什么,会给我们留下什么,对我们大家来说残奥会至少让我们多了一个认识残疾人走进残疾人的平台,真诚地关心残疾人,用制度给他们保障,热心地扶助他们,弘扬我们民族扶残助残的传统美德,就会让残疾人享受到更多的温暖,而我们的社会也会更加文明更加和谐。好,感谢您收看今天的《焦点访谈》,再见。

(四) 主持人评论

主持人评论是由主持人直接参与策划、写作、播出的全过程,并以与观众直接交谈的方式出现,融叙事性与哲理性、个性化与人格化于一体的评论形式。与口播简短的本台评论的不同之处在于,主持人直接参与评论的写作与制作过程,以评论作者的身份与观众做直接的面对面的交流,其个人风格也可以得到较为充分的展示。[①] 以中央电视台《新闻1+1》《新闻周刊》中每期的"视点"等为典型代表。

四、谈话类电视新闻

电视新闻体裁是不断发展变化的,它不但借鉴继承了报纸、广播的体裁和报道形式,而且形成了自己独有的方式。谈话类电视新闻就体现出电视自身的特点。

电视谈话类新闻报道是以人的声音为主的一种新闻体裁。目前虽然没有严密的理论为依据,但根据实践,大体可以分为这样几种类别:电视专访、座谈讨论、辩论与演讲、讲话。

(一) 电视专访

电视专访是围绕某一主题或新闻事件,对某一新闻人物或有关人士进行的采访报道。我国新闻界将专访分为三种类型:新闻人物、新闻事件、社会问题。西方电视界也分为三种类型:个性、信息、观点。这两种分类实质没有区别,新闻人物专访是以揭示人物个性为基点;新闻事件专访是以透露信息为目的;社会问题专访是以阐述观点为意图。

专访形式大多以一对一方式出现,有时也有一对二方式,或者二对一方式(两个记者联合采访一个人物)。

专访的地点,多数以演播室为主,必要时也可选择户外或特定场所。

专访的重点是提问题,若要提出有分量的问题,必须在之前进行较为透彻的研究,做充分的资料准备工作。

做名人专访或新闻人物专访,记者不但要对人物的职业活动有所研究,还要对人物的思想、生活、兴趣有所了解,才能提出具体的有价值的问题。人物专访作为新闻体裁,也必须讲求新闻由头。人物专访采访对象选择比较明确。

事件专访要围绕事件本身及产生的影响进行提问,以求透露更多的信息。事件专访的采访对象选择可以是当事人、目击者,也可以是能够对事件发表看法的人。例如,海湾战争期间,CNN运用专访形式,进行了反应性深度报道。

社会问题专访选择的对象应该是对问题有一定研究的专家、学者或权威人士。问题专访实质上是思想观点采访,人物有一定权威性,可以增强新闻说服力。作为记者,首先要对社会问题进行了解、分析,然后找到问题所在,才能提出关键性的问题。问题专访题材相当广泛,政治、经济、宗教、道德、文化、艺术、教育、科学等,各种现实社会生活中的问题都可以进行专门访问。

---

① 涂光晋.广播电视评论学[M].北京:新华出版社,1998:321-322.

电视专访在20世纪50年代就成为电视固定节目受到欢迎。美国著名记者爱德华·默罗创办的《面对面》节目曾吸引了众多观众。我国中央电视台《东方时空》栏目的"东方之子"栏目,将专访形式引入,也引起了社会的很大反响。而且,中央电视台也办起了自己的《面对面》栏目。此外,著名电视人杨澜制作,并在全国多家电视台播出的《杨澜访谈录》也有很大影响力。

目前,电视人物专访在表现形式上有所突破。过去这种方式基本上是一问一答,记者和采访对象端坐在电视屏幕前。现在,专访表现形式有很大变化。其一,用画面加解说进行提要式引入,然后进行一对一采访问答。其二,画外音提问,将画面让给采访对象,扩大形象画面信息量。其三,多地点活动式。许多人物专访在现场场所进行,记者跟随采访对象,转换地点进行活动式专访,现场场景带给观众从属的信息,增强了报道感染力。其四,面对面直接回答式。这种方式适用于比较严肃的事件、问题专访。人物的回答,记者的提问非常引人注意,观众全神贯注倾听,不必插入活动画面分散注意力。例如,《60分钟》记者华莱士对邓小平专访,持续一个小时,两人面对面坐着,进入采访最佳的状态。其五,面对屏幕式。这种形式是利用通讯卫星,进行异地采访。开始电视画面上出现两个人的平面图像,中间也可切换突出一个人的图像。这种形式成为西方电视界新闻报道中的常见方式。其六,电话访问式。利用电话进行专访并配以图表、图片或者典型画面,是进行异地采访的有效方式。有时,由于条件限制,画面拍摄有困难;有时,采访对象不愿在屏幕上出现。在这种情况下,电话就成为有利的工具。

(二)座谈讨论

座谈、讨论是电视谈话节目中常用的方式。中央电视台的《实话实说》《小崔说事》节目较好地运用这种体裁,引起观众注意。

1. 电视座谈

电视座谈是一种集体访问报道形式,记者约集一组采访对象围绕一个题目进行座谈。电视座谈可以在演播室进行,也可以到演播室外的固定场所进行。

电视座谈气氛往往比较融洽、随便,记者既可以在座谈中穿针引线,组织串联,又可以将意图讲明后倾听采访对象发表看法,充当事实搜集者的角色。

电视座谈选题一般不涉及尖锐的问题,因为敏感的题目不适合座谈形式。座谈不同于讨论、辩论,访问对象之间一般不针锋相对地提出完全对立的观点,不同看法的提出往往采取各抒己见的平和的方式。座谈的气氛一般比较轻松,采访对象关系比较融洽。

座谈播出形式可以经过剪辑,将采访对象的谈话有选择地播出,记者可以不出画面。也可以采取不经过剪辑的方式,记者在其间穿针引线,将采访对象的谈话组成一体。

座谈的题目一般也要有新闻由头引发。例如,一部电影播映后组织创作人员座谈,或某一现象引起社会关注组织有关人员座谈,或者某些节日、纪念日前夕组织有一定代表性的人物座谈。

电视座谈要注意集思广益,引起思考,从不同角度对报道选题进行深入挖掘。

2. 电视讨论

电视讨论是在主持人的主持下,邀请持有不同观点的人就某一题目进行讨论。这是电视客观发表言论的形式之一。

电视讨论题材十分广泛,既可涉及一般性问题,也可触及敏感尖锐的问题。它包括国内外政治、经济形势、方针政策、社会现象、社会生活等方面诸种问题。中央电视台《十二演播室》节目中经常采用讨论体裁。

电视讨论传播的是多种声音、多种见解,因而能使观众从中受到启发,引起思考。

电视讨论要注意将讨论的问题分清主次,理顺各个问题之间的逻辑关系。一般是由浅入深,由个别到一般引入讨论。讨论后,记者要能够归纳出几个有代表性的观点加以进一步阐述,给观众明晰的印象。

(三) 辩论与演讲

辩论、演讲是比较吸引人的电视谈话类节目的有效形式,其效果是报纸新闻难以达到的。凤凰卫视的《一虎一席谈》是辩论类新闻谈话节目中非常有影响力的一个。

1. 辩论

电视辩论是请持有相反观点、不同见解的采访对象在电视上展开针锋相对的唇枪舌战。

电视辩论形式最初是美国前总统肯尼迪同对手尼克松竞选时使用的电视竞选方式,后来成为电视新闻报道的固定形式。

电视辩论特点是采访对象之间互相驳斥,比之电视座谈、电视讨论的气氛要紧张、激烈。因此,主持人的调和作用非常重要。

一般,双方辩论时间相同,不能多,不能少,镜头相对也要均衡,以显示对等客观。

电视辩论气氛虽然紧张、激烈,但观众却比较喜欢看,原因在于电视辩论题目比较尖锐,双方都伶牙俐齿,往往能留下深刻印象,引发思考。

2. 演讲

演讲作为新闻报道体裁起始于美国总统肯尼迪同尼克松竞选时期。

电视演讲在我国目前还仅仅限于一种活动、比赛,没有太大反响。而在美国、英国等西方国家,演讲成为社会关注的节目。特别在大选期间,总统候选人的演讲涉及大政方针,关系到今后国家的现实走向,特别受到观众的注目。由于演讲内容重要,因此有较大新闻价值,成为一档深受欢迎的特别节目。

一般情况下,重要演讲由写作班子、顾问们起草,电视机构中有经验的记者常常成为班子的一员。他们为演讲者出主意,利用电视特点,布置好特定背景,选择最佳角度拍摄。

(四) 讲话

电视讲话是新闻人物、政府首脑、外交使节、学者专家等具有一定代表性的人物通过屏幕向观众发表讲话的电视报道形式。

电视讲话主要分为演播室讲话、现场讲话和报告剪辑三种形式。

演播室讲话最早起始于广播节目,比较有影响的是美国总统罗斯福的"炉边谈话"。在国外一些电视上每年新年之际,政府官员上到总统,下到市长都上电视发表新年讲话。特别是竞选总统期间,候选人发表电视讲话成为竞选程序的重要内容。美国、英国等国政府官邸专门设有电视讲话演播室,发表电视讲话已成为政府阐明立场、观点的重要手段。

我国电视作为政府阐明立场、观点讲坛所采取的形式与国外相比有所异同。目前,我国中央领导人上电视讲话频率不高,但也开始引起重视,如国家领导人的新年讲话,春节团拜会致词等。通常,我国政府领导人的讲话都采取开会现场直播或报告、剪辑的形式,而不是专门为上电视设计、组织讲话。

我国电视较多的讲话是先进人物的报告。例如,全国劳模代表团、青年科学家代表团及青年教育工作者等。一些为国争得荣誉的新闻人物有时也发表讲话,如奥运冠军等。

第二节　电视影像新闻采制

前文已述,影像新闻,又称图像新闻(消息)、录像报道,是通过在新闻事件现场摄录到的反映新闻事实的图像、同期声与新闻报道间相结合的录像来进行报道的电视新闻形式。影像新闻通常是经过前期摄录、后期剪辑、制作时配上报道词语言以后播出的。影像新闻今天的采摄手法,要摆脱电影的模式,运用电视语言,发挥多种表现符号综合效应的优势,在具体采制中要注意一些问题。

一、处理好声画关系

影像新闻是以画面与解说文字的结合来传播信息,最常见的毛病是声画两张皮,声音与画面各行其是,相互间没有密切的配合。较之现场报道方式,影像新闻的解说词通常是比较完整的,也因此,有的影像新闻文字稿是篇完整的新闻稿,负载传达新闻信息的作用,而画面则成了可有可无的陪衬。严格地说,这样的新闻不是电视新闻,电视新闻应重视画面本身的信息量,画面对文字解说应起到不可缺少和不可替代的作用。它要求记者有较高的政策水平和新闻敏感,熟练掌握采访摄影等技巧,在新闻事件现场迅速判断、抢拍能反映事物本质、有新闻价值的生动、鲜明的形象,用富有表现力的画面形象、现场音响(同期声)和简练的文字语言合力传播信息。

二、发挥同期声的作用

用现场报道形式时,记者都不会忽略同期声的作用,但在影像新闻中,却常常忽视同期声,这是一种极其错误的观点。即使影像新闻没有记者和采访报道对象的讲话声,也同样不能忽略现场的同期效果声,真实的世界是有形必有声,电视新闻要还原真实,必然是既有形也有声。获奖新闻《邓小平与中央领导同志一起同十四大代表亲切见面》画面在展现小平同志等缓步来到十四大代表面前,同期声也同时传达着代表们的欢呼雀跃,热烈的掌声和"小平您好""祝小平长寿"等欢呼声此起彼落,把现场情景和代表们内心的激动展现得淋漓尽致。试想,没有这些同期声,又如何能真实地再现这激动人心的时刻呢?

每年能进入参加全国优秀电视新闻评选的影像新闻,几乎都有一两个成功的能展现人物情感个性,引起观众心灵共鸣的现场采访。被采访对象的语言和伴随语言的神态、表情等非语言符号都成为新闻报道的兴奋点,增强了新闻的感染力。获奖新闻《来自地下600米的报告》那朴实无华、催人泪下的同期声,深深打动了评委的心,成为这条新闻最成功之处。

记者在地下600米深处的施工现场采访三名战士:战士甲说:"我当兵三年了,一当兵就在这里干。"当记者问他有什么想法时他平静地说:"没啥想法,就想早点完成工程,国家能多生产镍,我也该复员了。"当记者问另一位战士:"洞子打通了,你第一件事想干什么?"战士回答说:"就想回家看看我的父母。"记者把话筒伸向另一小战士,问他:"你呢?"小战士稚气十足地笑着说:"我就想看看镍是什么样子。"

战士的语言是那么纯朴真诚,没有一点奢望和要求。平凡感人的语言和地下 600 米施工现场的艰苦形成了鲜明的对比,撞击着观众的心灵,使人们对战士的宽阔胸怀产生了无限的敬意。

三、重视画面形象的作用

电视新闻以画面形象为基础。因此,在影像新闻中,特别要强调画面形象的传达信息和情感等作用。有的新闻报道特别是一些思辨性报道中,一个个采访对象的人物特写近景的相接,毫不考虑语言的环境氛围等非语言符号信息,更不去捕捉有信息的生动的有说服力的形象,严格地说这不是电视新闻,更像广播新闻。

电视记者要在新闻事件现场娴熟地用采访摄影、追随摄影等纪实手法,去捕捉生动鲜明有感染力的形象,以《长江漂流》连续报道为例,漂流人员勇闯王大龙滩时,记者用长镜头始终以漂流队员为主体,展现他们绕过礁石林立的险滩,进入水位有巨大落差的水道,激流迎面扑来,橡皮艇被激流打翻,队员们双手紧紧抓住皮艇,在急流中搏斗前进。当又一个激流迎面而来,队员们机智地借助激流冲力把橡皮艇翻过来,继续漂流。一个长镜头把长江漂流的险要尽收眼底,让观众如同亲临现场,目睹险情,充分展示了电视新闻形象化传播的独特优势。

总之,影像新闻决不能以文字稿为主,而是要充分发挥画面和伴随画面的现场采访同期声和现场音响效果的作用,使各种表现符号有机和谐地综合传播新闻信息,见表 9.1 和表 9.2。

表 9.1　案例:7·13——申奥成功日 万众欢腾时(2001 年获奖新闻)[①]

画面(镜头提示)	报道词
播音员口播 字幕:2001 年 7 月 13 日 22:10　莫斯科 大屏幕:萨马兰齐宣布中选城市为北京	导语: 　　刚刚过去的 7 月 13 日成为每个北京人今生难以忘怀的日子。7 月 13 日之夜无人入睡。整个北京城都沉浸在巨大的欢乐中,这巨大的欢乐汇成了沸腾的海洋,散播到每一个角落,散播到每一个北京人的心里
字幕:22:20 北京中华世纪坛 世纪坛广场上欢乐的人群	正文: 　　昨晚的中华世纪坛,万众欢腾。 　　22 时 20 分,中共中央总书记、国家主席江泽民在政治局委员、北京市市委书记贾庆林的陪同下,来到中华世纪坛南端的圣火台前,与群众代表共庆这一喜悦的时刻。 　　在主席台上,江泽民同志向全场群众发表讲话
江总书记走来与群众亲切握手 沿途欢呼的人群 江总书记讲话(近景) 党和国家领导人(中景)	(同期声)我只讲三句话,第一句,对北京市申办奥运会成功表示热烈的祝贺;第二句,向全国人民对北京市申办奥运会所作出的贡献,同时向国际奥委会,向世界各国朋友对中国申办奥运会的支持表示衷心的感谢;第三句,希望全国人民和首都人民一起,奋发努力,扎实工作,一定要把 2008 年奥运会举办成功

[①] 叶子,李艳.电视新闻[M].北京:中国广播电视出版社,2008:63-64.

续表

画面(镜头提示)	报道词
广场上舞动的旗帜和欢乐的人群(全景)	这是一个欢呼雀跃的激情之夜。北京沸腾了！中国沸腾了！欢乐属于每一颗中国心。 （采访同期声）： 1. 很激动,很激动,很激动! 2. 非常自豪,中国万岁！北京万岁! 千万颗激动的心涌向天安门广场,长安街立时汇聚成一条奔腾的河流
天安门广场和长安街上欢呼的人群(全景) 一张张欢乐的笑脸(特写)	（采访同期声）： 1. 我想从2000年悉尼奥运会我们得到28枚金牌,到今天我们申奥成功,不仅是北京一个城市的胜利,更是我国国力强盛的一种表现。 2. 正是全国人民的努力,我们才能成功地申办2008年奥运会。Great Beijing！Great Olympic! 在全城的欢庆声中,江泽民、李鹏、朱镕基、李瑞环、胡锦涛、尉健行等党和国家领导人驱车来到天安门广场,登上天安门城楼,与广场上的40万群众共度这个美好的夜晚
党和国家领导人在天安门城楼上挥手	未曾忘记1990年的7月,邓小平同志在视察北京亚运村时提出："中国要申办奥运会。"从1990年到1993年首次申办到如今申办成功,11年间,几多泪水,几多欢笑,改革开放的中国人民用自己的百倍努力让奥运选择北京,让世界看好中国
广场上群众齐唱国歌 五洲大酒店、联想集团总部、长安街、八达岭长城上欢呼的人群 京郊顺义、朝阳公园里欢乐的人群 江总书记挥手致意、青年学生齐声欢呼	此时此刻,在北京的每一个角落,在广阔的中华大地,亿万颗心向世界敞开胸怀,亿万中国人心底的热望汇聚成一个共同的声音(同期声)： 1. 中国万岁！中国万岁! 2. 欢迎到北京来! 这是北京台报道的

表9.2 案例:大湾村的巨变(2021-03-13《安徽新闻联播》)

画面	报道词
主播,演播室	金寨县大湾村地处大别山革命老区,2016年4月,习近平总书记来这里考察时,大湾村还是深度贫困村。总书记寄语当地干部群众,要把老区的经济发展搞上去,让老区的人民过上幸福美好的生活。5年过去了,大湾村旧貌换新颜,摘掉了贫困的帽子,过上了小康的日子。2月25日,全国脱贫攻坚总结表彰大会在北京举行,大湾村还荣获了"全国脱贫攻坚楷模"荣誉称号。近日,央视《新闻联播》【一枝一叶总关情】专栏,聚焦大湾村的幸福巨变。来看央视的报道
景色空镜头、排练歌舞镜头	记者来到大湾村时,村里的艺术团正在排练歌舞节目,打算录成视频发给因疫情没有返乡的乡亲们
村民葛静指挥歌舞镜头	(同期声)步伐,伞,要轻盈,要欢快
村民葛静指挥歌舞镜头 大湾村五年前资料画面	这位正在指挥动作要领的是大湾村村民葛静,在他眼中,五年前的大湾村几乎具备了深度贫困村的所有特点,环境恶劣、条件落后,贫困发生率居高不下

续表

画面	报道词
采访村民葛静	（同期声）咱们大湾村今天我们看到的巨变，真正意义说，还是2016年习总书记来到这样一个小山村，为咱们老区的发展指明了前进的方向
习近平总书记进入村民家中资料画面 采访村民陈泽平	2016年4月24日，习近平总书记来到大湾村，走进村民陈泽平的家里。 （同期声）看到我这个房子非常破旧，他一看，（问）这个房子冬天寒冷不寒冷，简陋不简陋
习近平总书记考察大湾村资料画面 习近平与在场干部群众交谈的场景	总书记还一一询问了产业扶贫项目的经营情况和成本效益，同大家一起算脱贫账。 （同期声）要满怀这种对人民群众的这种热爱，特别是对老区人民的热爱，不辜负我们革命先烈、革命先辈的期望，把我们老区的经济发展搞上去，让老区的人民过上幸福美好的生活
大湾村房屋安置点空镜头 房屋安置点内部镜头	牢记着总书记的嘱托，大湾村首先按照"两不愁三保障"的标准，实施易地扶贫搬迁，规划建设了4个安置点，安置贫困群众129户439人，百姓住房安全问题得到全面解决
采访村民陈泽平	（同期声）（新房子）下面是一个客厅，里面是个卫生间，隔壁是一个厨房，上面就是两个卧室，还有绿化，水、电都有保障，所以我们老百姓住得非常安心，（希望）总书记知道，也让他千万个放心
村民集体开会镜头 乡村保洁员、漂流安全员、生态护林员工作画面 旅游资源画面 游客游玩画面	这几年，大湾村为了帮扶贫困户，新增了一批公益性岗位，包括生态护林员、乡村保洁员、道路管护员、漂流安全员、光伏发电维护员等。陈泽平成了一名生态护林员，每年可以增加7800元的岗位工资。今天的大湾村，还利用老区的宝贵资源发展红色旅游，被评为国家3A级景区，每年接待游客10万人次以上
采访大湾村第一书记余静	（同期声）把我们的自然资源优势和我们的红色文化的优势挖掘出来以后，我们就有很多的新型职业，比如说讲解员，这就是我们的讲解员汪达海
村民汪达海学习镜头 村民汪达海笔记本特写	为了跟上村里红色旅游的快速发展，汪达海一直在给自己充电，学习红色历史故事
大湾村第一书记余静镜头 村民汪达海的书本特写	（同期声）你看他的书都翻烂了，这个还是让我很感动的
大湾村脱贫和产业发展画面 大湾村艺术团镜头	经过干部群众的努力，大湾村在2018年实现脱贫。2020年人均年收入达1.4万元，老区人民过上了幸福美好的生活。村民葛静如今成了大湾村艺术团的团长，经常带着大伙自编自导自演，创作文艺节目
采访村民葛静	（同期声）咱们老区人民对党，对习总书记的这种感恩之情，他们都是发自肺腑的

第三节　电视现场报道和连线报道的采制

一、电视现场报道

现场报道的典型形式是记者在新闻事件现场,手执话筒,面向观众,在镜头前对事件做简要的介绍;随着报道,画面转入事件现场的真实情景;最后,又回到记者对事件的简要归纳或评述。此外,还常常穿插记者在现场向新闻事件的当事人、目击者以及有关人士采访。在现场报道中,记者的活动贯穿于整个过程。观众能通过屏幕清清楚楚地感觉到记者的采访能力和新闻敏感,报道也因此缩短了与观众的距离,增强真实、可信的传播效果。从其播出方式来看,可以分为录播(像)型现场报道和直播型现场报道两种。

(一) 现场报道的优势

现场报道具有的优势,决定了其越来越受观众的欢迎。

1. 信息量大

报道中长期存在的弊病之一,是声音与画面两张皮。声画脱节,各行其是的结果是互相抵消了效果。造成声画脱节的原因是多方面的。现场报道的方式是解决声音、画面两张皮问题的最好方法,现场报道中声音与画面是同时存在的。

首先,声音与画面结合,有效地传达了现场的气氛与谈话内容。

其次,现场报道的形式,较之画面加文字的报道,可以传达更多的信息。记者在现场对新闻的来龙去脉的简要介绍和评述,使新闻突破了短新闻报道不深入的局限,发挥了声画并茂的优势,在相同播出时间内传播更多的信息。在人际传播中,人们不仅用语言、文字符号,也广泛地应用非语言符号来配合。传播者所用的手势、眼神、表情、动作等都属于非语言符号。现场报道中,记者和被采访者的表情、神态、动作都有传递信息内容的作用。语言符号与非语言符号同时传播,信息量自然要比其他报道形式的新闻丰富和广搏。现场报道这种双重信息传播,还包含着情感的交流。观众受画面上新闻特定的现场和气氛的影响,在情绪上比其他报道形式更强烈。

现场报道尽管有种种优势,但运用起来则要谨慎,因为它并非是万能的,更没必要用到那些不适合于现场报道的新闻中。现场报道有几种常用的形式:其一,在重大新闻事件或突发性事件没有结束前,记者赶赴现场手持麦克风边观察边做即席口头报道,叙述、分析、预测事件的发展过程。整个报道用进行时完成,而不用播音员事后再为图像配上解说。一般认为,这是难度最大的现场报道。其二,记者赶到现场时,新闻事件已经结束,记者借助掌握的第一手材料,在现场做有充分准备的报道,并配上画面。一般情形之下,记者并不像第一种现场报道那样以目击者的身份直接叙述新闻事件,而以第三者的身份引用当事人的话或根据已经获取的信息做报道,或干脆让事件的目击者出面直接叙述事件的原委。

从现场报道特点出发,那些内容较单一,时空相对集中,现场事态发生、发展的进程对观众具有吸引力的事件性新闻题材,特别适宜作现场报道。非事件性新闻、典型经验、综合成就等题材的新闻报道也常以现场报道形式来增强现场感、可视性,在报道中同样要注意新闻现场的选择。

2. 现场感强

现场感强是现场报道的最显著的优势。

现场感是新闻客观现场在记者和观众心里引起的主观感受。现场报道通过记者在新闻事件现场的报道,把新闻现场发生的时间、人物、氛围、细节等诸多因素进行组合,作用于观众的视听感官。通过感性认识上升到理性认识,形成对客观事物的感受。影像新闻也是在现场拍摄,但不是所有电视新闻都有现场感,只有记者能把现场最真实、说明事物本质的、充满生动活力的形象呈现给观众,观众才会产生现场感,现场报道则是最能让观众产生现场感的最有效的报道形式。记者的报道把观众带到现场,观众更能强烈地感受到身临其境的参与感,从而增强报道的真实性、可视性。心理学研究表明,人类最高级的感知形态是"亲临其境"直接参与到事件的进程中去。现场报道的"现在进行时",报道与事件发生、发展的同步进行,记者在现场始终以目击者或参与者边观察边报道,真真切切地把观众带入现场,满足观众凭现场感知去判断事实的认知愿望,从而产生信任感。

现场报道的现场传达给观众的是第一手材料,在新闻报道中,第一手材料是最可信任的,也因此,现场感派生出可信性和可视性的优势来。

现场报道贵在现场,记者要在现场选择好报道的背景空间,选择好事实材料,选择好采访对象采访的语言,选择好采访的方式,同时也要把握好自身形象。总之,现场报道的历历在目的展示,对记者提出更高的要求。

3. 现场采访

现场报道通常伴随有电视记者在新闻现场的采访。

电视新闻的现场采访也叫出镜采访或镜前采访,它通过记者和被采访对象的语言交流提供必要的新闻背景,展示人物的心理活动,发表观点见解等,因而深化了电视新闻报道的内容。现场报道和现场采访使观众看到的不是以往新闻媒介传播的采访的结果,而是采访的过程,它进一步更新了新闻传播的走向。

由于现场报道的种种优势以及特殊的作用,它必将会在电视新闻报道手法的发展趋势中独领风骚,占据持久而稳固的位置。现场报道近几年来在我国电视新闻节目中所占比重明显增加,报道水平有了长足的进步,驾驭现场报道已逐渐成为电视记者必备的业务素质。不具备现场报道能力,就成不了一个真正的电视新闻记者。

根据现场报道中出镜记者采访方式的不同,又可把现场报道分为体验式现场报道、观察式现场报道、同步式现场报道。

4. 时效性较强

影像新闻前期拍摄素材后,由记者、编辑写稿,然后再合成制作。各道工序动作再快,从拍摄到播出总还要有一段时间。现场报道是"采摄分家"。记者在事前采访的基础上,了解新闻事实发生的背景,用在现场所作的口头报道,代替回台后的写稿、播音;摄影配合记者的报道来摄取相应画面,紧跟事件发生、发展的进展,抓拍最有新闻价值的内容。即便是录播,也能够较快地编辑完成并播出。而直播型现场报道则是记者一边在现场报道、采访,摄像一边拍摄,同时将信号传回台里由导播指导播出,有效地体现了电视新闻传播快的优势。

(二)现场报道的采制要求

电视记者在现场报道中,要引导观众去观看新闻事件现场的最重要最有价值的东西,并尽可能地通过采访活动,向观众简明扼要地介绍新闻事件的来龙去脉。那种记者的一般采访画面加上解说,之所以不能叫现场报道,是因为观众看不到记者是新闻事件的目击者、现场的报道者。同样,那种把播音员请到现场作开场白式的讲述报道,也没有在现场作报道的实质。

而且,记者在现场随着事件发生、发展,边观察边叙述,报道与新闻事件保持同步。与此同时,摄影记者要准确将镜头跟上,不仅准确记录下出镜记者的报道的身姿和事件现场画面,还要摄录到现场的各种声音,包括各种讲话、交流等有声语言、实况音响、实况音乐。

为了提高现场报道的感染力,还应该注意:

1. 在新闻现场尽量使用实物

出镜记者可以利用动作触摸实物,使用计量单位说明实物,或者通过动作如轻微摆动实物等,使实物由静态变为动态。这些处理,使得记者能够通过自己的体验和感知,捕捉到大量具体形象的信息,而且记者的体态语更为丰富,传播更为富有人情味。还能够化复杂为简单,化抽象为具象,更有感染力,信息更容易为观众理解和接受。

2007年4月18日中国铁路迎来了第六次大提速,央视《朝闻天下》中播出的出镜记者范伊然所做的现场直播报道:

我们注意到乘坐动车组的旅客中商旅乘客居多,他们拿的行李包都非常的小,针对这一特点以及列车行李架设计上的要求,铁道部门有一个新的须知,那就是箱包的长宽高加起来不能超过一米三,原来的规定是不能超过一米六,一米三的箱包是多大呢?我们专门拿了一个,大概就是这样一个大小的箱包,请乘客携带行李的时候注意一下。①

在这里,为了让观众们能准确迅速地明白动车对旅客箱包大小的规定,出镜记者事先准备了一个箱包,这样观众立刻就能明白长宽高加起来不超过一米三的箱包是个什么样的大小,无需费力去想去测量,这条新闻的服务功能也就迅速得到体现。否则,观众看了之后还是不明白,对要乘坐动车的观众毫无帮助,该新闻就属于无效传播。

2. 信息点的具象化处理

要想使电视现场报道更加富有感染力,传播效果更大,通常要利用肢体语言、各种感官等辅助手段,将难以表现的抽象的、概念的、理论性强的事物说明白。

仍然是范伊然对动车的报道:

在这个车站的站台上,我们看到有这种非常明显的标识线,它是为不同的动车组所列的,可以说非常的清楚呀!(蹲下,用手指着标识)这个是乘客所要乘车的车门的位置,这个呢,是引导旅客上车的位置,旅客可以自己拿着自己的票,比如说一车的25号,那么就可以在一车的这个位置等候,这种标识改变了过去那种追着火车门跑呀,那种非常紧张的上车的状况,看到这里上车是一个非常井然有序的状况,从早上我们观察的乘客情况来看,出现了文明排队乘车的情景,这在火车站是非常难见的,这是一种文明的进步。②

3. 细节的筛选与表现

在新闻报道中,巧妙的细节能增加新闻的说服力、感染力,渲染现场气氛,引起人们对新闻意蕴的咀嚼。

【案例三】 请看案例:日本NHK电视台早间新闻节目《您好日本》2007年7月29日播

---

① 宋晓阳.出镜记者现场报道指南[M].北京:中国广播电视出版社,2008:117-118.
② 宋晓阳.出镜记者现场报道指南[M].北京:中国广播电视出版社,2008:118.

出的"京都夏天的味道——贺茂的茄子"。①

出镜记者：打扰了,噢！（茄子）实在是太大了,一个个圆圆的,噢,天呀！（惊叹）,实在是太棒了呀！看看我手上的茄子,需要两只手呀！瞧,茄子蒂还带着刺呢！好痛！

玉田芳弘：小心别刺到！

出镜记者：这个（刺）一直有吗？

玉田芳弘：是的,刺越是坚硬,茄子就越是新鲜。

出镜记者：那么说,摘这么新鲜的茄子,有可能被刺到,很痛的呀！

看到这里,相信很多观众会想到很多：茄子这么大这么新鲜,源于农民的辛勤；买茄子的时候总是想买到最新鲜的茄子,然而新鲜的茄子的采摘可能非常的不容易；记者的叫痛和农民的关切,又反映了农民的善良……记者用她自己的体验,带领观众弄明白了茄子的特性,建构起来一张丰富的信息和情感之网,让观众欲罢不能。

【**案例四**】 请赏析我国著名出镜记者王小节的节目案例：央视《奥运来了》之"奥运会卖票了"（2007年4月14日）。②

自从北京奥运会的门票价格公布以后,大家最关心的就是自己能不能够买到门票了。这个呢,我可不敢保证,不过我可以先带大家去体验一下不同的价位是一个什么样的观看感受。那我首选的第一站当然是国家体育场——鸟巢了,但是不巧的是啊,那里正在进行开幕式相关设施的保密施工,不让我们进,所以呢,我就先带大家来到五棵松体育馆。

五棵松体育馆,从外观上看最大的特点就是全部采用了玻璃幕墙的设计,而馆内的许多设施都是参考美国NBA职业篮球赛的标准进行施工的。

这里呢,是北京奥运会的篮球比赛场馆,那之所以带大家到这里来啊,是因为呢,在北京奥运会呢,除了开闭幕式之外,所有比赛项目卖得最贵的就是篮球比赛了,最高的票价是1000元一张,大家可以看到啊,虽然现在施工还没有全部完成,但是观众席呢已经是初具规模了,那现在就跟着我一起去感受一下在1000元钱的座位上,到底是一个什么感受吧！

这里啦,就是篮球馆的主席台区域了,这呢和对面那侧,应该就是票价最贵的位子了,那我呢,特地让我的同事做一个参照,大家试想,如果他就是姚明的话,他每一个动作的细节呢应该说还是可以看得比较清楚的,所以呢,1000元的票价可以说是物有所值。而且啊,在比赛的时候,场馆上空呢,还会吊装一个四面的大屏幕,是世界最先进水平的,那每一个精彩慢动作的回放都是不会被错过的。不过呢,大家千万不要被吓着,这篮球比赛中,也不是所有的票价都是这么贵的,便宜的也有,位置肯定不会这么好了,不妨跟我去看看吧。

这里呢就是篮球馆观众坐席的最后一排,票价是50元,大家现在再看我的同事,已经变得非常非常小了,而且啊,这个位置啊在篮球架的背面,可以说是最不好的角度,也就是看个热闹。不过,我觉得呢,花50块钱来看世界最高水平的热闹也还是挺值的。

二、电视连线报道

电视连线报道是指运用先进的视音频技术,发挥演播室主持人对信息的串联、整合作用,在同一时间不同空间里,由演播室主持人与现场主持人或出镜记者或采访对象共同参与

---

① 宋晓阳. 出镜记者现场报道指南[M]. 北京：中国广播电视出版社,2008：39-40.
② 宋晓阳. 出镜记者现场报道指南[M]. 北京：中国广播电视出版社,2008：115-116.

的对接报道。通过报道,对新近或正在发生、发现的新闻进行实时报道,并能够展开评述和讨论。

电视连线报道的模式主要有 5 种[①]:
(1) 演播室主持人对接演播室主持人+出镜记者+新闻;
(2) 演播室主持人对接出镜记者+新闻;
(3) 演播室主持人对接演播室主持人+演播室的采访人物;
(4) 演播室主持人对接电话采访人物或记者;
(5) 演播室主持人对接在任何地点的专访人物。

(一) 连线报道的实现手段

随着传播技术的发展,现在电视连线报道的实现手段主要有如下几种:

1. 电话连线

电话连线最早是语音连线,这也是最早的电视连线报道的实现方式、也是目前仍然广泛使用的、最为简便易行的连线报道方式。演播室主持人通过电话与前方记者建立联系,由前方记者将新闻的最新进展介绍给观众。为什么在有可视电话、卫星电话,并有了卫星连线等先进通讯方式的现在,电话语音连线还很多呢?首先是因为在很多需要连线的新闻报道中,需要迅速播发新闻,而影像的传送较费时间,编辑起来也更为费时,因此为了抢发新闻,迅速报道,就只能采用最为简便的电话连线。其次是因为很多需要连线、迅速抢发新闻的报道往往是一些突发情况、灾难事件,在事件中电力、通信设备毁坏,使得对电力、技术要求较高的影像传输比较难以进行。第三是卫星连线、远距离传输的费用非常昂贵,一般只在特别重大的新闻报道中才使用。

相比卫星连线,电话连线由于只是语音连线,没有来自新闻现场的画面,所以在电视播出中往往用上记者或者嘉宾的照片,以及新闻现场的资料照片或以前拍摄的相关影像资料等来辅助进行报道。

2. 卫星连线

卫星连线将新闻现场的画面和声音实时地传递给受众,极大地增强了电视新闻的时效性和现场感。演播室主持人通过卫星连线在新闻现场的记者,由记者对正在发生的新闻事件进行现场报道,或对重要的采访对象进行采访,将新闻及时生动地向观众进行报道。目前,卫星连线已经广泛地运用在重大新闻事件的报道中,卫星连线已经成为各电视台的竞争利器。

3. 网络连线

随着互联网络的逐渐普及,网络连线在电视新闻中也开始出现。由于网络具有多向的同步交互性,因此网络连线主要用于与观众的沟通和交流,或者说,目前网络连线主要是接收、搜寻观众通过互联网络发布的信息,就正在发生的新闻事件进行互动,增强观众的参与感。

4. 手机连线

随着智能手机和移动互联网的畅通,手机连线也开始在不少地方电视台开始运用。它操作起来简便,每个个体的公民都能够迅速地将自己的声音、图像传递出去。配备了高端智

---

① 杨刚毅.关于电视新闻连线报道的理性思考[J].电视研究,2003(3):44-46.

能手机的记者们能够在现场迅速采访、摄录和传输信号回电视台。

（二）电视连线报道的优势

目前连线报道已经较多地用在新闻节目中,在一些地方台的民生新闻节目中甚至非常普及,得到了受众的认可。

1. 实时性

真正的连线报道是在新闻事件发生过程中,演播室主持人连线另外的演播室主持人、记者或被采访人物,进行交流,获取多元的新闻事实,与此同时,通过导播的切换,将节目播放出去。也就是说,连线报道能够真正实现现在发生的新闻现在播报。而且在连线报道中,演播室主持人和记者等人的对话中也不断地强调新闻发生的时间和连线的时间,使新闻的迅即报道被受众认同。

2. 最大的真实感

无论是演播室主持人,还是被采访人物,或是前方记者,之所以被连线,是因为他们被认为是最接近信息源、更加接近新闻的本源,能够提供给观众最新鲜最权威的事实。在连线中,连线报道又把新闻采访和传递的全过程、把现场的情况充分整合,直接还原在观众面前,让观众自己进一步分析判断,从而产生了更大的真实感和权威性。

3. 现场感和体验感的营造

各种人物所在的环境和现场都通过连线被展示出来,这就给予观众充分运用各种感官去感受着记者、被采访人物的感受。被采访人物、记者的感受又在他们的语言和动作、表情中显露出来,他们有时也会引导观众进一步去感受。这就使得连线报道能够很好地激发起观众的想象的"在场感"。

4. 人际传播的魅力

连线报道进一步改变了电视新闻的语态。在现场报道中,出镜记者固然是在现场讲述事件的发生发展,但他是对假想的电视机前的观众说的(不包括现场采访),没有任何反馈返回到出镜记者那里,因此尽管他的报道是绘声绘色的,但由于缺乏反馈的引导,他必然是自说自话,是按照他设定的思路发展的,这使得事实或事件本身的其他角度没能被发现被报道。而连线报道时,演播室主持人会引导报道的走向,同时有导播或其他工作人员会将资料发送到演播室主持人那里,帮助演播室主持人梳理向前方记者提问的思路,这样报道的深度可能会增强。而且由于由主持人和记者的问答,新闻由单向的讲述变成了双向的谈话和交流,他们各自的播音腔、记者腔都会更加自然,人际交流中的直接互动、情感色彩、个性特征等也就更多地体现出来。

此外,连线报道还有主持人、记者同其他各色人士的话语交流,由于每个人掌握的信息不同,每个人在连线报道中的角色不同以及他们的个性和语言表达的不同,都必然使得这里每一种交流都显示出独特的人际交流的魅力。

5. 新鲜感的不断产生和信息量超大

每一个新面孔的出现,都会使观众产生很多期待,产生新鲜感。每次连线一个人物,就是打通了认识外界的又一扇门,引进了一个新的视角。新闻报道的信息也得到进一步丰富。

【案例五】 请看案例 2007 年 3 月 29 日北京电视台《直播北京》的一则连线。[①]

---

① 宋晓阳. 出镜记者现场报道指南[M]. 北京:中国广播电视出版社,2008:113-114.

主播：现在距离事发已经四个多小时了，现在抢修情况怎么样呢？下面我们来连线记者，冯广勋你好。

实习记者冯广勋（以下简称冯）：主持人你好。

主播：抢修工作进展如何？事故原因是否找到？

冯：观众朋友大家好，我现在所处的位置是北三环北太平桥今天下午刚刚发生冒水事故的现场，我们到达事故现场之后对于事故的原因也是非常关心的，为大家请到了供水集团供水分公司的王耀文副总经理来为大家回答这个问题，王经理你好。

王耀文：你好。

冯：你能不能跟我大家介绍一下现在抢修工作进行到一个什么样的情况？

王耀文：好，事故发生以后，由于现场的交通和地下管线设施比较复杂，那么，在交管部门的积极疏导下和管线权属单位管理人员的帮助下，目前抢修工作正在紧张进行中。

冯：那造成这次事故的原因是什么？现在有这个说法了吗？

王耀文：从我们现在初步的探明呢，是一个DN600的管线的接口漏水，那么从管线漏水事故发生的原因，一般来说呢，是多种多样的，有时是一种或多种原因综合造成的。那么，从目前情况来看，管线还没有完全挖出来，事故的原因还有待进一步调查。

冯：谢谢你。（转向屏幕）主持人。

主播：那么，我们关心的是由于这个大火引发的道路拥堵。现在，这个现象缓解了没有？

冯：大家可以看到，这次事故的现场是一个十字路口，大家可以看到现在的情况呢，南北方向的这个主辅路的交通已经基本上恢复了正常，从西向东的交通主辅路的交通也是基本正常的，只有从东向西，这个辅路上的交通从马甸桥开始都已经被疏导到了北三环的主路上，大家通过我们镜头可以看到，主路上的交通秩序也是非常良好的，所以这次事故对交通的影响已经非常小了，交通是良好的。但是，大家可以看到这个抢修工作仍然在进行当中，我们会在第一时间向大家报道这个路面通行的情况。主持人。

主播：那么，冯广勋，根据你的了解，这个管线什么时候可以修好？就是抢修工作什么时候可以结束呢？

冯：据我们了解到的情况，应该是在5个小时之后，自来水的修复会完成，之后是电缆和路面的修复，这还需要一段时间。然后，我们在这里也给电视机前的观众提个醒，请大家提前做好出行的安排，出行的计划，避免在明天早晨这个早高峰的时候影响您的出行。这就是直播小组在北太平桥现场发回的报道。

【案例六】 请赏析2008年11月4日播出的中央电视台新闻频道和山西卫视联合制作的连线报道《温暖灾区之"汶川映秀漩口中学整校搬迁山西长治"》（主创人员：李占鳌、关秀兰、王丽、吕胜春、周安民）。

【中央台演播室　李梓萌】

在山西长治有一所学校叫"长安慈善学校"，这个学校在地震过后起了一个新的名字叫"汶川县映秀漩口中学"。听到这个名字我们应该不会陌生，汶川地震发生后，地处震中的漩口中学校舍坍塌，教学无法进行。山西省的一位民营企业家出资修整好了长治的这所学校，在7月4号这天，把漩口中学全校1200多名师生全部搬迁到了山西长治。今天恰恰是他们到达山西整整四个月的时间。现在学生们的生活怎么样？心理状态怎么样？我们马上来连线山西台的记者王丽，请她给我们介绍一下她所了解到的这些孩子们的生活情况。王丽，你好！

【现场】 记者王丽

主持人好,我现在是在山西长治"长安慈善学校"也就是漩口中学的操场上,大家从画面里看到的就是"用爱编织温暖"的活动现场。今天,1200名孩子来到山西整整四个月。为了让孩子们过好在山西的第一个冬天,长治市妇联在全市征集1000多位爱心妈妈,发放毛线,请她们给孩子们一对一量身定织一件毛衣。今天,羌历新年之际,她们要把毛衣送到孩子们手里。在这之前,长治市委市政府也把过冬的衣服给教师们送来了。现在我们看到的现场的气氛是非常温暖。

【现场】 记者王丽

大家可以看到,今天的活动特别具有地域特色、民族特色,也是漩口中学的特色。这个学校是一个多民族的学校,1100多名师生中,有六百名藏族羌族学生,其他都是回族汉族的学生。现在就是38位羌族少年正在演唱原生态的羌寨山歌,大意是,一棵树纵有千条枝,万片叶,但我们有同一个根,我们心连心。他们也想用这种饱含深情的具有民族特色的表演来感谢社会各界对他们的关爱。

但是我想,此时此刻,特别是他们远在几千里外的亲人们,最想看到的是,这些孩子在千里之外的山西长治,学习怎么样,生活得好吗?前天我们已经制作了一个小片,现在请大家来看一看。

【VCR短片】

长安慈善学校离长治市中心大约十五公里,在校门口,"汶川县映秀漩口中学"和"长安慈善学校"的牌子挂在一左一右。

学校占地面积不大,主路两边一排排的平房就是1100多名学生们的宿舍,从上下床,储物柜、被褥,小到牙刷牙膏洗漱用品,全部由长治潞宝集团提供。

天渐渐冷了,这几天宿舍和教室里的暖气正在打压试水,工人们忙着检修暖气片。锅炉房等设施正在点火加温,如果气温下降,马上就可以提前供暖。

(以下略)

【现场】 记者王丽

通过短片,我们现在对于漩口中学的学生在长治的学习生活情况应该有了一些基本的了解。确实,在这四个月里,他们得到了长治各界的关爱。

其实,漩口中学的师生来到山西后,也充当了文化使者的角色。大家可以看到同学们的表演是具有特色的,现在我们看到师生们正在跳的是羌族的萨郎舞,是一个表达丰收喜悦的舞蹈,中间拿着羊皮鼓跳舞的是学校的年轻老师,后面的是学校的学生,是一个师生共同完成的节目。他们到山西异地复读,也把自己的民族特色带到了山西,带来了耳目一新的感觉。

大家知道吗,漩口中学也是阿坝州的唯一一个拥有完全高中的农村学校,阿坝州的第一个考上清华大学的学生就出自漩口中学。现在大家看到的舞蹈还有锅庄、合唱都曾经参加了当地的广场文化演出,演出效果究竟怎么样?让我回头问问同学们。

【现场采访】 一个同学说"盖了帽了"。接着邀请4个同学分别用藏、羌、汉语向家乡亲人问好并翻译过来。

【现场】 记者王丽

懂事的孩子们牵挂着千里之外的亲人们,亲人们也挂念着孩子怎么样。通过短片,我们可以看到孩子们在这个冬天会过得很温暖。按照计划,漩口中学在山西长安慈善学校有三到五年的过渡期,站在我身边的就是漩口中学的校长张舜华,下面请他来介绍一下情况。

(以下略)

【现场】 记者王丽

好的,主持人,在采访中,老师和同学们都告诉我们,有他们的乐观、坚强和努力,一定会把这些娃娃带好的。请四川家乡的亲人们放心。山西的情况就是这样。

【中央台演播室 李梓萌】

好的,谢谢王丽。从现场的报道,不管是孩子们的心愿还是山西这些孩子的心愿,通过我们的节目都可以传达到四川灾区他们的父母家人的身边。相对于今天看到的更加喜庆的场面,我们可能更关心他们在喜庆之后,他们的心理状态到底怎么样?经历这么大一场灾难,不知道他们能不能很快完全平复心里面的伤痛?但是还是非常感谢王丽带来的报道,通过镜头我们看到他们脸上洋溢的笑容,希望他们在这里也过得快乐,也希望他们能早日回到自己的家中,并且尽快和自己的家人开始更加幸福的生活。

第四节 网络与社交媒体时代视频新闻的发展

随着现代科学技术的进步,电视新闻体裁与报道方式受到了大数据、云计算、4G、5G等技术的影响,电视新闻体裁也在不断发展变化,本节将主要介绍竖屏视频新闻、网络视频新闻、VLOG+新闻和短视频新闻。

一、竖屏视频新闻

传统电视新闻是一种面向多人的大众传播,其内容表达和视觉构图等已经形成了稳定的样式和风格。但随着技术进步和经济发展,我们步入媒体融合发展和全媒体时代,广播电视媒体纷纷开设自己的网站、移动客户端,也纷纷在视频平台媒体如抖音、快手等开设账号。在这些传播平台上面,广播电视媒体发布的视频新闻和自己电视平台的同题新闻可能在样式与风格上很不相同。尤其是当前手机成为人们接收视听产品的最主要通道,其在信息接收上呈现出个性化、私密化的特征,并且传统的横屏模式在用户体验上也表现出水土不服的倾向。例如当我们使用横屏模式时,我们需要不断翻转手机以适应屏幕旋转带来的阅读困难。但在手机竖屏视频新闻上,我们只需要单手把持手机,经上下滑动便能快速浏览信息,这样既提高了信息传递效率,又优化了用户体验。

作为一种全新的视频格式,竖屏视频新闻成为了各大媒体平台在短视频新闻领域的新风口。如美国社交软件 Snapchat 推出 Discover 板块,将视频统一以竖屏模式展示,吸引了《华盛顿邮报》、CNN(美国有线电视新闻网)等众多主流媒体的入驻。在国内,央视新闻、新京报"我们视频"、梨视频等新闻媒体也纷纷在客户端以及抖音、微博故事等平台上做出了竖屏视频新闻的尝试。①

---

① 张爽,王若羲,李斯文,周喆人,郑晓彤,万鸿嘉,孙浩,胡昊昀.竖屏新闻:资讯传播在竖屏时代的一次"试水"[J].新闻研究导刊,2019,10(02):3-9.

竖屏视频新闻主要具有以下特点：

（1）叙事主体呈现人格化特征。所谓人格化传播，是指"真实或虚拟的媒介代言人综合使用人格化的语言和视觉符号，在传播过程中凸显人的情感、个性和魅力的内容呈现策略"。① 2019年央视新闻融媒体产物《主播说联播》上线抖音平台，主播们以个人身份结合当天的时政热点进行解说，人格化传播明显，鲜明生动的互联网语言，增强了主播与观众之间的互动。例如，2021年9月8日，教育部公布了2021年全国教书育人楷模名单。9月9日《主播说联播》主持人康辉为老乡手动"点赞"并评论说道"教师不仅仅是一份职业，更是我们民族的未来"。这种具有个性化的叙事语言，迅速拉近了与观众之间的距离，激发了受众的共情能力与互动能力。

（2）拍摄方式便捷，适合碎片化阅读。面对突发性时间和非正常拍摄时，手机竖屏视频新闻也具有更好的适应性。这种适应性一方面表现在拍摄方式便捷，另一方面表现在剪辑软件的多样性，例如人们可以借助"快影""剪影""拍大师"等剪辑软件。此外手机竖屏视频新闻在节奏上省去了传统新闻节目的主持人串词，主体形式是"事件+评论"，这种轻量化的信息输出，契合了人们碎片化时间的阅读习惯，给用户带来更轻松的观看方式和更流畅的互动体验，满足视听需求。例如，2021年8月23日，李梓萌对"东京残奥会开幕"进行评论，整个新闻时间仅51秒，画面也只是主播简单坐在演播室里，在镜头前对此事发表评论，画面没有多余信息，视觉上看也更加直观、自然。②

（3）景别：中近景和特写。从叙事构图上看，竖屏视频新闻在图像叙事表达上也使用了更多的中近景与特写。竖屏视频新闻画面通常重点集中，主要叙事对象几乎占据了整个手机屏幕，这种构图方式很容易唤起受众的"亲切感"与"陪伴感"，并能使得用户在视觉上获得更强的"真实感"与"沉浸感"。因此，竖屏视频新闻优先采用的是中近景镜头，并且原有的中近景在经过竖屏调整后，也具有了特写的效果。在表现新闻人物时，这种构图方式也能突出表现人物的表情动作和人物群体特征。如，2021年12月5日，南昌消防发布的救援视频，画面主要采用中近景，画面布局适当，观感舒适，在完整展现消防员动作的同时，也鲜明的突出了消防员这个群体的"为民"特征。③

二、网络视频直播

网络视频直播指的是人们通过网络收看远端正在进行的现场音视频实况，视频直播的核心思想是利用既有的局域网、城域网甚至万维网络条件实现对音视频信号的实时传输，并且能够在远端实现流畅的观看。而网络视频直播新闻与传统电视直播新闻有所不同，主要体现在以下两个方面：

（1）直播画面的呈现方式。电视直播的图像是经过专业化分工制作和呈现的电视播出级别的图像，景别规范，直播场景常选择演播厅或事件活动的现场，并且画面会呈现直播的标题、主持人人名、同期声字幕、解说字幕、播出台标等，在画面输出上更适合电视播放。而

---

① 琚青青. 竖屏时代时政类新闻的传播特征研究[D]. 郑州:河南大学,2020.
② 抖音. 中国军团再出征,李梓萌为健儿加油[EB/OL]. [2021-8-23]. https://v.douyin.com/RTHDbkL.
③ 抖音. 抑郁症女孩独坐窗台被困,消防员将其扶下送回寝室[EB/OL]. [2021-12-25]. https://v.douyin.com/RTH7Ab9/.

网络直播因为现场设备不同,它的画面呈现也有所不同,手机网络直播以近景、特写画面为主,在画面输出上,根据分发客户端的不同,提供竖屏或横屏的画幅;在直播页面上,主播与用户互动字符占据了手机屏幕的大部分空间,体现出用户在网络直播中的主体地位。

(2)新闻结束后的二次传播。一档新闻播出结束后,观众如果想再次观看直播,电视直播可以通过最近观看的新闻来再次观看,而网络视频直播会自带回放功能,观众只需要通过客户端便可随时随地观看新闻,同时,网络直播中的重要信息还可被拆分成短视频在新媒体平台推出,以便在碎片化时代观众能够迅速抓住要点。[①]

三、VLOG+新闻

VLOG 是 video 和 blog 两个词组成的缩写,即视频博客。VLOG 创作者大多以自己为主角,手持录像设备,以第一视角记录日常生活,涉及主题广泛,有生活分享,也有大型活动记录,其时长多为 3~15 分钟。

在国内,2018 年 VLOG 实现井喷式增长,这种新型的传播方式很快引起了主流媒体的注意。2019 年人民网在两会期间发起"寻找两会夜归人"的活动,中国日报记者彭译萱的《小姐姐的两会初体验》VLOG 获得了大量好评。此外 VLOG+新闻在 2020 年应用更加广泛,在新冠疫情传播期间信息快速传播起到了重要作用,这也表明 VLOG+新闻的应用空间十分广阔。VLOG+新闻的传播优势主要有以下几个方面:

(1)创作者第一视角,增强新闻真实性。在 VLOG 中有很多第一人称的拍摄视角,粉丝和创作者能共享拍摄时的场景,受众通过手机电脑等媒介便能直接获得现场信息。在新媒体赋权使得消息发布门槛降低的今天,很多虚假的消息未经严格审核便流传开来,这使得我们进入了后真相时代,而受众经过虚假消息的欺骗,也更加倾向信赖权威媒体,而 VLOG 相比其他传播方式更能让受众信赖新闻真实。

(2)互动式交流,消除距离感。VLOG 作为互联网一种新兴视频形式,继承了互联网特殊叙事方式,VLOG+新闻采用较为口语化的表达,改变了以往传播者和接收者较为僵硬的传播方式,增强了互动性,使得创作者和接收者能够像朋友一样对话分享。另外 VLOG 带来的亲密感很好地满足了受众对他人生活的窥视欲,让受众感觉到自己也能够参与到 Vlogger 的生活中。VLOG+新闻就利用了 VLOG 在表达和交流上的优势,以消除主流媒体与受众之间的距离。

(3)传播方式新颖,拓宽了目标受众。不同的传播方式对不同的受众所产生的影响不同,不同年龄段的人对传播方式的接受程度也不一样。相比中老年人,年轻人对新的传播方式接受程度更高。据 2019 年腾讯酷鹅用户研究院发布《短视频用户洞察报告》显示,VLOG 用户以及受众更多表现为高学历、年轻化,以二线城市居多,这与主流的目标人高度重合,由此可见,VLOG 是连接主流媒体和年轻受众的良好纽带。通过 VLOG 在新闻报道中的应用,主流媒体能通过微博,抖音 B 站等渠道迅速传递给年轻的群体。[②]

---

① 刘佳.视频直播:从电视屏幕到移动终端:传统媒体如何转型突破[J].视听,2020(08):47-48.
② 黄一铭.VLOG+新闻:媒介融合背景下新闻报道的新尝试[J].新闻论坛,2020,34(05):56-59.

四、短视频新闻

短视频是指在各种新媒体平台上播放的、适合在移动状态和休闲状态下观看的、高频推送的视频内容,其时常由几秒到几分钟不等。短视频新闻则是将新闻以短视频的形式表现出来,并具有如下几个特点:① 新闻时间短,一般在 90 秒以内,多则不超过 10 分钟。② 选题与制作贴近生活,趣味性较强。③ 短视频新闻制作门槛低,发布方式简单,但专业媒体机构仍然是主体与新闻内容的引导者。④ 社交性强,受众易于接受。

2018 年央视新闻、人民日报、新华社入驻抖音,截至 2020 年 8 月 1 日,这三个抖音号运行两年获得大量粉丝关注,其中人民日报粉丝量为 1 亿,获赞量 48.8 亿,央视新闻粉丝量为 9173.6 万,点赞量 33.13 亿,新华社粉丝量为 3310.4 万,点赞量 5.9 亿。根据艾斯咨询研究报告显示,截至 2018 年底,我国短视频用户规模达到 5.10 亿;到 2020 年,预计将达到 6.67 亿。由此可见,短视频新闻具有极大的用户发展空间,而短视频新闻的以下优势也为短视频新闻的发展奠定了坚实的基础。

(1) 形式丰富,信息量巨大。与传统的纸媒新闻报道不同,短视频新闻能够用直观、客观的方式将所要描述的内容直接展示出来,避免了文字表现形式的冗长,且形式更为丰富,短视频全景反映了新闻现场,包含更加丰富的信息,使受众能用自己的眼睛观察新闻事件,得出自己对新闻事件的看法和判断,避免文字报道带来的编写者的主观视角。

(2) 网络传播,时效性更强。追求时效性是新闻的重要使命。尤其是面对突发事件,媒体需要第一时间赶到现场,但往往因为空间和时间的影响,媒体记者很难进行长篇幅的具体报道,为保证时效性很多时候只能采编简单的消息。但是现在记者可以通过短视频新闻直接将亲眼所见的内容,经过简单编辑,第一时间发布给受众,实现了突发新闻报道的直观性、即时性。

(3) 短小、便捷,适应新媒体时代受众阅读需求。短视频新闻具有两大显著特征:一个是时长短,一个是阅读便捷,受众只需要一部手机,搭配相应的软件,在移动互联网的环境下就可以直接接收新闻信息。这两点特征完美契合了互联网时代受众的碎片化阅读习惯,因此受到多数受众的青睐。

(4) 移动短视频的社交性符合新媒体使用体验。社交性是新媒体时代信息传播的重要特点,而短视频新闻则继承了这种社交性。受众通过评论、转发、分享等形式参与到信息传播中来,对信息给予反馈、讨论和二次传播,同时加大了短视频新闻的信息传播效果,这些效果和影响使是统媒体很难达到的。①

> **思考题**
>
> 1. 新闻纪录片的优势是什么?
> 2. 影像新闻的采制需要注意什么?
> 3. 现场报道和连线报道的联系与区别分别是什么?
> 4. 新媒体端的各种视频新闻新样式对电视新闻有什么影响?
> 5. 谈话类电视新闻和评论类电视新闻的联系与区别分别是什么?

---

① 吴旭云,李明. 移动短视频新闻发展的现状与趋势[J]. 传媒,2018(19):51-52.

参 考 文 献

[1] 施拉姆,波特. 传播学概论[M]. 陈亮,译. 北京:新华出版社,1984.
[2] 贝拉. 电影美学[M]. 何力,译. 北京:中国电影出版社,2003.
[3] 沃克,弗格森. 美国广播电视产业[M]. 陆地,赵丽颖,译. 北京:清华大学出版社,2005.
[4] 莱文森. 数字麦克卢汉:信息化新纪元指南[M]. 何道宽,译. 北京:社会科学文献出版社,2001.
[5] 莱文森. 思想无羁[M]. 何道宽,译. 南京:南京大学出版社,2003.
[6] 本雅明. 摄影小史、机械复制时代的艺术作品[M]. 王才勇,译. 南京:江苏人民出版社,2006.
[7] 丹纳. 艺术哲学[M]. 傅雷,译. 合肥:安徽文艺出版社,1998.
[8] 布尔迪厄. 关于电视[M]. 许钧,译. 沈阳:辽宁教育出版社,2000.
[9] 克罗图,霍伊尼斯. 运营媒体:在商业媒体与公共利益之间[M]. 董关鹏,金城,译. 北京:清华大学出版社,2007.
[10] 霍斯金斯,迈克法蒂耶,费恩. 全球电视和电影:产业经济学导论[M]. 刘丰海,张慧宇,译. 北京:新华出版社,2004.
[11] 波德里亚. 消费社会[M]. 刘成富,全志钢,译. 南京:南京大学出版社,2006.
[12] 朱羽君,王纪言,钟大年. 中国应用电视学[M]. 北京:北京师范大学出版社,1993.
[13] 朱羽君. 对电视的生命感悟[M]. 北京:北京广播学院出版社,2004.
[14] 郑保卫. 当代新闻理论[M]. 北京:新华出版社,2003.
[15] 施天权. 广播电视概论[M]. 上海:复旦大学出版社,1987.
[16] 饶立华,杨钢元,钟新. 电子媒介新闻教程:广播与电视[M]. 北京:中国人民大学出版社,2000.
[17] 赵玉明. 中国广播电视史[M]. 北京:中国广播电视出版社,1993.
[18] 张印平. 电视广告创作基础[M]. 广州:暨南大学出版社,2005.
[19] 樊志育. 广播电视广告[M]. 北京:中国友谊出版公司,1995.
[20] 余明阳,陈先红. 广告学[M]. 合肥:安徽人民出版社,2000.
[21] 王诗文. 电视广告[M]. 北京:中国广播电视出版社,2001.
[22] 王辉. 纪录片:想法与做法[M]. 北京:中国广播电视出版社,2007.
[23] 张骏德. 现代广播电视新闻学[M]. 成都:四川人民出版社,1996.
[24] 游飞,蔡卫. 世界电影理论思潮[M]. 北京:中国广播电视出版社,2002.
[25] 秦瑜明. 电视传播概论[M]. 北京:北京广播学院出版社,2002.
[26] 郑亚玲,胡滨. 外国电影史[M]. 北京:中国广播电视出版社,1995.
[27] 黄匡宇. 理论电视新闻学[M]. 广州:中山大学出版社,1996.
[28] 刘志明. 电视学原理[M]. 北京:中国人民大学出版社,1993.
[29] 黄升民,丁俊杰. 现代广告战略[M]. 北京:知识出版社,1994.
[30] 陈培爱. 中外广告史[M]. 北京:中国物价出版社,1997.
[31] 朱月昌. 广播电视广告学[M]. 厦门:厦门大学出版社,2000.
[32] 姚力. 广播电视广告学[M]. 长春:吉林大学出版社,2000.
[33] 马梅. 广播电视广告概论[M]. 合肥:合肥工业大学出版社,2009.
[34] 纪华强. 广告媒体策划[M]. 上海:复旦大学出版社,2003.

[35] 邓烛非. 电影蒙太奇概论[M]. 北京:中国广播电视出版社,1998.
[36] 何苏六. 电视编辑艺术[M]. 北京:北京广播学院出版社,2000.
[37] 余胜泉,杨可. 非线性编辑系统[M]. 北京:北京广播学院出版社,2002.
[38] 冯锡增. 非线性编辑应用基础[M]. 北京:中国广播电视出版社,2000.
[39] 黄亚安. 电视编辑[M]. 上海:复旦大学出版社,1991.
[40] 黄匡宇. 当代电视摄影制作教程[M]. 上海:复旦大学出版社,2005.
[41] 石长顺. 电视传播学[M]. 武汉:华中理工大学出版社,2000.
[42] 石长顺,张建红. 公共电视[M]. 武汉:武汉大学出版社,2007.
[43] 梁国伟,侯薇. 数字电视的媒介形态[M]. 北京:中国电影出版社,2008.
[44] 周艳. 中国数字电视产业政策的形成研究[M]. 北京:中国传媒大学出版社,2007.
[45] 邓炘炘. 动力与困窘:中国广播体制改革研究[M]. 北京:中国经济出版社,2006.
[46] 郭镇之. 中国电视史[M]. 北京:中国人民大学出版社,1991.
[47] 刘英华. 广播广告理论与实务教程[M]. 北京:中国传媒大学出版社,2006.
[48] 赛格勒. 广播电视广告教程[M]. 程坪,译. 北京:新华出版社,2000.
[49] 徐舫洲,徐帆. 电视节目类型学[M]. 杭州:浙江大学出版社,2006.
[50] 朱羽君,殷乐. 生活的重构[M]. 北京:北京广播学院出版社,1998.
[51] 涂光晋. 广播电视评论学[M]. 北京:新华出版社,1998.
[52] 涂光晋. 时代之声:新时期中国新闻评论研究[M]. 北京:中国人民大学出版社,2011.
[53] 严怡宁. 广播电视新闻[M]. 北京:化学工业出版社,2011.
[54] 吴信训. 新编广播电视新闻学[M]. 2版. 上海:复旦大学出版社,2012.
[55] 叶子,李艳. 电视新闻[M]. 修订版. 北京:中国广播电视出版社,2008.
[56] 宋晓阳. 出镜记者现场报道指南[M]. 北京:中国广播电视出版社,2008.
[57] 蔡尚伟. 广播电视新闻学[M]. 上海:复旦大学出版社,2011.
[58] 崔林. 电视新闻直播报道:现场的叙事[M]. 北京:中国传媒大学出版社,2012.
[59] 博伊德,斯图尔特,亚历山大. 广播电视新闻报道[M]. 6版. 嵇美云,译. 北京:清华大学出版社,2012.
[60] 陈龙编. 现代大众传播学[M]. 苏州:苏州大学出版社,1997.
[61] 朱寿桐. 民生新闻概论[M]. 北京:中国社会科学出版社,2006.
[62] 黄匡宇. 电视新闻语言学[M]. 北京:中国广播电视出版社,2000.
[63] 方亢. 中国电视新闻学[M]. 广州:暨南大学出版社,1991.
[64] 赵玉明. 中国广播电视通史[M]. 2版. 北京:中国传媒大学出版社,2006.
[65] 沈忱. 中国电视新闻现场直播:导演手记[M]. 北京:中国广播电视出版社,2004.

后 记

本书是我和同事们多年来从事教学和科研工作的成果。2000年7月,我从中国新闻学院研究生部国内新闻专业第二学士学位班毕业,进入安徽师范大学文学院新闻系任教,开始给新闻学专业全日制本科生讲授"广播电视概论"(后改名为"广播电视学""广播电视新闻基础"),直到今天。2003年,我开始给广告学专业全日制本科生讲授"广播电视广告"。2010年春天,安徽师范大学传媒学院成立,新闻系由文学院整体进入传媒学院,播音与主持艺术专业开始招生。2011年,我又给播音与主持艺术专业全日制本科生讲授"广播电视学"。在这个过程中,也给安徽师范大学的夜大、函授学生讲授过"广播电视学"。

在安徽师范大学,我不断成长,2001被评为讲师,2006年被评为副教授,2008年被评为硕士生导师,2010年担任新闻系主任兼新闻学专业主任,2011年被评为教授。多年下来,我便萌生了写作本书的念头,我想借此对自己在教学与科研中的一些想法做一个梳理,也怀着给学生提供一本比较简明易学,既包括广播电视学基本理论,又突出广播电视新闻生产规律,理论与案例互相印证的教材的小小心思。

我的这一想法得到了同事们的支持。2005年,周建国老师加入了安徽师范大学新闻系的教学团队,他曾经在地方电视台做过业务副台长,在电视新闻实践方面有着丰富的经验,在电视新闻理论方面做过长期研究,加入新闻系后他一直给新闻学专业全日制本科生讲授"电视编辑与制作"课程。在我于2006年9月至2009年6月在中国传媒大学电视与新闻学院广播电视新闻学专业读博士研究生的三年里,周建国老师给新闻学专业讲授"广播电视学"课程。2012年,肖叶飞老师加入了安徽师范大学新闻系的教学团队,作为华中科技大学广播电视传播学专业的博士,他在广播电视学基本理论、广播电视新闻实践方面有着深入的研究,加入新闻系后,他给播音与主持艺术专业全日制本科生主讲"广播电视学"课程。在我提出编写本书的想法、拿出初稿后,周建国老师和肖叶飞老师负责对本书的绪论至第五章作了修改,增删了大量内容。终于,我们在2013年出版了《广播电视新闻学教程》的教材,而且之后,教材得到了各使用院校同仁和广大师生的认可。

岁月流转,在学院广大师生的努力下,2013年12月,传媒学院入选教育部、中宣部首批十所部校共建新闻学院试点单位,2015年改名为新闻与传播学院。而我们国家的新闻传播业在2013年以来进入了媒体融合发展和全媒体传播时代,网络媒体和新兴媒体发展迅猛,人们接收信息包括视听信息的媒介渠道发生了变化,广播电视新闻的样式和风格也悄然变化,并且出现了新媒体平台和场景的视听新闻样式与风格。这使得我们需要对教材进行修订。2017年,在中国科学技术大学出版社的大力支持下,我们这本将修订的教材入选了安徽省质量工程省级规划教材,这更给予了我们修订的信心和决心。

现在,修订版终于要和大家见面了。我们几位作者既激动又忐忑,激动的是劳动成果终于面世,忐忑的是我们关于广播电视学、广播电视新闻生产的理念与总结,尤其是其在新媒体语境下的思考是否经得起现实的考验……同时,我们原先曾经想将教材名称彻底改为"视听新闻学教程",而不是仅仅做内容中的增加与调整,但是因为时机还不成熟而最终作罢。我们衷心期待各位学界、业界的专家学者,衷心期待各位亲爱的同学,给我们提出宝贵的意见,帮助我们进一步提高教材的编写质量。

在这里,我们真诚地感谢所有关心和帮助我们的各位领导、同事、家人、朋友。首先,我们要感谢学校学院的各位领导,感谢他们的鼓励与支持,感谢他们给予我们充足的时间,使我们能够专心教学、精心写作和修改此书。

我们要感谢中央广播电视总台、安徽广播电视台、北京广播电视台、合肥市广播电视台、芜湖传媒中心以及其他媒体的朋友,感谢他们以辛勤的工作,给我们奉献了优秀的广播新闻、电视新闻以及新媒体视听新闻作品,为本书的写作提供了丰富的案例。

我们要感谢我们各自的家人,是他们的支持,才使我们有时间安心写作和忠诚教学。

我们要感谢我们一届届的学生们,是他们给予了我们写作的动力。尤其要感谢2009级新闻学专业的田娜娜,2010级新闻学专业的王昕、夏峰琳、叶肖伊,2020级新闻与传播专业硕士研究生徐东、刘壮壮、张真,2020级新闻传播学硕士研究生蔡仔慧等同学,感谢他们为我们的案例搜集或内容调整所提供的帮助。

我们特别要感谢书中注释和参考文献中提到的著作的作者和编者们,他们的辛勤工作使我们受益良多,我们有时直接引用他们的著述,有时从他们的著述和思想中得到了启发。当然,由于是对多年教学的总结,我们的一些思想的表述可能来自某些论著,但由于时间较久,这些论著的思想未能一一溯源,以至于没能在注释和参考文献中一一标出,在这里,我们恳请作者谅解。可以说,我们是站在前人的坚实臂膀上面,没有他们的辛勤工作就没有本书问世。

本书的写作和出版得到了中国科学技术大学出版社的领导和编辑的大力支持,感谢司有和教授对本书的具体内容和体例提出了非常好的建议,在此一并表示衷心感谢。

马 梅

2021年11月28日

于安徽芜湖